科学出版社“十三五”普通高等教育本科规划教材
农林经济管理系列教材

农村金融学

（第二版）

董晓林　张龙耀　编著

江苏高校品牌专业建设工程资助项目

科学出版社
北京

内 容 简 介

本书是关于农村金融基础理论和改革实践问题的新教材。本书立足于农村经济的特点和农村金融市场的特征，结合 21 世纪以来我国农村金融改革历程和农村金融发展的最新进展，以农村金融供给体系改革和机制创新为主线，对农村金融的相关理论、实践以及发展经验和存在的问题进行了系统的梳理和分析。尤其注重对近年来农村金融领域最新研究成果和最新改革实践的总结和解析，使本书内容更新也更具特色。

本书适合经济、金融专业本科生和研究生阅读，对于农村金融领域的从业人员也具有一定的参考价值。

图书在版编目（CIP）数据

农村金融学 / 董晓林，张龙耀编著. —2 版. —北京：科学出版社，2017

科学出版社“十三五”普通高等教育本科规划教材 · 农林经济管理系列教材

ISBN 978-7-03-052885-8

Ⅰ. ①农… Ⅱ. ①董… ②张… Ⅲ.①农村金融-高等学校-教材 Ⅳ. ①F830.6

中国版本图书馆 CIP 数据核字（2017）第 111865 号

责任编辑：王京苏 / 责任校对：李 影

责任印制：张 伟 / 封面设计：蓝正设计

科学出版社 出版

北京东黄城根北街 16 号

邮政编码：100717

http://www.sciencep.com

北京九州迅驰传媒文化有限公司印刷

科学出版社发行 各地新华书店经销

*

2012 年 2 月第 一 版 开本：787 × 1092 1/16

2017 年 6 月第 二 版 印张：20 3/4

2025 年 5 月第十八次印刷 字数：478 000

定价：52.00 元

（如有印装质量问题，我社负责调换）

出 版 说 明

农林经济管理学科主要研究农林部门社会经济活动的客观规律、宏观管理政策和微观管理决策。但是，不同于国民经济其他部门，农林部门的经济活动不能简单运用一般的经济学原理进行分析并依此提出宏观管理的政策建议。经济再生产与自然再生产交织在一起是农林生产的根本特点，由此决定了农林生产类型、方式和组织形式在很大程度上受自然条件影响。而且在现代经济转型过程中，农林产业占国民经济比重的下降速度远远超过劳动力转移的速度，对农林业劳动者的经济地位和福利产生重要影响，并且引发一系列社会、文化和政治问题。因此，农林经济管理的研究对象不仅是特定条件下的生产、流通、分配和消费，更是特定时期与社会经济和资源环境变迁相关的经济理论和管理决策问题。农林经济管理不同于一般的部门管理，也不能简单应用一般的经济管理原理，它是一门具有特殊性的交叉学科。

本系列教材根据教育部卓越人才教育培养计划改革和品牌专业建设的要求,以农林经济管理专业培养方案为指南,汇聚南京农业大学农林经济管理领域的优秀教师编写而成。本系列教材将分批陆续出版，包括《农业与食品经济管理通论》《农业经营学》《农场管理学》《农业园区规划设计》《农村金融学》《研究设计与论文写作》《农业经济研究方法》以及从经济管理类专业角度编写的《植物生产通论》《动物生产通论》等。本系列教材充分吸收了国内外相关教材的优点，注重科学性、实用性和先进性，突出交叉学科特点，重视方法论的教学，弥补传统教材空白，力求满足新时期农林经济管理教学的需求。

本系列教材可以作为农林经济管理等学科专业的本科生、研究生以及干部培训班的教材或参考书，也可以作为其他读者了解农林经济管理专业知识的基础读物。

本系列教材的出版得到教育部卓越农林人才教育培养计划改革试点项目和江苏高校品牌专业建设工程资助。

科学出版社

2017 年 6 月

前　言

农村金融市场在资源配置和经济增长过程中发挥着非常重要的作用。农村金融机构通过动员农村地区的储蓄资源并将其配置给最具效率的生产者。农村金融服务，尤其是对农村地区农户和农村小微企业的信贷和保险服务，有力地推动农村经济增长。当前中国正处于新型城镇化和农业现代化同步推进的关键阶段，如何进一步加快农村金融改革和发展，消除金融抑制，提高农村金融市场效率，为新型城镇化和农业现代化提供有力的金融支撑，是当前中国金融领域中的重大问题之一。

本书立足于农村经济的特点和农村金融市场的特征，结合21世纪以来中国农村金融改革历程和近年来农村金融发展的最新进展，以农村金融供给体系改革和机制创新为主线，以促进农村金融市场供需均衡为逻辑起点，对农村金融的相关理论、实践以及发展经验和存在的问题进行了系统的梳理和分析。相比于第一版，改版后的教材有以下几个重要特点：一是更加注重从理论上深入探讨农村金融领域中的重要问题，对于一些重要的理论问题使用理论模型进行推导和分析，强调前沿学术研究成果，提高教材的理论层次；二是在教材体系中增加了农村金融改革、互联网金融、普惠金融和农地金融等章节，既补充完善了教材体系，也体现了对最新金融实践和创新的关注与解析；三是对于一些重要的问题增加若干专栏予以进一步的剖析，在增强教材可读性的同时，也便于读者加深对于相关问题的理解；四是在部分章节内容安排上，结合了南京农业大学农村金融科研团队多年来积累的研究成果，使本书更具特色。

全书分为14章。第1章主要介绍农村金融学的概念、基本内容和研究对象，以及中国农业农村发展与农村金融的关系；第2章主要讲述农村金融的相关理论和农村金融发展的范式转变，介绍农村金融发展的衡量方法；第3章讲述中国农村金融体系的构成、特征和运行机制；第4章集中介绍中国农村金融改革的历程、重要政策、成效和现状；第5章和第6章分别从机构的视角，分析正规金融和非正规金融的特征、业务范围和运行机制；第7章重点介绍发展中国家的重要金融创新——农村小额信贷（mircrofinance）的运行机制、绩效和国际国内的若干成功案例；第8章进一步从农村金融服务的需求视角，介绍农村中小企业（small and medium enterprises，SMEs）融资理论、现状和若干扶持政策；第9章介绍农业保险，未来保险市场在保障和规避农业自然风险、农产品价格风险等方面将发挥越来越重要的作用；第10章分析农村金融风险防范措施和相应的金融监管政策；第11章介绍互联网金融以及其在农村金融市场中可能发挥的作用，并提供了若干前沿案例；第12章提炼普惠金融的发展理念和相关理论，介绍国际国内促进金融普惠的实践和政策；第13章结合中国农村土地产权制度改革的背景，介绍中国不同地区在农地金融发展方面的最新探索；第14章主要介绍部分国家农村金融方面可供借鉴的发展经验和制度框架。

本书在编写过程中，参阅了大量的学术专著、论文、教材等，在此对所引用文献的作者一并表示感谢。全书由董晓林教授、张龙耀教授主持编著并审查修订全稿，南京农业大学金融学院的周月书教授、黄惠春教授、杨军副教授、张宁副教授、惠莉老师以及宁夏大学陈清华副教授参与了本书的编写工作。感谢博（硕）士研究生朱敏杰、石晓磊、吕沙、陈秋月、许玉韫、朱晨露、于文平、冯韵、杨书、马倩倩、周南、沈萱承担资料收集、整理等工作。同时，我们也意识到，由于编写者时间和水平的限制等原因，本书还存在一些问题和缺陷，殷切期盼读者能够提出批评指正，促使我们能够在未来的理论研究和教材编写中改进提高。

党的二十大报告指出："我们要坚持教育优先发展、科技自立自强、人才引领驱动，加快建设教育强国、科技强国、人才强国，坚持为党育人、为国育才，全面提高人才自主培养质量，着力造就拔尖创新人才，聚天下英才而用之。"教材是教学内容的主要载体，是教学的重要依据、培养人才的重要保障。在优秀教材的编写道路上，我们一直在努力。

本书的编写得到了南京农业大学经济管理学院和金融学院的大力支持。周应恒教授对全书框架提出指导意见，应瑞瑶教授、副院长林光华教授对本书编写工作给予督促和帮助，在此一并表示感谢。

编著者

2024 年 1 月

目　　录

第 1 章

总　论

学习目标：

1. 了解农村金融的含义、特点、地位、作用与目标。
2. 简要了解农村金融发展的目标。
3. 了解农村金融学的研究对象。
4. 简要了解我国农村金融发展的实践。

资金是社会经济发展的核心要素。现代经济增长理论认为资本、劳动力等生产要素投入以及技术进步等是推动经济增长的主要力量，为投资动员足够的资金是任何地区经济起飞的必要条件。跨入21世纪以来尤其是加入世界贸易组织以后，我国农业和农村发展进入了一个新的历史阶段，现代农业高投入、高产出需要更大强度的资金支持，农村经济发展对资金要素的依赖程度日趋增强，农村金融如何进一步加强对“三农”的支持是我国新农村建设中的重大问题。为了帮助我们更好地理解农村金融理论背景、农村金融政策和改革实践，本章首先介绍农村金融的含义与特点、农村金融的地位和作用以及农村金融学的研究对象等概念和基本内容，其次重点讲述农村金融发展的政策目标，最后介绍我国农村金融发展的历史沿革，分析现阶段我国农村发展与农村金融之间的关系。

1.1　农村金融概述

1.1.1　农村金融的含义与特点

1. 农村金融的含义

金融（finance）的传统定义是资金融通，随着金融业的不断发展和革新，《新帕尔格雷夫货币金融大辞典》对金融给出新的定义，即金融基本的中心点是资本市场的运营、资本资产的供给和定价。从广义来说，金融包含证券、投机、投资、外汇、信托、货币、信用或经纪等货币信用和银行业务；从狭义来看，是指现在的货币和将来的货币进行交易，也就是借贷的交易，是以出售存货、发行股票、债券或本票等方式来借贷资金，以从事各种经营活动。

农村金融（rural finance）即为农村货币资金的融通和农村金融产品的供给，是指在农村地区以及与农业有密切关系的各个领域中，以信用手段为农民、农业和农村经济服务而筹集、分配和管理农村货币资金的活动。农村金融的含义主要体现为以下几点。

（1）资金活动的领域是农村。农村金融活动是在农村这个特定的环境和条件下进行的，发放的贷款主要是针对农业生产以及农村工业和服务业等其他经济活动。

（2）资金活动采用信用手段。货币在不同经济主体之间的让渡是以偿还并增值为条件的，表现为调剂资金余缺的借贷活动。

（3）资金的表现形态是货币。农村金融活动是围绕着资金这个实体而进行的，既包括在循环周转中处于职能形态的资金，也包括闲置待用中处于潜在形态的资金，而资金是以货币形态存在的资金，而不是以实物形态存在的资金，不包括生产所用的实物资本。

（4）农村金融具有的功能是促进农村经济发展以增加农民收入与减少农村贫困。农村金融机构、组织体系和金融工具是农村金融功能发挥的载体与形式。农村金融供给应与农村经济发展的金融需求相适应，是否及多大程度上为农村、农业、农民提供金融产品和服务是评价农村金融体系的基本标准，农村经济的发展能有效增加农民收入。另外，农村地区的贫困现象比较严重，农村金融尤其是农业政策性金融，其职能功效的发挥带有减贫性质。

2. 农村金融体系

从农村金融体系的职能分工、经营目标、法律地位以及生成机制等方面，我们可以将其划分为以下不同类型。

1）农业政策性金融、农村商业性金融和农村合作性金融

农村金融根据职能分工及经营目标的不同，可分为农业政策性金融、农村商业性金融和农村合作性金融。农业政策性金融是一国政府为了满足农业生产、流通与服务的融资需要，通过设立农业政策性银行进行金融资源有效配置的一种金融形式。农业政策性银行有三种基本形式，即高政策性的单业务模式、政策主导的有限业务模式、低政策性的多业务模式。传统市场经济国家在建立农业政策性银行时，往往更多考虑市场机制的作用，倾向于选择低政策性的多业务模式，或政策主导的有限业务模式。比较典型的是美国的农业政策性银行体系，是于 20 世纪二三十年代美国农业向现代农业转型时期，农村建设资金不足，为弥补农民家计，在联邦政府的资助下建立的。中国的农业政策性银行——中国农业发展银行，大部分用于粮食和棉花等农产品的收购，以确保国家的粮食安全和其他农产品供应安全，长期以来，在体现国家农业扶持意向和扶持力度方面发挥了其他金融形式不可替代的政策性功能。农村商业性金融是一国商业金融的重要组成部分，是由于广大农村地区经济发展水平较低、货币信用欠发达和农民收入水平低下而形成的与农村特点相适应，而与城市及发达地区商业性金融相对应的一种区域性金融制度。

中国农村商业金融组织体系是以农业银行和农村商业银行为主、其他商业性金融机构如邮政储蓄银行、农业保险公司等为辅，相互协调、配合而组成的。合作金融是以合作经济原则为准则，以金融资产的形式参与合作，专门从事金融活动的一种合作经济形式。农村合作金融组织是世界各国农村金融体系中的重要组成部分，是对商业性金融的有益补充，甚至在德国、法国、丹麦、意大利、荷兰、日本等国，合作金融还是农村金融体系的主体。德国是世界合作金融组织的发源地。1849 年雷发巽创立了世界上第一家农村信用合作社，1895 年组建了德国中央合作银行。经过一个多世纪的发展，德国形成了逐级入股、自上而下服务的三个层次合作金融体系。顶层是全国性的中央机构，即德国中央合作银行，中间层是三家地区性合作银行，底层是大量的地方合作银行，也叫地方性信用合作社。中国合作金融组织主要包括农村信用社、农村合作银行以及农村资金互助社等，实践表明，合作性金融不仅是适应中国农业和农村经济发展实际需要的金融制度安排，也是当前乃至今后一个时期中国农业和农村经济领域的基础性金融。

2）农村正规金融和农村非正规金融

农村金融体系按照其法律地位分为正规金融（formal finance）体系和非正规金融（informal finance）体系。农村正规金融主体是指受到国家信用体系，一般是中央银行控制的和金融法规约束的金融机构。在中国现有的农村金融体系中，前者如中国农业银行、邮政储蓄银行、农村合作银行、农村商业银行以及村镇银行等。农村非正规金融主体是指在中央银行和中国银行业监督管理委员会（简称银监会）管理监督之外或金融法规约束之外发生的金融交易的金融服务供给方。农村非正规金融活动主要是指个人之间的借贷行为、个人和企业团体间的直接借款行为、高利贷、各种合会、私人钱庄等民间金融活动。其最重要的特征在于它的主体地位没有得到正式制度的承认和保障，甚至被排除在正式制度安排之外。无论是发达国家还是发展中国家和地区，农村非正规金融都以各种各样的形式存在着，只是情形有些差异，特别是在新兴的市场经济国家和地区，如泰国和中国台湾地区，由于政府的金融管制而导致较为严重的金融抑制（financial repression）现象，农村非正规金融得到了更大规模的发展并对当地经济发展发挥了不可或缺的作用。

3）农村内生金融和农村外生金融

按照农村金融生成机制，还可以分为农村内生金融和农村外生金融。农村内生金融是指农村经济发展过程中，根据农村经济发展的实际需要而自发产生的农村金融活动以及组织机构。农村外生金融则是指由政府自上而下设立、安排并由正规金融机构主导的农村金融活动及组织机构。例如，中国最初的农村信用社、农民资金互助社、私人借贷、私人钱庄等，都属于农村内生性金融，而中国农业银行、中国农业发展银行和现在的农村信用社、农村合作银行、农村商业银行等则属于农村外生性金融。

农村金融还可根据投资主体多少分为私人独资、国有独资、外商独资以及各种混合的股份制。根据经营主体可以分为民营金融、国有或国家委托经营的金融、外商经营金融等不同形式。这些形式相互交叉，构成了中国农村金融系统的复杂结构。

3. 农村金融的特点

农村金融具有一般金融活动的共同规律，同时由于其主要活动于农村经济领域，为农村经济发展服务，从而决定了它还具有自身的特点（表 1-1）。

表 1-1　农村金融的特点

特点	具体说明
涉及面广	农村金融涉及农村地区的农业、涉农工商业等各个领域
管理较难	农村金融需求的差异性、农村金融市场的分割性、农村金融基础设施很差
政策性强	对农业补贴性的信贷支持、对贫困借贷者的信贷支持
风险较高	自然风险、市场风险、信用风险、关联风险

1）涉及面广

农村金融在农村经济生活中处于中枢地位，农村货币资金运动和信用关系必然涉及农村各个领域。农村金融不仅涉及农业，同时也涉及农村经济生活中的涉农工商业，不仅涉及农村，也涉及城市。在大多数发展中国家，农村融资往往与其他生产经营活动紧密联系在一起，农村经济的发展，扩大了农村资金供求规模，开阔了资金活动的领域，强化了农村金融对农村经济的影响力。

2）管理较难

农村地域辽阔，地理、气候差别很大，各地区、各生产经营单位之间物质生产条件不一，劳动生产率有较大差异，农村经济发展层次相差较大，农村金融需求具有差异性，这一点在发展中国家和地区表现得尤为明显；农村金融市场是一个高度分散、分割的市场，在同一个市场，金融机构所使用的金融工具会在利率、贷款所要求的抵押物数量和类型、花费在监督和执行合同上的资源以及信贷是否与其他市场的交易相连接等方面有很大的差别；农村金融的基础设施很差，且往往享受的是与城市不同的政策待遇，如支付结算不同于城市的上网结算而需手工结算等，这些都给农村金融管理带来困难。

3）政策性强

一方面在广大发展中国家，农业是国民经济的根本，国家为了支持农业生产的发展，也为了提高农民的生活水平，都会在政策以及资金扶持上向农业倾斜。另一方面，相对于城市，农村地区的贫困程度更加显著一些，而农村金融市场存在广泛的信贷配给，贫困借贷者往往被排除在正规信贷交易之外，对于这类客户需要农村金融发挥其政策性功能，如印度国家农业和农村开发银行对小农、无地农民、边际农民（1 公顷以下）和农村手工业者等贫困人口的扶持贷款；孟加拉乡村银行（Grameen Bank，GB）的小额信用贷款；美国农民家计局的农民住房贷款；日本振兴改善边远地区农业贷款，过疏地区对策资金贷款在性质上也属于扶持贷款，主要是支持特定目标人群发展生产、缩小贫富差距、减少贫困、改善生活和实现社会公平，加快不发达地区的发展。

4）风险较高

农村金融风险较高这一特点主要表现在以下几个方面：第一，农业生产易受各种自然灾害的影响出现波动性和不稳定性。农业生产的这个特点，必然影响农村金融的稳定性，使农村金融机构开展业务的风险加大。第二，广大发展中国家和地区农村生产经营管理的水平较低，加之农村经济活动多受自然条件限制，农作物生产周期长，都给资金的周转带来一定的影响。与工商业相比，农产品供给弹性小，农业生产在价格变动时的自我调节能力较低，导致农业借贷的市场风险大。第三，与城市相比，农村地区户均贷款和储蓄规模均很小，导致金融交易成本较高，并且农村地区严重缺乏传统意义上的抵押品，使得金融机构在农村开办业务的积极性不高，尤其是农村还存在着严重的信息不对称问题，农村金融机构不仅缺乏关于贷款如何被使用的信息，还缺乏关于还贷决策的信息，具有较高的信用风险。此外，农村金融还具有较强的关联风险，即农村金融活动更容易受到某些共同因素的影响而相互关联，呈现出共同的变化特征。

1.1.2 农村金融的地位与作用

1. 农村金融的地位

农村金融是农村金融活动、农村金融部门和农村金融企业三者的有机结合。就农村金融活动而言，其是农村经济运转中的能动触媒；就农村金融部门而言，其是农村产业结构中的导向产业；就农村金融企业而言，其是农村经济网络中的枢纽组织。

1）农村经济运转中的能动触媒

以组织存款放款和货币流通为主要内容的农村金融，一方面服务于生产，另一方面服务于消费。如果没有农村金融的能动作用，农村商品生产不但不能扩大，而且还会中断。农村实行统分结合的双层经营体制以后，人、财、物、土地等生产要素可以分离，也需要重新组合。通过农村金融活动，能够对资金进行再分配，实现生产要素的重组，从而达到加速经济发展的目的。

2）农村产业结构中的导向产业

为了发展农村经济，必然要对产业结构进行调整，重新配置农村资源。生产什么、生产多少，既与生产要素的供应有关，也与商品的需求有关，而这些都关系到货币资金与信用的问题。农村金融部门在微观上，可以通过增加或减少贷款、降低或提高利率等行为，体现支持或限制某一行业；在宏观上，则可以按照不同时期政策的要求，抽紧或放松银根，以调节购买能力。这样，农村金融部门既可以影响供求的结构，也可以控制供求的总量，从而促进农村产业结构的优化。

3）农村经济网络中的枢纽组织

农村各行各业各个经营单位，在农村内部以及城乡之间，形成巨大的经济网络。而农村金融企业由于办理现金收付、转账结算和信贷往来，成为经济网络中的枢纽组织。在现金收付方面，任何流通中的现金都是通过金融机构的投放进入市场的，农村中的银行和信用社实际上为千千万万个农村经营单位办理着出纳业务；在转账结算方面，各单位的交易收付，除了使用现金外，都是通过金融企业实现账户上资金的转移；在信贷往来方面，农村经营单位的资金垫支，很大一部分是靠金融企业的贷款，而所有的货币资金，除了少量的现金外，也都是以存款的形式，存放在银行或信用社的账户上。农村金融企业在农村经济网络中的枢纽地位，既有利于国家实现对农村经济的宏观控制，也有利于农村企业的微观搞活。

2. 农村金融的作用

农村金融的作用是与它的职能紧密联系在一起的，职能发挥的效果就是它的作用。农村金融的职能主要包括经济职能、社会职能等。因而，它的作用主要表现在以下几个方面。

1）促进农村经济增长，增加农民收入

随着农业生产以及农村经济的不断发展，无论是扩大农业生产经营规模，还是在科学技术指导下提高农业生产的效率以提高农业生产的经营效率，抑或是利用当地资源发展农村其他产业的经营活动，都需要大量资金的支持。农村金融是农村经济运行的中心，通过融通农村货币资金来优化配置农村社会资源。它既关系到农村物质技术基础、生产条件的改善、生产要素投入的增加及其组合利用程度，又关系到现代科学技术的应用以及农村资源开发利用和农业生产结构的调整，影响到农村经济市场化和现代化的进程。农村金融是农村经济的神经中枢，通过稳定农村货币流通来保证农村商品流通的正常进行。稳定农村经济就需要稳定农村货币，这就要求流通中的货币量与商品量相适应，购买力总额与商品供应总额相适应。农村金融能够促进农村经济的增长，而农村经济的增长又能缩小城乡居民收入差距，促进农村剩余劳动力转移，增强农产品的竞争力，从而增加农民收入，改善农民的生活水平。

2）支持农村公共基础设施建设，减少农村贫困

农村金融除了满足农户、农村企业或经济组织的金融需求外，还要满足农村公共基础设施建设对资金的需求。农村公共基础设施建设是关系农民基本生活质量和共同利益的社会事业。农村公共需求包括公共基础设施建设，如道路、水电、水利、通信、环保和公共服务（如教育、医疗、卫生等）。由于这些公共需求的基本特点是社会效益大于经济效益，大部分公共需求属于财政范畴，但随着公共需求的市场化运作方式不断推进，其经济效益不断拓展，道路修建、水电通信设施、建校办学、医院建设等领域引入了项目贷款，用商业性金融和政策性金融等不同形式满足农村公共基础设施建设中的资金需求，以维持农村的繁荣与稳定，加快农村小康社会的建设步伐。同时，农村地区的贫困现象依然突出，贫困的减少有利于缩小农村地区甚至整个社会的贫富差距，提高贫困地区的人民生活水平，完善社会管理，维护社会安定团结，实现社会公平，促进社会和谐、稳定。农村金融服务可以消除信贷约束，促使现有生产机会得到充分利用，使农民摆脱贫困；能够帮助农民进行风险管理，从而稳定收入，鼓励生产性投资，使农民减轻贫困；有助于积累物质财富和人力资本，使农民避免落入贫困陷阱。

1.1.3　农村金融发展的目标

农村经济发展主要是为了增加农民收入以及减少、消除农村贫困。农村金融是现代农村经济的中心，中国农业基础之所以薄弱，农村经济社会发展水平大大落后于城市，城乡居民收入差距越来越大，农村地区贫困现象依然严重，其重要原因之一是农村地区在资金上的严重“贫血”。农村金融在农村经济发展中的作用，主要表现在对农村经济结

构的调整作用上，并通过这种调整对农村贫困和农民收入产生影响。通过促进经济增长增加收入和减少贫困是农村金融发展的两个目标。一般来讲，为实现这两个目标而制定的政策是类似的，主要的差别就是政府进行直接干预的方式不同。

1. 促进农村经济增长

市场体系的有效、完善是实现农村经济增长的保证。如果市场被证明是无效的，这就要求创造一个更为合理的政策环境，改善有利于市场发展的法律、法规体系，或者以低成本高效益的方式解决市场失效的问题。经济增长率在很大程度上依赖于市场的竞争和效率。例如，有序的外汇市场条件下的平均增长率通常会比汇率风险较大的市场条件下的平均增长率高出 1~2 个百分点。金融市场相对成熟的国家比金融市场不发达的国家更容易取得长期的、显著的高速经济增长。这表明，任何把发展农村经济提高农村收入作为首要目标的项目都必须强调市场的效率和完善性。这个目标可以通过风险的分散和资源的有效配置来实现，进而把农村经济与其他经济融为一体。

农村金融市场的有效性是指它能使市场的参与者利用一切交易机会来实现经济效益。也就是说，如果将信贷资金重新分配后，一方的获利是另一方的损失，因而，借款人就没有动力把贷款“出售”给别人而变成贷款者，这种情况下，金融市场就是无效的。有效率的市场要求市场是竞争性的、充分信息的和完整体系的。当这些要求得不到满足时，通常情况下农村金融市场就是无效的。因为市场是高度一体化的，农村金融市场的无效会导致（或加剧）农村市场的无效。

评估农村金融市场的效率。农村金融市场的有效性和发展程度可以根据以下标准来评价：①农村客户是否有能力应付他们个人收入的不稳定，他们能否容易地延迟消费（储蓄）或超前消费（贷款）从而在收入波动时可以平滑消费；②金融市场是否高度分割，农村金融机构是否可以以金融交易从其他农村金融机构那里调剂资金余缺；③同一区域内的农村金融机构为同类客户提供服务，它们在收益和贷款利率上的差异是多少；④利差是否反映金融运作的实际经济成本（包括信贷风险），还是仅仅只是一种寻租或市场力量的反映；⑤是否存在一些有效市场需求，农村金融机构也能通过提供这些产品盈利，但目前没有提供的金融产品。

专栏 1-1

扶贫协商小组

市场研究、对先前和目前市场干预措施的评价可以用来确定哪些因素影响了市场的有效性和无效性。通过对为增加福利而采取的干预措施的评价，可以知道这种干预所造成的无效性。在这方面，世界银行（Word Bank，WB）走在了前面，它通过小额信贷和其他为穷人提供金融服务的方式做出了努力。其中，最主要的两项活动是对为穷人提供可持续的金融服务的综合研究和成立由世界银行及其他多个资助机构支持的扶贫协商小组（Consultative Group to Assist the Poor，CGAP）。

扶贫协商小组是在 1993 年匈牙利会议多家资助机构共同达成协议的基础上成立

的一个小额信贷项目。它成立于1995年6月，得到了9家资助机构的资助。目前，其成员已发展到19个，其目的是加强各资助机构在小额信贷方面的协调，向政府和实践者提供小额信贷方面的“成功经验”，增加和改善世界银行在这个领域的活动，通过提供一些资助来支持创新的小额信贷机构。最终目标是扩展穷人接触金融服务的机会。该小组秘书处负责将世界银行提供的3亿美元的核心资金，提供给符合条件的小额信贷机构。来自世界各地比较好的小额信贷机构的实践者组成一个政策咨询小组，为资助者和秘书处在帮助穷人方面提供战略指导。

扶贫协商小组印发名为“焦点”的简报，一年出版两期有关小额信贷主要政策和技术问题的通讯。该小组还计划组织一些地区和国家级的有关小额信贷成功经验方面的研讨会。他们出版的简报及其他文件可以在他们的网页上找到，网址是www.cgap.org。

一旦发现市场不是有效运行，就应该找出原因所在，以便政府采取措施来提高市场效率。农村金融市场的低效运行，主要是政策环境不当、严格的法律和监管或市场失败所造成的。

农村金融市场不能有效运行的首要原因可能是没有一个良好的政策环境。建立一个积极的政策环境所需要的方式主要包括：加强宏观经济的稳定，减小宏观经济的扭曲；消除价格、贸易及财政分配上的城市倾斜政策；促进竞争的、统一的、透明的和有弹性的金融市场的发展。农村金融市场不能有效运行的另一个原因就是缺少一个完善的法律和监管体系。法律和监管体系的不完善，会带来合同的效力问题，也限制了各种金融中介工具的服务范围。完善法律和监管体系的做法主要包括：完善土地所有权及登记制度；改革执法程序，保障市场交易；取消对非存款机构发放贷款的管制。有时尽管政策环境和法律与监管体系是令人满意的，仍然可能导致金融市场的失败。当农村金融机构无法使其业务成本与收益内在化时，就会出现金融市场的失败。如果存在确认的市场失败问题，那么政府就要考虑采取干预措施以直接解决市场失败问题，并进行成本效益分析以确定：能否用最经济的方法解决这种市场失败问题，如果能，那么最经济的干预措施应该是什么。干预措施包括对农村金融机构的启动成本给予补贴，或在农村地区提供创新的金融服务，对私人金融机构为目标客户发放的贷款进行再贴现，或者通过设立和经营国有农村金融机构来解决市场空缺问题。

2. 消除农村贫困

大多数国家和地区的政府制定农村金融发展的第二个主要目标是减少甚至消除农村贫困。20世纪五六十年代的二元经济理论认为，发达的城市工业从落后的、贫困的农村地区吸收劳动力，可以消除农村贫困问题。这种“涓滴”方法没能有效地解决农村贫困问题。现在的一些理论更强调的是从根本上解决贫困问题。一般来说，农村经济的快速发展是消除贫困的最有保障的途径，通过发展有效的和完全竞争的农村市场来增加农村收入，是实现消除贫困目标的基本措施。仅仅提高农村地区的人均收入还不足以消除贫困人口，因为并不是所有的人都能够从收入增长中获益。因此，减少直至消除贫困需要有特殊的干预措施，就是目标干预项目被证明是正确的，不管政策环境是否适当，市场失败能否被确认，或者在解决市场失败问题时是否找到了有效的干预措施。

解决贫困目标的干预措施的成本与收益应该从其对目标群体所产生的影响方面来评价。有时，一项干预措施可能对目标群体是有益的，但并没有给整个国家的经济带来净收益，因为没有找到改善市场效率的有效方法。然而，解决农村金融市场低效率问题的方法能让那些极少能获得金融服务的群体（如贫困人口）获益。提高收入和消除贫困的手段通常是共同的。政府、资助者和其他非政府组织（non-governmental organizations，NGO）都可以采取一些有效措施来解决贫困问题。这些措施包括农村金融干预和非金融公共干预，如公共事业项目、实物补充方式的实验、粮食补贴、计划生育、农村初级教育和健康项目、农村交通、电力和水利项目，以及对低收入家庭的建房补助等。

农村贫困并不是同质的，特定的方法在不同的社会和经济条件下的效果是不一样的。例如，储蓄和贷款服务有助于比较穷的人平滑其生产和服务，但除非有一个更为广阔的非金融服务和基础设施的配合，否则对于客户来说有效地使用储蓄和贷款服务的机会是有限的。改善农村道路和电力状况，或为村里决定的项目（如流域治理）提供配套资金以提高贫困家庭的挣钱能力通常比金融业务更有效，尤其在农村基础建设落后的地方更是这样。同样，对农村进行初级教育普及，改善卫生、健康状况，对农村的发展具有长远利益，尤其对于那些主要资产是劳动力的极为贫困的家庭来说，可以提高他们的劳动力生产率。

专栏 1-2

贫困线以下的信贷受益者

从 20 世纪 80 年代以来，信贷政策就一直被作为消除贫困的一种措施。Mosley（1998）最近的研究发现，这种信贷项目的效果存在问题。Mosley 运用七个国家的小额信贷机构的有关数据，将借款人的收入增长情况与对比组的收入增长情况进行了比较。为了减小与相似客户比较产生的影响，Mosley 选择了那些借款申请已经被批准，但贷款还没有发放下来的人组成对比组，他发现以下内容。

（1）样本户中所有的借款者的收入都增加了；

（2）营利能力强的农村金融机构对其客户的收入有更大的影响；

（3）不太穷的客户比较贫穷的客户的收入增长快；

（4）处于贫困线以下的客户，其收入情况要比对比组的情况要差；

（5）在贫困线以上的客户则比对比组的情况要好；

（6）每一金融机构的影响曲线将随着该机构的经营业绩的改善而向上移动。

该曲线表示了对客户收入的潜在影响与他们借款之前的收入之间的联系。在这个研究中，曲线呈向上的凹状。

研究发现，最贫困的客户把贷款用于降低风险的目的（如消费或低风险生产技术）。但该研究并未讨论对收入相对较低的贫困家庭用于降低风险的收益是否大于成本（使用贷款相对于取得收入来说还要付出一定的成本，可能会比对比组的人带来更稳定的收入）。多数不太贫困的客户（在贫困线以上的客户）则往往将借款用于诸如技术转移等高风险、高回报的投资项目上。

当信贷政策对迅速增加贫困人口收入来说是一个有效的方式的时候，对于提高最贫困人口的生活水平来说可能是无效的，或是反生产力的。对这部分人就要采取另外的一些扶贫措施了。

正如公共建设项目过高的薪金只会吸引更多的不需要帮助的人（这些人通常排挤了穷人）那样，针对减少贫困而设计的贴息贷款项目只吸引了那些不太贫困的客户，而排挤了目标客户。激励机制和目标利益露出的问题在金融和非金融的措施中都存在，在设计消除贫困的有关政策措施时应该加以考虑。

对一项措施进行成本-收益分析时，还应该对其减少贫困的可能性进行评估，主要的评估指标是贫困缺口或每一单位投资所扶持的人数指标与使用其他措施减少贫困程度的比较。当不同措施的收益相同时，则应考虑成本的最小化，如果不同项目的收益不同，则要进行全面的成本-收益分析。缺乏信息可能会使这种分析很困难，需要进行单纯的实证研究（如贫困评估）以决定在各种不同情景下哪一种政策组合是最有效的。当农村金融政策不是最具成本-收益原则的措施时，就要考虑其他扶贫措施，并对它们的成本和效益进行考察和评估。

1.2 农村金融学的研究对象

农村金融学是适应现代农村经济发展和农村金融活动范围日益扩大的要求而出现的一门新兴学科，是经济管理学科的重要组成部分。农村金融学是农业经济学的一部分，也是金融学的一部分，研究农村金融学必须了解农业经济学和金融学。但是，农村金融学既不同于农业经济学又不同于金融学，它主要探索与阐明农村经济领域金融活动的规律。农村金融学是植根于农村这一广阔的土壤之中，建立在农村经济的运行基础之上，系统地研究农村货币流通、资金运动和信用关系的规律及其运用的一门学科，其在学科体系中的位置见图 1-1。

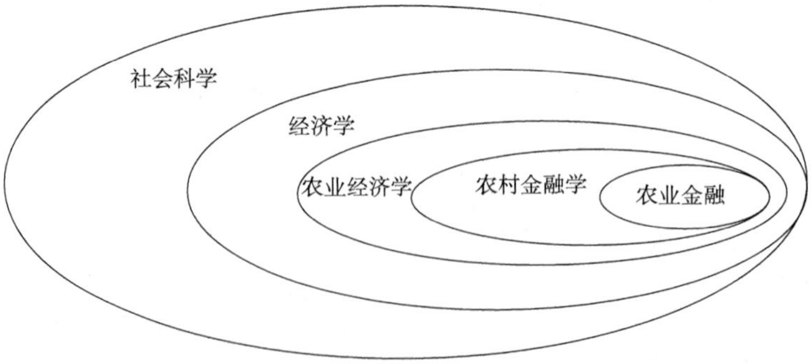

图 1-1　农村金融学在学科体系中的位置

作为经济管理学科的重要组成部分，农村金融学的研究对象是农村经济及与农业有密切关系的各个领域中的货币流通、信用活动与资金运动发生、发展的规律及其所形成的各种经济关系。它包括两个方面的内容：一是研究以信用为手段筹集、分配与管理农村货币资金的活动，研究这种活动所反映的分配关系和交换关系及其内在联系。二是研究如何按照内在联系组织好农村中的资金运动、信用活动和货币流通，以提高经济效益，发展农村经济。其中涉及的研究问题包括农村金融市场、农村资金运动、农村金融体系、农村小额信贷、农村中小企业融资、农业保险、农村金融风险与监管、农村金融创新及国外的农村金融等。

农村金融学虽然以货币资金运动的信用关系为研究内容，但它与货币银行学不同，它不是一般地研究货币、信用、银行，而是集中地研究农村领域里货币流通的特殊规律，以及如何运用这种规律来实现有效的管理。同时，它又和农业信贷管理学不同，它不是单纯地研究农业部门贷款的特点及其管理方法，而是研究整个农村货币资金运动，全面反映金融在农村经济活动中的地位和作用。

农村金融学的任务是以马克思政治经济学和货币信用学为指导，总结农村金融活动的实践经验，研究农村金融活动的新情况、新问题及发展变化规律。同时结合农村社会再生产的各个环节、农村经济的特点、农村资金运动的特点，揭示农村货币资金运行的客观规律，以提高农村经济效益为核心，探讨科学管理农村资金的制度和方法，降低农村货币运行成本，提高农村资金使用效率，为国家制定农村金融方针、政策、法律提供科学依据。从而进一步按市场经济规律发展农村金融，充分发挥农村金融在促进农村经济和社会发展中的核心作用，促进农村产业化的调整和农业的升级换代，实现农村社会的公平、稳定以及和谐，提高农民收入，缩小城乡差距。

1.3 现阶段中国农村发展与农村金融

中国自 20 世纪 70 年代后期实行农村经济体制改革以来，给农业生产和农民收入带来了巨大的增长，农村经济的发展取得了举世瞩目的成就。进入 21 世纪后，中国农业和农村发展进入了以工补农、以城带乡的新历史发展阶段，农业和农村经济面临全面转型，推进农业和农村经济结构的战略性调整，成为农业和农村经济工作的中心任务，现代农业高投入、高产出需要更大强度的资金支持，农村经济发展对资金要素的依赖程度日趋增强。农村经济发展出现的农业现代化、农村工业化和农村城镇化新趋势，以及农村基础设施建设和农村公共卫生条件的加强与改善，都对农村金融服务需求产生了极大的影响，农村金融需求主体对金融产品和金融服务的需求也发生了很大的变化。

1.3.1 农村经济发展与农村金融

1. 农业现代化与农村金融

农业现代化是“从传统农业向现代农业转化的过程和手段。在这个过程中，农业日益用现代工业、现代科学技术和现代经济管理方法武装起来，使农业生产力由落后的传统农业日益转化为当代世界先进水平的农业。实现了这个转化过程的农业就叫做农业现代化的农业”。当前，农村经济正在发生前所未有的变化，农村经济结构的调整、农业产业的升级都将对农村的金融需求格局产生影响。我国经济发展进入新常态，经济增长从高速转向中高速，在出现许多积极变化的同时，经济下行压力不断加大。稳定经济增长，首先要稳定农业，否则就可能出现增速走低、供给不足、物价走高的不利局面。我国是世界上农业开放程度最高的国家之一，农业深度融入国际市场。这对农业现代化建设，既有难得机遇和有利条件，也有各种风险和挑战。为了迎接这一挑战，我国农业必须进行战略性结构调整。农业战略性结构调整是一项新的系统工程，它既包括农作物品种的改良、种养习惯的调整改变、新的生物技术的推广运用，也包括生产市场化和商品化程度的进一步提高、新的产业领域的开发、新的投资领域的探索，还包括扶持和培育农业产业化经营、引导农村剩余劳动力的转移等。所有这些的资金需求巨大，仅靠“三农”自身积累无法实现对资金需求的满足。同时由于风险较大，常规的银行信贷活动也难以支持，所以需要有新的金融方式，提出了创新农村金融服务的要求。此外，农业适度规模经营越发展，农业现代化水平越提高，对金融的需求就越强烈。

（1）现代农业经营模式下的农户、龙头企业等单个微观主体对资金和农村金融服务的需求明显扩大，引发农村金融服务的需求总量迅速扩张。现代农业更多地表现为面向市场发展的集约型农业，相对于常规农业，无论是启动资金还是运行资金其需求数量都会扩大。同时随着农户、公司和龙头企业参与结构调整与农业现代化的深度推进及广度拓展，对农村金融服务需求的种类和数量会迅速增加。尤其是随着农业产业由低层次向高层次的推进，农户和龙头企业随着其从农产品生产向农产品深加工领域的延伸，对设备购置等初始投入和运营资金的需求更大。而这些资金的需求除农户和企业的自有资金及国家可能提供部分财政支持外，只能主要寄希望于通过农村金融来满足。

（2）农业现代化过程促进生产经营资金特别是长期资金和银行中间业务的需求相对增加，并引发对金融创新产品和创新业务需求的不断增长。随着农业结构调整和产业化层次的推进与提高，农户对资金的需求会出现生活性资金比重下降、生产性资金比重上升的趋势。特别是越来越多的公司和龙头企业以及中介组织加入农业现代化经营中去，从而对资金和金融服务的需求更旺，并且出现对长期性资金的需求更快增长的趋势。农业现代化过程是农业产业链不断延伸、农业分工日益细化的过程，势必会刺激农村金融需求的分化，在传统的存贷款业务之外，需要更多的现代金融产品、金融创新业务，如对股票、债券、期货、保险、投资基金等金融业务的需求会不断增长，甚至会促进汇兑、租赁、信用卡等银行中间业务的需求相对增加。

2. 农村工业化与农村金融

农村工业化是指农村各种经济要素重新组合后，农业劳动向工业劳动的转移和传统农业向现代农业的转换过程，它的主要表现形式是农村劳动力大部分进入企业，农业生产实现机械化、企业化与市场化。农村工业化发展战略具有十分重要的现实意义：既有利于整个国民经济的发展，又有利于延伸农业产业化链条，扩大农业产业化成果，推进科教兴农战略并实现农村人力资源的开发。显然农村工业化发展战略并不是要“化”掉农业和农业作为基础产业的地位，而是要通过技术进步与发展教育的手段提高农民素质，增加农民收入，进而改变传统农业的落后生产方式，为农业提供资金，消化农业过剩人口，并以市场为纽带，建设农工贸一体化、经科教相结合的农村经济可持续发展的新模式。

农村工业化进程的顺利推进涉及的条件保证是多方面的，其中之一就是金融的支持。从一般意义上说，任何工业化进程都需要原始资金的启动支持，农村工业化当然也不能例外；从农村的剩余积累来看，内部的自我积累与循环很难支撑农村工业化的起步与持续。推进农村工业化是新时期中国农村经济发展的主要任务。按常规指标测定，中国已进入工业化初期向中期过渡的时期。目前，沿袭20世纪90年代中后期以来的农村工业化建设之路，许多农村及偏远落后地区进行工业科技园、经济开发区的建设，需要大量的资金投入。而在此进程中，金融如何融入并有效发挥支撑作用，始终是一个比较核心的问题。

（1）民营经济成蓬勃发展之势使个体工商户、中小企业法人成为信贷服务的主要需求者。工业化使农村人口和农村产业重新分布，大多数农民洗脚上田，从工从商，他们中的一部分将从事商业和服务业，一部分将成为产业工人的一部分，传统农业正在产业体系中悄然退出，第二产业、第三产业上升到主导地位，中小民营经济成为地方经济发展的新生力量。在这种情况下，传统农业资金需求饱和，而中小民营企业资金需求旺盛。

（2）经济结构的多层性决定了金融需求的多样性。传统农村社区存贷业务是当地的主要金融服务内容，工业化、城市化促进了金融需求多元化，农业产业向规模化、专业化和集约化转变，农村工业向规模化转变，并最终与城市工业对接。在整个农业经济向工业经济转变过程中，消费信贷需求逐渐替代一般农户种养业贷款需求，农村金融机构贷款支持产业从纯农业向城镇工业和服务业梯度推进，且贷款需求额度越来越大。

1.3.2 农村社会、文化发展与农村金融

1. 农村城镇化与农村金融

农村社会城镇化、农民市民化，是我国农村社会发展的根本方向，只有农村城镇化、农民市民化，才能真正实现全面小康，真正实现现代化。因此推进农村城镇化是新时期中国农村经济发展的主要任务。近十多年来中国农村城镇化建设有了长足发展，尤其是长三角地区、珠三角地区相当部分县（市）已经实现了城乡一体化。

中国已进入工业化初期向中期过渡的时期，但是中国城镇化进程严重滞后，关键在于城镇建设的固定资产投入不足。长期以来，中国农村的固定资产投资和农业发展投入，全靠国家财政。改革开放以后，国家财政支农资金在国家财政总支出中的比重逐年下降，财政支农的形势日益严峻，必然对农村金融的支农功能提出新要求。金融的功能在于，它能在财政支持不足的情况下，发挥金融“化储蓄为投资”的超前支持效果，发挥金融——现代经济核心作用，走“供给”引导金融经济模式，对解决目前中国“三农”资本投入不足问题具有较强的现实意义。

农村城镇化对农村金融服务的需求变化的影响主要有以下几个方面。第一，资金需

求的数量巨大、期限较长。由于城镇化建设的开展，需要进行交通、通信等基础设施建设和城镇房产开发，需要的资金不仅数量巨大，而且期限较长。为了筹措这些资金，需要银行等金融机构贷款，更需要通过发行股票、债券以及信托投资等方式进行，因此需要有新的融资工具和融资方式。第二，金融机构种类要齐全，金融业务要多样化。随着城镇化的发展，企业单位增多，对金融服务的需求多样化，从而需要不同的金融机构为之服务，不仅需要银行机构，还需要保险、证券、信托等金融机构；从金融种类上看，既需要传统业务，还需要创新业务，特别是现代银行中间业务。第三，要求金融服务手段、设备现代化，以提高服务效率和服务水平，如对信用卡、自动取款机、电话银行等现代金融服务品种的需求日益提高，从而与城镇化的农民收入和消费水平相适应。

2. 农村基础设施建设与农村金融

农村基础设施建设主要是指水、电、路、通信等生产性和公共性的基础设施建设，它是衡量农村居民生存和发展环境的基本条件。在传统体制条件下城市的公共设施建设是由国家提供的，而农村的同类公共设施建设是由农民自主解决，国家只提供适当补助。自从 1998 年国家发行大量国债以增强城乡基础设施建设以来，农村的基础设施建设有了一定改善，但国债资金的投入依然是城市多、农村少。由于国家集中大量资金用于城市基础设施建设，城市的现代化水平上了一个大台阶，而农村的基础设施建设暴露出来的问题越来越突出。当前全国农村还有部分的行政村和大量的自然村不通公路，一些村庄没有合格的饮用水。我国农田灌溉设施大多数是 20 世纪五六十年代修的，年久失修，老化情况十分严重。许多水利设施闲置、退化，沟、河、塘、水库淤积，水量减少，农业抗洪、抗旱能力下降，导致农民收入难以提高。由于农村公共设施投入少，农民上学难、行路难、就医难的问题没有根本解决，农村基础设施建设的严重不足，造成城乡居民的生存和发展环境差距越来越大。农村基础设施建设直接关系到农村建设的方方面面，因此，通过财政和金融共同支持，能够起到事半功倍的效果。

3. 农村公共服务条件与农村金融

能有利于促进农业发展和提升农民福利的公共服务都是现阶段农村应有的基本公共服务，其中主要包括义务教育、医疗卫生、社会保障等。目前，虽然实行了九年义务教育，对农村小学实行“两免一补”政策，东部发达地区实行了“双高普九”，但城乡教育资源分配不均的根本问题没有解决，教育不公平问题没有解决。我国农村居民人均受教育年限为 7.6 年，比城镇居民低 3 年。在医疗方面，虽然大多数都建立了乡镇卫生院，但由于资金不足，设备有限，医疗卫生方面的人才缺乏，老百姓小病不去看，大病都出镇，乡镇卫生院经营困难。虽然实行了“新农合”，从一定程度上缓解了村民看病贵的难题，但与城市相比，报销比例低，最高限额也较低，没有从根本上解决看不起病的问题。此外，对农村的科技服务、信息服务等比较缺乏。从目前情况来看，农村公共服务条件继续改善，对此，仅仅有政府的财政投入是远远不够的，必须采取切实可行的措施，得到金融的大力支持。只有这样，农村公共服务条件才有可能得到尽快的提高。

本章小结

（1）本章为全书总论，简要介绍了农村金融的含义与特点、农村金融的地位和作用、农村金融发展的政策目标、农村金融学的研究对象和范围，回顾了中国农村金融的产生与发展，阐述了现阶段我国农村发展与农村金融的关系。

（2）农村金融即农村货币资金的融通，是指在农村地区以及与农业有密切关系的各个领域中，以信用手段为农民、农业和农村经济服务而筹集、分配与管理农村货币资金的活动，具有涉及面广、管理较难、政策性强和风险较高的特点。就农村金融活动而言，农村金融是农村经济运转中的能动触媒；就农村金融部门而言，农村金融是农村产业结构中的导向产业；就农村金融企业而言，农村金融是农村经济网络中的枢纽组织。农村金融的作用主要表现在促进农村经济增长，增加农民收入，加强农村社会事业建设，维护社会公平，营造农村诚信文化，提高农民素质上。通过促进经济增长来增加收入和减少贫困是农村金融发展的两个目标。农村金融学是经济管理学科的重要组成部分，是一门主要研究农村经济及与农业有密切关系的各个领域中的货币流通、信用活动与资金运动发生、发展的规律及其所形成的各种经济关系的学科。

（3）我国农村货币资金运动中的信用关系，从萌生到发展，经历了曲折而漫长的历程。农村金融的产生和发展依附于农村经济，表现为农村经济状况决定农村金融活动，农村金融又反作用于农村经济。在不同的社会经济形态下，农村金融所反映的经济关系和它所发挥的作用有着本质区别。

（4）随着政府对“三农”问题的高度重视，进入 21 世纪后，我国已经进入以工补农的阶段，农村的发展面临着新的形势，对金融服务需求也产生了变化。促进现代农业的发展、推动农村城镇化、加强农村基础设施建设都需要农村金融的支持。

关键术语

农村金融学　农村金融　农村经济增长　农民收入增加　减少农村贫困　农村发展　“三农”问题　以城带乡　农业产业化　农村工业化　农村城镇化　农村基础设施建设

复习与思考

1. 何谓农村金融？农村金融有何特点？
2. 简述农村金融的地位和作用。
3. 农村金融有哪些类型？如何区分农村正规金融和非正规金融？
4. 农村金融学的研究对象是什么？
5. 简述农村金融市场的有效性和发展程度的评价标准。
6. 试述现阶段我国农村发展与农村金融的关系。

参考文献及推荐阅读

甘犁，李运. 2014. 中国家庭金融调查系列报告：中国农村家庭金融发展报告 2014. 成都：西南财经大学出版社.

徐忠. 2005. 建立商业可持续的现代农村金融框架：中国贫困地区农村金融需求与供给研究. 金融纵横，（3）：7-12.

谢平，徐忠. 2013. 新世纪以来农村金融改革研究. 北京：中国金融出版社.

张杰. 2003. 中国农村金融制度：结构、变迁与政策. 北京：中国人民大学出版社.

Mosley P，Hulme D. 1998. Microenterprise finance：is there a conflict between growth and poverty alleviation? World Development，26（5）：783-790.

第 2 章

农村金融理论基础

学习目标：

1. 掌握现代金融发展理论的发展过程。
2. 了解金融深化论的基本模型及理论贡献。
3. 熟悉金融约束论的基本框架及政策主张。
4. 熟悉农村金融理论的演变及发展。
5. 理解农村金融发展的新范式构成。
6. 掌握农村金融发展的衡量方法。

货币在经济增长中的作用历来是经济学最古老、最持久、最重要的问题之一。20 世纪 60 年代以后，金融在经济发展中的作用得到了越来越多的关注，金融发展对资本积累与经济增长具有极其重要的作用，发育良好的金融市场有利于储蓄的增加以及储蓄向投资的有效转化。金融发展是指金融总量的增长与金融结构的改善和优化，主要包括金融资产的发展、金融机构的发展以及金融市场的发展。从金融抑制论到金融深化论再到金融约束（financial restriction）论，现代金融发展理论经过不断的积累和发展，已形成比较成熟的理论体系。理论是实践的产物，又是新实践的先导。本章将回溯现代金融发展理论的形成和发展，由此重点学习和理解发展中国家的农村金融领域三种不同的理论流派，即农业信贷补贴论、农村金融市场论和不完全竞争市场（imperfectly competitive market）论。

2.1 现代金融发展理论

在现代金融史上，对金融与经济之间关系最早进行专门阐述的是美国的经济学家约翰·G. 格利和爱德华·S. 肖，1955 年 9 月他们在《美国经济评论》（*American Economic Review*）发表的《经济发展的金融方面》一文，第一次从金融的角度探讨了金融在经济发展中的作用。1960 年，格利和肖在他们合著的《金融理论中的货币》一书中，更清晰地描述了经济与金融的关系，在这部著作中，格利和肖提出，各个经济部门或单位之间的“事前”储蓄和“事后”投资的差异是金融制度存在的前提，金融制度的存在，是在整个储蓄-投资过程中把资金从储蓄者转移到投资者的必要条件，充分发展的金融制度是由多种金融机构、多样化金融工具和金融市场组成，货币和银行只是众多的金融资产和金融结构中比较重要的组成部分而非全部。格利和肖认为“一国经济能否最有效地运用其资源，在一定程度上取决于它的金融制度的效率。”（Gurley and Show，1960），同时认为金融发展与经济发展之间存在着一种相互抑制的关系，他们认为发展中国家经济和金融发展停滞不前的重要原因是各国普遍建立的以抑制为特征的金融制度，强调经济中的金融部门与经济发展息息相关，如果金融领域本身机制被压制或扭曲的话，金融就会对经济发展产生一定的阻碍和破坏的影响，即“金融抑制”。为此，应推行以金融深化为目的的金融发展战略，消除金融抑制，用价格机制与分权机制代替金融配给机制，拓展储蓄者对投资机会的选择区间，减少人为因素对金融市场的干预，借助市场的力量以实现利率、储蓄、投资与经济增长的协调发展。这些重要的理论观点即使在 21 世纪的今天仍然具有十分重要的理论和政策意义。

2.1.1 金融抑制论

主流货币理论即货币主义模型和新凯恩斯主义模型建立在严格假定的基础之上，如资本等生产要素的可分割、货币与实物资本是相互竞争的替代品、金融市场非常发达等。但罗纳德·麦金农（Ronald I. Mckinnon）和爱德华·S. 肖认为主流货币金融理论的这些前提假设条件完全不符合发展中国家的实际情况，无法正确解释发展中国家所普遍存在的金融现象。

实际上，1973 年麦金农在《经济发展中的货币与资本》中率先提出了发展中国家存在的“金融抑制”的现象。大多数发展中国家的金融体制和经济发展之间表现出来的是相互制约的关系。金融体制落后和效率低下，阻碍了经济的发展，经济的呆滞又限制了资金的积累，制约了金融的发展，从而形成相互“促进”的恶性循环式的金融抑制。金融抑制现象具体表现在以下几个方面。

1. 金融市场价格扭曲

无论是存款利率还是贷款利率都被政府压得过低，不能如实反映资金的稀缺程度和供求状况。同时，银行的垄断地位抑制了创新活动（因为创新伴随着高风险）。正如禁止销售酒精饮料通常会使酒的生产者和那些受命执行禁酒法令的人员获得高额利润（享用酒的消费者受到损失）那样，对利率的限制会为金融家带来垄断利润，以及因拒绝把贷款给予那些从社会角度看是有希望的创新者所造成的资源配置不当。

此外，低利率造成资本的过度需求，只能通过信贷配给的方式予以解决，而配给制则进一步降低了经济效率。在私人银行系统中决定信贷分配的往往是裙带关系而不是经济标准。在一个国有的银行系统中，常常是政治影响决定着投资的方向。

因此，解除金融抑制，提高实际利率是达到较高投资水平和提高投资效率的关键因素，也是提高经济增长率的重要条件。

2. 信贷管制

如上所述，低利率造成的资金过度需求是导致信贷配给的主要原因。此外，由于缺乏有效的货币和资本市场，货币当局无法运用间接工具进行操作，而常常采取对信贷的直接管制，包括向政府扶持的部门提供优惠利率的贷款。但正如麦金农所指出的“政府往往乐于通过提供补贴去赞助某些借款者，但利用信贷系统去提供一种间接补贴不像是达到这一目的的一种有效手段。如果要使信贷方向的行政监督和管理行之有效，就必须付出财力，甚至还有些更高的其他间接成本，因为像情人一样，投资者和储蓄者总有办法安排约会”。银行总是设法逃避这种低利率的信贷配给而把资金投向高利率的非正规金融市场，而且为获得信贷配给和优惠利率贷款而进行的大量“寻租”行为，也造成了社会财富的极大浪费。与补贴连在一起的价格歧视所耗费的资源成本并不小，其代价包括进行管制、服从管制和逃避管制等所耗费的成本。

3. 金融市场的分割

为了保证资金的投向符合政府的意图，发展中国家的政府建立了各种专门信贷机构，并对金融机构的设立和经营范围加以严格限制，政府还常常直接命令中央银行以非常低的（或实际上是负的）利率向新的特殊信贷机构贷款以致造成基础货币的过度供给并最终引起通货膨胀。而各类金融机构又往往受不同当局管理，彼此各行其是，效率低下。

4. 货币市场与资本市场不发达

货币市场通常只有银行间拆借市场初具规模，其他市场如票据市场、国库券市场则很不发达（或根本没有）；而长期资本市场只有政府债券的一级市场具有一定规模，而且常常是政府强行出售给金融机构的。正规金融市场的不发达和利率限制使私人钱庄、当铺、高利贷者等组成的非正规市场发展起来，这种金融二元结构是金融抑制的重要表现。此外，多数发展中国家对外汇市场也实行严格的管制，包括资本流动限制和外汇管制。

5. 高准备金率和通货膨胀

发展中国家为了控制信贷和增加政府收入，通常对金融机构存款实行高准备金率。很多国家以多种形式存在的准备金率超过 50%，可贷资金离开公开市场的商业信贷活动，用于政府的各种补贴性用途，政府本身成为银行系统的主要借款者，这进一步降低了存款者收益并对私人投资产生极大的“挤出效应”，更为严重的是，高额准备金主要被用来弥补巨额财政赤字，这样虽然能暂时避免赤字货币化所引发的通货膨胀，但随着提高准备金率的余地越来越小，恶性通货膨胀已成为不可避免的了。

麦金农和肖关于金融抑制的理论体现在以下四个方面。

（1）金融体制和经济发展之间是一种相互推动和相互制约的关系。一方面，健全的金融体制能将储蓄资金有效地动员起来并引导到生产性投资上去，从而促进经济发展；另一方面，经济的发展也会通过国民收入的提高和经济活动者对金融服务需求的增长而刺激金融业的发展，形成一种互相促进的良性循环。但是，大多数发展中国家的金融体制和经济发展之间却存在着一种相互制约的关系。一方面，金融体制的落后和缺乏效率束缚了经济的发展；另一方面，经济的呆滞又限制了资金的积累，制约了金融的发展，从而造成金融抑制与经济落后相互促退的恶性循环。

（2）恶性循环的根源在于金融抑制，即政府当局实行过分干预和管制的政策。制度的缺陷和政府政策上的失误使发展中国家对经济活动的各个领域都做了过多的行政干预。金融领域的干预主要表现为金融当局硬性规定存款和放款利率的上限，使利率不能正确反映资金的供求状况和发展中国家的资金短缺现象，同时不能有效地控制通货膨胀，以致实际利率（即名义利率减去通货膨胀率）为负数。另外，金融体系在国家控制下以配给的方式供应信贷，在这种信贷配给制下，资金几乎是无偿使用。并且，能获得较多信贷的大多为享有特权的国有企业以及与官方金融机构关系密切的企业，而一些中小企业可能得不到金融机构的支持，从而导致资金使用效率下降。对外汇市场进行管制，汇率无法真正反映外汇的实际供求，过度的干预导致资源的不合理配置及严重浪费，致使就业不足，经济落后。

（3）金融抑制的结果是政府有可能积累财政赤字，加剧通货膨胀，进而进一步采取金融抑制的办法，从而形成“金融抑制—经济停滞”的恶性循环。金融抑制为政府利用有限的经济调控工具提供了充足的机会。一方面，政府对可以控制的金融机构直接规定高额存款准备金率、法定持有政府债券比率、存贷款利率上限，对特权部门和关联部门提供优惠贷款等；另一方面，对政府难以通过行政命令干预的私人部门则通过交易税、印花税等财政手段和各种法律条文及严格的市场准入限制等，制止来自私营部门的竞争。

（4）针对上述情况，减少政府干预，以金融深化来消除金融抑制。

由此，麦金农和肖得出结论：要使经济得到发展，就必须使金融得到发展。要发挥金融对经济增长的作用，必须摒弃“金融抑制”政策，推行“金融深化”政策。金融深化有助于经济的良性循环。

专栏 2-1

罗纳德 · 麦金农

罗纳德 · 麦金农教授，男，美国斯坦福大学教授，当代金融发展理论奠基人。1956 年获埃尔伯塔大学文学学士学位，1961 年获明尼苏达大学博士学位。罗纳德 · 麦金农教授长期执教于美国斯坦福大学经济系，自 1984 年至 2014 年一直担任该系国际经济学教授，长期为国际货币基金组织（International Monetary Fund，IMF）、世界银行、亚洲发展银行以及广大发展中国家政府提供货币政策和经济金融发展的专业咨询。

麦金农教授是世界上首先分析“金融压抑”对经济发展构成严重障碍的经济学家。他的第一本著作《经济发展中的货币和资本》成功地分析了金融压抑的危害，指出利率管制和人为的低利率抑制了储蓄的增长并导致资源配置的低效率，因而提出了解除对实际利率的限制从而使其反映储蓄的稀缺性，刺激储蓄，提高投资水平，为经济发展提供一个高效率的金融体系这一金融深化理论的思想，成为金融发展理论的奠基之作。

麦金农教授的研究涵盖了国际经济学、经济发展、转型经济、财政联邦制、银行和金融市场监管，以及全球和地区货币体系的演变等诸多领域。20 世纪 90 年代东欧剧变后，一些国家实行“休克疗法”的经济体制变革，对此麦金农教授是为数不多的提出改革顺序和渐进式转轨的西方学者之一，而且是极为重要的领军人物。他的观点体现在 1993 年出版的《经济自由化的顺序——向市场经济转型中的金融控制》一书中，对市场经济落后、金融发展脆弱的发展中国家给出了金融自由化的政策顺序，其中特别分析了中国经济有序开放的成功之处，对那些处于由中央计划经济向市场经济转型的社会主义国家产生了深远影响。

麦金农教授的经济理论在西方经济学理论中占据着重要的地位，并对发展经济学做出了有益的贡献。他揭示了当代以美元为本位货币制度的内在必然性。他研究了不同国家的货币汇率政策，指出发展中国家在贸易自由化的同时实行金融自由化的重要性。他对如何在贸易和金融自由化过程中保持对货币的控制提出了独到见解。人们都知道，金融发展与经济增长密切相关，每个国家在经济发展中都会受到金融资源有限的制约。因此，金融发展一直以来成为国际学术界和各国政府部门高度重视的问题。今天人们只要提起金融改革和金融深化，无不谈起麦金农教授，无不谈起那本已成为当代金融发展理论奠基之作的《经济发展中的货币和资本》。

2.1.2　金融深化论

金融深化理论是在金融抑制的基础之上提出来的。由于“金融抑制”是一个不均衡现象，阻止了市场出清，妨碍了市场按照最优方式分配资金的功能，因此，到了 20 世纪六七十年代，发展中国家所普遍存在的“金融抑制”已愈益明显地导致发展中国家经济效率的降低，从而成为经济发展的严重障碍。为此，麦金农和肖指出，要解决这一问题，发展中国家就必须全面地进行金融改革，特别是必须放弃政府对金融业的管制和人为干预，实行金融的“市场化”或“自由化”，即让利率和汇率由市场供求决定，以充分发展市场机制的作用，通过这种“市场化”或“自由化”改革来实现“市场出清”并提高经济效率，只要这样，发展中国家才能实现金融发展与经济增长之间相互促进的良性循环。这就是著名的“金融深化”理论。

1. 金融深化论的基本模型

麦金农和肖的“金融深化”理论模式可用图 2-1 加以表示。

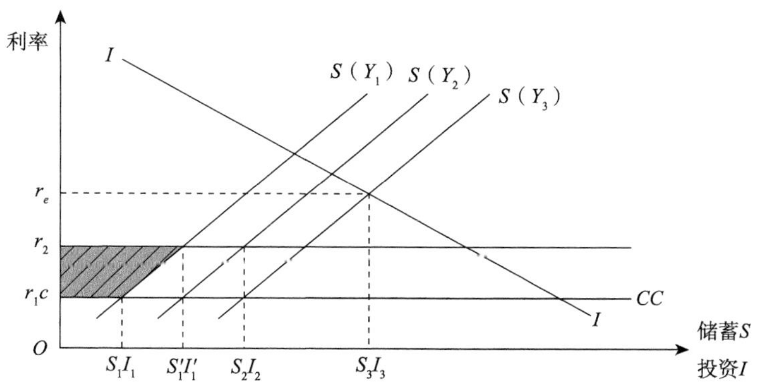

图 2-1　麦金农和肖的“金融深化”理论模式

在图 2-1 中，横轴表示储蓄和投资的数量，纵轴表示利率。I 表示社会投资曲线，$S(Y_1)$ 表示当国民收入为 Y_1 时的社会储蓄曲线，$S(Y_2)$ 表示当国民收入为 Y_2 时的社会储蓄曲线，$S(Y_3)$ 表示当国民收入为 Y_3 时的社会储蓄曲线。

根据图 2-1，在不存在“金融压制”的条件下，r_e 为储蓄曲线 $S(Y_3)$ 和投资曲线 II 相交时所决定的均衡利率。CC 为“金融压制线”，该“金融压制线”代表政府硬性规定利率上限 r_1，从而将实际利率压低在均衡利率之下的情形。

如果假定一国的储蓄全部转化为投资，并舍掉外资，则图 2-1 表示当金融当局将实际利率人为压低在 r_1 时，实际投资仅为 I_1。其原因在于：当利率水平被政府压低为 r_1 时，金融体系所能吸纳的社会储蓄总量仅为 S_1。同时，低利率又意味着投资成本低，结果，生产率很低的投资项目也得以开工，从而使整个国家的投资效率下降。因此，压低利率一方面使资本积累不足，另一方面又使投资效率下降，从而会严重地阻滞经济的发展。

如果金融当局放松金融压制，将实际利率从 r_1 提高到 r_2，这就会使社会储蓄从 S_1 增加到 S_1'，结果使社会投资从 I_1 增加到 I_1'。由于投资增长，国民收入从 Y_1 增加到 Y_2。而国民收入增加，就会使社会储蓄曲线右移到 $S(Y_2)$，而这又会使投资增加。因此，在利率水平上升到 r_2 时，储蓄和投资都增加到 S_2 和 I_2。同时，由于利率的提高会阻止企业家从事在均衡利率水平下不可能盈利的低收益投资，原来低效益的投资项目即收益率勉强超过人为压低的利率的项目（图中阴影所代表的部分），立即会成为无效益的投资而被放弃，只有那些生产率较高，在均衡利率水平下也能盈利或能产生更大收益的项目才能得到大量投资，这样就会使整个国家的投资效益提高。因此，提高利率，一方面会提高社会储蓄率，从而真正加速资本的积累，另一方面又能提高投资效率，从而对国民经济的发展起到促进作用。

如果政府完全取消金融压制，使利率完全由市场供求关系决定，这时，利率就会上升到均衡利率的水平 r_e，这时，该经济体的储蓄和投资还会进一步扩大，从而会导致该经济体的国民收入更大幅度地增长。

基于以上分析，“金融深化论”认为，只要政府放弃对金融的过分干预或管制，取消对利率和汇率的人为压制，使利率和汇率由市场供求决定，从而使利率真实反映资金和外汇的实际供求状况，并充分发挥其调节资金和外汇供求的应有功能，就会一方面以均衡的利率动员较多的储蓄以加快金融的发展，并以均衡的汇率促进出口从而增加外汇的供给，另一方面在均衡的利率或汇率水平上满足有效率的资金需求或外汇需求，从而提高资金或外汇的使用效率，进而最终实现金融发展与经济增长之间的良性循环。

2. 金融深化论的理论贡献

麦金农和肖根据发展中国家的经济与金融现实修改或补充了西方主流的金融理论和经济发展理论，并将金融理论与经济发展理论结合起来，提出了颇为新颖的观点，从而在国际经济学界引起了较大的反响，其贡献主要在于提出了利率高低与投资大小成正比关系的新观点。

根据发展中国家的实际经济状况，麦金农和肖一反利率高低与投资大小成反比关系的流行观点，提出了利率高低与投资大小成正比关系的新观点。他们首先指出，主流的货币金融理论（包括凯恩斯主义的货币理论及货币主义的货币理论等）之所以认为利率高低与投资大小成反比关系，是因为其理论是建立在以下的基本假定基础之上的：①生产要素（尤其是资本）可以分割，即由于发达国家存在着制度完善、市场发达且自由进出及资本证券化等条件，因此，各类生产要素（尤其是资本）能够灵活流动，得到有效利用；②货币与实物资本（投资）是相互竞争的替代品，两者都是资本或财富的组成部分；③金融市场完善，市场处于均衡及出清的状态，因此，货币与实物资本（投资）能顺利地相互替代转换，这就会使各种资产的收益率（用利率表示）在市场供求的作用下趋于一致。根据以上假定，就可得出如下结论：当利率（存款利率）提高时，即货币的收益率增加时，人们就会把实物资本（投资）转化为货币（存款）。而当利率降低时，人们就会把货币转化为实物资本以进行有利可图的投资，因而就形成利率高低与投资大小成反比关系的现象。麦金农和肖将这种利率高低与投资大小成反比关系，即提高利率压抑投资，降低利率刺激投资的现象称为“替代效应”。

麦金农认为，主流货币金融理论的这几个前提假设完全不符合发展中国家的实际情况。在大多数发展中国家，金融市场缺乏或不发达，金融体系也极不完善，因此，企业投资较难靠外部融资，即较难在金融市场上发行证券来筹集资金，而只能主要依靠内部融资，即依靠自己的内部积累来筹集投资资金。而且，由于经济基础设施薄弱，市场机制不健全，特别是缺乏金融市场和金融工具，因此，在大多数发展中国家，生产要素（尤其是资本）是不可分割的，投资的门槛较高，即投资必须将资金积累到一定的规模以后才能实际进行；再者，由于缺乏非货币性金融资产，因此，在发展中国家，资产主要由货币和实物资产两类构成。在这些条件下，投资者要想进行投资，就必须在投资之前将货币量积累到相当规模。这表示，如果投资需求越大，则积累货币的需求也越大。

由此，麦金农提出，就发展中国家来说，其货币需求函数应为

$$\left(\frac{M}{P}\right)d = L\left(Y, I / Y, d - p^{*}\right) \tag{2-1}$$

其中，$\left(\frac{M}{P}\right)d$ 为实际货币需求；L 为需求函数；Y 为收入；I 为实际投资；d 为名义存款利率；P^{*}为预期物价变动率；$d\text{–}p^{*}$为实际利率。

L 的所有偏导数都是正数，故 $L_1=\partial L/\partial Y>0$，它表示货币需求与收入呈同方向变动。$L_2=\partial L/\partial(I/Y)>0$，它表示投资率越高，则实际货币需求越大，即货币与实物资本是并行增长的。$L_3=\partial L/\partial(d-p^{*})>0$，它表示实际利率越高，货币需求越大，其原因是，利率越高，实质投资的意愿越高，则货币积累的需求也就越大。如果用 r 代表实际投资的平均收益率，则货币需求函数又可写为

$$\left(\frac{M}{P}\right)d = L\left(Y, r, d - p^{*}\right) \tag{2-2}$$

其中，偏导数 $L_2 = \partial L / \partial r > 0$ 。

在以上分析的基础上，麦金农认为，由于货币需求与实际投资同时增加，因此，货币与资本（投资）非但不是相互竞争的替代品，反而是相互补充的互补品。货币余额越

多，投资规模则越大，货币成了投资的先决条件或渠道。如果货币的实际收益率（实际存款利率）提高，则货币需求增加，货币需求增加则导致货币积累量增加，这就扩大了内部融资的资本形成机会，即投资机会增加。因此，在发展中国家，提高利率反而刺激投资，降低利率却压抑投资，利率与投资成正比关系，这种现象称为“渠道效应”[①]。

不过，麦金农也承认，如果（$d-p^*$）超过某一限度，则人们会继续持有货币（存款），而不愿将之转化为实物资本（投资）。这时，“替代效应”才开始起作用，货币与实物资本才成为相互竞争的替代品，利率与投资的关系才由正比关系转化为反比关系。因此，提高利率与刺激投资是在一定的范围内起作用的，如图 2-2 所示[②]。

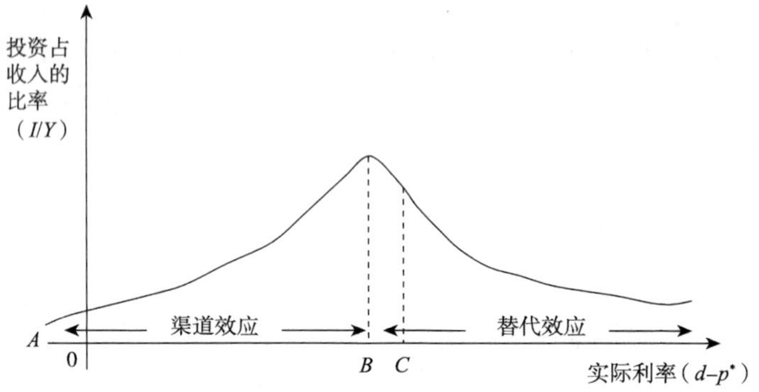

图 2-2　提高利率与刺激投资的作用

在图 2-2 中，横轴代表实际利率，纵轴代表投资率，图中的曲线表示两者之间的关系。从 *A* 至 *B*，代表“渠道效应”占优势的范围，即实际利率、货币需求和投资率同时增加的情况。*B* 点以后的区域，则代表“替代效应”占优势的范围，即利率升至 *B* 点以后，人们愿意继续持有货币，投资率下跌，货币与实物资本成为替代品。即使如此，由于（$d-p^*$）的提高，生产者也可能宁愿积累货币，也不愿进行囤积原料和半制成品的浪费性投资行为，因此，资本存量的质量将有所提高。在这种情况下，“渠道效应”与“替代效应”在图中的分野可能是 *C* 点而非 *B* 点。

以上论述假定生产者所采取的是内部融资方式，但同一理论也可应用于外部融资的情况。

专栏 2-2

发展中国家金融自由化的初次实践——拉美的激进方式

最早对金融体系进行自由化的是拉美国家，促使拉美国家改革的最直接原因是

---

① 虽然麦金农和肖两人在金融深化问题上的基本观点相同，但他们分析的着眼点却有所不同，麦金农着眼于“渠道效应”（即实际利率提高—实际货币余额需求增加—实质资本形成增加—投资增加—经济发展），肖则着眼于金融中介的作用，即肖更多地将目光放在使金融机构可贷资金量扩张的存款积累上。肖认为，更高的存款利率会刺激金融中介的储蓄增加，这就能增大金融中介的信贷量，从而扩大外部融资水平，并进而增加投资以促进经济增长。尽管麦金农和肖在分析思路上略有不同，但是他们的理论观点基本上是一致的。

② 麦金农. 经济发展中的货币与资本. 上海：上海三联书店，1988：69.

严重的通货膨胀与经济停滞不前。以智利、阿根廷和乌拉圭三国为例，它们在20世纪70年代初普遍的境况是经济增长率低，通货膨胀率居高不下，财政赤字和经常项目逆差大（表2-1）。

表2-1　拉美三国的宏观经济指标（单位：%）

项目	年经济增长率	通货膨胀率	财政赤字/GDP	经常项目逆差/GDP
智利	0.7	>150	13.0	1.5
阿根廷	2.8	>82	12.0	1.0
乌拉圭	1.6	>50	2.5	1.6

注：智利数据是1971~1973年，阿根廷和乌拉圭是1971~1975年。在这种情况下，这三个国家几乎同时于20世纪70年代中后期开始了自由化

资料来源：《国际金融统计》，国际货币基金组织

智利采取了大刀阔斧一步到位的改革方式，1973年，皮诺切特军政府上台后，对居高不下的通货膨胀率分两个阶段降低。政府对信贷的选择性分配也大大减少，金融机构可以自行决定信贷对象。对各种金融活动的限制也逐渐放宽，金融机构得到了充分的自由来管理它们的资产与负债。为了消除国际收支逆差，政府还取消了外国银行进入的限制，降低了外国银行的存款准备金，允许它们发行以美元为面值的贷款，资本流动的限制也被取消。20世纪70年代末取消了对金融机构的限制。

乌拉圭也采取了与智利和阿根廷基本相同的改革措施，于1976年和1977年分两次将利率上限提至90%，使利率上限形同虚设，后来干脆取消了上限。同时，政府取消了对信贷分配的规定，资本流动限制也被取消，银行的准备金率也从1978年开始逐渐降低，至此，银行基本上拥有了充分的自主经营权。

拉美三国“大地震”式的金融自由化使其金融部门获得了迅速的发展，三国的货币化比重M2/GDP）都有不同程度的提高，实际利率也转负为正。但是从金融改革的最终目标在于提高资金配置效率这个角度看，拉美三国金融改革是失败的。金融自由化后，金融机构正常的竞争因素未发挥主要作用，银行却被一些大集团所拥有，成为他们的资金供应商。再加上三国在金融自由化的同时，未加强金融监管，这就导致银行不能正确地评估风险，贷款质量下降，坏账增加。而巨大的劣质金融资产数额证明金融资源的配置效率是低下的。由于中央银行被迫将其信贷注入金融系统，信贷膨胀最后演变成通货膨胀。智利、阿根廷和乌拉圭在金融改革初期曾一度被压低的通货膨胀率再度高涨，金融改革的积极作用逐渐丧失。

在《1987年世界发展报告》中，世界银行以《金融自由化的风险：智利的教训》为题，对激进的金融自由化进行反思。文中指出，“智利的金融改革中最严重的缺点是改革目标太长远。对金融部门缺乏有效的监督而且实际上没有对银行业务进行监督检查”。并总结出二条教训：①金融改单需要伴随着对银行金融部门的严密监督，以避免不适当的金融集中，并防止不健全的银行经营方法。在那些联合大企业构成其工业部门的一个重要部分的国家里，政府需要特别警惕；②在金融部门改革完成以前就开放资本账户会引起不稳定的资本流动；③一项切合实际的汇率政策是重要的，使用名义汇率去稳定国内通货膨胀，可能会导致实际汇率的上升，并造成对贬值的鼓励。在那

鲁大学经济增长中心第5届发展经济学年会上，麦金农（1987年）以“金融自由化的陷阱”为题对其理论在实践中的问题进行了反思，他指出，“自由主义阵营中并不是一切如意，有利于金融自由化的一般情况由于拉丁美洲南部的一系列银行恐慌和倒闭而陷入疑问之中……我们现在认识到，我们关于如何最好地实现金融自由化的知识是非常不完善的。使货币体系稳定的秩序与撤销对银行和其他金融机构的管制比较起来，我们的考虑必须比先前的设想更为仔细”。

市场机制的培育是不可能一蹴而就的。经济个体的利益最大化行为，如果没有一个规范的制度环境，很容易导致经济的混乱甚至崩溃，而经济主体的自律性也只有在健全的市场体系和制度环境中才能慢慢形成。在一个缺乏市场基础且经济主体自律性较差的经济体内部，贸然实行全面的自由化改革，经济混乱和政府监管困难所带来的高昂成本足以在相当长的时间内抵消自由化可能带来的收益。而这种高昂成本必然会给改革带来巨大的阻力。事实上，在20世纪70年代实施迅速自由化改革的拉美国家中，除了智利之外，其他国家的改革都半途而废。而智利坚持改革的成果直到80年代末才显现出来。

资料来源：马君潞. 21世纪金融大趋势——金融自由化. 北京：中国金融出版社，1999

2.1.3　金融约束论

基于对金融自由化理论的批评和反思，20世纪90年代以来，以莱文、赫尔曼、斯蒂格利茨（Stiglitz）、默多克等为代表的新凯恩斯主义经济学家已不再满足于对麦金农和肖的金融发展理论框架进行修修补补，他们认为金融抑制和金融深化模型存在诸多的缺陷和局限性，由此而提出的政策主张过于理想化。根据内生增长理论的最新成果，他们对金融理论进行了进一步的发展，通过将内生增长和内生金融中介纳入金融发展理论分析框架之中，来分析金融中介、金融市场的形成以及金融发展与经济增长之间的关系。发展中国家的经济或转型经济不适合进行金融自由化，金融约束才是适宜的政策选择。由此他们提出了一个替代金融深化理论的金融约束理论。

金融约束是政府通过一系列金融政策在民间部门创造租金机会，以达到既防止金融压抑的危害又能促使银行主动规避风险的目的。金融政策包括对存贷款利率的控制、市场准入的限制，甚至对直接竞争加以管制，以影响资金在生产部门和金融部门之间的分配，并通过租金机会的创造，调动金融企业、生产企业和居民等各个部门的生产、投资和储蓄的积极性。政府在此可以发挥积极作用，采取一定的政策为银行体系创造条件鼓励其积极开拓新的市场进行储蓄动员，从而促进金融深化。

1. 金融约束论基本分析框架

金融约束租金机会的产生机理，可以通过引入一个简单的三部门体系信贷市场的供求模型来阐释。假设金融体系分为供给资金的家庭部门、使用资金的企业部门和作为金融中介的银行部门，并假设客观经济环境稳定，通货膨胀率较低且可以预测，实际利率为正值，租金创造的利率机制表现如图2-3所示。

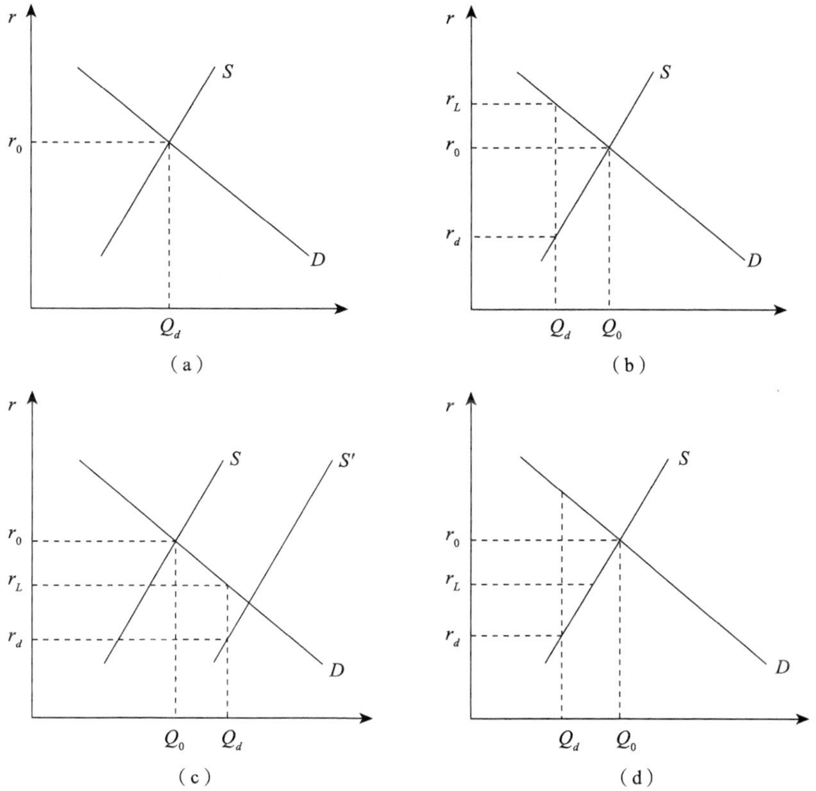

图2-3 金融约束论分析框架

（1）没有利率管制的情况下，市场均衡利率为r_0、资金量为Q_d［图2-3（a）］。

（2）仅存在存款利率控制下，存款利率为r_d，市场贷款利率为r_L，此时金融部门获得了$r_L - r_d$部分的租金［图2-3（b）］。

（3）银行获得租金后会增加投资改善存款的基础设施，提高存款的安全性，从而产生租金效应，使资金供给曲线S向右移动到S′，银行获得租金$r_L - r_d$，这样社会资金可以更方便地进入正式的金融部门，企业也可以较低的利率r_d得到贷款额Q_d，大于瓦尔拉斯均衡市场条件下所能得到的货款额Q_0［图2-3（c）］。

（4）政府进行贷款利率控制，如果贷款利率控制在均衡利率之上，租金的分配与没有贷款利率控制一样，如果贷款利率控制在均衡水平之下，租金便在银行和企业之间进行分配，银行得到的是$r_L - r_d$，企业得到的是$r_0 - r_L$［图2-3（d）］。

2. 金融约束的影响

在金融约束论中，租金是一个核心概念，租金的创造和获取所依靠的制度安排对租金促进金融深化的最终效率有着重要的影响。在金融约束论中讨论的租金主要是“租金机会”，而非“租金转移”。租金转移改变了收入分配，但不直接影响争夺这些转移的当事人的动力。租金机会则视当事人的情况而定，如果租金机会使竞争性均衡下供给不足的活动得到递增收益，则这些租金机会可以增进福利。

1）金融约束对金融部门的影响

（1）租金为银行创造了特许权价值。租金为银行创造了特许权价值，有助于加强银行的稳定性。特许权价值使银行的经理人员不会拿经营特许证去冒险或瓜分银行资产。特许权价值创造了“长期”股本，这种股本短期内不可能得到，也不会由于负面的宏观经济冲击而消失。金融约束为金融部门创造了租金机会，租金产生特许权价值，使银行的大部分股本价值来自未来的持续经营，银行对维持经营有着持续的兴趣，股本不会被经理人员抽走，引导银行不采取道德风险行为。因此，特许权价值建立了一种承诺，让银行作为一个长期机构开展业务，加强了银行的稳定性。

（2）新增贷款的边际租金诱使银行寻求更多的存款。如果可以得到租金，银行必然会设法投资，使客户更方便地进入正式的金融体系。赫尔曼和斯蒂格利茨认为资金供给不但是存款利率的函数，同时也是正式金融部门便利程度的函数，银行因此就有动力增加投资，使储蓄的供给曲线外移，以获得边际租金。金融约束使银行只要新增存款就可获得租金，从而促使银行寻求新的存款来源。

2）金融约束对生产部门的影响

（1）金融约束加快了与企业相关的股本的自然积累过程。当企业增加其在项目中的股本份额时，代理成本会减少。使银行贷款给新的配额限制项目的一个办法是企业增加其在项目中的股本投入。增加股本投资不但降低了代理成本，而且它作为一种显示工具使好的贷款人把自己与不好的借款人区别开来。如果企业掌握专有信息，知道某一项目比同类其他项目收益更高，就会愿意拿出更多的资源保证该项目融资，银行可根据企业增加对项目的股本投入推知这一专有信息。

如果贷款利率同样受限制，贷款中就会蕴含租金，而且如果银行善于甄别企业，则好企业将从金融约束中得到更多的租金份额。这些好企业随后可用这些增加的财富从正式的金融部门成功地获取融资。

（2）贷款利率降低减少代理成本。降低贷款利率可以减少代理成本，较低的贷款利率提高了申请借款人的整体质量，减弱了企业收益函数的凸性，降低了破产概率。为了使银行的营利能力不受影响，存款利率（银行资金成本）也要下降，但存款利率的下降幅度无须和贷款利率的下降幅度一样。

（3）总投资增加。在生产部门设立租金可使投资资金供给增加并将使总投资增加。首先，可用于投资的资本增加，企业部门的边际储蓄倾向很高，把租金从居民部门转移到生产部门减少了（居民）消费，增加了（企业）储蓄。其次，投资的边际成本下降，当企业的收入升高时，它们的总投资随储蓄增加而增加，这是因为与发行新股或借款等外部筹资方式相比，企业用自有资本（保留收益）投资降低了中介成本。以上两种效应都增加了经济中的总投资。

3. 金融约束论的政策主张

金融约束论的核心思想是政府的适当干预是必要的，为此提出一系列政策主张。

1）利率控制

利率控制，即将存贷利率控制在一个较低的水平上，并同时保证实际利率为正值，从而减少银行的成本负担，创造和增加特许权价值的租金机会，使之有长期经营的动力。

2）限制竞争

激烈的竞争会造成社会资源的浪费，危及金融体系的稳定。因此，限制银行业的竞争，可以提高金融体系的安全性，对整个经济具有正的外部效应。但是，限制竞争并不是禁止进入，而是指后进入者不能够侵占先进入者的租金收益。

3）限制资产替代

限制资产替代，即限制居民把正式金融部门中存款转化为证券、国外存款、非正式金融部门的存款和实物资产等其他资产形式。由于发展中国家的证券市场很不规范，难以发挥有效配置资金的作用，并且直接融资只能是少数信誉好的大企业才能够做得到的。所以，在金融发展的初期阶段，限制资产替代，抑制债券和股票市场的发展可能是有效率的，尤其是在有效率的银行体系处于成长的阶段。

4）定向信贷

政府干预信贷资金配置是缘于：①市场失灵和协调失灵在所难免，它会造成私人收益和社会收益存在差异；②市场中总是存在企业开展“竞赛”谋取租金的激励效应。但是定向信贷不一定是金融约束必经实行的政策，金融约束对政府定向信贷的范围要有严格限制，必须保证金融机构获得一定的租金。

金融约束的主要政策手段包括：存款利率的控制——为银行部门创造“特许权价值”，即租金；对市场准入进行严格控制——为银行提供“专属保护”；偿还贷款期限转换政策——鼓励民间部门从事长期信贷业务；限制资产替代政策——限制居民将正式金融部门中的存款转为证券、国外存款、非正式金融部门的存款和实物资产。

2.2　农村金融理论

农村金融作为整体金融发展的一个重要组成部分，不可避免地要受到现代金融理论及其政策主张的影响。现代金融理论在发展中国家的农村金融领域具体体现为农业信贷补贴论（subsidized credit paradigm）、农村金融市场论、不完全竞争市场论和微型金融理论。

2.2.1　农业信贷补贴论

20世纪80年代以前，农业信贷补贴论一直是农村金融理论界占主流地位的传统学说。该理论是在借鉴麦金农和肖的金融抑制理论分析发展中国家的农村金融问题的基础上形成的。

农业信贷补贴理论的前提是农村居民，特别是贫困阶层没有储蓄能力，农村面临的是资金不足问题。而且由于农业的产业特性（收入的不确定性、投资的长期性、低收益性等），农业不可能成为以利润为目标的商业银行的融资对象。该理论因此得出结论：为了促进农业生产和缓解农村贫困，政府有必要通过提供专项贷款的方式由外部注入资金来干预农村金融市场；为缩小农业与其他产业之间的收入差距，对农业的融资利率必须较其他产业的利率要低，二者之间的差距由政府来进行补贴；鉴于金融机构在农村开展业务成本较高、风险较大，因此，还应当对金融机构进行保护和监管。在这种理论的指导下，各国纷纷建立起农村金融机构，特别是专业农业信贷机构，为农民提供贷款。此外，考虑到非正规金融一般以高利为特征，使农户更加穷困并阻碍了农业生产的发展，为促使高利贷消亡，需要通过银行在农村的分支机构和信用合作组织，为农村注入大量低息的政策性资金。同时，以贫困阶层为目标的专项贷款也兴盛一时。

农业信贷补贴论存在固有的缺陷，主要表现在：①如果农民存在可以持续得到廉价资金的预期，那么农民就缺乏储蓄的激励，这使得信贷机构无法动员农村储蓄以建立自己的资金来源，从而农业信贷成为纯粹的财政压力；②当低的利率上限使农村贷款机构无法补偿由于贷款给小农户而造成的高交易成本时，那么官方信贷的分配就会偏向于照顾大农户，这使低息贷款的主要受益人不是农村的穷人，低息贷款的补贴被集中并转移到使用大笔贷款的较富有的农民身上；③政府支持的、不具有多少经营责任的农村信贷机构缺少有效地监督其借款者投资和偿债行为的动力，这样会造成借款者故意拖欠贷款。

从实践来看，根据这一理论，发展中国家广泛实行了相应的农村金融政策，扩大了向农村部门的融资，促进了农业生产的增长，但由于农村储蓄动员不力，过分依赖外部资金、资金回收率低下、偏好向中上层融资等方面的问题十分严重，许多国家同时也陷入严重的困境。对消除贫困贡献最大的，可能既不是贷款也不是储蓄，而是建立一种可持续发展的金融机制。而农业信贷补贴政策会逐渐损害金融市场的可持续发展能力，导致信贷机构活力的衰退，这最终使农业信贷补贴政策代价高昂，但收效甚微。实践表明，农业信贷补贴论下的专门农业贷款机构，从未发展成为净储户与净借款者之间真正的、有活力的金融中介。总体来看，单纯地从这一理论出发，很难构建一个有效率、自立的农村金融体系。但它仍是我们构建农村金融理论和提出新的政策主张不可或缺的理论基础。

2.2.2　农村金融市场论

20 世纪 80 年代以来，农业信贷补贴论的不足促使农村金融市场论发展。农村金融市场论或农村金融系统论（rural financial systems paradigm）是在对农业信贷补贴论批判的基础上产生的，实际上是金融深化理论在农村金融领域的发展，强调市场机制的作用，其主要理论前提与农业信贷补贴论完全相反：①农村居民以及贫困阶层是有储蓄能力的。对各类发展中国家的农村地区的研究表明，只要提供存款的机会，即使贫困地区的小农户也可以储蓄相当大数量的存款，故没有必要由外部向农村注入资金。②低息政策妨碍人们向金融机构存款，抑制了金融发展。③运用资金的外部依存度过高，是导致贷款回收率降低的重要因素。④由于农村资金拥有较高的机会成本和风险费用，非正规金融的高利率具有一定合理性。

农村金融市场论完全依赖市场机制，极力反对政策性金融对市场的扭曲，特别强调利率的市场化。该理论认为，利息补贴应对补贴信贷活动的一系列缺陷负责，而利率自由化可以使农村金融中介机构能够补偿其经营成本。这样就可以要求它们像金融实体那样运行，承担适当的利润限额；利率自由化也可以鼓励金融中介机构有效地动员农村储蓄，这将使它们更加不依赖于外部的资金来源，同时使它们有责任去管理自己的资金。

农村金融市场论的政策主张包括：①农村金融机构的主要功能是农村内部的金融中介（资金盈余部门和资金短缺部门之间的借贷中介），动员储蓄是关键之关键；②为了实现储蓄动员、平衡资金供求，利率必须由市场机制决定，而且实际存款利率不能成为负数；③判断农村金融是否成功，应根据金融机构的成果（资金中介额）及其经营的自立性和可持续性来判断；④没有必要实行专向特定目标贷款制度；⑤非正规金融具有一定合理性，不应一律取消，应当同时利用正规金融与非正规金融市场。由于这一理论完全依靠市场机制作用，极力排斥政府在农村金融中的控制和干预，因此至今该理论在市场经济国家中依然占据主流地位，受到人们的广泛关注。

2.2.3　不完全竞争市场论

20 世纪 90 年代以来，东南亚等国家和地区发生了严重的金融危机，使人们认识到市场机制并不是万能的。对于稳定金融市场来说，合理的政府干预非常重要。农村金融市场论因此也发生了一些新的变化，理论学者认识到要培育稳定的有效率的金融市场，减少金融风险，仍需必要、合理的政府干预。

斯蒂格利茨概括了金融市场中市场失灵的七个方面：一是对公共品的监控问题，二是监控、选择和贷款的外部性问题，三是金融机构破产的外部性问题，四是市场不完善和缺乏的问题，五是不完全竞争问题，六是竞争性市场的帕累托无效率问题，七是投资者缺乏信息问题。斯蒂格利茨认为，由于存在市场失灵，政府应积极介入金融市场。政府在金融市场中的作用十分重要，但是政府不能取代市场，而是应补充市场。政府对金融市场监管应采取间接控制机制，并依据一定的原则确立监管的范围和标准。

学者们把斯蒂格利茨提出的金融约束论运用到农村金融领域，形成了不完全竞争市场论。该理论认为，农村金融市场不是一个完全竞争的市场，借贷双方之间存在着信息不对称，即放款一方的金融机构对借款人的情况难以充分掌握（不完全信息），如果仅仅靠市场机制就可能无法形成一个农村社会所需要的金融市场。为此，有必要采用诸如政府适当介入金融市场以及借款人的组织化等非市场措施。

不完全市场竞争理论的主要政策建议包括：①金融市场发展的前提条件是低通货膨胀率等宏观经济的稳定；②在金融市场发育到一定程度之前，相比利率自由化，更应当注意将实际存款利率保持在正数范围内，并同时抑制存贷款利率的增长，若因此而产生信用分配和过度信用需求问题，可由政府在不损害金融机构储蓄动员动机的同时从外部供给资金；③在不损害银行最基本利润的范围内，政策性金融（面向特定部门的低息融资）是有效的；④政府应鼓励并利用借款人联保小组以及组织借款人互助合作形式，以避免农村金融市场存在的不完全信息所导致的贷款回收率低下的问题；⑤利用担保融资、使用权担保以及互助储金会等办法是有效的，可以改善信息的非对称性；⑥融资与实物买卖（肥料、作物等）相结合的方法是有效的，以确保贷款的回收；⑦为促进金融机构的发展，应给予其一定的特殊政策，如限制新参与者等保护措施；⑧非正规金融市场一般效率较低，其改善可依靠政府适当介入加以引导。

农业信贷补贴论、农村金融市场论和不完全竞争市场论的主要区别概况见表 2-2。

表 2-2　农业信贷补贴论、农村金融市场论和不完全竞争市场论的主要区别

项目	政府干预	利率管制	对金融机构的管制	贷款资金的筹集	专业贷款的有效性	对非正规金融的评价
农业信贷补贴论	必要	低利率管制	必要	从农村外部注入	有效	弊大于利
农村金融市场论	不必要	自由市场利率	不必要	农村内部筹集	无效	有效
不完全竞争市场论	市场机制失效时必要	放松管制	应逐渐放松管制	主要从内部筹集，不足部分政府提供	方法适当时有效	政府应适当引导

从以上三种理论观点和政策主张来看，农业信贷补贴论、农村金融市场论以及不完全竞争市场论分别是金融抑制论、金融深化（自由）论和金融约束论的理论观点和政策主张在农村金融领域的具体体现。

2.2.4　微型金融理论

20 世纪 70 年代以来,微型金融作为一种为农村低收入阶层提供有效金融服务和扶贫的创新模式在一些国家和地区兴起。在联合国、世界银行等国际多边和双边机构以及其他发展机构的大力推动下，微型金融的概念迅速传播到世界各地，日益发展成为一种全国性的运动，在亚非拉广大发展中国家、东欧转型国家、加拿大乃至美国等发达国家迅速发展。

在不完全竞争市场论中，认为农村金融市场不是一个完全竞争的市场，特别是在借贷双方之间存在着严重的信息不对称、逆向选择和道德风险。而微型金融理论就是基于不完全竞争市场论，强调利用借款人互相担保、互相合作、相互监督等激励机制克服农村金融市场上的信息不对称和抵押物缺失问题。

微型金融理论研究的核心是团体贷款（group lending，又译为小组贷款）机制。所谓的团体贷款是指提出贷款申请而又不能提供传统抵押物的借款人应按贷款机构的要求自愿选择伙伴组成贷款小组，小组成员相互担保彼此的还款责任；如果联保小组内有任何一个成员不能够还款或者蓄意逃债，那么整个小组团体会被视为集体违约，贷款机构会取消所有成员的贷款资格，除非小组内有成员为违约拖欠者偿还贷款。前一个机制被称作“连带责任”（joint liability），这是团体贷款契约的静态激励机制；后一个机制被称作或有续借纪律下的停贷威胁（non-refinancing threat under renewal coutingent discipline），这是团体贷款的一个主要动态激励机制。

研究认为微型金融特别是团体贷款赖以成功的关键要素是“利用了新的契约结构和组织模式，降低了小额无抵押贷款的风险和成本”（Morduch，1998），这种新的契约结构和组织模式被认为缓解了小额信贷市场借贷双方的信息不对称，提高了市场的效率。一系列的静态或动态激励机制在借款人的“社会资本”或“社会担保抵押”基础上激发了借款人之间的横向选择、横向监督和横向压力、社会排斥等社会制裁，从而有助于缓和克服无抵押贷款过程中的逆向选择和道德风险。

2.3 农村金融发展新范式

农村金融市场具有贫穷、人口密度低、市场隔离、风险高、季节性因素导致的高交易成本、缺少传统的抵押品、收入波动较大、分散风险的机会有限等特征。上述特征使农村金融市场不同于城市金融市场，通常使以利润为导向的金融机构望而却步。

在过去的五十多年里，农村金融市场，尤其是以政府主导的农业金融机构参与的农村金融市场始终是多数发展中国家政府干预的重点。在许多捐助机构的支持下，政府为这些项目注入了大量的资源来保证低价的信贷资金源源不断地流向农业企业。这些政府干预的结果却往往不尽如人意。相反，过去 10 年农村金融服务（包括储蓄和信贷）的发展证明：正确的制度设计和合适的政策不仅会带来更好的效果，而且还会在制度衍生和自我持续发展方面取得可能的成果。农村金融市场的改善必须在整个农村发展的大背景下进行，而且要与其他金融市场相融合。这种方法意味着政府在创造一个促进农村金融市场发展的有利环境方面应该发挥市场的重要作用。

2.3.1 农村金融的传统方法

农村金融的传统方法主要是指政府以特定目标信贷的方式大力干预金融市场，如政府所有和管理的农村金融机构接受低息贷款并以低于市场的利率向客户提供贷款贴息。这种形式的政府干预是基于对农村社区面临挑战的严重错误认识，只考虑到农村金融机构不足的表象而没有了解其真正原因。例如，认为穷人较少参与正式金融活动的原因是他们无法进行储蓄和无力支付市场利率。

尽管上述干预措施起到了一些积极作用，但并没有实现增加收入和减少贫困的目标。事实上，有些干预措施还造成了负面的影响，从而使农村社区的情况更加恶化。传统的方法通常只追求旨在农产品增加的短期目标，而忽视了使农村收入可持续增长的长期目标。仅仅强调通过农村金融机构发放农业信贷，导致了对贷款的质量、农村地区非农产业的发展、储蓄动员和有效的农村金融机构建设的忽视。

传统方法认为，农村社区很穷无法进行储蓄，因此将工作重点仅仅集中于提供信贷，而忽视了农村储蓄服务也许会带来更多的好处；而补贴性利率政策往往使人们认为农村金融机构是政府发放贷款的窗口，而不是严格意义上的金融机构。这种想法导致了欠贷不还的信用文化。以低息贷款的方式进行补贴以及容忍欠贷不还往往被那些情况良好和有势力的农民所利用，而较穷的农民却被排除在外，更加减少了他们获得贷款的机会。

同时，传统方法侧重于农业生产方面的贷款，而忽视了农村非农小企业，同时也丧失了分散风险和实现增长的机会。贴息农业信贷有时还会因为选择了错误的产品，导致低效率生产。例如，鼓励采用高度资本密集型农业技术，低息贷款实际上起到了替代农业劳动力的作用，加大了农村的失业。国有农村金融机构的设计不当，经营不善，并且它们使用低息贷款资金，这些妨碍了以利润为导向的私人金融中介为农村提供金融服务。

2.3.2 农村金融的新范式

由于传统方法的弊端，学界一直有少数声音倡导进行新范式的改革。直到20世纪80年代，出现新方法的成功范例之后，新方法才逐渐成为主流思想。新方法侧重于实现农村发展的主要目标，即增加收入和减少贫困。新方法强调市场效率的最优化，同时认为政府的干预应该是从市场的角度出发的（表2-3），以弥补市场失灵为主要目标（Yaron et al.，1997）。

表2-3 农村金融新、旧方法的特征对比

项目	旧方法	新方法
主要目标	（1）经济增长和提高收入（通常是通过优惠贷款支持现代技术的方式来实现） （2）消除贫困	（1）经济增长和提高收入 （2）消除贫困
前提条件	（1）经济的加速发展需要对商品和金融市场进行控制（如对食品价格和利率进行限制） （2）小农和农村企业付不起商业利息 （3）小农和农村企业不储蓄 （4）取得优惠贷款是经济增长和消除贫困的必要条件	（1）经济的加速发展要求完全竞争的商品和金融市场（如通过灵活的价格） （2）小农和农村企业能够支付商业或市场利息 （3）小农和农村企业能够并愿意储蓄 （4）使用无补贴的金融服务是经济增长和消除贫困的必要条件
政府的作用	直接干预和控制农业与农业信贷	创造一个合理的政策环境，使政府对农业及农业信贷的直接干预和控制最小化
政府干预机制	偏向城市发展的政策：①维持一个高估的汇率，确保低价格的农产品供应；②控制农产品价格；③对农业出口征收高额税收；④对于作为农业投入的本国工业产品实行保护；⑤出台的法律、法规没有考虑农村经济的特性和要求	引进和维护农村金融市场发展的政策：①通过市场决定汇率，确保宏观经济的稳定；②不同经济部门（包括农业和农村部门）处于同一个市场并鼓励它们竞争；③取消金融管制，加强竞争机制；④制定满足农村人口特定需求的法律、法规和执行机制；⑤消除影响农村经济发展的城市倾斜政策，促进农村金融市场的发展

新方法建议政府在建立合理的政策环境以促进农村金融市场平稳运行方面发挥更积极的作用，而限制政府对农村金融市场的直接干预。

1. 建立一个合理的宏观环境

宏观经济的不稳定将直接通过货币变量，如实际利率影响农村金融市场，或间接通过对农村金融机构的客户的影响对农村金融市场产生影响。不适当的宏观经济政策往往损害了为加强金融部门所采取的措施。对主要宏观经济变量的长期扭曲（如高估的汇率）会扭曲价格信号，导致金融市场将过多的资源投入低效率部门，而不是投入具有比较优势的部门。

外部风险和内部因素都会造成宏观经济的不稳定。外部风险，如贸易条件的震荡，就可以通过向外国投资者开放国内市场在国际范围内分散风险，或者是利用国际期权和期货市场来规避这类风险。内部因素包括财政和货币政策的不稳定，以及政治风险等。谨慎的财政和货币政策的目标应该是价格稳定和合理调节的汇率。

2. 消除不利于农业和农村发展的政策歧视

在许多发展中国家，农村发展的滞后主要是由于国家采取了偏向工业而忽视农业、重视城市部门而忽视农村部门的政策。这样的政策降低了农业和农村非农企业的营利性并摧毁了农村金融市场。那些对农业采取了最为歧视政策的国家恰恰是经济增长率最低的国家。

偏袒城市的政策损害了农村的福利并妨碍了农村金融市场发展。除此之外，许多政策还偏袒富有的大农场主而不利于小的所有者和贫苦农民，这样就进一步恶化了农业和农村部门的收入分配。

为农业和农村发展创造一个良好的环境应该遵循以下原则：在农业可进口产品与可出口产品之间建立一个更为清晰中立的贸易制度，取消非关税壁垒，重新调整高估的汇率，减少过度的工业保护，公共投资应首先投向农村地区，更多的参与社区发展。上述改革将会提高农村部门的效率并将使农民获得更高的投资回报。

3. 促进有效的金融市场的建立

和其他金融市场中介一样，农村金融市场中介在遭受风险时也会导致危机。这些风险包括缺乏谨慎的监管，对金融市场不恰当的直接干预、金融抑制。政府可以通过加强对金融中介的谨慎监管和采取措施支持金融自由化（这类措施包括放松利率管制、降低较高的准备金要求以及放松信贷控制）来改善金融市场。

在农村金融市场，政府可以针对半正规机构建立特别的监管框架。对于无效率的政策，如要求银行将它们的大部分资金投入那些没有利润回报的经济部门，应该坚决取消。

4. 适当的政府干预

没有单一的最优水平或形式的干预。最适当的干预要取决于进行干预的目的和目标群体的人口数量及其所处的社会经济环境。在设计干预政策时，政府应该使各种手段（如支持试点或提供种子资金）、机构（如专业农业信贷机构、非政府组织或国有农村金融机构）和产品（如信贷、储蓄、担保，或为特定目标客户提供保险）之间相互配合。

政府干预的目标应该是消除导致市场失灵的因素或消除造成贫困的因素。例如，治理由于信息不完全导致的市场失灵。又如，为在偏远地区建立农村金融机构提供种子资金。采取措施降低由于贫困人口存款和贷款数量都很小带来的高交易成本，这些措施包括以递减的方式提供补贴以承担部分交易成本，或免费提供经营模式方面的人员培训以降低交易成本。

干预应该始终侧重于在长期内弥补市场的不足，促进市场的发展和改善市场的效率。对国有农村金融机构的管理要保证赋予它充分的自主权同时要对它实行责任制，即此类国有农村金融机构不应享有特别的优惠，鼓励私人农村金融机构参与竞争。对干预措施的成本要进行连续的监督以便能够评估干预的成本，同时还要保证有一个各种所有制形式的金融中介都能广泛参与的市场。

专栏 2-3

农村局部知识论

哈耶克的局部知识论在农村金融发展理论的研究中也有一定的影响。该理论从知识论的角度提出了解决不完全竞争和信息不完全问题的金融局部知识分析范式，其出发点与斯蒂格利茨的不完全竞争市场论相近，但其结论却从理论和政策上支持了农村金融市场论。

局部知识论认为，农村金融市场中，局部知识的大量存在说明了不完全信息或者信息不对称情况必然大量存在。但是，这不应是政府干预的理由，恰恰可以主要依靠市场机制和竞争机制来发现和利用分散在不同时间和地点的局部知识，减少农村金融市场信息不对称的问题。农村金融市场中存在着许多散布在特定时间和地点的局部知识，只有通过类似于劳动分工的知识分工才能充分利用这些知识，而竞争是一种发现这些知识，减少不完全信息和信息不对称的过程，能够促进知识分工，从而增进合作。据此，该理论的主要政策建议有：金融服务供给者应该贴近存在局部知识的具体的人和地方去提供金融服务，满足当地的金融服务需求，从中获取回报；应该充分利用分散在地方的局部知识，促进知识分工，尤其是借款人之间的知识分工。例如，办法之一是可以利用借款人连带保证小组以及组织借款人互助合作；政府在农村金融市场中的直接参与供给作用应该是辅助性的。

总之，在局部知识论的分析范式框架之内，政府仍然有其位置，也必须找准自己的位置。

2.4 农村金融发展的衡量方法

2.4.1 金融发展的衡量指标

金融发展表明一个国家或地区金融资产规模的扩张和金融深化①的状况。用来衡量金融发展的指标主要有以下几种。

1. 金融存量指标

金融存量指标，即各种形式储备的金融资产总量。最具代表的指标是金融相关比率（financial interrelations ratio，FIR）和M2/GDP。在《金融结构与金融发展》一书中，戈德史密斯（R.W.Goldsmith）提出了衡量金融发展的重要指标——金融相关比率，金融相关比率是指在某一时点上现存金融资产总额与国民财富的比例，金融深化则意味着金融相关比率值的上升。戈德史密斯提出的金融相关比率为研究金融发展进程提供了一种快速而有价值的检测工具，在金融发展问题的研究中具有里程碑式的意义。经济货币化是指一国国民经济中全部商品和劳务的交换，以及包括投入和分配在内的整个生产过程通过货币来进行的比重的提高过程及趋势。麦金农主要关注发展中国家存在的金融抑制和金融深化。在他

① 政府放弃对金融市场和金融体系的过度干预，放松对利率和汇率的严格管制，使利率和汇率为反映资金供求与外汇供求对比变化的信号，从而有利于增加储蓄和投资，促进经济增长。此时金融业能够有效地动员和配置社会资金促进经济发展，而经济的蓬勃发展加大了金融需求并刺激金融业发展时，金融和经济发展就可以形成一种互相促进和互相推动的良性循环状态，这种状态可称作金融深化，反之则称作金融短浅。

的研究中，给出了一个重要的指标，即 M2/GDP，来表示金融增长。他认为货币对 GDP 的比率可以反映政府部门和私人部门提供的货币，是反映货币体系重要性和有效性的一个最简单的指标。因此，M2/GDP 常用来衡量一个国家经济货币化的水平。商品经济的发展促使国民收入的货币化水平提高，反之，货币化程度的提高也推动着国民收入的更快增长。

2. 金融流量指标

金融流量指标，体现在金融深化会改善金融流量的结构和数量。例如，在金融短浅的地方，经济就会更多地依赖政府的财政预算和国际资本项目，用这些方面的储蓄流量为资本积累融资。金融深化则会减轻财政的压力，并缓和对国外储蓄的要求。通过走私或者其他形式使储蓄流向国外，以及扩大未评估的社会基建规模，是厌恶金融的一般表现。金融深化组织和扭转了资本外流，并从在建的办公大楼和住房建设中转移出储蓄。货币的流通速度减慢了。

3. 金融机构指标

金融深化会使金融机构的职能专业化。在金融短浅的情况下，银行系统包揽了有组织的金融活动，其他金融活动只能通过外汇交换、高利贷者和互助团体的非法市场进行。银行系统是一个高成本但又定能获取高利润的寡头。国外提供的援助、高成本的卖方信贷和来自国外的直接投资，支配着外汇方面的金融活动。场外非法市场局限于某些高风险的短期交易，这些风险是由借款者的违约拖欠和政府的压制产生的。相反，金融深化会扩大货币体系的实际规模，也给其他金融机构——从证券交易商到产业银行和保险公司——带来了获利的机会。金融深化意指金融职能和金融机构的专业化，以及相对于外汇市场和场外非法市场而言，有组织的国内金融机构和金融市场会获得收益。

4. 金融资产利率指标

金融深化会使实际利率升高，不同金融产品之间的利差缩小。金融资产价格也许是金融深化与否的最明显的表现。在金融短浅的经济中，金融资产的需求被低水平的实际利率所压制，初级证券的供给被信贷配给所压抑，甚至场外非法市场也被反高利贷法和政府的管制所制约。金融市场的交易是按照这样的利率水平进行的，即相对于即期价值而高估其远期价值的利率。金融深化意味着利率必须准确地反映客观存在的、能替代现时消费的投资机会和消费者对延迟消费的非意愿程度。在金融深化的经济中，实际利率很高，各种利率之间的差别趋于缩小。例如，存款利率同贷款利率的差别，有组织市场上的利率同场外市场上的利率的差别，就会逐渐缩小。

5. 汇率指标

金融深化会使汇率下降，改变汇率高估的状况。金融短浅一般同官方即期外汇市场上对本国货币的高估有关。管制性政策会力求本国货币余额对外国货币余额的溢价，以及近期外汇余额对远期外汇余额的溢价。尽管金融短浅不利于出口和储蓄，但却会刺激进口和消费。在消除了相对价格上的这些偏差时，金融深化就会来临。人们所期待的金融深化的征象应该是黑市和远期外汇市场上本国货币贴水的下降。

专栏 2-4

世界各国 M2/GDP 水平

自麦金农（1989 年）提出 M2/GDP 指标后，该指标成为衡量一国经济货币化的通行指标。其中 M2 是广义货币供应量，GDP 是名义国内生产总值。经济货币化程度越高，意味着生产每单位 GDP 所需的货币量越多。

我国广义货币供应量 M2 长期保持快速增长，1978~2012 年 M2 余额年均增速高达 21.9%，远远超过同期名义 GDP 的年均增速（15.7%）。由于 M2 余额一路快跑，持续领先名义 GDP 增长，我国 M2/GDP 早在 1994 年就突破 100%，此后持续上升，2012 年末高达 185%。截至 2012 年 12 月末 M2 余额已高达 97.42 万亿元。对于我国过高的 M2/GDP 水平，国内学界和媒体多年来一直流行“货币超发”的说法，而社会各界也普遍对“货币超发”带来的资产价格泡沫和通货膨胀风险心存担忧。当前创纪录的货币存量与高位持续攀升的 M2/GDP 水平再次引发一片惊叹与忧虑。图 2-4 和图 2-5 分别为中国与发达国家以及中国与金砖五国 M2/GDP 的历年变动。

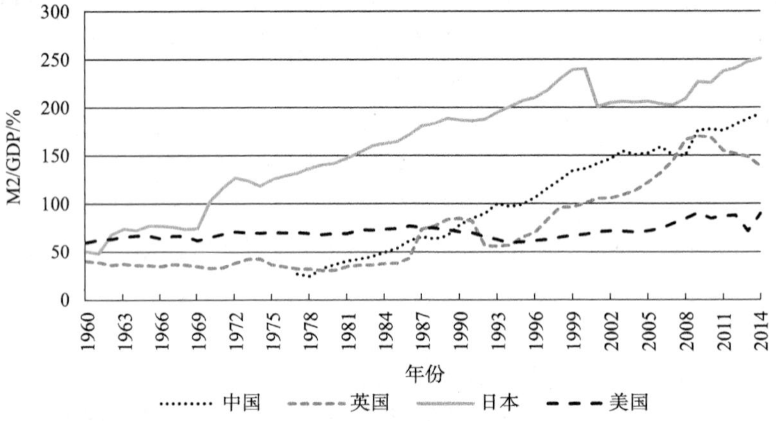

图 2-4　中国与西方发达国家 M2/GDP

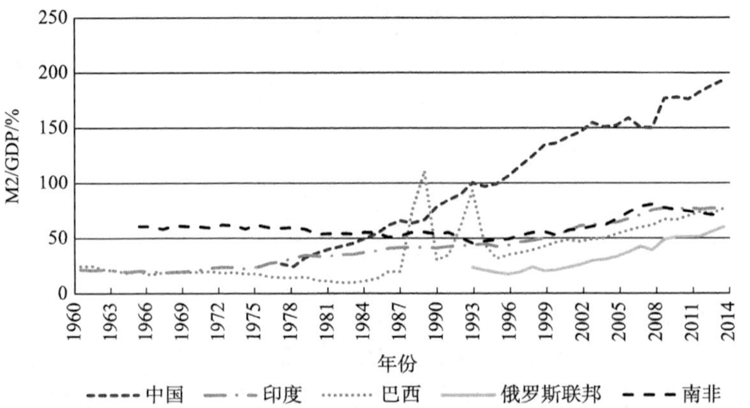

图 2-5　金砖五国 M2/GDP

1. M2/GDP 水平与国家收入水平成正比

世界银行按照国家收入高低将全球 200 多个不同经济发展水平国家分为低收入、中低收入、中等收入、中高收入、高收入五类。从世界银行 2011 年的数据看，全球 M2/GDP 为 125.65%，其中，低收入国家 M2/GDP 为 47.89%，中低收入国家为 61.24%，中等收入国家为 99.91%，中高收入国家为 110.13%，高收入国家为 139.45%。可以发现，M2/GDP 随着国家收入水平提高而相应提高，中高收入与高收入国家 M2/GDP 均高于全球水平，也超过 100%。M2/GDP 水平与国家收入水平成正比，这与金融发展理论是相符合的。M2/GDP 被称为货币化比率，是反映一国经济货币化和金融深化程度的指标。理论而言，一国经济发展程度越高，经济货币化程度与金融深化程度也越高，M2/GDP 也就越高。

2. M2/GDP 水平与一国储蓄状况和金融体系密切相关

M2 由现金和存款货币构成。存款货币在很大程度上是由银行吸收存款与发放贷款的业务活动创造和派生的。而从 M2 的统计过程看，M2 也主要体现为银行系统（包括银行类金融机构及中央银行）的全部负债。现代金融制度中包括以银行为主的媒介间接融资的金融机构体系和服务于直接融资的金融市场体系。各国金融体系可相应分为银行主导型和市场主导型两类。银行主导型对应的是以间接融资为主体的模式，市场主导型则对应的是以直接融资为主体的模式。间接融资与直接融资均是为了实现储蓄向投资的有效转化。理论而言，储蓄率高且金融体系为“银行主导型”的国家 M2/GDP 比例也相应较高。

按照世界银行 2011 年数据，分地区看，东亚和太平洋地区 M2/GDP 为 178.19%，远远高于全球水平（125.65%），在全球各地区中独拔头筹。而东亚地区一向以高储蓄著称。欧洲地区紧随东亚之后，2011 年 M2/GDP 为 173.32%。欧洲储蓄率低于东亚，前者为 20.1%，后者为 28.09%，均高于全球水平（19.28%）。其中，东亚与太平洋地区发达国家储蓄率高达 47.68%。欧洲国家的金融体系多为“银行主导型”，银行业在金融体系中的地位举足轻重。因此，欧洲 M2/GDP 于东亚地区不相伯仲。与之相比，2011 年北美地区 M2/GDP 为 86.63%。北美地区的美国与加拿大均为典型的低储蓄且以直接融资为主导的国家。2011 年美国与加拿大储蓄率仅分别为 11.7%和 19.6%，上市公司市值占 GDP 比重则分别高达 104.33%和 109.82%，远高于全球水平（66.25%）。

2.4.2　农村金融发展的评价标准与衡量指标

以上的指标主要是用来衡量一个国家整体上的金融发展水平的。但是鉴于农村金融市场的特征，农村金融资产数据难以获得，上述相关指标不能直接使用于农村的金融发展的评价和衡量。

近年来，世界银行农村金融领域的顾问亚隆（Yaron）等考察了一些发展中国家的农村金融市场和金融机构，对农村金融市场发展提出了较为具体的评价标准，这一评估框架已被学术界和实践者广泛接受（Chaves and Gonzalez-Vega，1996；Majahan and Ramola，1996）。该框架包括两个基本指标，即目标客户的覆盖面和农村金融机构的持续性（图 2-6）。这些指标虽不能对农村金融机构运作的经济影响进行全面的评估，但是，它可以作为一个数量分析方法来度量一个农村金融机构实现其目标的程度，并使与扶持机构相关的社会成本透明化。

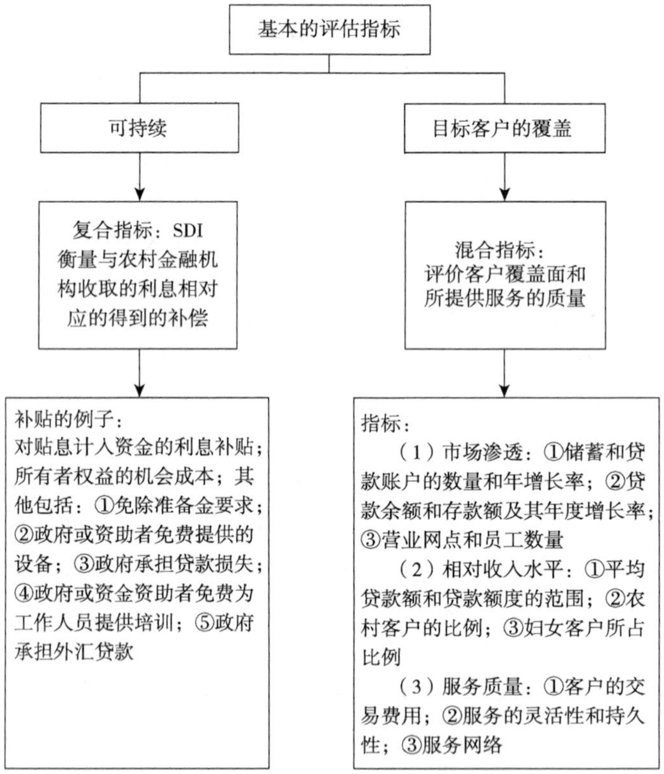

图 2-6　农村金融发展评价指标

SDI，即 subsidy dependence index，补贴依赖指数

覆盖面是一个混合指标，用于评价市场的渗透和所提供服务的质量。它可以衡量农村金融机构在多大程度上成功地服务于目标客户以及满足客户对金融服务需求的程度，该指标既有定性的，又有定量的，既能衡量深度（所服务客户的类型和贫困程度），又能衡量广度（利用不同方法所服务的客户数量）。其具体指标包括储蓄和贷款账户的数量和年增长率、贷款余额和存款余额及其年度增长率、员工数量等衡量市场渗透程度的指标；农民客户的比例、妇女客户的比例等衡量相对收入水平的指标；客户的交易费用、服务的灵活性和持久性、服务网络等衡量服务质量的指标。

可持续性是一个复合指标，是指农村金融机构得到的与收取的利息相对应的补贴。用于衡量农村金融机构的自我维持能力。如果一家金融机构的收入等于或高于其支出（包括诸如其权益的机会成本之类的投入因素），则这家金融机构被认为是能自我维持的。一般来说，各国对农村金融机构的各种补贴包括：市场利率与付给优惠性借贷资金的利率之差、以外币计值的贷款损失、低于市价的利率吸收的强制性储蓄、某些或全部营运费用的直接拨付，以及免受法定储备金要求和强制投资的约束等。所用指标为补贴依赖指数（专栏 2-5），可以衡量出农村金融机构对各种补贴的依赖程度，进而评价农村金融机构的自我维持能力。补贴依赖指数值越低，表明农村金融机构的独立性越强，其自我持续发展的能力就越强。

专栏 2-5

计算补贴依赖指数

计算补贴依赖指数必须计算农村金融机构所接受的全部补贴。然后用总补贴额除以农村金融机构平均贷款利率乘以年平均贷款余额（即该机构损益表中所列的利息收入）。这一比率表示该机构的利息收入增加百分之多少才可以彻底摆脱补贴。补贴依赖指数可以用下列公式表示：

$$\text{补贴依赖指数(SDI)}=\frac{\text{收到的补贴总额}(S)}{\text{平均年利息收入}(\mathrm{LP}\bullet i)}$$
$$=\frac{A(m-c)+\left[(E\bullet m)-P\right]+K}{\mathrm{LP}\bullet i}$$

其中，A 表示借入的贴息资金的年平均余额；m 表示如果取消优惠贷款的话，该机构应该为贷款所支付的利率，通常用经过储备金调整、动员和管理额外储蓄所需的管理费用调整后的市场存款利率；c 表示农村金融机构为其平均年优惠借款实际支付的加权平均年利率；E 表示年平均所有者权益；P 表示报告的税前年利润（经过对贷款损失准备金、通货膨胀等的调整）；K 表示农村金融机构所接受的所有年度补贴合计（如国家所支付的部分或全部操作费用）；LP 表示机构的平均年贷款余额；i 表示机构贷款的加权平均利率。

资料来源：Yaron J. 1992. Rural finance in developing countries. Policy Research Working Paper：31-44

专栏 2-6

计算农村金融机构补贴依赖指数的价值——牙买加的例子

牙买加农业信贷银行成立于 1981 年，它是一个通过商业银行和农村合作社提供农业信贷服务的批发机构。政府计划让其在开始后的 3~4 年里实现可持续发展。通过运用标准财务指标对其财务报表分析发现这一目标已经实现。1985 年其所有者权益回报率已经为正，到 1987 年累计盈亏也已经为正。实际上，1987~1991 年，其所有者权益回报率从 13.8%上升到 24.4%，同期，资产回报率也由 3.6%上升到 5.3%。

然而，进一步的详细分析发现，该银行是依赖于补贴运作的，并且它对这些补贴的依赖性越来越强。通过计算补贴依赖指数发现，从 1983 年到 1991 年该银行共接受了总计达 8 400 万美元的补贴，这些补贴通过隐性和直接的方式流入该机构，这一时期每年的补贴额远远高于其当年的利润。该银行在 1987~1991 年在财务可持续发展方面取得了可观的进步（图 2-7），然而，同期它的补贴依赖指数也翻了一番，从 166%上升到 328%，超过了资产回报率的增长速度。其他因素相同，不包括转入资金，其所有者权益的净回报率是不断为负的。

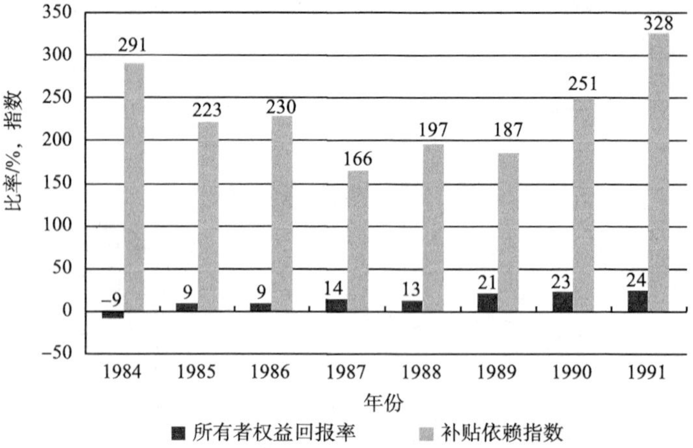

图 2-7　牙买加农业信贷银行的补贴依赖指数与所有者权益回报率比较

（1）虽然标准财务比率看起来很漂亮，但其在开始的 3~4 年实现可持续性的目标没有实现。

（2）补贴依赖指数比标准金融比率分析更能清晰地反映发展金融机构真实的财务状况。

本章小结

（1）现代金融理论的发展经历了金融抑制论、金融深化论和金融约束论的不同发展阶段。从金融抑制论到金融深化论再到金融约束论，现代金融理论经过不断的积累和发展，已形成比较成熟的理论体系。

（2）农村金融作为整体金融发展的一个重要组成部分，不可避免地要受到现代金融理论及其政策主张的影响。现代金融理论在农村金融领域的具体应用体现为农业信贷补贴论、农村金融市场论和不完全竞争市场论。发展中国家的农村地区是金融抑制最为严重的地方，因此通过金融深化来解除农村地区尤其是贫困农民所受到的金融抑制，对于促进农村地区的经济增长和提高农民生活水平具有重要的作用，但农村金融深化应该充分考虑到农业、农民和农村地区的特殊性。

（3）金融发展表明一个国家或地区金融资产规模的扩张和金融深化的状况。有许多标尺和衡量标准可用来表示金融发展，如金融存量指标、金融流量指标、金融机构指标、金融资产利率指标和汇率指标等，鉴于农村金融市场的特征，上述相关指标不能直接使用于农村的金融发展的评价和衡量。世界银行农村金融领域的顾问 Yaron 等考察了一些发展中国家的农村金融市场和金融机构，对农村金融市场发展提出了较为具体的评价标准，包括农村金融对于经济发展的贡献度以及农村金融市场的独立性和可持续性两个方面。

关键术语

金融抑制论　金融深化论　金融约束论　农业信贷补贴论　农村金融市场论　不完全竞争市场论　微型金融理论　衡量指标　金融流量指标　金融存量指标　金融机构指标　金融资产利率指标　汇率指标　评价标准　农村金融发展　覆盖面　持续性　补贴依赖指数

复习与思考

1. 金融抑制现象具体表现在哪几个方面？
2. 简述麦金农和肖关于金融抑制的理论观点。
3. 试述爱德华·肖所论述的金融深化产生的四个效应。
4. 概述金融约束论的核心思想。
5. 试比较农业信贷补贴论、农村金融市场论和不完全竞争论的区别。
6. 农业、农民和农村地区的特殊性表现在哪些方面？
7. 衡量金融深化的指标有哪些？
8. Yaron 提出的金融机构的业绩评估框架包括哪些指标？

参考文献及推荐阅读

阿芒达利兹 B，默多克 J. 2013. 微型金融经济学. 罗煜，袁江译. 沈阳：万卷出版公司.
陈雪飞. 2007. 农村金融学. 北京：中国金融出版社.
陈雨露，马勇. 2010. 中国农村金融论纲. 北京：中国金融出版社.
董晓林，洪慧娟. 2006. 中国农村经济发展中的金融支持研究. 北京：中国农业出版社.
郭延安，陶永诚. 2009. 现代农村金融. 北京：中国金融出版社.
韩廷春. 2002. 金融发展与经济增长——理论、实证与政策. 北京：清华大学出版社.
何广文，李树生. 2008. 农村金融学. 北京：中国金融出版社.
胡必亮，刘强，李晖. 2006. 农村金融与村庄发展——基本理论、国际经验与实证分析. 北京：商务印书馆.
唐青生. 2014. 农村金融学. 北京：中国金融出版社.
王曙光. 2015. 农村金融学. 北京：北京大学出版社.
张文远. 2014. 农村金融. 北京：北京工业大学出版社.
Chaves R A，Gonzalez-Vega C. 1996. The design of successful rural financial intermediaries：evidence from Indonesia. World Development，24（1）：65-78.
Gurley J G，Shaw E S. 1960. Money in a theory of finance. Brooking Institutions.
Hellmann T，Murdock K，Stiglitz J E. 1994. Deposit mobilization under financial restraint. Financial Development and Economic Growth：Theory and Experiences form Developing Economies. University of Groeningen.
Mahajan V，Ramola B G. 1996. Financial services for the rural poor and women in India：access and sustainability. Journal of International Development，8：211-224.
Mckinnon R I. 1973. Money and Capital in Economic Development. Washington D C：The Brookings Institution.

Morduch J. 1998. The microfinance schism. World Development，28（4）：617-629.
Siamwalla A. 1990. The Thai rural credit system：public subsidies，private information，and segmented markets. World Bank Economic Review，4（3）：271-295.
Stilitz J，Weiss A. 1981. Credit rationing in market with imperfect information. American Economic Review，71：393-410.
Yaron J，Benjamin M，Piprek G. 1997. Rural finance：issues，design and best practices. World Bank，Agriculture and Natural Resources Department，Washington D C.

第3章

农村金融体系

学习目标：

1. 了解我国农村金融体系的现状。

2. 掌握农业政策性金融、农村商业性金融、农村合作性金融的基本概念和特征，理解农村非正规金融的作用以及农村信用担保体系的基本概念及功能定位。

3. 了解我国农业政策性金融、农村商业性金融、农村合作性金融、农村非正规金融、农村信用担保体系的代表机构。

农村金融体系是由若干农村金融机构组合而成的一个为农业和农村经济发展融通资金的有机整体，是完善农村金融市场和改进农村金融服务的主体和基础，是一个国家金融体系的重要组成部分。农村经济的发展需要一个运转良好的农村金融体系作为基本的推动力。农村金融体系不仅可以为农村和农业的发展筹集和分配必要的资金，组织和调节农村领域的货币流通，而且也可以作为国家调控农业经济的一个重要杠杆，促进农业的协调发展。

开始于 1978 年底的中国农村经济体制改革，推动了农村经济的市场化和货币化，产生了投资主体多元化和融资主体多元化，并由此演绎了以金融机构多样化的农村金融体系变革，形成了包括商业性、政策性、合作性金融机构在内的，以正规金融机构为主导，以农村信用合作社为核心，其他农村金融机构为补充的农村金融体系。这一金融体系的组织结构如图 3-1 所示。

本章将根据我国农村金融体系的概况，分别阐述农业政策性金融、农村商业性金融、农村合作性金融、农村非正规金融以及农村信用担保体系的特点、代表机构和功能。

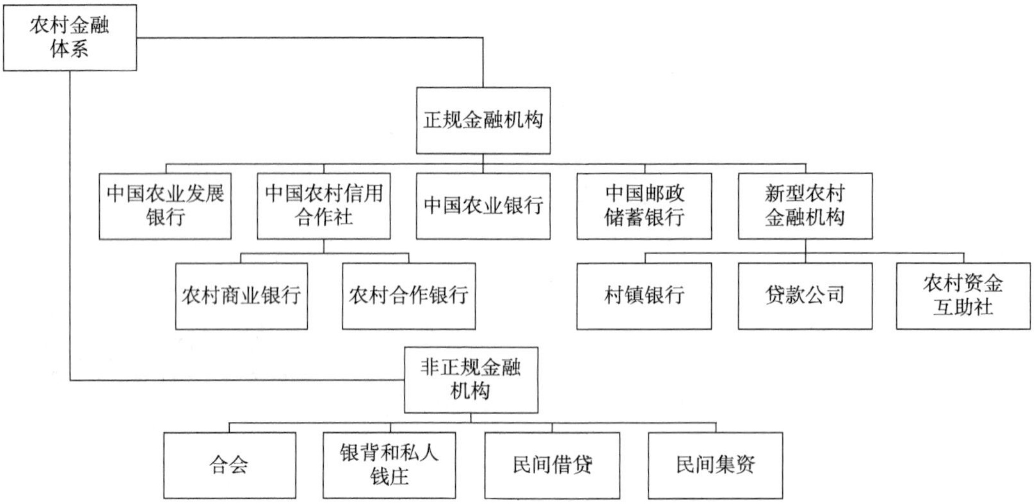

图 3-1　中国农村金融体系的组织结构

3.1　农业政策性金融

农业是整个国民经济的基础，但由于农业的弱质性，各国政府都采取了一定的政策性金融措施来加强对农业发展的资金支持和保护。农业政策性金融就是指为贯彻政府社会经济政策或意图，不以商业性标准为原则，而以国家信用为基础，在农业及相关领域从事资金融通，并为政府所有、参股、担保、控制、支持、保护农业生产，促进国民经济协调发展和农业收入稳定增加的一种特殊金融活动。其包含了三个方面的本质特征：其一是政策性，即服务于政府支持农业与农村的发展这一政策目标；其二是金融性，即在一定期限内向“三农”提供相关资金融通活动；其三是优惠性，即以比商业金融优惠的利率、期限担保等条件提供贷款或保证提供贷款。农业政策性金融一般以克服农业的弱质性、支持农业与农村的发展为目的。但基于不同国家以及同一国家不同经济发展阶段农村对金融服务的不同需求，农业政策性金融的目标也不尽相同。

3.1.1　农业政策性金融的产生与发展

农业政策性金融的兴起和发展是农业保护主义兴起与发展的结果。西欧、美国、日本等在实行农业保护的过程中，将政策与金融有机结合起来，于是农业政策性金融应运而生。

15 世纪末，欧洲国家开始鼓励商人对以农业原料为主要来源的小手工业者提供生产工具和资金以及必备的生活用品，这可以看做国家对农业予以间接扶持的萌芽。1462 年，第一家专门向穷人发放贷款的银行在意大利的帕鲁奇亚开业，这是世界上最早的农业政策性金融机构。1880 年法国农民为了抵制高利贷的盘剥，开始建立农业信贷合作社。1894 年和 1899 年议会颁布法令成立地方农业互助银行和地方农业信贷银行。1920 年，依据法令成立专门管理地方银行和地区银行的国家农业信贷管理局（1926年改建成国家农业信贷银行），将合作性质的地区农业信贷互助银行、地方农业信贷互助银行分别作为其省级机关和基层信贷组织，形成了全国性的农村信贷体系。

农业政策性金融的蓬勃发展则始于20世纪二三十年代的资本主义世界经济大危机。在20世纪以前，美国没有专门的农村金融机构，农业信贷资金几乎全部由商业机构和个人提供。1929~1933 年资本主义世界危机爆发，导致农产品价格剧跌，农业严重倒退。在“国家干预”的经济理论指导下，罗斯福政府出台了一系列的农业措施新政，包括国家对农业生产“调节”政策和农业信贷政策，在流通领域对农产品实行保护价政策和金融支持。1933~1934 年，美国先后通过了《农业信贷法》和《对农场发放新贷款实施办法》两个法令，并随即建立了由国家直接管辖的农业信贷局和联邦农场抵押借款再贷款局两个农业政策性金融机构。1936~1938年，美国又通过《土壤保护法》《新农业调整法》《小佃农取得土地贷款法》等，进一步加强和完善了美国农业政策性金融对农业的支持力度。除了美国之外，意大利、法国、德国、英国、荷兰等欧洲国家也都制定并出台了一系列农业政策性金融法规、政策，加大了国家对农业的干预力度。

20世纪90年代，各国都普遍确立了农业政策性金融保护支持农业发展的思路，各国在原有的农业政策性金融法规、措施的基础上不断进行调整，农业政策性金融进入了成熟发展时期。

3.1.2　农业政策性金融的特征

农业政策性金融是针对农业面临自然、市场双重风险而采取相应补贴的重要手段，主要投向农田水利、农业产业结构调整等直接生产领域。虽然各个国家的农业政策性金融运作方式多种多样，但是它们一般具有以下共同特征。

1. 经营方向的政策性

政策性金融机构具有典型的国家意志性，体现了国家的政策方向。不同历史发展阶段，农业发展状况及外部环境都各有不同，政府要依据农业内外部环境的变化，相应地调整农业发展政策。保护支持农业发展的农业政策性金融要执行、配合政府不同时期农业政策意图及重点，发挥政策性金融对宏观经济的调节作用，实现政府经济和社会发展目标。

农业政策性金融为配合政府不同时期的农业政策需要，一般都有特定的业务领域和范围，并且其业务不断地拓展。20世纪30年代始的农业政策性金融主要在流通领域对农产品实行保护价政策和金融支持。例如，美国的商品信贷公司，对粮食等主要农产品实行保护价政策和金融支持措施。中国农业政策性金融也主要是支持粮、棉、油等农产品的收购，并配合执行粮食的保护价政策。但现在美国、日本、法国、泰国、印度等国家的农业政策性金融主要倾向于农业生产领域，支持农业生产的多样化和农业生产结构的调整，并且业务领域在不断拓展。例如，美国联邦土地银行的资金运用主要是提供长期不动产抵押贷款；联邦中间信贷银行主要提供动产抵押的中短期农业贷款；合作社银行的贷款主要是用于帮助农业合作社扩大农产品销售，促进农产品出口，保证农业生产资料供应；等等。日本农林渔业金融公库的资金运用主要是对土壤改良、造林、林间道路、渔港等生产性基础设施建设提供贷款。印度国家农业和农村开发银行一般是为大型的农业基本建设项目贷款，如兴修水利、推广使用农业机械、土地开发等。

2. 经营目标的非营利性

农业政策性金融是政府对农业加以支持和保护的重要手段之一。在经营活动中必须坚持不以营利为主要经营目标的原则，避免与商业性金融竞争，服从宏观经济协调发展和社会稳定的大局，实现政府农业政策意图，承担起支持、保护、促进农业发展的重任。而且由于从事政策性贷款的发放，一般都能从政府那里享受到贷款利息补贴、税收减免等特殊待遇。

农业政策性金融机构不以营利为目的，其发放贷款具有一定的社会公益性质，目的在于：一是以贷款为经济手段，贯彻国家农业政策。政府利用低息贷款或补贴贷款使农业生产按照国家政策的方向发展。二是帮助农村贫困地区和低收入农户解决资金短缺问题。三是改善农村公共设施基本建设。农业和农村的基础设施建设周期长，效益比较低。在全社会资金资源相对短缺的情况下，国家对农村基础设施建设投资相对不足，农业政策性金融能够帮助农村地区水利、电力设备等农村基础设施建设的完善。四是救济因自然灾害而造成的损失。

3. 资金来源的稳定性

与商业性金融资金来源决定资金运用不同，农业政策性金融的资金投向、使用范围、利率水平都是依据国家政策及有关法律来确定的，是资金运用决定资金来源。资金运用的长期性、低利性决定了农业政策性金融必须具有稳定、充足、低成本的资金来源，以确保农业政策性金融对各种农业项目资金需求的满足。一般政策性金融的资金来源有以下几种：①借入政府财政资金。政策性金融机构大多是由政府拨款创办并得到政府资金支持。例如，法国农业信贷银行在较长时期内一直向政府借款；泰国农业和农业合作社银行、印度国家农业和农村开发银行等均以政府借款为主要资金来源。一般而言，发展中国家农业政策性金融机构较之发达国家更依赖政府资金，而发达国家农业政策性金融机构有逐步减少对政府资金依赖的趋势。②借入其他金融机构资金。例如，泰国、印度、韩国的农贷机构均可向中央银行借入资金，扩充实力，并借此建立和协调二者的关系。此外，还可从商业性金融机构借入资金，满足短期周转资金需求。③发行政府担保债券。美国、法国、泰国、印度、韩国等农业政策性金融机构都普遍采用了这一筹资方式。④吸收存款。其主要是指合作信用机构吸纳会员存款，如泰国、韩国；此外某些农业政策性金融机构，如法国农业信贷银行也通过吸收存款筹集资金。⑤国外借款。例如，世界银行及其附属机构、泰国、印度、韩国、尼日利亚等有关农贷机构均通过这一渠道获得资金。

4. 资金运用的优惠性

政策性金融虽然同其他资金融通形式一样具有融资性和有偿性，但其更重要的特征却是政策性和优惠性。因为政策性金融机构的经营在一定程度上依附于国家财政，政策性金融机构代理财政转移支付、涉农建设和各项涉农补贴及国家涉农投资的拨付，这就决定了农业政策性金融是财政手段的延伸，体现了国家对农业的支持。

政策性金融的职责主要是发放其他金融机构无法提供的农村贷款，体现了国家的支农政策，因而农业政策性贷款应该比商业银行贷款更加优惠，这主要体现在以下几个方面：一是实行优惠利率。大多数国家都对粮、棉、油，甚至蔬菜、肉类的生产、购销、加工实行优惠利率，如法国、日本、西班牙、韩国等。意大利对农业政策性贷款一直采取优惠利率政策，由财政部和农业部定期确定利率上限，再由各地区规定可行的优惠利率。这种通过补贴政策性贷款利息的方式来资助农业，在世界上得到了广泛的认同。二是根据实际确定不同的贷款期限。在世界所有农业政策性贷款项目中，贷款期限有很大差别，有长达 60 年的长期贷款、3~5 年的中期贷款、3 个月的短期贷款。总之，贷款期限和种类根据各国的实际需要而定。三是限定用途。为防止财政补贴资金流向非补贴的产业和部门，确保贷款的有效投入，各国对农业政策性信贷限定了严格的用途。大多数农业政策性金融机构主要发放中长期农业开发贷款，而且利率低。

5. 与商业金融的互补性

农业政策性金融其实是商业金融职能的分化。政策性金融是在商业金融的基础上产生的，因而也必须按金融规律办事，但其不以自身利润最大化为经营目标，在农村金融市场上主要起着引导和补充的作用。农业的弱势性和农村金融市场的不发达性使金融机构运作风险加大，资金在农村中的收益相对于城市偏低。商业银行的逐利性引导资金流向利益较高的城市地区。风险和收益的双重制约使商业银行如抽水机般将农村资金不断抽向城市地区，偏离了农村商业性金融向农村地区提供资金支持的初衷。

农业政策性金融除了执行政府的农业政策外，还要补充、矫正商业金融在农业信贷领域的不足和偏差，并诱导其增加对农业的资金投入。在各国实践中，许多农业政策性金融机构都以间接发放贷款的方式来资助商业性金融机构和合作金融机构，以增加其对农业贷款的发放，推动更多的资金投入农业。

3.1.3　农业政策性金融的功能定位

农业政策性金融的功能定位从总体上可以概括为促进农村社会经济的稳定与发展以及对农户的扶持两个方面。农业政策性金融不以营利为目的，应该充分发挥其特有的政策扶持功能、逆向选择功能、引导与扩张功能，增加商业性金融机构支持“三农”的积极性，以实现农村商业性金融与政策性金融的协调发展，有效解决“三农”问题。

1. 政策扶持功能

农业是一个受自然力与外界环境影响，高风险与低积累并存的天然弱势产业，也是国家的基础产业，通常商业性金融由于逐利性不愿对农业提供资金支持，农业经济活动所需要的资金不能得到满足，在这种情况下，必须由国家出面通过一定形式的资金扶持来拉动农业的发展，否则该国的农业经济活动仅能停留在最原始的发展水平。政府除了可以提供财政资金支持外，还可以通过政策性金融对农业产业提供巨额、持续性的直接信贷扶持。所以说农业政策性金融对农业生产活动产生直接推进与拉动功能，体现了政府的扶持功能。

2. 逆向选择功能

在市场经济条件下，一般商业性金融经营的最终目的是追求利润最大化，农业地区以及边缘落后地区常常是商业性金融不予选择的领域。政策性金融的逆向选择是建立在商业性金融选择的基础上，并且随着时间的推移以及客观环境的变化做出相应调整。也就是说农业政策性金融对农业、农村中小企业等弱势群体具有明确的逆向选择性。在市场失灵的情况下，政策性金融的逆向选择是解决农村金融供给不足的有效办法之一。政府通过这种逆向选择可以在商业性金融不能发挥作用的领域起到补充和辅助作用。在市场逆向选择的项目产生一定的经济效益和具备自我发展的能力后，政策性金融就要在适当时机通过一定的方式，如资产转让、减少或停止继续投入等，尽快退出这一融资领域并转而扶持其他行业，以充分发挥商业性金融和市场性融资的主导作用。

3. 引导与扩张功能

农业政策性金融机构对于农业产业化的龙头企业、农产品基地建设、农业科技开发项目、生态农业等处于成长前期、发展前途不明的重点产业，首先以较少的资金投入做引导性投资， 表明政府对这些部门的扶持意向，引导投资者自筹资金投入。当这些产业逐步成熟并具有商业性投资价值时，再引导商业性金融介入，从而增强商业性金融机构的投资信心，形成一种政策性金融对商业性金融和投资者投资取向的引导机制。政策性金融机构在诱导性功能的基础上，以较少的资金投入吸引了更多的民间商业性资金。政策性金融对某些产业提供资金支持，往往反映了国家经济发展的长远目标，表明了政府对这些产业的扶持和信心，从而在一定程度上降低了这些产业的投资风险，对这些产业的投资起到一定的扩张作用。

3.1.4　农业政策性金融的代表机构

中国农业发展银行成立于 1994 年，主要承担多项农业政策性信贷业务，1998 年之后主营粮棉油收购贷款业务。2004 年以来，中国农业发展银行业务范围逐步拓展。目前，中国农业发展银行已形成了以粮棉油收购信贷为主体，以农业产业化信贷为一翼，以农业和农村中长期信贷为另一翼的“一体两翼”业务发展格局。

中国农业发展银行是直属国务院领导的政策性金融机构。其主要任务是按照国家的法律、法规和方针、政策，以国家信用为基础，筹集农业政策性信贷资金，承担国家规定的农业政策性金融业务，代理财政支农资金的拨付，为农业和农村经济发展服务。

3.2　农村商业性金融

农村商业性金融是指商业性金融机构在农村市场上，按照市场法则和信贷资金“营利性、安全性、流动性”原则，在遵守法则的前提下，自主经营，并提供与农村金融市场需求相适应的服务，以实现农村资源的优化配置和风险的系统管理为目标的一种金融活动。从涵盖的内容来看，它既包括商业银行在农村地区的信贷活动，也包括在农村地区的证券、期货等资本性运作。

农村商业性金融是完善农村金融体系不可或缺的重要环节，是担当市场化条件下支农重任的重要金融实体，是适应农村市场化进程加速、金融需求多样化的必然产物。其投资领域既包括直接的农村生产领域，也包括与农业、农村相关的消费和投资领域。

3.2.1　农村商业性金融的产生与发展

英国是典型的以商业金融为主的农村金融服务的国家。英国农村金融经过长期发展，形成了以商业银行为主体的农村金融制度。在历史上，英国工业革命较早，是银行制度建立最早的国家之一，当欧洲大陆开展农村信用合作运动时，英国的大商业银行已深入农村建立分支机构，用无抵押透支的形式，向农民发放短期贷款，后来又有向中长期贷款发展的趋势。所以英国的商业银行在农村金融中居有最重要的地位，并因此也阻碍了英国农村信用合作社的发展。农村商业性金融在美国、日本、欧盟等经济发达国家，主要以商业银行等股份制金融机构的服务为主。商业银行除对工商业发放贷款外，在农业生产十分发达、农业经营利润较高时，也对农业发放贷款。不仅是发达国家，发展中国家如印度，在其多样化、多层次的农村金融体系中，商业银行发挥了最主要的作用。印度最大的商业银行是印度国家银行，该银行 2008 年农业贷款余额达到各项贷款余额的 15%左右，在农村和郊区有 5 800 个分支机构，占国内机构总数的 62%。商业性金融作为金融资源市场化的代表，拥有更为雄厚的货币、人力资本、机构制度和金融创新的积极性，合理调度和使用商业金融资源将对满足农村贷款需求、推动农村经济发展起到非常重要的作用。

3.2.2　中国农村商业性金融的功能定位

商业性金融机构作为金融中介不仅具有解决信息不对称、降低交易成本等作用，而且可以通过合理的风险管理制度吸引资金进行高质量的资产转换，带动储蓄和投资双方的价值增值。商业性金融的发展通过影响储蓄率、投资决策、技术创新和经济增长率，进而推动整个社会的经济发展。加强农村商业性金融的发展，一方面可以使农村资源获得更高的配置效率，为农业发展提供资金支持，加快农村高科技新兴产业增长，带动农村经济模式转型；另一方面，商业性金融运用其在城市经营中的成熟运作经验，可以为农村经济发展中的产业创新提供多元化的金融服务，有利于推进农村城市化和城乡一体化，是改善农村投资环境的重要动力。

1. 农村商业性金融定位的基本原则

1）服务三农原则

建立新的农村金融体系，要从我国的实际出发，符合金融发展的一般规律。我国广大农村地区对金融服务的需求仍然主要集中在融通资金和方便结算，也就是对传统存、放、汇业务的需求。根据这一需求，农村金融机构的设置要尽量接近农户、乡村企业，为农村经济主体提供方便快捷的金融服务。因此，要想实现农村金融的真正发展，充分动员农村地区的金融资源为农村经济发展服务，改变农村经济主体在金融资源获取中的不利地位，就必须以农民的参与为指向，以提高农民经济地位为目的，建立和创新农村金融体系，通过农村金融体制改革和农村金融组织创新活动形成农民资金的金融组织，把农民利益和农村金融的发展联系起来。

2）市场导向原则

自改革开放以来，城乡金融体制采取了不同的发展模式，城市采取的是一种渐进自由化和市场化的道路，而在很长的一段时间内，政府对农村金融的发展采取了约束和抑制的政策，实行信贷配给和信贷补贴制度，并限制农村金融机构的多样化，不允许农村民间金融机构的发展。近几年，随着新型农村金融机构的建立和发展，这样约束的制度环境有所缓解。商业性金融的目标是合理配置资源、管理风险，只有坚持以市场为导向、以农户和农村企业的实际需要为出发点和切入点，才能满足广大农村地区的融资需求，精确定位自身的业务方向，实现可持续发展。

3）统筹兼顾原则

随着改革发展的不断深入，农村经济结构日趋多元化和多层次化。农村经济发展过程中涌现出各种所有制形式、各种经济组织类型、各种经济发展水平的多元化的经济主体。经济结构的多元化和多层次化决定了不同经济主体对金融服务需求的多样化，从而决定了多种类型金融机构并存的客观性和必然性。因此，农村金融机构彼此之间既要有分工，又要有配合，以满足农村多样化和多层次的金融服务需求，构建一个符合市场经济体制和现代金融制度要求的农村金融体系，一个业务种类齐全、结构丰富的多层次、多样化的金融机构的有机结合体。

2. 农村商业性金融的功能

按照以市场为导向、以创新谋发展的原则，可以对农村商业性金融的功能进行重新定位，即农村的商业性金融应发挥以下作用。

1）为龙头企业的发展提供资本

龙头企业可以是生产加工企业，可以是中介组织和专业批发市场等流通企业，它不同于一般的工商企业，它肩负开拓市场、创新科技、带动农户和促进区域经济发展的重任，能够带动农业和农村经济结构调整，带动商品生产发展，推动农业增效和农民增收。因此，龙头企业是农业产业化经营的关键，其经营的好坏直接影响到农业产业化的水平和成效。据调查，多数大型龙头企业实际获得的贷款远远不能满足企业贷款需求，大型龙头企业的资金需求尚且不能得到满足，其他中小企业的情况就可想而知了。与农户和其他农村企业相比，龙头企业的资金实力较为雄厚，企业的财务制度也较为健全，贷款风险小，是农村金融机构的重点客户，比较容易从商业金融机构获得贷款。因此，农村商业性金融应当不断维持和拓展与农村龙头企业的合作关系，在支持龙头企业发展的同时保障自己的稳定效益。

2）为创业企业提供风险投资

农村中小企业的金融需求主要表现为资金融出、结算和资金融入，以资金融入的需求为主。目前，我国农村地区的正规金融机构基本满足中小企业的存款服务和结算服务，但资金规模、贷款方式等因素的制约，对企业的贷款需求满足程度较低，加上信用担保体系尚未完善，导致发展资金不足，使本地区的资源优势得不到充分发挥，从而束缚了企业自身的发展。农村金融机构在一定程度上属于创业性的风险投资机构，这就需要不同于商业银行的管理机制，更紧密地参与农村经济组织的决策，既避免信贷资金的滥用，又可避免融资障碍。

3）为信贷风险提供再保险

我国农业由于自身的弱质性，面临较大的市场风险，在缺乏克服风险的政策工具条件下，多数农户面对这些风险只有选择经营传统行业，不敢进入非农产业领域，限制了自己的投资需求，而农村中小企业由于技术、市场和信息条件的限制，竞争力普遍较弱，造成农村第二产业、第三产业的信用风险较高。信贷类机构依然是农村金融主体，考虑到农村经济的特殊风险，必须存在一类系统性信贷风险的再保险机构，但即使存在存款保险机制，由于缺乏新机构补充，而且新型信贷机构也没有能力应对系统性金融风险，农村商业性金融机构仍然很难从信贷市场退出。

3.2.3　农村商业性金融的代表机构

1. 中国农业银行

中国农业银行是我国最大的涉农商业银行，是中国四大国有商业银行中分支机构数量最多的一个银行，其分支机构几乎遍布中国所有的乡镇。农业、农村和农民的信贷业务一直是农业银行的业务重点。中国农业银行的涉农贷款，包括专项农业（扶贫、农业综合开发及粮棉油附营）贷款、常规农业（农林水牧渔及农产品加工）贷款、乡镇企业贷款、农村供销社贷款、农副产品收购贷款和农业、农村基础设施贷款。

1）中国农业银行的性质与经营特征

依照《中华人民共和国商业银行法》（1995年5月10日第八届全国人民代表大会常务委员会第十三次会议通过）的规定，现阶段中国农业银行属于国有独资商业银行，是以经营存款、放款、办理转账结算为主要业务，以营利为主要经营目标的金融企业。

2）中国农业银行的主要经营特征和要求

中国农业银行的主要经营特征和要求如下：①中国农业银行以效益性、安全性、流动性为经营原则，实行自主经营、自担风险、自负盈亏、自我约束。②中国农业银行依法开展业务，不受任何单位和个人干涉，并以其全部法人财产独立承担民事责任。③中国农业银行在与客户的业务往来中，应当遵循平等、自愿、公平和诚实信用的原则，应当保障存款人的合法权益不受任何单位和个人的侵犯。④中国农业银行开展信贷业务，应当严格审查借款人的资信，实行担保，保障按期收回贷款，并依法向借款人收回到期贷款的本金和利息，受法律保护。⑤中国农业银行开展业务，应当遵循法律、行政法规的有关规定，不得损害国家利益、社会公共利益；同时应当遵守公平竞争的原则，不得从事不正当竞争。⑥在现阶段，依照《中华人民共和国商业银行法》的规定，不得在境内从事信托投资和股票业务，不得对非银行金融机构和企业直接投资，不得投资于非自用性不动产。⑦中国农业银行依法接受中国人民银行的监督管理。

2. 农村商业银行

农村商业银行是由辖内农民、农村工商户、企业法人和其他经济组织共同入股组成的股份制的地方性金融机构。我国目前的农村商业银行作为农村信用社改革的产物，是农村信用社外部经营环境和内部矛盾共同作用的必然结果。2001 年 11 月 28 日，经中国人民银行批准，国内首家农村商业银行——张家港市农村商业银行正式挂牌营业，随后，常熟市农村商业银行和江阴市农村商业银行也相继挂牌营业。自此，农村商业银行作为农村金融改革中的新生事物，开始踏上农村金融体制改革的舞台。经过多年的发展，农村商业银行在改革深化中不断发展壮大，已成为农村金融体系中的重要组成部分和支持地方经济发展的重要力量。

经银监会批准，农村商业银行可经营《中华人民共和国商业银行法》规定的部分或全部业务，并按照《中华人民共和国商业银行法》规定实行资产负债比例管理。农村商业银行必须建立和健全本行对存款、贷款、结算等各项业务的内部控制制度，建立薪酬与银行效益和个人业绩相联系的激励约束机制。

农村商业银行主要任务是为当地农民、农业和农村经济发展提供金融服务，促进城乡经济协调发展。按照《农村商业银行管理暂行规定》的要求，农村商业银行要将一定比例的贷款用于支持农业、农民和农村经济发展，具体比例由股东大会根据当地农村产业结构状况确定，并报当地省级银行业监督管理机构备案。银行业监管机构应定期对农村商业银行发放支农贷款情况进行评价，并可将评价结果作为审批农村商业银行网点增设、新业务开办等申请的参考。

专栏 3-1

改革中求发展——常熟农村商业银行

常熟农村商业银行是全国首批成立、首家完全由民资持股的农村商业银行，前身为常熟市农村信用合作社联合社，成立于 2001 年 11 月 28 日，是一家主要为县域中小客户提供服务的地方性股份制商业银行。党中央、国务院高度重视农村金融的改革和发展。2001 年初，中共中央、国务院《关于做好 2001 年农业和农村工作的意见》，第一次在党的重要文件中将改革农村信用社、改善农村金融服务作为一个独立部分。江苏省农村信用社改革试点工作率先启动，常熟农村商业银行就是在这样的大背景下，由常熟市农村信用合作联社改制组建起来的。

常熟农村商业银行本着“专注中小　灵活高效”的经营理念，始终坚持自身客户定位，与大银行实施错位经营，致力于打造中小企业专营银行，走特色化发展之路。常熟面广量大的中小企业，主要分布在农村，是农民就业和增收的主要渠道。常熟农村商业银行率先在全市金融系统中提出了“小对小、优对优”的经营方针，充分发挥股份制法人银行的体制和机制优势，从政策制定、经营决策、信贷支持、产品设计、服务方式等诸多方面，向中小企业倾斜，并在内部审批流程、营销模式、业务合作等方面出台配套措施，使中小企业在发展的各个阶段都能得到及时有效的金融支持。经历了一次又一次的重大改革，常熟农商行的组织结构、经营方式、服务手段、发展方向都发生了深刻的变化，唯有服务“三农”的宗旨始终未变。

成立九年多来，常熟农村商业银行专注县域金融和服务中小企业，公司治理逐步完善，各项业务稳步发展，资产质量不断提高，营利能力逐年增强，主要经营指标在农村商业银行系统位于前列。常熟农村商业银行紧紧抓住每一次政策机遇，充分发挥法人银行的体制机制优势，大胆改革创新，灵活稳健经营，在努力发挥常熟地方金融主力军作用的同时，积极致力于探索多元化的区域化发展之路，在全国农村中小金融机构中成为首家成功吸引在境内外上市的国有控股大银行战略入股、首个获批走出注册地开展跨区经营、首批跨区设立村镇银行、进行参股投资和启动首次公开募股（initial public offerings，IPO）上市工作的金融机构。

目前，常熟农村商业银行已在江苏南通海门、宿迁泗洪、淮安金湖、扬州邗江、盐城阜宁、南通如东、盐城亭湖、盐城射阳、连云港东海设有 9 家异地分支机构，在湖北恩施、咸丰，江苏常州金坛开设 3 家村镇银行，并斥资 3.4 亿元参股天津、湖北武汉、江苏连云港、扬州宝应、泰州泰兴 5 家农商行、农合行、农联社。经过全行 1 000 多名员工的团结拼搏和努力奋斗，常熟农村商业银行综合实力实现了质的飞跃，从一家资产规模不足百亿，仅限于常熟发展的地方性银行，发展成为一家贷款规模近 400 亿元、存款总额达 650 亿元、资产总额近 820 亿元，实行多元化经营的区域性银行，并居国内银行第 66 位。

资料来源：常熟农村商业银行网站

3. 中国邮政储蓄银行

1）中国邮政储蓄银行的发展现状

2005 年 7 月 25 日，国务院常务会议批准《邮政体系改革方案》，中国邮政储蓄银行正式筹备，2006 年 12 月 31 日，银监会正式批准中国邮政储蓄银行开业，同意中国邮政集团公司以全资方式出资组建中国邮政储蓄银行有限责任公司，并核准《中国邮政储蓄银行有限责任公司章程》。

中国邮政储蓄银行成立后将依托邮政网络经营，按照公司治理架构和商业银行管理要求，建立内部控制和风险管理体系，实行市场化经营管理，充分依托和发挥网络优势，完善城乡金融服务功能，以零售业务和中间业务为主，为城市社区和广大农村地区居民提供基础金融服务，与其他商业银行形成互补关系，支持新农村建设。

2006 年 3 月 19 日，经银监会批准，福建、陕西和湖北三省首批试点邮政储蓄定期存单小额质押贷款业务，向城乡居民特别是广大农民提供资金融通服务。小额质押贷款业务是指邮政储蓄机构向借款人发放的、以未到期整存整取定期人民币储蓄存单为质押担保，到期一次性收回本息的贷款业务。小额存单质押贷款业务的开展，改变了多年来邮政储蓄“只存不贷”的历史，建立了邮政储蓄资金回流农村的渠道，缓解了农村资金外流的压力。邮政储蓄银行是农村信贷市场新的资金供给者，增加了农村信贷市场的竞争要素。

2007 年 3 月 20 日，中国邮政储蓄银行开业。中国邮政储蓄银行由中国邮政集团全资出资组建，注册资本为 200 亿元。中国邮政储蓄银行开业时，全国邮政储蓄存款余额达 1.7 万亿元，规模居全国第五位。

2）中国邮政储蓄银行的业务范围

中国邮政储蓄银行成立后，按照《中华人民共和国商业银行法》的要求，可以全面办理商业银行业务。主要是利用覆盖城乡的网络资源，大力发展零售业务，稳健经营低风险资产业务。邮政储蓄机构目前可提供 8 大类金融业务，即本外币存款、银行卡、汇兑、代理保险、代收代付、代理其他金融机构业务，邮政储蓄资金自主运用，以及代理发行和兑付政府债券等业务。邮政储蓄客户既可以在银行办理借还款手续并由邮局核押止付，也可以直接在邮局办理借还款手续并由邮局代理发放贷款。

其中，邮政储蓄的小额质押贷款和小额贷款业务，支持了农户扩大生产经营，增加收入，也丰富了农村和县域信贷市场的资金供给主体，对农村的金融市场产生了积极的影响，为农村金融市场的适度竞争创造了有利条件。

3.2.4 农业政策性金融与农村商业性金融的比较

1. 两者经营目标不同

农业政策性金融与农村商业性金融的最本质区别体现在政策性上。农村商业性金融以利润最大化为其经营目标，政策性金融不以追求利润最大化为主要经营目标。商业银行的信贷资金主要来源于存款，并依靠存贷差以及服务费用来获得利润。

2. 运营机制不同

政策性金融机构以国家信用为基础，主要资金来源为政府提供的资本金、债券融资等，在资金运用上往往具有特定而有限的业务领域和对象。农村商业性金融机构的信贷资金主要来源于存款，并依靠这些存款来发放农业贷款以及提供相关的农村金融服务，是基础货币派生存款的主要通道。

3. 职能不同

农业政策性金融具有扶持性、调控性、倡导性、辅导性等特有职能，往往能够体现一个国家在农业及其相关产业方面的政策制度。政策性金融是在市场机制形成不充分的条件下，由于不能有效地承载商业性金融，而以财政支持为背景，通过金融机构来提供公共产品的金融形式。农村基础性的公共产品投资具有周期长、风险高等特点，一般商业性金融不愿或无力介入，因此需要政策性金融这一种特殊的金融形式。

总之，农业性政策金融与农村商业性金融的关系，本质上反映的是农村金融资源的政府调控与市场配置之间的关系。两者虽然在金融资源配置主体、目标、业务范围、运行机制、资产负债结构以及监管的主客体等方面均存在明显差异，但是这两者是一个国家农村经济体系中不可或缺的两翼，两者相互对称，彼此平行，相互补充而非相互替代，是平等合作的伙伴而非从属的或竞争的对手。在当代各国经济金融体制中，只有同时存在这两翼，才能协调、稳定地促进农村经济的发展。

3.3 农村合作性金融

合作金融是按合作制原则组建起来的一种金融组织形式。合作性金融是指社会经济中的某些个人或企业，自愿入股，按照合作经济原则设立金融机构，主要为社员或入股者提供资金融通等服务的一种金融活动。

农村合作金融是指在商品经济条件下，农村劳动者为改善自己的生产与生活条件，按照合作制原则，自愿入股联合，实行民主管理，获得服务与利益的一种集体所有与个人所有相结合的资金融通方式。农村合作性金融从本质上说是市场竞争中难以通过正常金融渠道获得金融服务的弱势群体建立起来的自助金融组织，其服务对象和业务领域有一定的局限性。

3.3.1 农村合作性金融的产生与发展

农村合作性金融的典型形式是农村信用合作社。由于资本主义银行主要为借贷资本和职能资本服务，农民和其他小生产者很难从银行得到贷款，于是他们成立了自己的资金互助组织——农村信用合作社。最早的农村信用合作社是德国莱茵地区创立的半慈善性质的信用合作社。不久，F.H.舒尔茨在德国萨克森建立了更具有商业性质的信用社，向郊区和农村居民发放贷款，并以入股的形式吸收他们的资金。他提出的建社原则是：①门户开放；②在可能范围内实行入股制度；③只要可能，按股分红；④信用事业单独经营；⑤常务理事有薪金；⑥贷款短期，不限制用途。到1905年德国全境已有13 000个农村信用合作社，社员达100万人。同时在此期间，信用合作社也被传播到法国、意大利、奥地利、瑞士、丹麦、挪威以及东欧和日本，成为一个具有世界规模的运动。

前苏联和东欧各国在历史上也曾在农村中推行过信用合作运动，但随着国家金融机构的发展，已过早地结束了合作社的活动。在亚非拉发展中国家，由于经济不发达，推行农村信用合作运动遇到过种种挫折，但在这些国家政府的重视和支持下仍有一定的发展，如印度、突尼斯、巴西等国都有较好的成绩。目前欧洲、美国、日本等很多国家和地区都有比较发达的合作金融组织，并在农业信贷中起重要作用。

在中国关于合作金融的实践，最早是由“中国华洋义赈救灾总会”于1923年6月在河北省香河县成立了第一个农村信用合作社，其目的是通过信用社帮助农民发展生产，解决生活困难。1927 年 2 月中国共产党在湖北省黄冈县建立了第一个农民协会信用合作社。新中国成立以后，信用合作事业在我国有了很大发展。经过 100 多年的发展，农村合作金融组织已遍及全世界，无论在发达的西方资本主义国家，还是在发展中国家，信用合作运动都获得了长足的发展。对促进弱势群体的生存与发展，实现效益与公平的统一，以及世界经济的发展起到了很大的推动作用。

3.3.2 农村合作性金融的特点

（1）农村合作性金融组织原则符合国际公认的合作原则，以股金为资本，以入股者为服务对象。合作金融是经济中的弱小者通过合作组织建立信用关系，借以互相满足资金需求的金融活动。农民或农村中小企业经营者在经济生活中处于弱势，难以从商业金融机构得到贷款，所以按合作制原则，组织自己的金融机构，集中分散的资金用以发展生产，改善生活。

（2）农村合作性金融的组织以信用为基础，具有道德及精神要素，但不属于慈善机构，必须以等价交换为原则。合作金融机构的目的是为社员提供资金以提高其生产和生活质量，虽然合作金融的宗旨是互助互利，具有精神及道德的成分，但它不具有慈善性质。

（3）农村合作性金融是互助金融，不以营利为目的，主要是为入股者提供服务。合作社与社员之间是服务互助关系，不是营利分红关系，它的业务活动不是为了追求最大限度的利润，而是通过互助互利原则，调剂农村资金余缺，满足社员的生产、生活需要。合作金融组织力求稳妥与安全，不求盈利。

（4）农村合作金融是群众性的组织，它代表并保护社员的利益，受到社员的支持和拥护。合作金融机构根据全体社员的愿望与要求开展业务经营活动，并通过组织的力量使各成员的利益不断实现。

（5）农村合作性金融注重平等的原则，以人作为首要因素，是人的结合。合作社是社员的组织，社员的自愿平等合作是其存在的基础。在以资本为核心的工商企业中，资本具有绝对的权威，股东的表决权及分红权都要以股金的多少为标准，而合作组织则不如此，它实行一人一票，资本在合作社中失去了特权，它只是充当为合作社服务目的的一种手段。

3.3.3 农村合作性金融的功能定位

农村合作性金融是农村地域范围内农户或中小企业依法联合组建的以自我服务为根本目标的金融组织。作为一类金融组织，农村合作性金融必然要实现金融机构的最基本职能，即充当信用中介和提供融资服务，主要包括以下几点。

1. 为农村经济主体筹集资金或协助其筹资

这是农村合作性金融的基本功能之一，农村经济主体可以借助该功能来实现自身利益最大化。有机会投资而缺乏资金的经济主体可以通过借入资金进行投资，在满足自己财富增长的同时也提高了整个社会的资金使用效率。

2. 为农村经济主体提供交换媒介和多样化的货币工具

农村合作性金融机构可以提供支票、汇票、本票等金融工具来满足农村经济主体的流通和支付需要，也可以提供存款、股票、债券、基金、保险等多种金融资产来满足农村主体对资产多样化的需要。

3. 为农村经济主体提供金融服务

金融是经济运行的命脉，合作金融企业由于从事行业的特殊性，能够获得较多较快的信息，在自己利用这些信息的同时，还可以为农村经济主体提供相关的信息、咨询等服务。

4. 调节农村货币资金、稳定农村经济

一方面，合作金融机构把资金从有资金盈余的一方筹集起来，形成积累；另一方面，又把积累起来的资金分配给有好的投资机会但缺乏资金的一方，它实际上是对社会财富资源的再分配，促进资本的形成或消费的增加。农村合作性金融作为金融从业机构，接受中央银行的宏观调控，通过自身资产负债的调节来贯彻执行货币政策，从而达到调节农村货币流通，稳定农村经济的目的。

合作金融组织的建立及发展不仅解决了农户生产和生活的资金需要，弥补了国家对农村的投资不足，缓解了农业资金城市化的流向，为农村经济的发展提供了非常重要的支持，成为各国农村金融体系中重要的一部分。在有些国家中，合作金融甚至成为农村信贷资金最重要的提供者。

3.3.4　农村合作性金融的代表机构

随着我国经济的发展和城镇化步伐加速，在我国出现了农村资金互助社这种新型的农村金融合作机构。农村资金互助合作组织是内生于农村、服务于农户的新型金融组织机构，农民是互助社的主要成员。农村资金互助社是具有类似或关联生产模式的农民共同发起、拥有和管理，为了获取便利的融资服务或经济利益，按照资本入股、民主管理、互助互利原则建立的互助金融组织，在社员熟悉的小范围内开展业务，它以股本参加的农民为社员，为社员提供存贷结算等业务，谋求社员共同利益，是缓解农户发展资金短缺的有效途径。

2006 年 12 月 20 日银监会发布了《关于调整放宽农村地区银行业金融机构准入政策更好支持社会主义新农村建设的若干意见》，将农村资金互助组织和村镇银行、小额贷款公司三类金融机构界定为新型银行业金融机构，农村资金互助社至此成为我国正式的金融机构，在法律上得到了认可。2007 年 3 月 9 日，吉林梨树闫家村百信农村资金互助社正式挂牌，我国第一家合法农村资金互助社成立，农村资金互助组织在我国进入正规化发展阶段。2007 年 10 月，吉林、青海、甘肃、河南、福建、江苏、山西、浙江、安徽等 18 个省纷纷开始尝试组建农民资金互助合作社。截至 2010 年末，已有 35 家农村资金互助社在银监会审批下正式开业。

百信农村资金互助社的发展可以说是我国农村合作金融这一金融组织发展历程的写照。百信资金互助社成立的背景可以用一句话来概括，即“农村资金需求大，金融机构供给少，资金互助求发展”。

百信农民资金互助社是在梨树县榆树台百信农民专业合作社的基础上发展起来的，该专业合作社成立于 2003 年 11 月，主要开展联合购销、生产互助业务。运行半年后，社员遇到了资金短缺的严重困难，于是另外发起成立了资金互助社。经过几年的运行发展，截至 2010 年 6 月，百信农村资金互助社资产总额达 39 万元，负债总额 23 万元，所有者权益 16 万元；社员人数由创立初期的 32 人，增加到 110 人；股金由创立初期的 10.18 万元，增加到 13.49 万元，存款 3 笔共 2.35 万元，同业拆借资金 2 笔共 20 万元，财政扶持 5 万元。几年来，累计贷款 259 笔，累计放贷额 107 万元，贷款投放对象全部为本社社员农户。其中累计投放种植业贷款 91 笔，金额 41 万元，占全部累计放贷款额的 38.3%；累计投放养殖业贷款 161 笔，金额 63 万元，占累计放贷款额的 58.9%；其他生活及消费贷款 7 笔，金额 3 万元，占累计放贷款额的 2.8%。它由 32 户发起人组成，运营资本金为 10.18 万元。

在运行机制上，百信农村资金互助社采取了理事会、监事会和社员大会的组织架构，其中理事会是执行机构，设理事长一人，其职能相当于股份有限公司的董事会；监事会相当于股份有限公司的监事会，主要起监督作用，设监事长一人；社员大会是权力机构，由全体社员或社员代表组成，相当于股份有限公司的股东大会。财务制度也比较规范，使用法定的会计科目和账户设置，聘请专职的会计人员，执行金融机构的账务处理制度，并按规定的时间报送年度财务报告，及时披露存贷款数额、风险及其他重大事项等。

3.4 农村非正规金融

非正规金融是指在政府进行批准并进行监管的金融活动（即正规金融）之外存在的，游离于现行法规制度边缘的金融活动和金融行为，未纳入国家金融管理体系。关于非正规金融的概念，国内已有的文献并没有形成统一的认识与清晰的界定，但在已有的研究中，大多是从法律特征和金融监管角度的界定，将之称为民间金融、体制外金融、非正式金融、民有金融、非制度金融。

目前学术界对于民间金融提出了一些不同的定义和解释，本书所使用的农村民间金融是相对于正规金融而言的，泛指采用非标准化的金融工具，通过正规金融机构以外的非官方监督的民间渠道，为农村生产、经营和消费提供各种资金借贷或资金融通服务的形式及活动。这种民间金融活动，包括农户之间的民间借贷和其他各类民间金融组织的融资活动，前者是指农户之间发生的各种借贷行为，具有非组织化特征；后者包括银背、私人钱庄、合会、民间集资、民间商业信用和农村合作基金会的活动等，具有组织化特征。

3.4.1　农村非正规金融产生的原因

改革开放以来，随着市场经济的深入发展，经济活动成为人们社会生活的核心，个人和企业对金融的需求越来越旺盛。而在现实生活中，正规金融体系却无法满足人们的正常需求，从而在市场中形成了一种倒逼机制，促成了非正规金融的产生、繁荣和发展。特别是在农村地区，非正规金融规模及范围日益扩大。在这种情况下，结合我国农村经济发展的实际情况，对农村非正规金融的成因进行理论审视，有助于我们正确认识和规范农村非正规金融的发展。

1. 制度变迁的视角

1）制度扭曲

我国非正规金融产生的制度原因，是国家对国有经济和非国有经济的金融支持存在明显的供给制度扭曲。具体而言，就是我国正规金融往往把投入偏好集中到国有经济领域，而非国有经济领域却未获得与其在经济增长中的地位相匹配的资金支持，从而使农村非公有经济对正规金融体系以外的资金存在强烈的需求，因此在农村地区内生出与正规金融平行的非正规金融。也可以说，农村非正规金融的产生和发展是制度供求作用的结果。

2）需求主体多元

农村多元化的所有制形式产生了一批新的资金需求主体，这成为非正规金融产生的首要推动力。改革开放以来，随着所有制结构的变革，一系列所有制经济成分迅速发展，其中以乡镇企业和个体私营企业为代表的农村中小企业作为一种新的所有制成分大量涌现。农村中小企业在扩张经营的过程中，自有资金的匮乏使他们成为资金市场的需求者。同时农村实行家庭联产承包责任制后，千千万万的农户成了一个个独立的生产经营者，并因此成为资金需求者。无论是农户还是乡镇企业，在银行、信用社获得的贷款占全部借贷资金来源的比例一直偏低。在正规金融无法满足他们的外部融资需求时，他们便把目光投向民间金融，而在一些民营经济发达的地区，非正规金融活动十分活跃，成为民营企业和农户解决运作资金的重要渠道。

2. 信息经济学的视角

在农村，正规金融体系的组织和制度运行具有昂贵的成本，资源配置效率低下。信息不对称问题和较高的交易成本的存在，使农村金融市场中很多的金融需求得不到正规金融的满足，其结果必然导致在正规金融体系之外产生民间金融。高昂的成本主要来自以下两个方面。

1）信息不对称

对于农户和农村中小企业的借贷需求，正规金融机构一般不具有信息优势。虽然国有银行在地方设有分支机构，但农村地广人稀，使分支机构的人员对农户和农村中小企业的信息了解程度相对较差。为了克服信息不对称所带来的问题，正规金融机构一般要求资金借贷要有抵押品和完备的合约文件，这样虽然能在一定程度上克服信息不对称所带来的道德风险，但却也成为农户和农村中小企业从正规金融机构获得资金支持的障碍。

而相比正规金融的无力，农村非正规金融却有着极大的优势，更有助于克服信息不对称问题。非正规金融活动发生于农村地区，基于一定的地缘、血缘、业缘关系而成立，与农户和农村中小企业有着天然的密切联系。非正规金融的交易活动通常建立在充分掌握对方信息的基础上，信息不对称的问题得到了有效地避免。如果在信息交流不充分的居民之间进行借贷，贷方也会对借方要求一个很高的信息溢价来补偿这种信息成本。

2）交易成本

通常，正规金融机构的交易成本主要来自于基础设施建设费用、员工工资和福利、交易费用、管理费用等方面。正规金融机构在农村地区的交易成本非常昂贵，主要来源于两个方面：其一，农村的每一笔信贷额度都很小，而与贷款额相对应的贷款成本是较为固定的数额，因此农户和农村金融的资金需求无法形成正规金融业务所要求的规模效应；其二，农村金融领域薄弱的基础设施建设，包括基本的通信、网络、交通、会计及审计人才、培训机构等。若正规金融将原有的服务内容扩展到农村市场，则网点建设、信用评估、贷款管理等成本费用也会相应大幅提高。

而非正规金融借贷手续简单、随借随还、方便灵活，有效地控制了信息成本和交易成本，迎合了广大农户和农村中小企业的资金需求特点。

3. 金融风险的视角

由于农村经济活动的特点，如地广人稀、基础设施不发达、农户收入不稳定、社会关系依赖度强等，正规金融机构的经营方式、经营作风、经营能力不能适应农村资金的特点，也无法规避农村多元化风险的冲击。

1）系统性风险

系统性风险是金融领域的一个重大问题，是每一个投资者无法通过投资多样化而化解的风险。农业的系统性风险主要来自农业收成的波动带来的现金不确定、农业地区其他非农收入的来源和数量、农村金融制度变化的影响以及农村政策的影响等方面。系统性风险的另外一个方面是非农经济在农村金融的比重，如果非农经济所占的比重较大，则该地区的金融体系就具有一定的稳定性。

2）流动性风险

农村金融流动性风险来自农村收入的季节性变化。由于农业生长周期较长，受气候影响较大，因此农村金融的流动性风险更大。流动性风险越高，资金成本就越高，收取高利率的动机就越高。而正规金融的利率为国有部门服务，低位运行，所以难以补偿这种流动性风险。

3）融资风险

如果企业创业启动初期的资金就大量地依赖正规金融贷款的外源融资，这样会由于项目投资中经理人员个人财富的净值所占的比重低而提高了代理成本，经理人员可能采取过度风险的行为。所以，民间金融有助于降低融资风险，是避免金融危机的一种有效措施。

3.4.2　农村非正规金融的作用

1. 非正规金融有利于弥补农村地区正规金融供给的不足

由于信息不对称、农户收入不稳定以及抵押品不足等原因，正规金融不能满足农户的资金需求。中小企业也由于受到经营规模、市场信誉、资金实力等条件的限制，正规金融机构常常不愿为他们提供资金支持。非正规金融是民间经济存在和发展的直接产物，为民间经济的发展提供了有力的金融支持，而非正规金融由于与这些需求主体之间有着邻居关系、老乡关系或合伙关系等天然的联系，双方信息较为对称。这样，中小企业及农户也乐于将闲置资金存入非正规金融机构，而非正规金融机构又会把他们作为信贷发放的主要对象。

2. 非正规金融有利于推动农村体系形成多样化竞争格局

在农村金融体系中，由于非正规金融机构参与进来增加了竞争对手的数量，利益分配也发生了许多变化，这有利于增强农村金融体系的竞争氛围，形成多样化的竞争格局。有竞争才能提高金融服务的水平，有竞争才能产生效率，也只有竞争才能从根本上解决农村资金资源的有效配置问题。

3. 非正规金融的存在和发展属于民间自发性制度创新

这种创新若经过政府的合理引导，对中国金融制度的积极演进将具有重要的推动作用。中国金融体制的改革滞后于经济体制改革的整体进程，而要从根本上解决问题，就必须深化改革，让非正规金融从灰色区域中解脱出来，使其积极参与到公开的金融业务和金融竞争中，从而使金融市场秩序得以有效改善。

3.4.3　农村非正规金融的代表机构

非正规金融，包括个人之间、企业之间、企业和个人之间的借贷行为、合会、标会、各种基金会的融资、地下钱庄、银背等各种方式的金融行为。

由于正式金融制度在满足农村金融服务方面存在着各种问题，非正规金融成为农村金融的重要组成部分。我国非正规金融活动的范围很广，形式很多样，主要机构有以下几种。

1. 民间借贷

民间借贷有广义和狭义之分，广义的民间借贷是各种非正规金融的总称，狭义的民间借贷主要是指民间经济中个人之间的借贷活动。一般而言，农村民间借贷的形式大致包括以下几种情形：一是口头约定型，大都是在亲戚朋友、同乡、同事、邻居等熟人之间进行，双方彼此了解，不存在信息不对称问题，信用风险小。他们完全依靠个人间的感情及信用行事，无须任何手续，一般借贷数额较小。二是简单履约型，这种借贷形式较为常见，大都凭一张借条或一个中间人即可成交，一般数额较口头约定型大，借款期限或长或短，借款利率或高或低，凭双方关系的深浅而定。三是高利率型，个别富裕农户将资金以高于银行利率借给急需资金的农户或企业，从而获取高额回报。

民间借贷活动具有无组织性和偶然性，没有固定的组织形式和运作模式，缺乏明确的中介机构，也没有固定的交易场所；借贷用途具有多样性，融资目的相对比较复杂；借贷金额一般较少，借贷利率具有差异性；借贷活动发生的范围较为狭小，民间借贷多发生在亲朋好友、熟人之间，借款合约一般都不是具有法律效力的正式借款合同，甚至很多都是没有字据凭证的口头协议，而且大都为缺乏担保措施的信用放款。

2. 银背和私人钱庄

银背是指促使有息借贷成交的信用中介人，有时也提供一定的担保。银背为借贷双方搭桥牵线，收取手续费、介绍费、担保费，一般出现在商品经济较为发达的地区。银背往往具有一定的资金实力，有发展成为私人钱庄的可能。20 世纪 80 年代中期，温州乐清市乐城镇年资金融通量在 150 万元左右的银背就有 10 多家，苍南县钱库镇资金融通量在 300 万元以上的银背也有 10 多家。

私人钱庄原是新中国成立前存在的一种信用机构，高息经营货币信用，在沿海省份比较发达。新中国成立后几乎完全被取缔，改革开放以来，在农村的某些地区又再次出现，大多暗中经营，是农村地区高利贷的代表。私人钱庄是没有经过审批的类似银行的金融机构，以吸收存款的形式来发放贷款。私人钱庄分为两类：其一，主要涉及从事外汇买卖业务的私人钱庄或者窝点的运作；其二，涉及“非法集资”或“发放高利贷”。

3. 合会

合会是中国农村某些地区盛行的一种集存款与贷款为一体的互助性融资组织形式。一般由发起人（称“会首”）聚请若干人（称“会脚”）参加，约定每隔一定时期聚会一次，每次聚集一定的款项，首期款项归会首所得，以后各期可按一定规则分别由会员轮流所得，各期金额相同。但依据得会先后次序不同，会员每期缴纳的金额不等，先得会者要比后得会者多缴纳会金，多出部分即相当于借款利息，实质上是整借零还；后得会者实质上为零存整取，得会时表现为本利并收，相当于得到了存款利息收入。按照确定会款使用人方式的不同，合会又可分成多种形式。事先固定好使用次序的称为“轮会”，如果按抽签、摇骰方式确定使用次序的称为“摇会”，以投标方式决定使用次序的称为“标会”，由会首一人独得会额的为“拔会”等。

专栏 3-2

ROSCA——合会简介

合会，又称标会、互助会、跟会、搭会等，英文名称一般作 rotating savings and credit association（简称 ROSCA），即轮转储蓄与信用协会，是长期盛行于东方民族中的一种民间金融理财方式，迄今已有上千年的历史。据传合会最初起源于古代印度佛教寺院对信众的一种循环借贷，因其本利生生不息，循环往复，故称“无尽钱”。直到今天，合会作为民间金融的一种重要工具，不仅仍广泛存在于金融体制落后的东亚、拉美、非洲等发展中国家和地区，甚至在美国这样的发达国家中的部分社区和族群中也能找到其身影。

合会是由一定数量的个人组成的团体，该团体的成员需要在每个规定的时间捐出一定数量的某种资源以形成一笔基金，按照某种约定的顺序，轮流将汇集起来的基金交由成员使用，每个成员只能得到一次基金，在相当数量的成员都得到基金后，合会宣告解散。

合会将资源进行汇集和再分配，这些资源可以是劳动、实物或者货币，相应地，我们也可以把合会分为劳动合会、实物合会和货币合会。究竟哪种资源通过合会来集中和分配，可以按成员的实际需要而定。

在一些相对贫困的群体当中，人们因为经济、社会和其他原因，常常无法从正规金融得到所需要的贷款，资金紧缺是这些地区的人们摆脱贫困和落后最大的障碍之一。然而合会的出现至少从两个方面缓解了这个局面：首先，合会给成员们提供了一条除正规金融机构和私人高利贷借款之外的渠道。与正规金融机构相比，加入合会一般不需要什么实物担保，而且在贷款资金的使用上也没有什么明显的限制。因为有了合会，贫困地区的人们所面临的资金约束能够在一定程度上放宽了。其次，合会一般不收利息或者只收取相对较低的利息，这使贫苦的人们能够免受高利贷者的盘剥。

合会具有三大基本功能，即保险功能、经济功能和社会功能，其中保险功能可能是合会所最初具有的功能。随着商业化和货币化程度的加深，合会的经济功能逐渐突显出来，并在某些地方占据了主要的位置。合会作为一个团体，既是社会化的产物，也是社会化的工具，因此社会功能也是合会的应有属性。

合会不仅具有悠久的历史，而且还是一个世界性的现象。根据目前已有的研究，它的诞生比货币还早，广泛分布于全世界五大洲共80多个国家和地区，存在于不同种族、不同信仰、不同阶层的人群中，历经了社会、经济和政治的动荡和变迁，至今仍在许多国家顽强地生存和发展着。可以说，合会这一组织形式反映了人类在面对资源稀缺、风险和不安全感时行为上的“某种共性”。合会广泛地分布于亚非拉和南美洲的发展中国家和地区，此外，在一些发达国家中也有合会存在。在亚洲，合会主要分布于中国、印度、日本和印度尼西亚。在非洲，合会广泛分布于喀麦隆、尼日利亚、埃塞俄比亚等国家。在南美洲和拉丁美洲，合会主要分布于阿根廷、玻利维亚、巴西等国家。在发达国家中，合会主要存在于德国和奥地利、英格兰和苏格兰、澳大利亚等国家。此外，还有一些发达国家（如美国）的移民区中也有关于合会的记录。

由于各国在政治、经济、文化背景上存在巨大差异，合会与政府政策的关系也有所不同。有的国家，合会的发展得到了政府相关管理部门的认可，政府甚至积极鼓励合会进行发展，如印度尼西亚；还有些国家，政府对合会专门颁布了相关的法令，并促进它逐渐转变成正规的金融机构，如尼泊尔、日本和斯里兰卡；还有些国家对合会持否定的态度，对之予以禁止或打压，如马来西亚等。

合会在中国出现的历史较早，形式也具有多样性。按照成员得到基金的顺序决定方式来划分，中国的“会”可分为摇会、标会、座会、寿缘会等多种形式。这些都是合会的一些形式，其中按照抽签的方式确认使用次序的叫做“摇会”，如浙西的“碰洋会”“五总会”、江苏的“四总会”等均属此类；以投标方式决定使用次序属于“标会”，在广东流行最盛。

资料来源：刘民权，徐忠，俞建拖．ROSCA研究综述．金融研究，2003，(2)：120-132

4. 民间集资

农村民间集资形式多样，既有企业集资，又有机关事业单位集资。集资目的既有从事生产经营活动，也有办理非营利事业。农村集资主体主要是乡镇企业和乡村政府，集资客体是企业职工和村民。集资方式多采取“以劳带资”——农民要进入乡镇企业工作，需缴纳一定数额的资金，原则上数年还清，有计息和不计息之分；“招股集资”——企业通过发行股票、债券的形式向农村经济主体集资；“联营集资”——有关单位或个人采取入股联营的方式集资；“行政性集资”——由乡村行政组织向社会募集资金等；“风险抵押金”——企业为加强雇员责任，要求雇员交纳一定数额的抵押金，其金额少则数百元，多则数千元，这是企业较为普遍的筹资方式，这些资金多数用于企业经营活动。

随着农村经济的活跃，资金需求越来越显得紧张，民间集资量和利率都有上升的趋势。

3.5 农村信用担保体系

社会信用担保体系是一种社会机制，是由信用立法与执法、信用管理行业运行惯例与约定、社会信用行为与道德规范、不良信贷惩戒机制、教育等多个子体系共同作用，并由专门的信用担保机构提供制度化的保证，在债务人不能履行债务时，保证人代为清偿债务的社会机制。

农村信用担保体系是社会信用担保体系的有机组成部分，同样是由社会信用行为与道德规范、不良信用惩戒机制、信用担保等多个子体系组成。但由于农村信用担保体系覆盖范围为农村地区，主要服务对象为农村人口与农村乡镇企业，因此在农村信用担保体系建设中，其法律法规的制定、数据的征信与管理、相关的信用担保机构提供的服务一定程度上有别于城市信用担保体系。

农村信用担保体系有利于整顿和规范农村市场经济秩序，促进农村地区经济发展。在广大农村地区，由于农民文化素质普遍较低，社会信用观念淡漠，不少农民带有投机心理，随意拖欠贷款，而农村失信惩戒机制不够健全，这导致了农村经济秩序的混乱。因此建立完善的农村信用担保体系，通过信用机制来规范各种信用活动，可以创造良好的信用环境，在保持农村金融市场繁荣的同时，促进当地经济的增长。

3.5.1 农村信用担保体系的功能与定位

农村地区信用环境欠佳制约了农村金融市场的发展，通过建立完善的农村信用担保体系可以改善农村信用环境、缓解农村融资难的问题，从而更好地促进农村经济的发展。

1. 改善农村信用环境

广大农村地区信用经济发育落后，市场信用交易不发达，再加上农民素质普遍较低，相关法律法规和信用惩戒机制不健全，使很多农村经济主体社会信用观念较差，农村信用环境较差。农村信用担保体系的建立与完善，能够规范与引导农村借贷行为，增强农民的信用观念，改善农村地区的信用环境。

2. 缓解农村融资难

在我国，农村资金供给不足的一个重要原因就是正规金融机构与农户、农村中小企业之间存在严重的信息不对称，为了减少风险不得不要求资金需求方提供抵押担保，但是农户和农村小微企业往往难以提供有效的担保，从而造成了农民“贷款难”与金融机构“难贷款”两难并存的局面。农村信用担保机构介入银行和融资主体的交易之间，不仅将不可抵押物的担保转变为正规机构的担保，还充分利用自身的信息资源与优势，降低融资者和金融机构之间的信息不对称程度，从而在一定程度上增加了金融机构对农村经济主体的贷款，缓解了农村融资难的问题。

3. 促进农村经济发展

农民收入增长缓慢，农业结构发展不合理，农村经济发展迟缓，严重影响了我国经济的整体发展水平。资金问题是农村经济发展的核心问题，打破农村资金的瓶颈，就能在资金上大力支持农村相关产业的发展，带动农村整体经济的发展。因此，建立完善的农村信用担保体系，可以增加农村资金的供给，促进农村经济的持续发展。

3.5.2　构建我国农村信用担保体系

针对我国农村信用担保发展中出现的问题，结合国外农村的发展经验，我国农村需要建立一个以政策性担保为主导，互助性担保、商业性担保共存的，致力于解决农村融资难困境的多元化信用担保体系。

1. 采取以政府为主导的信用担保体系模式

由于农村信用担保机构资本金扩充机制及农村信用担保机构与金融机构配合机制的问题，政府应该充分发挥其主导作用，建立较为完善的农村信用担保体系。政府的作用主要体现在资金引导与政策扶持两方面，协助农村信用担保机构健康发展。

2. 完善相关法律法规

对于目前我国农村信用担保体系管理混乱、监管缺乏的状况，政府应该出台并完善有关的配套法律，建立起有效的失信惩戒机制，加强对信用担保机构的保护和对农户等信用偿还的强制约束力，以期从立法角度实现对农村信用担保体系建设与运作的支持。

3. 开展农村诚信教育、培养农村信用观念

农村信用担保体系的构建，在以制度为核心来约束那些经济主体的失信行为的同时，也不能忽视诚信教育、道德伦理环境的巨大作用。政府应该加强宣传与教育力度，在农村普及信用知识，树立诚实守信的理念，使每一个农民都注重他人和社会对自身信誉的评价，形成积极向上的思想道德规范。

4. 规范农村信用担保机构

农村信用担保机构在为农村企业和农民提供担保的过程中，应尽量简化担保程序，降低担保门槛和担保费用，切实减轻农村企业和农民办理担保的负担。地方政府应对农村信用担保机构给予一定的成本和风险补偿以及税收优惠。同时政府也应该加强对其监管，规范其准入、退出机制，以及风险准备制度的建立，使农村信用担保机构在健康发展的基础下进行农村贷款信用担保业务。

5. 探索建立农村信用再担保机构

由于我国农村信用担保机构的风险分担与损失补偿机制尚未建立，其独立承担风险的压力较大，借鉴日本农村信用担保保证制度的实践经验，我国可以探索建立信用再担保机构，为各担保机构分担担保风险，增强农村信用担保机构的抗风险的能力。

3.5.3 农村信用担保机构

目前我国的信用担保机构有政策性、互助性及商业性三种，而商业性担保机构主要是针对中小企业融资担保，有关农村担保业务开展较少。应该针对不同的担保对象选择合适的信用担保机构：对于那些农业发展中所需资金数额较大的融资项目，应该选择由政策性担保机构为其提供贷款担保；而对于那些金额较小的融资项目，则应该由互助性担保组织提供信用保证；对于经济发达的农村地区，可以尝试运用商业性担保的专业服务，以满足当地资金运转的高效率的要求。

1. 农村政策性信用担保机构

农村政策性信用担保机构是指由政府出资或参与出资组建，不以营利为目的，以农村产业结构调整和农业现代化为导向，为农民和农村企业提供政策性保证服务的法人机构。农村政策性信用担保机构直接体现国家发展农业和农村经济的政策意图，通过信用担保的杠杆作用，引导资金流向农户和农村中小企业，因此在农村信用担保机构中占有主导地位。

农村政策性信用担保机构的资金来源于政府出资、担保机构会员交纳会费与担保项目交纳的保费。由于担保机构实行会员制，只有交纳会费成为担保机构的会员才能得到担保服务。担保项目的保费一般是指按照担保项目的金额、风险等交纳一定比例的担保费用，通常用这部分费用来弥补担保风险所造成的损失。

农村政策性信用担保机构运作模式主要有两种。

一种是政府出资运营模式，通常是指政府全额出资的信用担保机构。这种类型的主要特征是：①政府出资，采用企业或事业法人方式经营，享有独立经营权，由政府派人管理；②以政府农业产业政策为导向，服务“三农”，并以农村种养大户和农村企业为主要服务对象，通过担保基金提供农业贷款信用担保；③以“保本经营、控制风险、平等自愿、公平守信”为经营原则，通过规范运作，逐步增大资产总额，扩大担保数额，形成对农业的长期扶持机制。

政策性担保具有资源配置、收入分配、产业结构调整等宏观调整功能，通过政府的行政干预，有利于提高财政资金利用率，支持农村经济发展。但是，政府不恰当的行政干预往往排斥市场机制的作用，在实践中容易导致担保机构实际运作的行政化倾向，脱离农村实际。同时，完全以政府信用作担保会导致贷款事后监督不到位，增加贷款违约风险，给政府的财政带来负担。

另一种是市场化运作模式，通常出现在以政府出资为主，外部筹资为辅组建的担保机构，这种担保机构具有独立法人资格。市场化运作模式在世界一些国家比较常见，在中国部分农村地区也有类似实践，较为典型的是江苏昆山农信担保公司。

此类信用担保机构的特征是：①政府出资或参股，或是对担保公司进行风险补偿，市场化运作；②政府只是对担保主体进行规定，针对农户和农村中小企业，扶持农业相关产业发展，或是鼓励农民自主创业；③担保公司自主决定担保对象的选择，实现自身盈利目标。

市场化运作模式既可缓解政府财政压力，又能体现政府的支持作用，外部资本的引入增强了农村担保机构运作的透明度，使运行效率提高。但是，信用担保机构要制定有效的激励机制，以解决经营中的多重委托代理关系问题，政府也要注意是否过度干涉信用担保机构的运营。

2. 农村互助性信用担保机构

农村互助性信用担保机构以加入互助合作的成员的入股为主，各级政府适当出资予以辅助，但不干预其自主经营。其主要特征是自我出资、自我服务、独立法人、不以营利为目的，旨在为互助合作组织成员及发展“三农”直接相关的融资项目提供担保服务。

与政策性担保机构不同，农村互助性担保机构拥有自身的信息优势，提供担保者可凭借血缘、地缘关系等掌握贷款者的信息，有效地解决了信息不对称问题，降低了交易成本，提升了农村信贷交易效率。该类型担保机构的运作方式为机构可选择以行政村为地域单位，指定一名具有一定金融知识的村支书或致富带头人作为担保业务联络员，互助性担保机构由联络员出面组织，利用其信息优势吸收该村有资格的贷款者，让其交纳一定的资金入股成为会员。成员之间实行连带责任，投资成功的成员有义务为投资失败者承担连带的还款义务，同时，只有当机构的整体债务都得到偿还时，各成员才能够继续获得再贷款。对于违约的机构成员，不仅意味着失去再次贷款的机会，更意味着失去在辖区内的声誉。可见，该模式是依靠传统的道德约束来防范信用担保风险。

此种模式又分为封闭式和半封闭式两种。封闭式的担保机构只对出资的股东进行担保，股东企业担保的上限是该企业出资额的 5~8 倍。半封闭式的运作方式采用会员制，只对入会的农户或企业进行担保。一般先由担保公司制定入会条件，按照入会、出会自由的原则，吸收符合条件的农户或企业入会，会员实行动态管理。根据会员的财务、资信、经营状况、发展前景等给予相应额度的贷款担保。

3. 农村商业性信用担保机构

农村商业性信用担保机构是指以营利为主要目的，由农村较为富裕的农户和农村企业建立，以商业化方式运作，同时兼营其他投资性商业业务，以担保业务和投资业务的收益承担保证责任的独立法人机构。

担保机构的资金以公司股东的入股资本为主，各级政府可适当出资但不干预其自主经营。在实际运营中，商业性担保机构遵循科学的担保业务流程，完全市场化运作。从申贷人提出担保申请后，需经历初步调查、立项、审批、承保、建立业务档案、保后监管、反担保物处置等必要的程序。公司内部各个部门之间有着合作与制约的双重关系，以期达到发展业务与防控风险的双重目的。在风险防控方面，由于商业性担保机构出资社会化、经营市场化，因此其内部的风险防控与管理相比前两类担保机构而言更加科学化与专业化。运作规范的商业性担保机构实行岗位分离的运作机制和责任追究制度，坚持事前评估、事中监控与事后责任落实，能够更加有效地防范风险。

商业性担保机构在遵守国家法律法规的同时，最大限度地追求利润，通过为农民提供专业的商业型担保服务，弥补农村政策性担保与互助性担保机构未能涉足的领域，缓解农民贷款难的现象。

虽然农村商业性担保机构对提高农村金融市场效率作用巨大，但是目前，我国大部分农村地区还不具有实现这种科学的商业担保流程的条件，这只是一种在市场化基础上理想的第三方担保方式。由于我国农村大部分地区呈现产业弱质特性，农村中小企业运行过程中风险大、利润少，因此在广大农村地区普及农村商业性信用担保机构，尤其是对于经济欠发达的地区，还需要一段较长的时间。

本章小结

（1）本章主要介绍了我国农村金融体系的构成与农村金融组织机构的设置。

（2）从机构性质而言，农村金融体系一般由三个部分组成，即农业政策性金融、商业性金融和合作性金融，它们之间有一定的分工，起着相互补充的作用。此外，非正规金融在较为贫困和落后的地区，发挥一定的作用。

（3）经过 20 多年的农村金融体制改革，我国已经形成了包括商业性、政策性、合作性金融机构在内的，以中国农业银行、中国农业发展银行为主导，以农村信用合作社为核心，其他农村金融机构（如农村商业银行、农村合作银行、邮政储蓄银行及其他新型农村金融机构）为补充的农村金融体系。

（4）非正规金融是指在政府进行批准并进行监管的金融活动（即正规金融）之外存在的游离于现行法规制度边缘的金融活动和金融行为，未纳入国家金融管理体系。由于正式金融制度在满足农村金融服务方面存在着各种问题，非正规金融成为农村金融的重要组成部分。我国非正规金融活动的范围很广，形式很多样，主要有以下几种：民间集资、民间借贷、合会、银背和私人钱庄。

（5）通过建立完善的农村信用担保体系可以改善农村信用环境，缓解农村融资难的问题，从而更好地促进农村经济的发展。我国农村信用担保机构主要有农村政策性、互助性和商业性三种。

关键术语

农村金融体系　政策性金融　商业性金融　合作性金融　非正规金融　农村信用担保体系　中国农业发展银行　中国农业银行　农村信用合作社　农村资金互助社　农村商业银行

复习与思考

1. 分别阐述我国农村政策性、商业性、合作性金融的产生发展、特征及功能作用。
2. 我国农村金融体系的构成，具体包含哪些组织机构？
3. 简述我国农村商业性金融和农业政策性金融的不同之处。
4. 如何合理构建我国农村信用担保体系？
5. 简要阐述我国非正规金融的功能与代表机构。

参考文献及推荐阅读

丁伟国. 2007. 转型期中国农村合作金融问题研究. 哈尔滨：黑龙江人民出版社.
傅晨. 2006. 中国农村合作经济：组织形式与制度变迁. 北京：中国经济出版社.
何志雄，曲如晓. 2015. 农业政策性金融供给与农村金融抑制——来自 147 个县的经验证据. 金融研究，（2）：148-159.
金一. 2002. 关于农业政策性金融的几点思考. 农业经济问题，（4）：29-32.
刘玲玲，杨思群. 2007. 中国农村金融发展研究. 北京：清华大学出版社.
刘锡良. 2006. 中国转型期农村金融体系研究. 北京：中国金融出版社.

第4章

农村金融改革

学习目标：

1. 了解中国农村金融改革的历程及基本特征。
2. 掌握中国农村金融机构改革的政策内容。
3. 掌握中国农村利率改革的政策内容。
4. 了解中国农村金融改革的效果以及不足。

农村金融改革是中国整个金融改革的一个缩影，也是中国农村改革框架体系中的重点工程和重要组成部分。农村金融改革包括狭义和广义两个层面，狭义的农村金融改革单指农村信用合作社改革，广义的农村金融体制改革蕴含极其宽广，既包括农村政策性金融、商业性金融、国家对资金流动的引导、农村融资媒介的创新和发展，也包含农村金融机构的退出机制以及订单农业、农产品期货市场、农业保险的发展等问题。本章首先回顾了中国农村金融改革历程，其次介绍了中国主要的农村金融改革政策，最后基于农村金融机构发展可持续性和对需求方信贷获得的影响等方面总结中国农村金融改革的效果及不足。

4.1 中国农村金融改革历程回顾

新中国成立以来，中国农村金融体制发生了深刻的变革，在“服务三农”方面发挥了重要作用。但是，随着农村经济体制改革的不断深入，农村经济形势发生了深刻变化，目前农村金融体系不适应农村经济发展的问题逐步显现出来。总结农村金融改革的历史经验，适应农村经济发展的要求，进一步深化农村金融改革，是当前需要迫切解决的一个重要问题。

4.1.1　计划经济体制下的农村金融改革

在计划经济体制下，与中央高度集权的经济管理体制相适应，中国的农村金融发展经历了以下两个阶段。

1. 以农村信用合作社为主体的农村金融兴起时期：1949~1957 年

这一阶段主要的改革措施包括：第一，在农村广泛试办农村信用合作社。到 1957 年底，全国 80%的乡都设立了农村信用合作社，共有农村信用合作社 88 368 个。而在 1949 年底，全国仅有 800 多家农村信用合作社。尽管这一时期农村信用合作社的规模小，管理也不够完善，但其合作性质还是得到了充分的体现，总体上发展比较健康。第二，1951 年成立农业合作银行，负责办理农业、林业、水利等方面的投资拨款业务，并领导农村信用合作社。但 1952 年农业合作银行被撤销，由中国人民银行农村金融管理局负责领导和管理农村金融工作。第三，1955 年正式成立中国农业银行，其主要任务是指导农村信用合作社，广泛动员农村资金，合理使用国家农业贷款，辅助农业生产发展，促进对小农经济的社会主义改造。但由于县以下的基层农业银行与人民银行之间职责划分不清，1957 年国务院又决定撤销中国农业银行，并入中国人民银行管理。这一阶段的银行撤并带有很强的随意性，比较注重政治因素，农村经济发展对金融组织的要求则经常被忽略。

2. 农村金融发展的停滞时期：1958~1978 年

这一阶段主要的改革措施包括：第一，1958 年农村信用合作社被下放给人民公社管理，1959 年进一步下放给生产大队管理，在“极左”路线的影响下，合作制被严重扭曲。农村信用合作社的财务管理和业务经营主要受生产大队领导，盈亏由生产大队核算，丧失了独立自主经营的地位。第二，1962 年恢复了农村信用合作社的独立地位，业务上受中国人民银行领导，并在 1963 年重建了中国农业银行，统一管理支农资金及农业贷款，1966 年农村信用合作社再次下放给人民公社、生产大队管理。由于正常的信用关系被破坏，资金被大量挪用，存款也迅速减少。

这一时期农村金融制度模式的典型特点是：①农村金融市场上的金融工具种类单一，仅有存款和贷款两种金融工具。除了银行信贷市场以外，严格意义上的货币市场和资本市场根本不存在。②利率管制严格，利率不能根据农村经济金融实际情况进行灵活的调整。③农村金融机构组织制度一元化。从组织制度看，表面上是国家银行（时而是人民银行，时而是农业银行）与农村信用合作社同时共存的二元格局，但是在高度集权经济体制的环境中，农村信用社已经由创办时的合作金融性质蜕变为国家金融性质，成为地地道道的国家银行的附属物，所以组织制度实际上是一元特征。

4.1.2　改革开放以来的农村金融改革

农村金融改革是中国整个金融改革的一个缩影。回顾中国改革开放以来的农村金融改革历程，总的来看，农村金融改革进程和整个金融体制改革进程基本一致，但明显滞后，经历了农村金融机构的恢复建立、农村金融改革的探索、新一轮农村金融体系重构三个阶段。

1. 农村金融机构恢复建立阶段：1979~1993 年

中国的改革始发于农村的改革，通过实行土地承包责任制和农产品价格改革，大大激发了农民的生产积极性。不久，大批商品的生产经营权放开，乡镇企业也广泛兴起，商品经济快速发展。

适应这一阶段商品经济发展的要求，中国恢复农村金融并成立了新的农村金融机构，初步形成了农村金融组织多元化和竞争的格局。一是恢复设立中国农业银行。中国农业银行的功能主要是统一管理支农资金，集中办理农村信贷，管理农村信用社。中国农业银行集财政性拨款管理、商业性信贷业务和合作制金融组织管理于一身，占据了农村金融体系的核心地位。二是恢复农村信用社的合作金融组织性质。三是组建邮政储蓄机构。1986 年，国务院批准邮政部门恢复办理储蓄业务，并在邮电系统内设置了邮政储汇局，对邮政储蓄、汇兑等金融业务进行管理。

2. 农村金融改革探索阶段：1993~2003 年

20 世纪 90 年代中期以来，社会主义市场经济体系开始确立，农村金融机构的经营环境发生了显著变化。县及县以下的乡镇企业和国有企业普遍进行了改制，私营中小企业蓬勃发展。农村劳动力外出打工开始成为农民增收的重要来源。

1992 年 11 月，中国共产党十四届三中全会明确提出了中国金融体制改革的总体目标。同年 12 月，根据《国务院关于农村金融体制改革的决定》，中国农村金融体系进行了一系列的改革，初步形成了以合作金融为基础，商业性金融、政策性金融分工协作的农村金融体系。1994 年，新组建的中国农业发展银行承担起了农副产品收购资金供应管理、扶贫贷款、农业综合开发、粮棉加工、农村小型基础设施建设和技术改造贷款等政策性金融职能。1996 年，国务院颁布了《国务院关于农村金融体制改革的决定》，农村信用社与中国农业银行脱离了隶属关系，并进行了以合作制为模式的改革。自 1998 年起，中国农业发展银行专职发放粮食收购贷款，其他政策性业务由中国农业银行承担。1999 年，国家全面清理了农村合作基金会，以整顿农村金融秩序，中国人民银行利用再贷款大力推动信用社发放农户小额信用贷款和农户联保贷款。2000 年，江苏进行了农村信用社试点改革。

3. 新一轮农村金融体制重构阶段：2003 年至今

2003 年以来，社会主义市场经济体制进一步完善，中国经济正处在城市化和工业反哺农业的阶段，建设社会主义新农村也已成为“十一五”期间的重要任务，公共财政扩大其在农村的作用，为建立商业可持续发展的农村金融体系创造了条件。

这一阶段推进的主要改革措施包括：深化农村信用社改革，推进小额贷款公司试点，启动邮政储蓄改革，扩大农业发展银行业务范围，改革扶贫贷款发放模式，允许成立村镇银行、贷款公司和互助资金会，试点农业保险等。2003 年 6 月，国务院批准颁布了《深化农村信用社改革试点方案》(国发〔2003〕15 号文件)，按照“国家宏观调控、加强监管，省级政府依法管理、落实责任，信用社自我约束、自担风险”原则，决定在吉林、山东、江西、浙江、江苏、陕西、贵州、重庆 8 个省(市)率先开始进行农村信用社改革试点，2004 年改革试点在全国其他 21 个省市铺开。2005 年下半年起，在 5 个省区包括山西、四川、陕西、贵州、内蒙古，进行了小额贷款公司的试点。2006 年末，海南省农村信用社试点工作正式启动，标志着农村信用社改革在全国范围内全面推开。2006 年底，银监会公布了相关规定，准许建立乡村银行、贷款公司等多种类型的新型农村金融机构。

从中国农村金融改革的三个阶段可以看出，中国渐进式农村金融改革的基本逻辑或特点是以经济建设需求为导向，有需求就有改革。在改革开放之初，中国的改革从农村开始，无论是农村联产承包责任制，还是农村乡镇企业的发展，均需要农村金融的支持，恢复农村金融机构的设立便是最紧迫的任务。随着党的十四届三中全会明确了建设社会主义市场经济的大方向，20 世纪 90 年代初期，乡镇集体企业开始改制，私营企业在一些地区出现了突破性的发展。中国农业银行的商业化改革、成立中国农业发展银行、信用社与中国农业银行脱钩、抵押和各种担保条款的引入、以个体信用和农户联保为基础的小倾信贷等金融产品的出现，农村金融在支持私营企业和个体工商业发展中发挥了积极的作用。然而，在这一改革过程中，也产生了不少问题：在乡镇企业改制过程中，产生了大量的不良贷款；随着国有商业银行逐渐退出农村金融市场以及对农村合作基金会的整顿，农村信用社成为了农村金融市场上的垄断者。2003 年以来，国家将经济发展的重点重新确立在农村，客观要求重构农村金融体系，支持社会主义新农村建设。

对农村金融的认识在争论和改革中进一步深化。过去，常常农业资金一有问题，就批评责怪农村金融，而较少注意农村金融机构自身的健康和可持续发展，结果使农村金融出现很大问题，财务不可持续，不但支持不了“三农”，还往往成为被救助的对象。经过多年的改革发展，大家逐步认识到农村经济和农村金融发展是共荣共存的关系。同时，农村金融改革的基本思路也从以单一模式为主转变为以多元化模式为主。应当允许多种形式的金融组织机构在农村同时生存和发展，满足农村经济金融发展的客观需要。这些金融机构，不仅包括农村信用社，还应包括中国农业银行、中国农业发展银行以及其他国有银行分支机构，甚至包括证券、保险、信托、财务租赁等机构。当然，对农村金融市场是否应放开贷款利率，仍然有不同的认识，但越来越多的人开始认识到，农村金融机构的贷款利率应能抵补成本和风险，按照市场规则获得利润，农村金融机构才愿意逐步在农村扩大业务，“三农”的资金需求才能得到更好的满足。

4.1.3　中国农村金融改革的基本特征

中国农村金融体制改革基本上是在政府的主导下，沿着发展机构的路径，从正规金融机构入手，力图在农村形成以合作制金融为基础，政策性金融和商业性金融相互分工的农村金融体系。因此，中国农村金融体制改革具有显著的路径依赖特征，从制度经济学分析，具有浓厚的强制性制度变迁的色彩，纵观三十多年中国农村金融体制变革与创新的过程，我们发现，它具有以下三个方面的特征。

1. 农村金融体制改革是一个渐进的发展过程

与经济体制改革与制度变迁战略一致，中国农村金融改革与制度变迁，也采取了一种渐进式的改革与变迁战略。农村金融领域内的改革，实际上是从20世纪70年代末期就开始了，到2007年初，先后已经实施的改革和创新举措主要包括：①恢复成立中国中国农业银行；②对农村信用社放权让利，下放经营权；③恢复农村信用社的“三性”特征，中国农业银行推行经营责任制；④中国农业银行企业化经营、商业化发展；⑤成立中国农业发展银行，农村信用社与中国农业银行脱钩；⑥按照合作制原则重新规范农村信用社；⑦按照三种产权模式和四种组织形态明晰农村信用社产权①，管理权力下放给省级政府（国发〔2003〕15号文件、国发〔2004〕16号文件）；⑧允许产业资本和民间资本到农村地区新设小型金融机构。这些改革和创新举措的实施，一方面促进了农村金融供给机制的逐渐完善，同时也在一定程度上实现了机构的多元化局面。2003年开始试点和2004年全面启动的农村信用社领域内的新一轮改革，很显著地带来原来具有同质性的农村信用社机构的分化和演进，机构多元化效应是比较明显的。

农村金融改革和制度变迁的过程，实际上也是一个利益的重新调整问题。在这个过程中，因为改革和制度变迁的时间较长，改革不能尽快到位，而改革推动者又总是急于求成，所以往往出现改革举措实施的频率较高，政策多变。这样，一是使改革的参与者和改革涉及的利益相关者对改革的预期和目标缺乏正确的把握，这就是20世纪80年代初以来，农村金融领域内的一些改革举措没有得以实施或者效果没有达到改革设计者的初衷之重要原因；二是导致改革成本巨大，还产生一些非预期成本。

2. 农村金融体制改革是一个政府参与和主导的强制性制度变迁过程

中国农村金融体制的改革过程是政府主导的强制性的机构演进路径，属于强制性的制度变迁。政府推动的优点在于，新制度安排取代旧制度安排的摩擦阻力较小，能够减少制度变迁的成本，但也导致了自下而上的诱致性制度变迁的创新路径被严重堵塞。而且，这种路径的依赖和演进，与中国农村经济体制自下而上的诱致性制度变迁路径背道而驰。政府成为农村金融体制唯一合法的供给主体，导致内生于广大农村融资中的非正规组织和制度的变迁成本高昂，不能得到合理的演进和正常的发展，农村金融制度创新中自下而上的变迁路径被堵塞了。而内生于农村金融中的诱致性的制度变迁正是农村社区互助合作金融组织诞生壮大的重要制度之源，其结果是金融市场融资制度供给严重不足。

3. 农村金融体制改革是一个逐渐市场化的过程

市场化的过程，实际上就是一个政府逐渐放松市场准入垄断与管制，构建公平的市场准入和退出机制，利用市场机制发挥作用的过程。农村金融市场化，具体表现为操作

---

① “三种产权模式”是指股份制、股份合作制和合作制；“四种组织形态”分别是指农村商业银行、农村合作银行、县农村信用社统一法人、县与乡镇农村信用社两级法人。

手段市场化和机构运作机制市场化。衡量农村金融领域市场化的程度，可以利用三个指标：一是农户和企业通过直接融资方式实现的融资量占融资总量的比重；二是农户和企业从非合作金融渠道与非政策性渠道得到的融资占融资总量的比重；三是民间私人资本和合作制形式的金融机构占金融机构总数比重。

4.2　农村金融改革政策

4.2.1　农村金融机构改革政策

1. 农村信用社改革政策

1）政策背景

20世纪90年代中期后，伴随着国家清理“两会一部”[①]，以及国有银行改革后逐渐从县域农村撤出，农村信用社在很多农村地区作为唯一放贷的正规金融机构，成为农村地区以及农户获取金融服务的主要渠道。2001年底，全国农村信用社的不良贷款率达到44%，46%的信用社亏损，58%的信用社资不抵债，全国农村信用社资不抵债2 361亿元。一方面，农村信用社的巨额负债，可能危及中国金融体系的稳定；另一方面，由于作为金融中介的农村信用社经营无效，导致农村金融市场缺乏活力，无法方便、快捷、持久地满足农村地区广大农户和企业的合理金融需求，造成潜在的经济增长损失。

为解决上述问题，国务院于2003年6月印发《深化农村信用社改革试点方案》（国发〔2003〕15号），决定在8个省组织新一轮农村信用社改革试点，并于2004年8月决定推广到中国内地除海南和新疆之外的29个省份。此次农村信用社改革以“服务三农”为宗旨，以增强金融服务功能为总体目标。改革提出以法人为单位明晰农村信用社产权关系，改革后农村信用社的所有者都得到了明晰，并建立了法人治理结构。农村信用社大多整合为县市一级的法人机构，同时允许农村信用社采取多种组织形式，经营绩效较好的信用社允许组建为股份制农村商业银行。国务院将农村信用社管理权下放在省政府，同时明确由省政府承担财政责任。大多数省政府都成立了省级联社，这些省联社被省政府授权，行使“管理、指导、协调、服务”基层农村信用社的职能。为了解决历史包袱，促进支农服务，实现“花钱买机制”的目标，中央及地方政府为推动改革投入了大量财政资源。

2）政策内容

《深化农村信用社改革试点方案》明确指出，农村信用社改革的总体要求是“明晰产权关系、强化约束机制、增强服务功能、国家适当扶持、地方政府负责”。激励省级政府、农村信用社和其他相关主体深化改革，实现“花钱买机制”的目标。

“花钱买机制”的目标包括三个方面：一是完善农村信用社的治理结构；二是省级

---

① 两会一部是指农村合作基金会、农户互助储金会和供销社股金服务部。

政府创造农村信用社商业可持续发展的生态环境，包括避免地方政府干预信用社的经营、地方政府帮助信用社清收不良贷款、打击逃废债；三是在农村信用社治理结构完善、商业可持续发展的基础上，支持当地经济发展，使当地经济金融良性循环。具体而言，国家“花钱”提供以下优惠政策。

（1）保值补贴政策。对亏损信用社因执行国家宏观经济政策开办保值储蓄而多付利息给予补贴。具体办法是由财政部核定 1994~1997 年亏损信用社实付保值补贴数额，由国家财政分期拨补。

（2）税收减免政策。先行改革试点 8 个省（市），从 2003 年 1 月起至 2005 年末扩大改革试点范围后的 21 个省份，中西部地区试点的信用社一律暂免征收企业所得税；对其他地区试点的信用社，一律按其应纳税额减半征收企业所得税；从 2003 年 1 月 1 日起（扩大改革试点范围后的 21 个省份，从 2004 年 1 月 1 日起），对试点地区所有信用社的营业税按 3%的税率征收。

（3）中央银行资金支持政策。对试点地区的信用社，中央银行采取两种资金支持方式：一是按照 2002 年末实际资不抵债数额的 50%，安排专项再贷款。专项再贷款的利率按金融机构准备金存款利率减半确定，期限根据试点地区的情况，可分为 3 年、5 年和 8 年。资不抵债数额按照信用社法人单位计算，以省（自治区、直辖市）为单位汇总，专项再贷款由省级人民政府统借统还。二是按照 2002 年末实际资不抵债数额的 50%，发行专项中央银行票据，用于置换信用社的不良贷款，票据期限两年，年利率 1.89%，按年付息。该票据不能流通、转让和抵押，可有条件提前兑付。中央银行票据支付必须与信用社改革效果挂钩，以县（市）为单位验收支付，标准为产权明晰、资本金到位、治理结构完善，由中国人民银行分支行、银监会分支机构和地方政府监督执行。上述两种支持方式由试点地区自主选择。

（4）利率政策。允许信用社贷款利率灵活浮动，贷款利率可在基准贷款利率的 1.0~2.3 倍范围内浮动。对农户小额信用贷款利率不予上浮，个别风险较大的可小幅（不超过 1.2 倍）上浮，对受灾地区的农户贷款还可适当下浮。随着中央银行对金融机构贷款利率上限的放开，作为国家扶持政策组成部分的利率政策，已失去扶持的意义。

2. 中国农业银行股份制改革政策

1）政策背景

由于国有独资商业银行公司治理和管理机制方面存在的一些缺陷，以及承担了相当部分的政策性业务，中国农业银行的历史包袱沉重，不良资产率高而资本充足率低。因此，对中国农业银行实行股份制改革，实现股权多元化，建立健全的法人治理结构，建立规范的高级管理层制度，使其成为真正的现代商业银行是改变其经营困境的必然选择。2007 年第三次全国金融工作会议确定了农业银行改革的“主基调”，即遵循“面向‘三农’、整体改制、商业运作、择机上市”十六字原则，同时，中国农业银行的市场定位明确为“着力支持县域经济和金融发展，发挥支持新农村建设的优势”。2008 年 10 月 21 日《农业银行股份制改革实施总体方案》获得通过。2009 年 1 月 15 日，中国农业银行股份有限公司宣告成立，标志着中国国有商业银行的股份制改革基本完成。

2）政策内容

在改革中，中国农业银行主要采取了以下措施。

（1）处置不良资产。2008 年 6 月底，中国农业银行财报数据显示，不良贷款余额为 8 231 亿元，不良贷款率为 22.41%。其中将近 4 000 亿元为政策类不良贷款，包括了从中国农业发展银行拨过来的损失类贷款，以及治沙、防洪等政策性贷款。为化解巨额的不良贷款，中国农业银行向国务院上报了《农业银行股份制改革实施总体方案》，方案中提出，中国农业银行的股份制改革需要通过剥离不良资产、国资注资等重大财务重组手段，增强中国农业银行的资本实力和财务基础，改善中国农业银行的资产质量，提高中国农业银行的营利能力。2008 年 11 月 21 日，经财政部批准，中国农业银行以 2007 年 12 月 31 日为基准日，按账面原值剥离处置不良资产。中国农业银行剥离出来的不良资产，财政部以无追索权方式购买。对这笔不良资产，以 2007 年 12 月 31 日央行对中国农业银行的一部分再贷款进行等额置换，其余的形成中国农业银行应收财政部款项，并自 2008 年 1 月 1 日起按 3.3%的年利率对应收财政部款项余额计息。

（2）补充资本金。为提高资本充足率，2008 年 10 月 29 日，汇金公司向中国农业银行注入约 190 亿美元资产（与 1 300 亿元人民币等值）。2008 年 12 月 12 日，财政部和汇金公司签署了《发起人协议书》，财政部以截至 2007 年 12 月 31 日（评估基准日）经评估的中国农业银行净资产权益为基础，保留 1 300 亿元作为对中国农业银行的出资，汇金公司以上述向中国农业银行注入约 190 亿美元资产作为对中国农业银行的出资。2009 年 1 月 15 日，中国农业银行股份有限公司正式成立，注册资本为 2 600 亿元，汇金公司与财政部各持有 50%的股权。2009 年 5 月 20 日，中国农业银行在银行间债券市场成功发行次级债券，筹集资金 500 亿元。中国农业银行称，发债融资 500 亿元是为进一步加强资本基础和优化资本结构，进一步提升中国农业银行的资本充足率。值得强调的是，虽然中国农业银行股份制改革完成后历史包袱有效化解，已完全实现商业化运作，不存在政策性业务，但是服务“三农”是中央对中国农业银行的要求，也是中国农业银行改革发展永恒的主题。在整体改制成功后，中国农业银行将成为一家具有鲜明特色的强大系统优势的商业银行，有效地发挥“工业反哺农业、城市支持农村”的金融桥梁作用。

专栏 4-1

中国农业银行股份制改革上市

2010 年 7 月，中国农业银行在 A 股和 H 股同时挂牌上市，历时多年的国有商业银行改革，终于收官。这家情况最复杂、包袱最沉重的国有商业银行在经历了重新定位、巨额不良资产剥离、股份制改革、国家注资等“脱胎换骨”的改造后才得以成功上市。

2007 年 1 月 19 日召开的第三届全国金融工作会议提出了中国农业银行改革的十六字方针：“面向‘三农’、整体改制、商业运作、择机上市。”

面向“三农”开展业务，正是中国农业银行股份制改革的最大亮点。但是，对于中国农业银行未来的投资者而言，最关心的还是莫过于上市后的中国农业银行在经营上能否实现股东利益最大化和服务“三农”的完美结合，而这曾一度也被认为是中国农业银行股份制改革的最大难点。为增强服务“三农”的可持续发展能力，中国农业银行在内部业务结构上设计了一级法人下的“三农”事业部制，并从2008年起，中国农业银行在甘肃、四川等七家省（区、市）分行开展“三农”金融事业部制改革试点。随着国家支持“三农”的力度日益加大，支持“三农”成了中国农业银行上市的一大卖点。

而关于中国农业银行股份制改革中的第二个难题——巨额不良资产的处置问题，国务院也做出了初步安排，与另外三大银行上市时剥离不良贷款交给资产管理公司来处置不同，中国农业银行剥离的不良贷款，虽然由财政部买下来，但依然是“委托”中国农业银行来处理。

2010年4月中国农业银行终于启动了IPO，此次中国农业银行A+H股上市创造了新模式，即采取了“同时路演、同时簿记、同时定价、差异化定价”的方式。这是不同于中国建设银行和中国银行当年IPO时采取的先H股上市、后A股上市的模式，也不同于中国工商银行IPO时采取的A股、H股同时发行、同时定价、统一价格、同时上市的模式。另外，此次中国农业银行IPO又恢复了此前停止了一段时间的战略配售。中国农业银行发行上市真正采取和实施了“绿鞋”机制，而且达到了预定效果，并推动了有关监管制度的改革，而中国工商银行当年IPO时虽然设计了“绿鞋”机制，但并没有完全行使。与中国工商银行、中国银行、中国建设银行等中资企业当年IPO定价地选择在境外如欧洲、美国等地不同，此次中国农业银行定价地选择在国内，国内国际承销商全部集中到中国农业银行总部大楼，这表明中国大型企业IPO较之以往受到了国际投资者的更多重视和充分肯定。

中国农业银行在面临极其不利的国内外资本市场环境下成功地完成了A+H股的同步发行上市，筹集了221亿美元，一度成为全球最大IPO，为国有商业银行股份制改革系统工程成功收官。

资料来源：文丽，王春霞. 农行的后上市时代. 财经国家周刊，2011-01-05；佚名. 农行首用绿鞋“刷新”制度，A+H差异化定价推进发行模式改革，中经网，2010-08-27

3. 农村金融市场开放政策

1）政策背景

改革开放以来，我国农村金融领域先后经历了多次改革，虽然历次改革在完善农村金融体系方面起到了推动作用，但始终围绕改革农村金融机构为主要思路，缺乏对农村金融的整体制度变革，从而未从根本上摆脱农村金融抑制。国家通过各种法律法规与货币政策，一直对金融机构在农村领域的市场准入、业务经营和市场退出等实施严格管理，并且通过行政手段严格控制农村金融机构设置和其资金运营的方式、方向、结构及空间布局。农村金融抑制的后果是农村正规金融供给无法满足农村融资需求，出现农村信贷配给不足，大量农村资金需求者被迫参与非正规金融市场，以较高利率取得资金。

近几年城市金融机构改革经验值得借鉴，但与城市金融机构发展相比，农村金融机构发展相对滞后，虽然近年来对存量部分进行了较大调整，但增量部分始终发育不足，加之农村金融产品在横向服务上基本同质，与农村经济市场化和多元化发展不相适应。国有金融机构的市场退出与非国有金融的市场进入壁垒并存，是长期以来农村金融发展所面临的巨大体制障碍。经过多年对农村金融问题的争论与探索，优化调整农村金融组织体系的主体结构、培育多元化竞争性的农村金融市场，已成为学界和政府决策者的共识，而降低农村金融市场准入，增加农村金融供给主体，是建立多元化竞争性农村金融市场的最基本条件。

2）政策内容

2006年以来，银监会逐渐放宽农村地区银行业金融机构准入政策，2006年底，银监会发布《关于调整放宽农村地区银行业金融机构准入政策 更好地支持社会主义新农村建设的意见》（银监发〔2006〕90号文件），“着力引导各类社会资本到中西部和农村地区设立新型农村金融机构，其出发点在于解决农村地区银行业金融机构网点覆盖率低、金融供给不足、竞争不充分等问题，银监会按照商业可持续原则，适度调整和放宽农村地区银行业金融机构准入政策，降低准入门槛，强化监管约束，加大政策支持，促进农村地区形成投资多元、种类多样、覆盖全面、治理灵活、服务高效的银行业金融服务体系，以更好地改进和加强农村金融服务”。随后，在2007年初，银监会颁布了《村镇银行管理暂行规定》《村镇银行组建审批工作指引》《贷款公司管理暂行规定》《贷款公司组建审批工作指引》《农村资金互助社管理暂行规定》《农村资金互助社组建审批工作指引》六个重要文件，为新型农村银行业机构服务“三农”提供了制度保障。银监会的改革政策具体包括以下方面。

（1）农村金融机构设立方面。积极支持和引导境内外银行资本、产业资本和民间资本到农村地区投资、收购、新设各类银行业金融机构，即村镇银行、社区性信用合作组织、专营贷款业务的全资子公司和支持各类资本参股、收购、重组现有农村地区银行业金融机构，也可将管理相对规范、业务量较大的信用代办站改造为银行业金融机构。此外还支持专业经验丰富、经营业绩良好、内控管理能力强的商业银行和农村合作银行到农村地区设立分支机构，鼓励现有的农村合作金融机构在本机构所在地辖内的乡（镇）和行政村增设分支机构。村镇银行和社区性信用合作组织的设立对于引导和动员区域内资金有重要意义，这也就意味着各种民间信用组织和拥有一定规模资金的农村微观经济主体，只要具备银监会规定的注册资本金要求和其他监管要求，就可以设立具有合法地位的正规农村金融组织。

（2）农村金融组织注册资本金方面。调低注册资本是开放农村金融市场的另一重要手段，即根据农村地区金融服务规模及业务复杂程度，合理确定新设银行业金融机构注册资本，使新设机构的资本金门槛与农村经济发展的实际相符合。从理论上来说，农村金融市场中的资金需求主体多为农村中小企业和一般农户，因此资金的需求量较低；而从农村金融市场现有的民间信用组织的融资存量来看，融资规模也是比较低的。因此，对农村金融市场中的各种行为主体降低市场准入门槛，有利于民间信用组织的规范化发展，使现有的民间信用组织可以在现有的融资水平上进入正规金融市场。

（3）加强农村融资服务方面。运用各种经济激励手段，鼓励各种农村金融机构加强对农村的融资服务。为了激励金融机构在农村设立分支机构，规定凡是在农村地区设立机构的申请，监管机构可在同等条件下优先审批。国有商业银行、股份制商业银行、城市商业银行在大中城市新设立分支机构的，原则上应在新设机构所在地辖内的县（市）、乡（镇）或行政村也相应设立分支机构。同时取消境内银行业金融机构对在县（市）、乡（镇）、行政村设立分支机构拨付营运资金的限额及相关比例的限制。

专栏 4-2

村镇银行主发起银行制度存废之辩

《村镇银行管理暂行规定》第 8 条规定："设立村镇银行应当具备下列条件：（一）有符合规定的章程；（二）发起人或出资人应符合规定的条件，且发起人或出资人中应至少有 1 家银行业金融机构……"由此确立了村镇银行设立的主发起银行制度。《村镇银行管理暂行规定》第 25 条对主发起银行制度进一步做了明确，并对各投资主体的投资比例进行了限制："村镇银行最大股东或唯一股东必须是银行业金融机构。最大银行业金融机构股东持股比例不得低于村镇银行股本总额的 20%，单个自然人股东及关联方持股比例不得超过村镇银行股本总额的 10%，单一非银行金融机构或单一非金融机构企业法人及其关联方持股比例不得超过村镇银行股本总额的 10%。任何单位或个人持有村镇银行股本总额 5% 以上的，应当事前报经银监分局或所在城市银监局审批。"

主发起银行制度的设立初衷，立法者希望以此方法防范风险、保障金融安全，故这一制度也并非毫无意义。然而，从运行现实来看，这种办法虽然貌似稳健，而实际上则既不利于村镇银行的健康发展，也未必是最有利于金融风险的有效防范。事实上，主发起银行和投资比例限制制度出台后，即招致了不少反对意见，也确实在实践中产生了一系列的负面和消极影响。

主发起行的缺乏致使村镇银行无法设立的例子，在现实中也并不鲜见，甘肃民勤县苦寻发起银行和穆罕默德·尤努斯（Muhammod Yrnras）有意在中国设立村镇银行受阻就是典型两例。

案例一：甘肃民勤是中国著名的"密瓜之乡"，但其近年来也因严重的沙化问题，以"中国四大沙尘暴源区之一"著称。作为一个典型的农村金融薄弱地区，民勤因经济偏弱和风沙问题，对很多外地银行缺乏投资回报吸引力；而同时，本地金融机构少且实力弱，即便有意却又无力进入。为设立本地的村镇银行，民勤县在全国范围内联系的银行已不下几十家，但大多石沉大海。尽管当地政府有意促成村镇银行成立，并制定有利于其组织存款的政策，但苦于本地缺少合格的发起人，村镇银行设立无果，只能空视当地存量资金继续外流。设立民勤村镇银行，因发起人的"一将难求"而难以成行。

案例二："穷人银行家"穆罕默德·尤努斯以其创办孟加拉乡村银行而闻名于世。在中国推出村镇银行之后，其便向中国政府表达了希望在中国实验乡村银行模式的意愿，其辖下的乡村信托基金（grameen trust）也欲在中国农村地区有所作为：开设村镇银行，建立小额贷款公司，参与海南省农信联社改革。然而穆罕默德·尤努斯在中国设立村镇银行的愿望最终不得不搁置，原因就在于中国的主发起银行制度的限制：穆罕默德·尤努斯在孟加拉开设的乡村银行，按照孟加拉相关法律，乡村银行只能在该国国内开展业务，海外的推广、培训和咨询等业务则由乡村信托基金负责，而中国的主发起银行制度要求要设立村镇银行最大的股东必须为银行，其他股东仅能持股10%。而穆罕默德·尤努斯希望能对村镇银行全权管理以便更好地运作。由此两国法律“夹击”之下，最终穆罕默德·尤努斯在中国推行其乡村银行经验的愿望不了了之。

上述案例中出现的发起人缺位现象，就反映出目前推进中的村镇银行发起人制度有待进一步突破。要求村镇银行的最大股东或唯一股东必须是银行业金融机构，该规定在未充分考虑到银行的消极态度的同时，亦把颇有意向和实力的非金融机构企业排斥在外。因为只要没有银行做发起人，即使其他投资主体投资积极性再高，也只能持币兴叹，村镇银行也无法设立，这确实会在一定程度上延缓村镇银行的发展乃至未来全国范围内农村金融困境的缓解。

资料来源：柴瑞娟，马一. 村镇银行主发起银行制度存废之辩. 经济法论丛，2014，（1）：255-267

4.2.2　农村利率改革政策

1. 政策背景

对发展中国家来说，利率市场化改革十分关键。20世纪70年代末期，拉美南部的三个国家——阿根廷、智利和乌拉圭在金融自由化进程中，因取消存贷利率上限和允许银行在资本市场上自由竞争，带来了严重的宏观经济不稳定。在中国现有体制和金融发展状况制约下，利率市场化同样难以实现，而只能以渐进方式放开利率控制。韩国和中国台湾地区就是采取渐进方式推动利率自由化的，它们在整个改革过程中保持了对利率的灵活管理。美国和日本的市场发育程度虽然很高，但其利率自由化也不是一步到位的，同样经历了一个漫长时期，如美国有关存款利率上限的“Q条例”就实行了相当长时期。上述国家和地区的经验表明，利率市场化改革不可能一蹴而就。

2000年以来启动的新一轮农村金融体制改革，在利率市场化方面不断迈进。1998、1999和2002年，已经三次扩大农信社贷款利率浮动幅度。2003年底，中国人民银行又规定，自2004年1月1日起，农村金融机构贷款利率浮动空间进一步扩大。此外，中国人民银行还对不同类型的农村金融机构实现差别化的利率政策。

2. 利率市场化改革历程回顾

自20世纪90年代初以来，中国在消除负利率政策引起的金融市场扭曲方面做出了积极的努力（表4-1）。

表4-1　中国利率市场化改革进程

时间	主要改革政策
1996年6月1日	中国人民银行放开了银行间同业拆借利率，此举被视为利率市场化的突破口

续表

时间	主要改革政策
1997年6月	银行间债券回购利率放开
1998年	中国人民银行改革了贴现利率生成机制，贴现利率和转贴现利率在再贴现利率的基础上加点生成，在不超过同期贷款利率（含浮动）的前提下由商业银行自定
1998年、1999年	中国人民银行连续三次扩大金融机构贷款利率浮动幅度
2004年1月1日	中国人民银行扩大金融机构贷款利率浮动区间。商业银行、城市信用社贷款利率浮动区间扩大到[0.9，1.7]，农村信用社贷款利率浮动区间扩大到[0.9，2.0]，贷款利率浮动区间不再根据企业所有制性质、规模大小分别制定。扩大商业银行自主定价权，提高贷款利率市场化程度，企业贷款利率最高上浮幅度扩大到70%，下浮幅度保持10%不变
2004年10月	贷款上浮取消封顶；下浮的幅度为基准利率的0.9倍，还没有完全放开。与此同时，允许银行的存款利率都可以下浮，下不设底
2012年6月	进一步扩大利率浮动区间。存款利率浮动区间的上限调整为基准利率的1.1倍；贷款利率浮动区间的下限调整为基准利率的0.8倍。7月，再次将贷款利率浮动区间的下限调整为基准利率的0.7倍
2013年7月	进一步推进利率市场化改革，自2013年7月20日起全面放开金融机构贷款利率管制。将取消金融机构贷款利率0.7倍的下限，由金融机构根据商业原则自主确定贷款利率水平。并取消票据贴现利率管制，改变贴现利率在再贴现利率基础上加点确定的方式，由金融机构自主确定
2015年5月1日	《存款保险条例》正式施行。存款保险实行限额偿付，最高偿付限额为人民币50万元。据测算，这一标准可以覆盖99.63%的存款人的全部存款

20世纪90年代以来，中国人民银行有步骤地放松了对利率的直接管制，并首先在农村地区推行利率市场化改革。此时的利率政策主要是不断扩大贷款利率浮动区间，从而使农村金融机构享有越来越大的自主制定贷款利率水平的权限。1998年，中国人民银行允许农村信用社贷款利率最高上浮幅度由40%扩大为50%。1999年，各金融机构（不含农村信用社）县以下（不含县城）营业机构贷款利率最高上浮幅度扩大到30%，各商业银行、城市信用社对中小企业的贷款利率最高上浮幅度由20%扩大到30%。2002年，人民银行选取了8个县的农村信用社进行利率市场化试点，其贷款利率最高可上浮100%，同时存款利率首次被允许上浮50%（实际执行只允许上浮10%）。到2003年4月，试点地区扩大到全国的92个县，农村地区利率市场化的改革进程不断加快。2003年8月，在推进农村信用社试点改革的同时，允许试点地区农村信用社的贷款利率上浮不超过贷款基准利率的2倍。2004年10月29日，中国人民银行放开了商业银行贷款利率上限，而农村信用社贷款利率浮动上限也扩大到中央银行基准利率的2.3倍。

3. 农村金融机构的差别化利率政策

中国人民银行对不同类型的农村金融机构实现差别化的利率政策（表4-2）。银监会于2006年末发布的《关于调整放宽农村地区银行业金融机构准入政策的若干意见》中提出在农村地区新设“村镇银行”、“贷款公司”和“农村资金互助社”三类新型金融机构，并对新型农村金融机构贷款利率已实现下限管理，不规定其贷款利率上限。

表 4-2　中国商业银行和主要农村金融机构利率政策对比（截至 2013 年 5 月末）

<table>
<tr><th>项目</th><th>存款利率</th><th>贷款利率</th><th>经营限制</th></tr>
<tr><td>全国性商业银行</td><td rowspan="10">浮动区间是（0，中央银行公布的基准利率上浮 10%）</td><td rowspan="3">中央银行基准利率的 0.9~4 倍</td><td>全国经营</td></tr>
<tr><td>城市商业银行</td><td>本地经营为主</td></tr>
<tr><td>农村商业银行</td><td rowspan="4">不得跨区经营</td></tr>
<tr><td>农村合作银行</td><td rowspan="3">中央银行基准利率的 0.9~2.3 倍</td></tr>
<tr><td>农村信用合作社</td></tr>
<tr><td>县（市、区）农村信用合作联社</td></tr>
<tr><td>村镇银行</td><td rowspan="4">中央银行基准利率的 0.9~4 倍</td><td>不得异地贷款</td></tr>
<tr><td>贷款公司</td><td>不得异地经营，不吸收公众存款</td></tr>
<tr><td>农村资金互助社</td><td>为社员提供存贷款服务</td></tr>
<tr><td>小额贷款公司</td><td>不得异地经营，不吸收公众存款</td></tr>
</table>

资料来源：中国人民银行农村金融服务小组. 中国农村金融服务报告，2008

如表 4-3 所示，根据中国人民银行货币政策司 2007 年的调查，目前农村金融机构的贷款加权平均利率（按贷款发生额加权）为基准利率的 1.31 倍，贷款量的 73.4%集中在基准利率的 1.5 倍以内。从农村信用社贷款利率浮动幅度和财务可持续发展能力看，农村信用社 60%以上的贷款利率处于 1.5~2.3 倍基准利率，加权平均利率为 1.6 倍基准利率。从试点的七家小额贷款公司利率浮动情况看，2007 年 12 月，七家试点小额贷款公司发放贷款的加权平均利率为 22.62%，为调整后一年期贷款基准利率（7.47%）的 3.03 倍。利率的逐步放开，有利于农村金融机构根据成本覆盖风险原则，合理定价，实现自身财务可持续发展，加强对“三农”的金融支持。

表 4-3　2007 年末农村金融机构实际贷款利率浮动区间分布（与基准利率之比，单位：%）

项目	[0.9，1.0]	1.0	[1.0，1.1]	[1.1，1.3]	[1.3，1.5]	[1.5，2.0]	2.0 以上	加权平均利率
农村信用社	2.3	2.2	2.1	9.8	20.7	52.8	10.2	1.6
农村合作银行	0.4	6.7	4.2	13.3	37.7	34.5	3.2	1.47
农村商业银行	7.8	7.5	12.2	29.7	27.4	15.4	0.0	1.29
中国农业银行	15.1	25.5	16.4	29.7	8.6	3.7	0.9	1.13
中国农业发展银行	6.3	90.2	2.3	1.0	0.1	0.0	0.0	1.00
其他金融机构	16.8	24.7	18.4	31.2	6.5	1.8	0.6	1.11
涉农金融机构	9.4	19.5	10.2	20.3	14.0	22.4	4.1	1.31

资料来源：中国人民银行农村金融服务小组. 中国农村金融服务报告，2008

4.3 中国农村金融改革评价

4.3.1 中国农村金融改革的总体效果

从总量上看，随着农村金融改革的深入，中国农村金融服务整体呈现持续改善的局面，涉农直接融资和间接融资规模不断增加，农村金融产品和抵押方式创新不断涌现，农村基本金融服务得到了改善，但农村金融体系仍存在成本高、不可持续等问题。

1. 涉农信贷总量稳步增长

随着新时期中国农村金融改革的深入，金融支持“三农”发展的力度稳步加强，涉农贷款保持了持续快速增长势头。根据统计，截至 2014 年末，全口径银行涉农贷款达 23.6 万亿元，占各项贷款余额比重的 28.1%；第一产业（涵盖农林牧渔业各农业生产部门）贷款余额达到 3.3 万亿元，占各项贷款余额比重的 4.0%，2007 年以来的年均增速达到 12.5%；涉农贷款也实现了较快增长，2007 年以来的平均年增速达到了 21.7%；针对农户贷款也实现增长，2014 年末余额达到 5.4 万亿元，2007~2014 年年均增速达到了 22.0%（表 4-4）。

表 4-4　2007~2014 年涉农贷款及“三农”贷款统计

年份	农林牧渔业贷款			农户贷款			全口径银行涉农贷款		
	余额/亿元	新增/亿元	同比增长/%	余额/亿元	新增/亿元	同比增长/%	余额/亿元	新增/亿元	同比增长/%
2007	15 055			13 399			61 151		
2008	15 559	1 507	10.0	15 170	2 192	16.4	69 124	12 738	20.8
2009	19 488	4 248	25.2	20 134	4 973	32.7	91 316	23 482	32.1
2010	23 045	3 557	18.3	26 043	5 909	29.4	117 658	26 342	28.9
2011	24 436	2 937	13.7	31 023	5 079	19.1	146 016	27 271	24.9
2012	27 261	3 103	11.6	36 193	4 999	15.9	176 227	30 036	20.7
2013	30 429	3 479	11.6	45 027	8 873	24.4	208 794	33 925	18.4
2014	33 394	3 065	9.7	53 587	8 556	19.0	236 002	29 984	13.0
年均增长/%		12.5			22.0			21.7	

注：中国人民银行的涉农贷款专项统计自 2007 年 9 月起开始实施

资料来源：中国人民银行网站

2. 农村金融的基本服务初步得到解决

农村金融服务的覆盖面持续扩大。截至 2012 年底，全国金融机构空白乡镇从启动时（2009 年 10 月）的 2 945 个减少到 1 686 个；实现乡镇金融机构和乡镇基础金融服务双覆盖的省份从 2009 年 10 月的 9 个增加到 24 个。截至 2012 年底，全国已组建的新型农村金融机构 84.4%以上的贷款投向了“三农”和小企业。全国 2 000 多个县（市）中的四分之一都设有新型农村金融机构，在已批设机构中，90%以上设立在县及线以下地区，中西部地区新型农村金融机构数量占到 60%。

2009 年出台《中国人民银行关于改善农村地区支付服务环境的指导意见》（银发〔2009〕224 号），明确了改善农村支付服务环境的指导思想和总体目标。2010 年根据农村地区实际情况推广示范经验，全面改善农村支付环境。截至 2010 年 9 月底，全国共有 27 539 家农村信用社、1 231 家农村合作银行、1 066 家农村商业银行、211 家村镇银行接入中国人民银行支付系统。农民工银行卡得到快速推广普及，大大便利了外出务工农民的异地存取款。截至 2012 年底，全国共有超过 4 万个农村地区银行营业网点可以办理农民工银行卡特色服务业务；2012 年，农民工银行卡特色服务取款交易笔数近 5 785 万笔，交易金额约 479 亿元。

3. 农村金融基础设施得到改善

为促进农村金融服务升级和创新，畅通农村支付结算渠道，中国人民银行制定实施了一系列政策措施，组织涉农金融机构推广适应农村需要的非现金支付工具和终端，延伸支付系统覆盖面，开展支付结算特色服务，极大便利了农民和农村地区的支付活动。农民工银行卡特色服务向全国推广，方便外出务工农民的异地存取款。银行卡助农取款服务向偏远地区延伸，加快构建支农、惠农、便农的“支付绿色通道”。

农村信用环境建设持续推进，农村金融生态环境逐步改善。中国人民银行联合地方政府、相关部门、金融机构多渠道开展对农村地区的信用知识宣传，征集农户信息，完善农户、农村个体户等农村经济主体的信用记录，建立信用档案，探索建立适合地方特点的农户评价体系，推动各地开展“新用户”“信用村”“信用乡（镇）”创建。引导涉农金融机构对守信农户简化贷款手续、降低贷款利率上浮幅度，推动地方政府及各涉农职能部门出台与信用相结合的“三农”支持政策、措施，共享农户信用信息。构建“守信受益、失信惩戒”的信用激励约束机制，提高农民的信用意识，改善信用环境。

4. 农村金融机构的资本充足率和稳健性有所增强

农村金融机构的不良贷款率降低至较低水平。涉农贷款不良率持续降低，可持续发展能力稳步提高。截至 2012 年底，金融机构涉农贷款不良率为 2.4%，同比下降 0.5 个百分点。中资四家大型银行涉农贷款不良率为 1.4%，其中中国农业银行为 2.0%；中资中型银行涉农贷款不良率为 0.9%，其中中国农业发展银行为 1.0%，农村信用社（含农村商业银行、农村合作银行）涉农贷款不良率为 5.4%。

农村信用社资产质量显著改善，整体风险得到控制。从资产质量角度看，按照贷款四级分类口径，从 2002 年末到 2009 年末，农村信用社不良贷款率从 36.93%下降至 7.41%；按照贷款五级分类口径，从 2006 年底到 2012 年底，全国农村信用社不良贷款率从 27.93%下降至 4.51%，拨备覆盖率则从 8.18%增加至 111.83%。从盈利情况来看，全国农村信用社自 2004 年实现首次轧差盈利后，截至 2011 年末，累计实现盈利 5 136

亿元；累计消化历年亏损挂账 970 亿元，与 2002 年末相比，降幅达到 74%，共有 2 031 个县（市）已全额消化了历年亏损挂账。当年亏损的农村信用社县（市）个数由 1 088 个减少到 18 个。资产利润率为 1.0%，与 2002 年末相比，提高 1.13 个百分点。从资本充足率角度看，按四级分类口径，从 2002 年末到 2008 年末，农村信用社资本充足率从–8.5%提高至 11.57%；按五级分类口径，从 2007 年底到 2012 年底，农村信用社资本充足率从–0.1%提高到 11.86%。

5. 农村金融改革与农户贷款

2003 年启动的农村信用社改革以改善三农金融服务为目标，着力解决包括农村信用社所有制、治理、注资、与政府关系等相互交织的问题。改革采取了多项措施，如完善治理结构、允许采取农村合作银行和农村商业银行等多种形式、实施与改革绩效有关的资金支持政策以及由省级政府履行管理权并承担风险处置责任等。

但总的来讲，农村信用社改革对于促进商业化导向的农户贷款作用可能有限。首先，央行票据兑付中支农功能指标难以有效量化和精确考核，因此有条件的扶持最终难以促进金融支农的改善。其次，泛泛针对农村信用社的财政补贴，缺乏对于目标农户的瞄准要求。最后，由于政府干预和控制发展农村金融的范式没有改变，农村信用社公司治理依然无效，并且缺乏正向激励和活力，因此不大可能扩大商业可持续的农户贷款覆盖面。在政府服务三农的要求下，预计农村信用社仅将信贷资源配给到某些优先部门或少数非富即贵的农户，大量农户的有效贷款需求依然难以满足。

此外，农村信用社改革对于减少发放非商业化导向的农户贷款应有一定积极作用。首先，省政府管理并承担财政责任，可以减弱农村信用社利用“支持三农”向中央政府索要资金的道德风险，这对于减弱农村信用社金融财政化问题可能有帮助。其次，央行专项票据兑付要求不良贷款压降等硬性指标，可能会促使农村信用社避免发放非商业化导向的贷款。

4.3.2 农村金融改革存在的主要问题

我国的农村金融改革，遵循了一个以市场为取向的、渐进化的改革逻辑，一直沿着金融是经济的外生变量这一思路，强调金融要支持农村经济，采取行政干预来实现金融制度的强制性变迁。改革的主要成就为从整体上突破了传统的计划金融体制模式，基本建立了市场金融体制模式。但这种强外生性特征与市场经济规律相背离，一方面农村金融需求得不到满足，另一方面农村金融机构累积了大量不良资产。同时，农村金融改革始终在金融机构内部展开，极少有体制外机构的加入，未能建立起一个适应农村经济要求的金融服务体系。

1. 农村金融服务仍有待进一步改善

我国农村经济体制改革 30 多年取得了较大成就，建立了以家庭承包经营为基础的农村微观经营主体，培育了有利于农产品和农村其他生产要素流通的市场机制，初步明确了统筹城乡经济社会发展的基本方略。但与之相对应的是我国 30 多年来金融改革呈现出“重城市、轻农村”的倾向。金融资源大幅度向城市、大中型企业、新兴产业集中，而县及县以下的农业和农村经济承受着极其严重的信贷紧缩，使目前我国农村资金短缺的矛盾非常突出。目前，县及县以下农村地区平均每万人拥有银行业机构数为 1.26 个，“零金融机构乡镇”有 2 868 个，只有 1 家金融机构的县（市）有 2 个，乡镇有 8 901 个。其中，西部地区情况尤为严重，共有 2 645 个“零金融机构乡镇”，占全国“零金融机构乡镇”数的 80%，并且分布在县城以下乡镇的银行业机构主要是农村信用社，农村金融市场基本处于农村信用社垄断经营的状态，经营动力不强，服务效率低下，活力不足。由于农村金融服务滞后，各种形式的民间融资大规模发展，为数众多的农村中小企业由于无法从农村金融机构得到足够贷款不得不参与民间借贷。在这种情况下，一些自身经营状况良好，在银行获得贷款比较容易的企业，开始利用富裕的资金来获取高息收入。但是，较高的民间利率使民间借贷存在着较大金融风险。

2. 农村金融改革定位模糊

1）中国农业发展银行职能定位思路不清

随着粮棉流通体制市场化改革的深化，中国农业发展银行阶段性的历史使命已完成，传统的政策性业务大大萎缩，已到了不得不改的地步。关于中国农业发展银行改革讨论已久，但始终未能形成清晰的思路。受长期业务萎缩的困扰，这几年中国农业发展银行有较强的业务扩张冲动，要求按功能扩大化方向改革，扩大业务范围和服务领域，增强支农服务功能。实际上，对于中国农业发展银行的新业务，农村信用社、中国农业银行等现有商业性金融机构也在做，这就形成了中国农业发展银行与商业性金融机构竞争的局面，人为混淆了政策性银行与商业性银行的界限。

2）中国农业银行改革迟迟不到位

中国农业银行改革面临农村金融和国有商业银行改革两大难点。前几年对中国农业银行的改革只是从国有商业银行的角度考虑和展开的，没有很好地考虑农村金融的实际状况，结果导致中国农业银行从农村地区撤离，营业重心由农村转为城市。近年来的市场定位从农村转向城市、从农业转向工商业，业务范围已与其他国有商业银行无异。尽管迫于政策压力，中国农业银行承担一部分支农贷款任务，但在利益机制驱动下，其支农贷款比重仍逐年下降。

3）农村信用社改革方案不完善

多年来，我国农村信用社按合作制方案改革走了许多弯路，2003 年开始的新一轮改革实施效果仍不理想。一是法人治理形似神非。我国农村信用社公司治理改革，只追求治理结构的形式，而未关注治理结构的实质。2004 年开始，我国开始抓农村信用社法人治理结构，花了很多力气，但效果不明显，主要是内部动力不足，靠行政、外部监管等外部手段推动。从形式上看，农村信用社按照现代公司治理理论，建立了“三会一层”的管理框架，形成了较为完善的内部治理结构，但实际效果并不理想，仍然存在经营粗放、管理薄弱、营利能力较低、人员素质较差、风险较大等问题。二是花钱买机制效果不理想。为帮助信用社消化历史包袱，国家给予了以下扶持政策：对亏损信用社

1994~1997 年因执行国家宏观调控政策开办保值储蓄而多支付的保值贴补利息给予补贴；从 2003 年开始对信用社营业税按 3%的税率征收，西部地区信用社免征企业所得税，其他地区减半征收；中国人民银行按照 2002 年末实际资产损失的 50%向 2 407 个县（市）农村合作金融机构发行专项票据 1 656 亿元，发放专项借款 1.4 亿元。从账面看，农村信用社经过几年改革，大量充实了资本金，全面实现扭亏为盈。但实际上，农村信用社在治理结构、管理模式等方面仍然存在很多问题。三是三种改革方案加大了改革成本。我国农村信用社改革采取成立农村商业银行、成立农村合作银行、以县市为单位统一法人三种模式。截至 2007 年末，成立农村合作银行 113 家，农村商业银行 17 家，组建以县（市）为单位统一法人机构 1 824 家。另外还有近 6 000 家信用社未能实现以县为单位统一法人。这种改革方案仍以合作制为主基调，忽视了我国农村信用社实际上已完全商业化了的事实，人为加大了改革的成本，存在较大缺陷。四是省联社管理体制存在较大缺陷。2000 年江苏在全国率先进行农村信用社改革，为解决中国人民银行与银监会分离后可能面临的管监合一的矛盾，由各县（市）农村信用社出资成立了江苏农村信用合作联社，将农村信用社管理权交给省级人民政府，承担了原来由银行监管机构承担的对农村信用社的行业管理职能。这种模式在取得的经验教训并不清楚的情况下，被其他各省盲目效仿，除四个直辖市外，27 个省（区）均采取了组建省联社的模式。这种体制存在很多缺陷：①省联社有合作制的外形，没有合作制的基础。国外比较成功的合作制模式是荷兰银行，它的基层组织是真正的合作制，而我国省联社名义上是合作制，实际上早已完全商业化，两者关系扭曲。②省联社“政企不分”，定位模糊。省级联社是各县（市）农村合作金融机构发起设立的行业管理机构，又是受省政府委托管理农村合作金融机构的行政机关，同时还是经营部分金融业务的金融法人机构，三种职能集于一身，定位模糊。③省联社由县联社参股而组成，它不是农村信用社的股东，却可以干预信用社的人财物，但又不对经营业绩负责，导致独立企业法人与行业管理体制的矛盾。

3. 增量金融机构的改革效果仍未显现

2006 年 12 月银监会发布的《关于调整放宽农村地区银行业金融机构准入政策的若干意见》，允许设立“村镇银行”、“贷款银行”和“农村资金互助社”三类新型金融机构。但由于这三类机构在制度设计上存在较多缺陷，特别是贷款子公司也要由银行设立，在实际中很难操作，一些银行宁愿设立分支机构，也不愿设立贷款子公司；农村资金互助社由于存在过多的政策限制缺乏吸引力，事实上农村资金互助社已在全国各地普遍存在，组织者根本不在乎是否能够得到监管部门颁发的牌照。新设立的新型农村金融机构并未起到激活农村金融市场的作用。

本章小结

（1）本章在回顾我国农村金融改革历程的基础上首先分析了我国农村金融改革的基

本特征，其次梳理了我国重要的农村金融改革政策，即农村金融机构改革政策和农村利率政策。改革取得了一定的效果，农村基本金融服务得到了改善，但农村金融体系仍存在成本高、不可持续等问题。

（2）改革开放以来，我国农村金融改革经历了农村金融机构的恢复建立、农村金融改革的探索、新一轮农村金融体系重构三个阶段。改革基本上是在政府的主导下，沿着发展机构的路径，从正规金融机构入手，力图在农村形成以合作制金融为基础、政策性金融和商业性金融相互分工的农村金融体系，改革具有显著的路径依赖特征。

（3）2003 年开始的新一轮农村信用社改革，总体要求是“明晰产权关系、强化约束机制、增强服务功能、国家适当扶持、地方政府负责”，以实现以下三个目标：一是完善农村信用社的治理结构；二是省级政府创造农村信用社商业可持续发展的生态环境；三是在农村信用社治理结构完善、商业可持续发展的基础上，支持当地经济发展。在农村金融市场开放政策上，银监会 2006 年以来逐渐放宽农村地区银行业金融机构准入政策，着力引导各类社会资本到中西部和农村地区设立新型农村金融机构，其出发点在于解决农村地区银行业金融机构网点覆盖率低、金融供给不足、竞争不充分等问题。

（4）在利率政策上，20 世纪 90 年代以来，中国人民银行有步骤地放松了对利率的直接管制，并首先在农村地区推行利率市场化改革。此时的利率政策主要是不断扩大贷款利率浮动区间，从而使农村金融机构享有越来越大的自主制定贷款利率水平的权限。中国人民银行对不同类型的农村金融机构实现差别化的利率政策，银监会于 2006 年末发布的《关于调整放宽农村地区银行业金融机构准入政策的若干意见》中提出在农村地区新设“村镇银行”、“贷款公司”和“农村资金互助社”三类新型金融机构，并对新型农村金融机构贷款利率已实现下限管理，不规定其贷款利率上限。

（5）从总量上看，随着农村金融改革的深入，我国农村金融服务整体呈现持续改善的局面，涉农直接融资和间接融资规模不断增加，农村金融产品和抵押方式创新不断涌现，农村基本金融服务得到了改善，但农村金融体系仍存在成本高、不可持续等问题。

关键术语

农村金融改革　新型农村金融机构　股份制改革　利率市场化覆盖面　市场准入　信贷配给　主发起银行制度

复习与思考

1. 简述改革开放以来我国农村金融改革的历程。
2. 我国农村金融机构改革主要包含哪些内容？
3. 简述我国农村金融市场是如何逐步开放的。
4. 分析我国农村金融改革的总体效果及存在问题。

参考文献及推荐阅读

洪正. 2011. 新型农村金融机构改革可行吗？——基于监督效率视角的分析. 经济研究，(2)：44-58.

匡家在. 2007. 1978 年以来的农村金融体制改革：政策演变与路径分析. 中国经济史研究，(1)：106-112.

刘民权，徐忠. 2003. 农村信用社改革和政府的职能. 经济学（季刊），(2)：555-572.

刘民权，徐忠，俞建拖，等. 2005. 农村信用社市场化改革探索. 金融研究，(4)：99-113.

吕士伟. 2003. 农村利率市场化改革可行性个案研究：兼对 HMS 模型的实证检验. 金融研究，(1)：104-108.

王海翔，郑晓，刘立. 2013. 农村金融如何应对利率市场化. 农村经济，(5)：62-64.

王娟，蒋占华. 2005. 农村金融体系改革的战略构想. 农业经济问题，(12)：73-75.

王醒男. 2006. 基于需求与发展视角的农村金融改革逻辑再考. 金融研究，(7)：53-64.

谢平，徐忠. 2006. 公共财政、金融支农与农村金融改革——基于贵州省及其样本县的调查分析. 经济研究，(4)：106-114.

谢平，徐忠. 2013. 新世纪以来农村金融改革研究. 北京：中国金融出版社.

谢平，徐忠，沈明高. 2006. 农村信用社改革绩效评价. 金融研究，(1)：23-39.

许月丽，张忠根，战明华. 2013. 社会资本视角下的利率市场化与农村正规金融的经济绩效. 世界经济，(5)：112-134.

杨菁. 2005. 利率市场化对农村信贷市场供求主体的影响. 中国农业大学博士学位论文.

姚耀军. 2006. 中国农村金融改革绩效评价. 江苏社会科学，(1)：96-101.

易小兰，钟甫宁. 2011. 农户贷款利率改革的福利分析——以江苏、河南与甘肃农村信用社为例. 农业经济问题，(4)：42-48，111.

张龙耀，杨军，陈畅. 2011. 信贷需求、信贷交易成本与农村利率市场化——基于农户调查数据的经验分析. 财贸经济，(11)：98-104.

张孝岩，梁琪. 2010. 中国利率市场化的效果研究——基于我国农村经济数据的实证分析. 数量经济技术经济研究，(6)：35-46.

周立，林荣华. 2005. 新一轮农村利率改革成效与经济解释——闽东地区调查与垄断市场分析. 财贸经济，(5)：7-13，96.

周曙东，李文森. 2004. 农村信用社改革的几点思考与构想. 金融研究，(11)：91-97.

第 5 章

正规金融

学习目标：

1. 掌握农村主要正规金融机构的性质。
2. 理解农村主要正规金融机构的特征。
3. 了解农村正规金融的业务范围。
4. 了解农村正规金融的改革及发展。

正规金融是指通过国有商业银行、政策性银行、股份制商业银行等正式金融中介机构和金融市场进行的资金融通。由于中国农村金融市场仍处于发展初期，资本市场和保险市场仍处于起步阶段，因此，本章所指的农村金融市场主要是指农村地区的信贷市场，包括正规金融和非正规金融两个部分。1994 年，国家组建了中国农业发展银行，使政策性金融与商业性金融逐步分离，中国农业银行开始向现代化商业银行转轨。1996 年，农村信用社与中国农业银行脱钩。随着农村金融的改革，农村信用社的规模逐渐扩大，进一步发展为农村合作银行和农村商业银行。为了更好地服务农村经济，2006 年底银监会发布《关于调整放宽农村地区银行业金融机构准入政策　更好支持社会主义新农村建设的若干意见》，宣布降低农村金融市场准入门槛。该意见实施以来，新型农村金融机构进入市场并迅速发展。

5.1　正规金融概述

中国农村正规金融供给主体主要包括中国农业发展银行、中国农业银行、农村信用社（农村合作银行、农村商业银行）和新型农村金融机构。

中国农业发展银行是直属国务院领导的国有政策性银行，也是中国唯一的一家农业政策性银行。其主要职责是按照国家的法律、法规和方针、政策，以国家信用为基础，筹集资金，承担国家规定的农业政策性金融业务，代理财政支农资金的拨付，为农业和农村经济发展服务。

农村信用社是经中国人民银行批准设立，由社员入股组成，实行民主管理，主要为社员提供金融服务的农村合作金融机构。农村信用社是独立的企业法人，以其全部资产对债务承担责任；农村信用社依法享有民事权利，其财产、合法权益和依法开展的业务活动受国家法律保护。农村合作银行是由辖内农民、农村工商户、企业法人和其他经济组织入股，在合作制的基础上，吸收股份制运作机制组成的股份合作制的社区性地方金融机构。农村商业银行是由辖内农民、农村工商户、企业法人和其他经济组织共同入股组成的股份制地方性金融机构。

新型农村金融机构主要包括村镇银行、贷款公司和农村资金互助社。2007 年 1 月 22 日，银监会发布了《村镇银行管理暂行规定》，为村镇银行的具体设立、组织形式、公司治理等内容提供了法律规范。根据该规定，村镇银行是指经银监会依据有关法律、法规批准，由境内外金融机构、境内非金融机构企业法人、境内自然人出资，在农村地区设立的主要为当地农民、农业和农村经济发展提供金融服务的银行业金融机构。2007 年 3 月 1 日第一家村镇银行——四川仪陇惠民村镇银行正式挂牌营业。根据银监会出台的《贷款公司管理暂行规定》，贷款公司是指经银监会依据有关法律、法规批准，由境内商业银行或农村合作银行在农村地区设立的专门为县域农民、农业和农村经济发展提供贷款服务的非银行业金融机构，是由境内商业银行或农村合作银行全额出资的有限责任公司。2007 年 3 月 1 日，我国第一家贷款公司四川仪陇惠民贷款公司开业，这是我国首家获得金融许可证的贷款有限责任公司。根据银监会的定义，农村资金互助社是指经银行业监督管理机构批准，由乡（镇）、行政村农民和农村小企业自愿入股组成，为社员提供存款、贷款、结算等业务的社区互助性银行业金融机构。农村资金互助社实行社员民主管理，以服务社员为宗旨，谋求社员共同利益。2007 年 3 月 9 日，我国首家农村资金互助社百信农村资金互助社在吉林省梨树县闫家村正式挂牌营业。

5.2 正规金融机构的特征

5.2.1 中国农业发展银行的特征

中国农业发展银行实行独立核算，自主、保本经营，企业化管理的经营方针。自主经营、独立核算，是为了维护中国农业发展银行的独立法人地位。保本经营，是指中国农业发展银行不以营利为目的，这是由其承担的农业政策性金融业务的特点所决定的。由于农业是一个平均利润率较低的产业部门，所以对农业的信贷投入不能以营利为主要目的，而必须以落实国家对农业的产业扶持政策为主要目的。尽管如此，中国农业发展银行还是要实行企业化经营，这是由信贷资金运动的特殊规律决定的。只有实行企业化管理，才能保证中国农业发展银行营运的农业政策性信贷资金的有偿使用和正常循环与周转。此外，作为国有政策性金融机构，中国农业发展银行在业务上要接受中国人民银行的指导和监督。

中国农业发展银行在机构设置上实行总行、一级分行、二级分行、支行制；在管理上实行总行一级法人制，总行行长为法定代表人；系统内实行垂直领导的管理体制，各分支机构在总行授权范围内依法依规开展业务经营活动。中国农业发展银行总行设在北京。其分支机构按照开展农业政策性金融业务的需要，并经银监会批准设置。截至2015年底，该行共有各级各类机构2 187个，其中，总行1个，总行营业部1个，省级分行31个、省级分行营业部30个、地（市）分行309个、地（市）分行营业部138个、县级支行1 677个。

中国农业发展银行的资金来源主要由以下部分组成：①注册资本200亿元人民币，其中部分从中国农业银行、中国工商银行的信贷基金中划转，其余部分由财政部划拨；②业务范围内开户企事业单位的存款；③发行金融债券；④财政支农资金；⑤向中国人民银行申请再贷款；⑥境外筹资。其资金特点主要包括以下几个方面。

1. 渠道单一

多年来，中国农业发展银行的资金来源主要依赖于中央银行的再贷款。单一的资金来源结构不符合金融体制改革的要求，也违背了设立农业政策性银行的初衷，同时也会给宏观调控带来负面影响。若中国农业发展银行扩大贷款规模，则必须增加其向中央银行的再贷款规模，引起基础货币供应量的扩大，不利于中央银行实施稳定币值的政策。一旦中央银行紧缩货币供应，中国农业发展银行的资金就会紧缺。

2. 筹资功能弱化

由于筹资机制不健全，中国农业发展银行的筹资功能弱化。首先，受国家财力影响，中国农业发展银行注册资本难以足额到位，财政补贴不能及时拨付，巨额亏损不能及时弥补，财政资金来源有限。其次，中国农业发展银行吸收的存款仅限于开户企事业单位的存款，存款数量难以增加。最后，由于中国农业发展银行发行金融债券的主要对象是商业银行，而商业银行对购买金融债券并不积极，因此，其金融债券的规模在短时间内难以扩大。

3. 具有刚性要求

中国农业发展银行的贷款主要用于农产品收购，关系到“三农”的发展与稳定，必须采取种种措施，保证资金来源，满足资金需求。因此，中国农业发展银行的资金筹集具有艰巨性、紧迫性、必保性。

5.2.2 中国农业银行的特征

中国农业银行为一级法人单位，总行行长为法人代表，总行设在北京。省、直辖市、自治区、计划单列市设一级分行，地区、市设二级分行，县市（区）设支行或办事处，乡镇设营业所，还有单一经营储蓄业务的储蓄所。中国国有商业银行组织机构的设置一般采取上述分支行制，即法律允许商业银行在全国范围或一定区域内设立分支行。其中，国有商业银行设立分支机构也有严格限制：一是要经中国人民银行批准；二是商业银行境内分支机构可以不按行政区域设立；三是商业银行总行要按规定拨付营运资金，拨付各分支机构营运资金的总和，不得超过总行资本金的 60%。此外，还要求其资产负债比例应达到中国人民银行规定的各项管理指标；经营业绩良好，没有违反金融监管法规；要遵照一定的审批、登记程序；等等。

中国农业银行具有如下服务特点。

1. 服务现代农业建设，促进农村经济全面发展

重点扶持辐射面广、带动力强、发展前景好的龙头企业，推动千家万户的农户小生产与国际国内大市场对接。积极介入特色农业和特色资源开发领域，培育农村经济新的增长点。加大对农村商品流通体系建设的信贷投入，畅通城乡商品双向流动渠道。配合实施农业"走出去"战略，为农产品贸易和境外农业资源综合开发提供全球化金融服务。

2. 服务城乡一体化，促进城乡经济协调发展

大力扶持劳动密集型、创新型、特色型县域中小企业和小企业集群发展，培育县域经济支柱产业。抓住城乡产业依存度和相融度提高的机遇，制定实施对城市周边的工业园区和大型企业上下游产业链的整体服务方案，促进城乡产业融合。为农村城镇化中的水电路气暖等基础设施建设项目和科教文卫、通信传媒等公共事业项目提供专业化金融服务。利用覆盖全国所有县域的骨干金融服务网络，为其他金融机构开展业务和中央政府调控农村经济提供网络平台。

3. 服务国家区域发展战略，促进区域协调发展

在东部发达地区，积极为企业扩大再生产和拓展市场提供创新服务，推动产业梯次转移和资本流动。在中西部地区，加大对重点县支行的指导和扶持力度，完善配套政策和措施，着力培植一批能够带动地方经济发展的支柱产业和支柱企业。在西藏、青海、新疆和其他经济金融欠发达地区，履行好公共金融服务职能，促进公共金融服务均等化。

4. 服务农民生产生活，促进农民增收

以种养大户、家庭农场和农业产业化龙头企业基地内配套农户为重点，稳步增加农户贷款规模，发展农村消费信贷业务，帮助农民发展生产和提升消费结构。积极参加政策性贷款招标，努力提高扶贫信贷资金使用效益，推动贫困农户脱贫致富。依托电子化服务网络和特色银行卡产品，为进城务工农民提供方便快捷的代发工资和汇兑服务。大力推广电子银行、银行卡、保险、基金以及个人 理财等金融新产品，为相当一部分先富起来的农民提供更高层次的金融服务。发展对其他农村金融机构的批发性融资业务，增强其发放农户贷款的资金实力。

5.2.3 合作性金融机构的特征

由于农村信用社通过吸收社员资金、专门为社员提供金融服务，因此具有银行类金融机构的特征。所谓银行类金融机构又叫做存款机构和存款货币银行，其共同特征是以吸收存款为主要负债，以发放贷款为主要资产，以办理转账结算为主要中间业务，直接参与存款货币的创造过程。

与此同时，农村信用合作社又是信用合作机构，所谓信用合作机构是由个人集资联合组成的以互助为主要宗旨的合作金融机构，以互助、自助为目的，在社员中开展存款、贷款业务。信用社的建立与自然经济、小商品经济发展直接相关。农业生产者和小商品生产者对资金需要存在季节性、零散、小数额、小规模的特点，使得小生产者和农民很难得到银行贷款的支持，但客观上生产和流通的发展又必须解决资本不足的困难，于是就出现了这种以缴纳股金和存款方式建立的互助、自助的信用组织。

农村信用合作社作为银行类金融机构有其自身的特点，主要表现在：①农村信用社是由农民和农村的其他个人集资联合组成，以互助为主要宗旨的合作金融组织，其业务经营是在民主选举基础上由社员指定人员管理经营，并对社员负责。其最高权力机构是社员代表大会，负责具体事务的管理和业务经营的执行机构是理事会。②其主要资金来源是合作社成员缴纳的股金、留存的公积金和吸收的存款；贷款主要用于解决其成员的资金需求。起初主要发放短期生产生活贷款和消费贷款，后随着经济发展，渐渐扩宽放款渠道，现在和商业银行贷款没有区别。③一般在经营上享有一定的灵活性，具体的灵活性因地域情况不同而不同。农村信用合作社的主要任务是依照国家法律和金融政策的规定，组织和调节农村基金，支持农业生产和农村综合发展，支持各种形式的合作经济和社员家庭经济，限制和打击高利贷。

农村合作银行的主要任务是为农民、农业和农村经济发展提供金融服务。农村合作银行是在遵循合作制原则的基础上，吸收股份制的原则和做法而构建的一种新的银行组织形式，是把合作制的长处和股份制的优越性结合起来，把合作制的互助精神与股份制的现代企业制度结合起来的一种股份合作制产权制度，是介于股份制和合作制的中间形式。农村合作银行模式，即一人一票、按股分红，主要由广大农民和农村经济组织出资入股，它是劳动联合和资本联合、“三农”服务功能和商业功能相结合的产权制度，既保持了股份制企业筹集资金、按股分红和经营管理方面的合理内核，又吸收了股东参加劳动、按劳分配和提取公共积累等合作制的基本内核。

农村商业银行的主要任务是为当地农民、农业和农村经济发展提供金融服务，促进城乡经济协调发展。我国目前的农村商业银行是农村信用社改革的产物，从合作金融组织向现代商业银行方向转变，是各国合作金融制度变迁的总体趋势，这种转变是农村信用社外部经营环境和内部矛盾共同作用的必然结果。2001年11月28日，经中国人民银行批准，国内首家农村商业银行——张家港市农村商业银行正式挂牌营业，随后，常熟市农村商业银行和江阴市农村商业银行也相继挂牌营业。自此，农村商业银行作为农村金融改革中的新生事物，开始踏上农村金融体制改革的舞台。

在经济比较发达、城乡一体化程度较高的地区，“三农”的概念已经发生很大的变化，农业比重很低，有些只占5%以下，作为信用社服务对象的农民，虽然身份没有变化，但大都已不再从事以传统种养耕作为主的农业生产和劳动，对支农服务的要求较少，信用社实际也已经实行商业化经营。对这些地区的信用社，可以实行股份制改造，组建农村商业银行。相比农村合作银行的股份合作制而言，农村商业银行属于纯粹的股份制，是强者的联合、资本的合作，根本目的是实现资本的增值。

虽然农村商业银行是由农村信用社改革而来，但农村商业银行与农村信用社、农村合作银行在设立条件、股权设置、法人治理结构和服务重点、经营目的等方面存在较大不同。就设立条件而言，农村商业银行与农村信用社、农村合作银行在注册资本金、资本充足率、资产规模、资产质量等方面均有不同要求。在股权设置上，农村商业银行的股本划分为等额股份，同股同权、同股同利。而农村信用社则是社员一人一票。在法人治理结构设置上股东大会是农村商业银行的权力机构，同时设置董事会、监事会和经营管理层。而农村信用社的权力机构是社员代表大会，社员代表由社员选举产生，实行民主管理，同时设置董事会、监事会和经营管理层。在服务重点方面，虽然农村商业银行、农村信用社、农村合作银行三者都是主要为辖区内农业、农民和农村经济发展服务，但由于农村商业银行是在经济相对发达地区组建，农业比重较低，因此，在满足"三农"需要的前提下，还需要兼顾城乡协调发展的目标。而农村信用社、农村合作银行的服务对象则更多地侧重于农户。在经营目的方面，农村商业银行在保证资金营运的安全性、流动性条件下以追求利润最大化为目标。而农村信用社却要根据合作制原则，不以追求利润最大化为目标，主要是在保证农村信用社生存发展前提下，维护入股社员利益，为入股社员服务。农村合作银行则是合作制和股份制的有机结合，介于农村商业银行和农村信用社之间，主要为入股农民服务，同时也从事商业经营。

5.2.4　新型农村金融机构的特征

村镇银行是独立的企业法人，享有由股东投资形成的全部法人财产权，依法享有民事权利，并以全部法人财产独立承担民事责任，并以安全性、流动性、效益性为经营原则，自主经营，自担风险，自负盈亏，自我约束，依法开展业务，不受任何单位和个人的干涉；村镇银行是按照商业可持续发展原则设立的，是农村银行业金融服务体系的一个组成部分，业务品种较为丰富，是不同于小额信贷组织的新型农村金融机构。

小额贷款公司是由自然人、企业法人与其他社会组织投资设立，不吸收公众存款，经营小额贷款业务的有限责任公司或股份有限公司。小额贷款公司是企业法人，有独立的法人财产，享有法人财产权，以全部财产对其债务承担民事责任。小额贷款公司股东依法享有资产收益、参与重大决策和选择管理者等权利，以其认缴的出资额或认购的股份为限对公司承担责任。小额贷款公司应执行国家金融方针和政策，在法律、法规规定的范围内开展业务，自主经营，自负盈亏，自我约束，自担风险。小额贷款公司的基本特征是"只贷不存"，但论其运作机制则主要有以下几个特点。

1. 资金来源渠道的确定性和有限性

小额贷款公司的资金来源主要是发起人的自有资金，在运营正常以后，经过发起人同意，非发起人的自然人或法人可以投资入股，且只能向一个债权人负债，或把来自一个委托人的转贷资金以及自然人或法人的委托资金作为后续资金。其来源还有国际非政府组织或慈善机构的捐献资金、单一来源的批发资金。

2. 贷款方式、期限及利率安排上的灵活性

首先，小额贷款公司采取的利率，往往根据不同客户的风险情况、资金状况、贷款期限、抵押品或信用等级实行差别利率，平均水平介于银行贷款利率与民间借贷利率之间。其次，小额贷款公司在贷款方式上多采取信用贷款，也可采取担保贷款、抵押贷款和质押贷款。最后，小额贷款公司多以发放短期贷款为主，贷款期限灵活，由借贷双方公平自愿协商确定。

3. 服务对象的弱势性与贷款的小额分散性

小额贷款公司主要的服务对象是农户和小企业，而由于农户和小企业的经济弱势性，有关部门规定了小额贷款公司“三农”贷款占总贷款余额的最小比例。由于农户和小企业分布分散，经营活动中面临的经营风险和市场风险较大，需要特别注意风险的防范。小额贷款公司对同一借款人的贷款余额不得超过公司资本净额的5%，对单一集团企业客户的授信余额不得超过资本净额的15%。

农村资金合作社以吸收社员存款、接受社会捐赠资金和向其他银行业金融机构融入资金作为资金来源，不允许向非社员吸收存款。合作社接受社会捐赠资金，应由属地银行业监督管理机构对捐赠人身份和资金来源合法性进行审核，只有满足审慎经营条件的合作社才有资格从银行业金融机构融入资金。较窄的融资渠道虽然导致合作社规模较小、服务范围较窄，但是却降低了经营风险。

5.3 正规金融机构的业务范围

5.3.1 中国农业发展银行的业务范围

中国农业发展银行的业务范围由国家根据国民经济发展和宏观调控的需要并考虑到中国农业发展银行的承办能力来界定。中国农业发展银行成立以来，国务院对其业务范围进行过多次调整。中国农业发展银行目前的主要业务如下：①办理粮食、棉花、油料收购、储备、调销贷款；②办理肉类、食糖、烟叶、羊毛、化肥等专项储备贷款；③办理粮食、棉花、油料加工企业和农、林、牧、副、渔业的产业化龙头企业贷款；④办理粮食、棉花、油料种子贷款；⑤办理粮食仓储设施及棉花企业技术设备改造贷款；⑥办理农业小企业贷款和农业科技贷款；⑦办理农业基础设施建设贷款，支持范围限于农村路网、电网、水网（包括饮水工程）、信息网（邮政、电信）建设，农村能源和环境设施建设；⑧办理农业综合开发贷款，支持范围限于农田水利基本建设、农业技术服务体系和农村流通体系建设；⑨办理农业生产资料贷款，支持范围限于农业生产资料的流通和销售环节；⑩代理财政支农资金的拨付；⑪办理业务范围内企事业单位的存款及协议存款、同业存款等业务；⑫办理开户企事业单位结算；⑬发行金融债券；⑭资金交易业务；⑮办理代理保险、代理资金结算、代收代付等中间业务；⑯办理粮棉油政策性贷款企业进出口贸易项下的国际结算业务以及与国际业务相配套的外汇存款、外汇汇款、同业外汇拆借、代客外汇买卖和结汇、售汇业务；⑰办理经国务院或银监会批准的其他业务；⑱办理投资业务。

5.3.2　中国农业银行的业务范围

中国农业银行网点遍布中国城乡，业务领域已由最初的农村信贷、结算业务，发展成为品种齐全，本外币结合，能够办理国际、国内通行的各类金融业务。其主要包括人民币业务和外汇业务：吸收公众存款，发放短期、中期和长期贷款，办理国内外结算，办理票据贴现，发行金融债券，代理发行、代理兑付、承销政府债券，买卖政府债券，从事同业拆借，买卖、代理买卖外汇，提供信用证明服务及担保，代理收付款项及代理保险业务等，外汇存款，外汇贷款，外汇汇款，外币兑换，国际结算，外汇票据的承兑和贴现，外汇借款，外汇担保，结汇、售汇，发行和代理发行股票以外的外币有价证券，买卖和代理买卖股票以外的外币有价证券，代客外汇买卖，资信调查、咨询、见证业务。按照分业经营和分业管理的要求，中国农业银行业务仅限于银行业务，尚不得从事政府债券以外的证券业务和非银行金融业务。

5.3.3　合作性金融机构的业务范围

经银监会批准，农村合作银行、农村商业银行可经营《中华人民共和国商业银行法》规定的部分或全部业务，实行资产负债比例管理。农村合作银行及农村商业银行必须建立和健全本行对存款、贷款、结算等各项业务的内部控制制度，应当建立薪酬与农村合作银行效益和个人业绩相联系的激励机制及约束机制。

农村合作银行在辖区内开展存贷款及其他金融业务，要重点面向入股农民，为当地农业和农村经济发展提供金融服务。按照《农村合作银行管理暂行规定》的要求，农村合作银行要将一定比例的贷款用于支持农民、农业和农村经济发展，具体比例由当地银行监管机构根据当地农村产业结构状况确定。

农村商业银行主要任务是为当地农民、农业和农村经济发展提供金融服务，促进城乡经济协调发展。按照《农村商业银行管理暂行规定》的要求，农村商业银行要将一定比例的贷款用于支持农业、农民和农村经济发展，具体比例由股东大会根据当地农村产业结构状况确定，并报当地省级银行业监督管理机构备案。银行业监管机构应定期对农村合作银行及农村商业银行发放支农贷款情况进行评价，并可将评价结果作为审批其网点增设、新业务开办等申请的参考。

5.3.4　新型农村金融机构的业务范围

经银监分局或所在城市银监会批准，村镇银行允许和其他银行一样经营各种存贷业务、票据的承兑和贴现、国内结算、同行业拆借、银行卡、代理发行、代理兑付、承销政府债券以及代理收付款项及代理保险业务等。

有条件的村镇银行要在农村地区设置自动取款机（automatic teller machine，ATM），并根据农户、农村经济组织的信用状况发行银行卡。村镇银行在缴足存款准备金后，其可用资金应全部用于当地农村经济建设。村镇银行发放贷款应首先充分满足县域内农户、农业和农村经济发展需要。确已满足当地农村资金需求的，其富余资金可投放当地其他产业、购买涉农债券或向其他金融机构融资。

按照银监会的规定，村镇银行的业务范围有一定限制，如不得发放异地贷款；资金应首先满足县城内农户、农业和农村经济发展的需要，确已满足当地农村资金需求的，其富余资金可投放当地其他产业、购买涉农债券或为其他金融机构融资；发放贷款应坚持小额、分散的原则，提高贷款覆盖面，防止贷款过度集中。村镇银行对同一借款人的贷款余额不超过资本净额的 5%，对单一集团企业客户的授信余额不得超过资本净额的 10%；在授信额度内，可以采取一次授信、分次使用、循环放贷的方式发放贷款。

贷款公司可经营以下业务：办理各种贷款、办理贴现、办理资产转让、办理贷款项下的结算、经银监会批准的其他资产业务。贷款公司开展业务，必须坚持为农民、农业和农村经济发展服务的经营宗旨，贷款的投向主要用于支持农民、农业和农村经济发展。贷款公司不得吸收存款，信贷额度较高，贷款方式灵活。

贷款公司发放贷款应当坚持小额、分散的原则，提高贷款覆盖面，防止贷款过度集中。贷款公司对同一借款人的贷款余额不得超过资本净额的 10%，对单一集团企业客户的授信余额不得超过资本净额的 15%。

农村资金互助社的资金主要用于发放社员贷款，满足社员贷款需求后确有富余的可存放其他银行业金融机构，也可购买国债和金融债券；可以办理结算业务，并按有关规定开办各类代理业务。农村资金互助社开办其他业务应经属地银行业监督管理机构及其他有关部门批准。农村资金互助社不得向非社员吸收存款、发放贷款及办理其他金融业务，不得以该社资产为其他单位或个人提供担保。农村资金互助社根据业务经营需要，考虑安全因素，应按存款和股金总额一定比例合理核定库存现金限额。互助社利率采取灵活的市场定价，根据民间借贷利率、农村金融机构贷款利率、本社信用建立情况和期限等，本着覆盖成本、保持可持续发展和有利于竞争与合作的原则，确定贷款利率。

5.4 正规金融机构的发展

5.4.1 中国农业发展银行的发展

中国农业发展银行的成立对于规范和促进我国农村政策性金融的发展起到了关键性作用。应该指出，中国农业发展银行在农副产品收购资金的供应与管理、农村扶贫资金运作和开发性贷款管理等方面都取得了很大的成绩。但随着农村市场化改革的不断深入，中国农业发展银行的作用是十分有限的，主要存在以下问题：治理结构不科学；历史包袱沉重，不良资产比例较大；经营业绩较差；资金来源渠道单一；业务范围偏窄。为了解决以上问题，中国农业发展银行不断调整发展方向，拓宽经营范围，改善经营管理。

1. 明晰界定职能定位

中国农业发展银行的职能定位应坚持与国际接轨、政策性与效益性相统一、政策性金融与商业性金融分开、适时调整的原则。依据上述原则，中国农业发展银行的职能定位应该是：以国家信用为基础，筹集农业政策性信贷资金，遵循世界贸易组织规则的要求，承担国家规定的农业政策性金融业务，代理财政支农资金的拨付，在生产和流通领域为农业和农村经济发展服务，并在巩固现有业务的基础上，不断扩大金融业务范围，不断培育新的业务增长点，并发展成为现代金融企业。这是因为，中国农业发展银行职能定位应是引导农村经济发展的银行，放在对农业产业发展的扶持上来，帮助农民提高组织化，在经营上体现不以营利为目的、不与商业银行竞争的宗旨。

2. 有效拓宽和改善融资渠道

合理的负债结构和稳定的资金来源是中国农业发展银行资金供给的有效保证，是农业政策性银行赖以发挥职能和作用的前提与基础。首先，从我国国情和粮棉油收购业务的实际状况出发，中国农业发展银行可以根据农副产品收购数量的增加和价格的提高，适量向中央银行再贷款。其次，增加财政性资金来源的比重，可以为中国农业发展银行提供比较坚实的物质基础，降低融资成本，有利于解决目前我国农业政策性金融机构与财政信用相互脱离带来的弊端。再次，随着信贷资产结构由粮棉油流通领域向以中长期贷款为主的农业开发性领域的逐步转变，中国农业发展银行应集中统一发行由政府提供担保服务于农业发展的中长期性金融债券，用来优化资金来源结构，维持相对稳定的长期资金来源。最后，进一步扩大农业产业化龙头企业和农口事业单位的存款范围，合理运用资金拆借及银行间债券市场，适时开辟与农业政策性金融相关的国际融资渠道，设立国家农业发展基金，并交由农业政策性金融机构进行专项管理和使用，积极拓展其他筹资方式。

3. 逐步扩展业务范围

信贷业务是中国农业发展银行职能定位和业务范围调整的主要体现。中国农业发展银行信贷业务的发展，应该既重总量增长，更重结构优化，采取渐进式发展道路。首先，在国家已批准的业务范围内，由单一支持粮棉油流通环节逐步向支持粮棉油生产和加工环节延伸，促进和支持农业产业化发展。其次，适时开办扶贫贷款业务，促进缓解和消除贫困。再次，逐步办理农业开发性贷款业务，增强中国农业发展银行开发性金融功能，发挥政策性金融的应有作用。最后，发展以支撑农产品出口为主要对象的政策性国际金融业务，推动农村外向型经济的发展。

4. 加快管理创新，完善经营机制

首先，建立健全风险防控机制，实施全面风险管理，完善信贷资产保全措施，强化业务操作流程中的风险防范和监测，重点突出不良贷款的控制和处置，创造风险管理良好的外部条件。其次，建立自负盈亏的经营管理运行机制，实施目标管理。以发展和效益为核心，完善多劳多得的分配运行机制。再次，建立健全集中统一管理与分级决策的体制。全行性的政策和制度必须从上到下一贯到底，重大事项的管理权必须集中在总行。最后，要强化内控制度建设，健全监督保障机制，建立有效的内部核查制度；加快劳动人事制度的改革步伐，逐步实行岗位责任工资制。

5.4.2 中国农业银行的发展

随着经济的快速发展，我国农业经济取得了长足进步，发生了翻天覆地的变化。同时，城乡二元经济结构的深层次矛盾日益突出，农业和农村发展面临的形势十分严峻，农村金融已成为制约农村发展的瓶颈。为此，2007 年，全国金融工作会议对农村金融的改革发展做出了明确的部署，提出了中国农业银行股份制改革要和我国农村金融体制改革相结合，坚持“面向‘三农’、整体改制、商业运作、择机上市”的总体原则。要求中国农业银行稳定和发展在农村地区的网点和业务，充分利用在县域的资金、网络和专业等方面的优势，发挥在农村金融中的骨干和支柱作用。

2008 年 10 月，党的十七届三中全会通过了《中共中央关于推进农村改革发展若干重大问题的决定》，从实现全面建设小康社会奋斗目标的新要求出发，对新形势下推进农村改革发展做出了全面部署，明确要求中国农业银行坚持为农服务的方向，强化职能、落实责任，稳定和发展农村服务网络。随后，国务院批准了《中国农业银行股份制改革实施总体方案》，要求中国农业银行改革要以建立完善现代金融企业制度为核心，以服务“三农”为方向，稳步推进整体改制，成为资本充足、治理规范、内控严密、运营安全、服务优质、效益良好、创新能力和国际竞争力强的现代化商业银行。按照党中央、国务院的战略部署，中国农业银行新时期认真履行党中央、国务院赋予的支农职责，全面落实面向“三农”的市场定位，扎实开展面向“三农”金融服务试点和“三农”县域事业部制改革试点，进一步突出支持重点，创新金融产品，完善服务机制，强化政策保障，努力发挥在农村金融中的骨干和支柱作用，中国农业银行面向“三农”金融服务工作进入一个新的发展阶段。

专栏 5-1

中国农业银行“三农金融事业部”改革

为落实国家在中国农业银行股份制改革中确定的“面向‘三农’、整体改革、商业运作、择机上市”的总体要求，2010 年 5 月起，中国农业银行在四川、重庆、湖北、广西、甘肃、吉林、福建、山东共 8 个省（区、市）开展深化“三农金融事业部”改革试点，实行中国农业银行总行、试点省级分行、地市分行管理部门“三级督导”，县域支“一级经营”的事业部管理构架，对纳入改革试点的县域支行实行“六个单独”（单独的资本管理、信贷管理、会计管理、风险拨备和核销、资金平衡、绩效考核）的运行机制，并给予相关扶持政策。2011 年 9 月，“三农金融事业部”改革试点扩大到 12 个省（区、市），2013 年 11 月底又进一步扩大到 19 个省（区、市）。目前，中国农业银行县域 72%的机构、79%的人员、83%的存款和 85%的贷款已纳入试点范围。试点以来，中国人民银行会同有关部门先后出台差别化存款准备金、营业税优惠和监管费减免等技术支持。持续做好差别化存款准备金率考核工作，并通过季度监测、年度考核、检查评估、专题调研等方式，扎实推进中国农业银行“三农金融事业部”深化改革试点工作；中国农业银行全面搭建了“三农金融事业部”管理架构，逐步做实和完善“六个单独”的运营机制，信贷、经济资本、固定资产和费用以及人力资源进一步向县域倾斜，为改革提供资源保障。

目前，“三农金融事业部”改革试点取得了显著成效。一是中国农业银行服务“三农”的认识不断深化，面向“三农”、走向蓝海的认识趋于统一；二是体制和机制优势逐步显现，经营决策重心实现下沉；三是信贷投放力度持续加大；四是“三农”基础金融服务水平、产品创新能力和综合金融服务能力持续提升。截至 2014 年 12 月末，19 个省（区、市）县事业部贷款余额为 2.26 万亿元，比年初增加 2 340 亿元，增幅 11.55%，高于试点分行整体贷款幅度 0.96 个百分点；较 2010 年 5 月增加 1.04 万亿元，增长了 85.34%，高于中国农业银行整体贷款增速。19 个省（区、市）事业部累计发放惠农卡 1.38 亿张，在农村地区设立“金穗惠农通”工程服务点超过 53 万个，在县以下布放转账电话、ATM、POS 机等各类电子机具超过 108.3 万台，代理新农保 890 个县，代理新农合 630 个县，代理粮食直补、代收水电费等其他项目共计 4 588 个；行政村的服务覆盖率超过 78%。

资料来源：《2014 年中国农村金融服务报告》

5.4.3　合作性金融机构的发展

2003 年 6 月 27 日，在江苏省农村信用社改革试点的基础上，国务院出台了《关于深化农村信用社改革试点方案的通知》，决定扩大试点范围，将山东省等 8 省市列为试点单位，自此拉开了新一轮农村信用社改革的序幕。自该方案下发以来，我国农村信用社体系发生了积极的变化，改革取得了明显的成效。但是，农村信用社改革还远未完成，未来面临的挑战和不确定性还很多，目前，主要面临的问题包括：增资扩股中普通农户股东数减少；合作制性质逐步弱化，信贷支农积极性不高；省联社权力越来越集中；内部治理机制不利于风险控制。

专栏 5-2

农村信用社改革试点资金支持政策十年总结

2003 年 6 月，国务院下发《关于深化农村信用社改革试点方案的通知》，在全国范围内开展深化农村信用社改革工作，中国人民银行负责制定和实施农村信用社改革试点资金支持政策（简称资金支持政策）。自改革试点以来，中国人民银行及时发布了资金支持政策，并精心组织实施，严格考核农村信用社改革实效。截至2014年第一季度，资金支持政策已全面落实到位，资金支持与农村信用社改革成效相挂钩的持续正向激励机制推动实现了“花钱买机制”的政策目标。

1. 制定并实施资金支持政策的主要做法

改革以来，中国人民银行按照因地制宜、分类指导，防范道德风险，持续正向激励的原则，制定并实施了资金支持政策，引导农村信用社逐步上“台阶”。中国人民银行以2002年末实际资不抵债额的50%核定农村信用社专项票据额度，对农村信用社提高资本充足率和降低不良贷款比例计划审核合规（第一个“台阶”）的省级政府出具专项票据发行承诺书；对资本充足率真实合规、达标（第二个“台阶”）的农村信用社发行专项票据；对明晰产权关系、完善法人治理、加强内部管理取得实质成效（第三个“台阶”）的农村信用社兑付专项票据资金；为推动已兑付专项票据农村信用社进一步深化改革，自2011年开始，中国人民银行按年实施专项票据兑付后续监测考核，根据考核结果发挥货币政策工具的激励约束作用，并自2014年开始将考核方式调整为常态机制（第四个“台阶”）。持续激励机制对于促进实现“花钱买机制”政策目标发挥了重要作用。

（1）强化持续正向激励，注重实现“花钱买机制”。坚持资金支持进度与农村信用社改革成效挂钩，重点考核健全内控制度、转换经营机制、完善法人治理的成效，持续激励其加快建立可持续发展机制。同时，考虑到地区间农村信用社的经营财务状况和改革难易程度差异较大，中国人民银行设计了专项票据和专项借款两种资金支持方式，设置了不同的资金支持条件，由农村信用社依据实际情况自主选择资金支持方式。针对此次产权制度改革设计的股份制、股份合作制、合作制三种产权制度模式，以及农村商业银行、农村合作银行、以县（市）为单位统一法人和县、乡两级法人等四种组织形式，中国人民银行分别规定了差异化的专项票据发行、兑付标准，以鼓励农村信用社结合自身实际，积极稳妥地安排改革进度。

（2）切实增强政策合力，共同推动深化改革。中国人民银行在持续激励农村信用社增强改革内在动力的同时，加强对地方政府支持改革、省信用合作联社有效履职等的考核，形成各方促进实现改革目标的政策合力。在专项票据兑付后期，按照“一社一策”原则，商请地方政府加大政策支持力度，有效解决了一批“老大难”农村信用社票据兑付。

（3）适度微调资金支持政策，加大对老少边穷地区支持力度。按照强化正向激励，向老少边穷地区倾斜的原则，微调县（市）执行统一计算标准，对全国老少边穷地区616个县（市）共调增资金支持额度33亿元。从地区分布看，微调增加的资金支持额度和涉及资金支持额度的县（市）中，西部12省（区、市）分别占85%和82%；国定贫困县（市）分别占44%和43%。北京、广东等7省（市）不纳入微调范围。从实际执行情况看，微调资金支持政策较好地体现了正向激励原则和向老少边穷地区倾斜的政策意图。

（4）加强专项票据兑付后续监测考核，推动农村信用社改革再上新台阶。自2011年开始，以县（市）为单位，中国人民银行按年组织实施了3次专项票据兑付后续监测考核，并根据考核结果，累计安排支农再贷款850亿元。自2014年开始，中国人民银行将以前由总行统一组织实施票据兑付后续监测考核的方式调整为有各分支机构组织在辖区内实施此项工作，继续做好农村信用社成效的监测考核。

2. 实现“花钱买机制”政策目标，农村信用社改革取得重要成果

改革以来，中国人民银行共完成专项票据发行、兑付考核 32 期，对 2 408 个县（市）农村信用社发行、兑付专项票据 1 699 亿元，对新疆、吉林、黑龙江 3 省（区）发放专项借款 17 亿元。加上财政、税收支持，中央的资金支持共计 2 600 多亿元，帮助农村信用社有效化解了历史包袱。共消化历年亏损挂账 1 125 亿元，降幅达到 86%，累计实现盈利 8 863 亿元。已全部消化历年亏损挂账的县（市）个数为 2 107 个，占县（市）总数的比例为 91.8%。当年亏损的县（市）个数由 2002 年末的 1 330 个下降至 13 个。按照贷款五级分类口径统计，2014 年末，全国农村信用社不良贷款比例为 3.8%，比 2007 年末下降 17.2 个百分点；资本充足率为 13.2%，比 2007 年末提高 13.3 个百分点。农村信用社资金实力显著提高、资产质量明显改善，金融风险得到有效控制。

同时，农村信用社产权关系趋于明晰，股东作用开始增强，“三会一层”的法人治理结构初步运行，健全了信息披露制度和对主要高级管理人员的审计制度，可持续发展机制基本建立。省级政府的依法管理和金融风险处置责任初步落实，省信用合作联社履行行业管理职能取得一定成效。

资料来源：《2014 年中国农村金融服务报告》

5.4.4　新型农村金融机构的发展

1. 新型农村金融机构培育工作加快，扶持政策落实到位

2006 年，培育新型农村金融机构工作开始启动。2008 年，中国人民银行会同银监会印发了《关于村镇银行、贷款公司、农村资金互助社、小额贷款公司有关政策的通知》，明确了村镇银行、贷款公司、农村资金互助社等新型农村金融机构的设立、监管、存款准备金管理、支付清算管理政策。为促进其健康、可持续发展，国家先后出台了一系列扶持政策。

货币政策方面，对村镇银行实行较低的存款准备金率，目前比大型商业银行低 6 个百分点。同时，对新增存款一定比例用于当地贷款考核达标的村镇银行执行比同类机构正常标准低 1 个百分点的存款准备金率。

财政政策方面，2008 年起，中央财政对符合条件的村镇银行、贷款公司和农村资金互助社三类新型农村金融机构，按贷款平均额的 2%给予补贴。对三类新型农村金融机构免收银行监管费，对其金融保险业收入按 3%的税率征收营业税。

监管政策方面，2012 年，银监会印发了《关于鼓励和引导民间资本进入银行业的实施意见》，支持民间资本参与村镇银行发起设立或增资扩股，并将村镇银行发起设立的最低持股比例由 20%降低至 15%。2014 年，银监会发布《关于进一步促进村镇银行健康发展的指导意见》，提出在商业可持续和有效控制风险的前提下，加大村镇银行县（市、旗）全覆盖工作的推进力度。加快推进村镇银行本地化、民营化和专业化发展，加快“三农”和小微企业金融服务工作。

2. 新型农村金融机构在消除金融空白乡镇、提升县域金融服务方面作用日益增强

经过多年努力，新型农村金融机构培育发展已取得了明显成效，村镇银行等新型农

村金融机构在丰富县域金融体系，解决农村地区银行业金融机构网点覆盖率低、金融服务不足、竞争不充分等方面发挥了重要作用，并初步探索出了在金融资源供给上的“东补西”、在金融服务质量改善上的“城带乡”发展模式，为建设中国特色的农村金融体系、提升农村金融服务水平积累了有益经验。

截至2014年末，全国共发起设立1 296家新型农村金融机构，其中村镇银行1 233家。新型农村金融机构累计吸引各类资本893亿元，存款余额5 826亿元，各项贷款余额4 896亿元，其中小微企业贷款余额2 412亿元，农户贷款余额2 137亿元，两者合计占贷款余额的92.91%。

以村镇银行为例，截至2014年末，纳入中国人民银行统计体系的村镇银行，主要由农村商业银行和城市商业银行发起，分别占全国村镇银行家数的39.42%和34.54%，2014年新设村镇银行近九成（89%）由农村商业银行主发起。2014年末，全国村镇银行本外币各项存款余额5 786亿元，同比增长25.4%。各项贷款余额4 856亿元，同比增长33.9%。新增贷款近八成投向县域，农户贷款比重上升。2014年末，全国村镇银行农村（县及县以下）贷款余额3 553亿元，占村镇银行各项贷款余额的73%，同比增长36.3%，高于村镇银行各项贷款增速2.4个百分点。农户贷款余额2 125亿元，同比增长48.6%，占村镇银行各项贷款余额的43.7%。农业贷款余额1 213亿元，同比增长38.7%，占村镇银行各项贷款余额的24.9%。

3. 小额贷款公司业务规模不断扩大

2008年，银监会和中国人民银行联合发布《关于小额贷款公司试点的指导意见》，规定了小额贷款公司的监管主体、准入标准、业务规则等，引导其规范发展。各地根据该指导意见制定了相关管理办法。中国人民银行建立了小额贷款公司统计制度，将小额贷款公司纳入金融统计范畴，对小额贷款公司的注册资本、负债和利润、资金运用情况等进行监测，以及时、准确地反映小额贷款公司的设立、发展以及对经济的支持情况。中国人民银行及部分试点省市还大力推动小额贷款公司征信、评级工作，地方政府根据小额贷款公司信用等级实行差异化监管，在股东持股比例、业务经营范围、融资比例和渠道、贷款集中度和投向等诸多方面，初步形成了对优质小额贷款公司的正向激励。2012年，财政部在天津、辽宁、山东、贵州4省市开展试点，对符合监管要求的小额贷款公司执行县域金融机构涉农贷款增量奖励政策，即涉农贷款平均余额同比增长超过15%的县域小额贷款公司，对超过15%的部分按照2%的比例给予奖励。

总体来看，当前小额贷款公司发展呈现机构数量和业务规模扩张较快、经营状况有所分化、业务种类增多、资金投向趋于多元化等特点，风险总体可控，在支持县域经济发展、服务“三农”和小微企业，提升金融普惠性、引导民间融资“阳光化”等方面发挥了积极作用。截至2014年末，纳入中国人民银行统计体系的小额贷款公司共8 791家，从业人员11万人，44.1%的小贷公司分布在江苏（631家）、辽宁（600家）、河北（479家）、内蒙古（473家）、安徽（461家）、吉林（427家）、云南（409家）和广东（400家）8省（区）。小贷公司贷款余额9 420亿元，同比增长15%。西部地区贷款余额占比和新增占比均有所提高，川渝和两广地区新增贷款占比合计逾五成。

4. 新型农村合作金融改革探索

近年来，中央高度重视发展农村合作经济和农村合作金融，连续多年在中央一号文件做出明确部署。2006 年，随着《中华人民共和国农民专业合作社法》的颁布，我国农村合作经济蓬勃发展，各地农民和新型经营主体积极创新，开展多种形式的合作金融试点，形成了初具规模、各有特色的农村信用合作组织。

目前开展农村信用互助的机构和组织主要有四大类。第一，银监会批准设立的农村资金互助社。2006 年银监会调整放宽农村地区银行业金融机构准入政策，提出培育合作性质的农村资金互助社，依托行政村或专业合作社设立，面向成员开展存款业务，办理成员的小额、分散贷款业务。截至 2014 年 3 月末，全国共组建农村资金互助社 49 家，分布在 17 个省份，主要集中在浙江、山西、黑龙江，服务社员 3.6 万人，存款余额 16.4 亿元，贷款余额 13.1 亿元。第二，扶贫办牵头批设的贫困村互助基金试点。2006 年，扶贫办开展了扶贫资金与农民自主经营相结合的贫困村互助基金试点，主要解决贫困村、贫困户发展生产、自主创业资金短缺问题。扶贫基金会、妇联、共青团等非政府组织也开展了扶贫性质互助服务社的探索。截至 2014 年 3 月末，全国共成立扶贫互助社 20 700 家，分布在 28 个省份，主要集中在甘肃、安徽、陕西、四川、重庆，参与社员 191.4 万人，筹资余额 49.6 亿元，放宽余额 18.1 亿元。第三，开展信用合作社的农民专业合作社。2008 年十七届三中全会首次提出允许有条件的农民专业合作社开展信用合作，随后一些地区和合作社开展了信用合作社探索实践。截至 2014 年 3 月末，开办信用合作的农民专业合作社 2 159 家，分布在 23 个省份，主要集中在山东、浙江和云南，参与社员 19.9 万人，累计筹资 36.9 亿元，累计放贷 42.4 亿元。第四，供销社内部融资平台。在供销总社推动下，各地供销合作社在内部搭建融资平台，面向成员开展资金融通。截至 2014 年 3 月末，开展资金互助的供销社 342 家，分布在 15 个省份，主要集中在山东、贵州、浙江，参与社员 15.1 万人，筹资余额 26.7 亿元，放贷余额 19.2 亿元。

此外，少数地区探索建立了相互保险、担保公司或组织。例如，1994 年民政部批准的中国渔业互保协会，由全国范围内渔民及从事渔业生产单位自愿入股组成，主要为渔业提高相互保险业务。2005 年中国保险监督管理委员会（简称保监会）批准的阳光农业相互保险公司，主要开展涉农互助保险业务。福建沙县、连城，四川巴中秦川等地组建互助融资担保公司，为社员提供融资担保，解决担保难题。

这些探索为发展新型合作金融组织积累了有益经验。但总体上看，当前我国农村合作金融发展整体滞后，存在法律地位模糊、经营不规范、合作原则难以落实、风险管控缺失、支农服务不到位等诸多问题。未来应加强新型农村合作金融组织发展的顶层设计。坚持“依托产业、服务‘三农’、社员制、封闭制，注重内部积累、不支持固定汇报，民主管理、规范运行，防范风险、守住底线，政府扶持、可持续发展”的原则，引导和促进新型农村合作金融组织健康规范发展，更好地发挥合作金融在“三农”发展中的积极作用。

本章小结

（1）中国农业发展银行成立于 1994 年，是直属国务院领导的国有政策性银行，也是我国唯一的一家农业政策性银行。中国农业发展银行的性质和任务，决定了其必须实行独立核算，自主、保本经营，企业化管理的经营方针。在机构设置上，中国农业发展银行实行总行、一级分行、二级分行、支行制。就业务范围而言，由国家根据国民经济发展和宏观调控的需要并考虑到中国农业发展银行的承办能力来界定。中国农业发展银行的资金具有渠道单一、筹资功能弱化、刚性要求等特点。中国农业发展银行的成立对于规范和促进我国农村政策性金融的发展起到了关键性作用。

（2）中国农业银行是我国最大的涉农商业银行，以经营存款、贷款、办理转账结算为主要业务，以盈利为主要经营目标的金融企业。中国农业银行为一级法人单位，总行行长为法人代表，总行设在北京，组织机构的设置采取分支行制，即法律允许商业银行在全国范围或一定区域内设立分支行。中国农业银行网点遍布中国城乡，业务领域已由最初的农村信贷、结算业务，发展成为品种齐全，本外币结合，能够办理国际、国内通行的各类金融业务。中国农业银行经历了国家专业银行阶段、国有独资商业银行以及国有股份制银行的发展阶段。

（3）农村信用社改革大多数采取以县（市）为单位统一法人的形式，改制组建农村合作银行是仅次于统一法人改革的第二大改革形式，建立纯粹的农村商业银行为第三大改革形式。农村合作银行是由辖内农民、农村工商户、企业法人和其他经济组织入股，在合作制的基础上，吸收股份制运作机制组成的股份合作制的社区性地方金融机构。农村商业银行是由辖内农民、农村工商户、企业法人和其他经济组织共同入股组成的股份制的地方性金融机构。

（4）2006 年底，银监会出台《关于调整放宽农村地区银行业金融机构准入政策 更好支持社会主义新农村建设的若干意见》来引导各类资本到农村投资建设村镇银行、贷款公司、农村资金合作社、小额贷款公司等新型农村金融机构，鼓励银行业金融机构到农村地区设立分支机构。自此以后，新型农村金融机构在我国农村地区的数量和规模实现了极大的增长。

关键术语

中国农业发展银行 中国农业银行 农村信用合作社 农村合作银行 农村商业银行 村镇银行 贷款公司 农村资金合作社 小额贷款公司

复习与思考

1. 我国农村金融体系的构成，具体包含哪些组织机构？

2. 简述中国农业发展银行与中国农业银行的相同和不同之处。
3. 分别阐述我国农村新型农村金融机构的性质、特征及业务范围。

参考文献及推荐阅读

杜金向. 2014. 新型农村金融机构可持续发展研究. 北京：经济日报出版社.
李喜梅，彭建刚. 2005. 经济变迁中的中国农村金融体系：一个从隐功能角度的解释框架. 农业经济问题，(10)：53-56.
姚耀军. 2006. 中国农村金融发展状况分析. 财经研究，(4)：103-114.
张晓山. 2008. 中国农村改革30年：回顾与思考. 学习与探索，(6)：1-19.
中国人民银行农村金融服务研究小组编. 2014. 2014年中国农村金融服务报告. 北京：中国金融出版社.
周立，周向阳. 2009. 中国农村金融体系的形成与发展逻辑. 经济学家，(8)：22-30.

第6章

非正规金融

学习目标：

1. 理解非正规金融产生的原因。
2. 了解非正规金融存在形式。
3. 掌握非正规借贷利率的决定因素。
4. 了解非正规借贷的运作特征。
5. 了解非正规金融的发展方向。

非正规金融在世界上是一种普遍存在的金融现象，一般认为非正规金融是不受政府监管或控制的借贷活动，其存在表明正规金融无法满足现实和潜在的需求。但非正规金融在经济增长过程中的作用长期以来被理论界和决策层所忽视。例如，在麦金农和肖的分析框架里，非正规金融是一种效率低下的制度安排，因此，一些国家包括中国对非正规金融采取了严厉的管制措施。但事实上，非正规金融在一些地区经济增长过程中发挥了重要作用。非正规金融市场上相对充分的信息以及隐性抵押等减少了贷款的违约风险，使农民小规模和短期投资成为可能，这会有利于经济增长。但同时，非正规金融往往没有法律保护，这可能会导致更高的风险。因此，对非正规金融在降低风险上的作用很难有一个一般性的结论，需要结合特定的环境来进行评论。另外，非正规金融在对借款人的监督和控制方面更有效。非正规金融组织在贷款信息上的优势使正规金融机构愿意与之联合对企业贷款，利用非正规金融的信息优势筛选适合贷款的企业，以减少贷款风险，这有利于投资形成，进而促进经济增长。

6.1 非正规金融产生的原因

中国农村金融市场上农户借款来源主要分为两种，一种是正规金融渠道，如农村信用社、农村合作银行、商业性银行等；另一种是非正规金融渠道，如亲戚、朋友、放贷人等。作为资金需求者的农户，对金融需求有其自身的特点，这些特点与农户生产经营及生活本身的特征有关。例如，农户收入和积累能力低，且农户收入具有明显的季节性；农户居住相对分散，人口密度相对较低；大多数农户经营产业单一，分散风险的机会相对较少，一旦由于自然等原因，农业歉收或绝收，农户发生被动违约的可能性较大；农户往往缺乏抵押物，特别是规范的、标准的抵押品；农户的多数借款规模相对较小，因而借贷的交易成本较大。正是由于农户分散、规模小、信息透明度低等原因，决定了正规金融机构对农户提供金融服务可能会非常的谨慎，在贷款额度、时间、用途等方面有较为严格的限制，从而在担保、质押方面提出严格的要求，结果可能限制农户的贷款可得性。因此，非正规的借贷渠道成了农户融资的重要来源。因此，农村非正规金融发展的内生逻辑表现为小农经济的特点→严重的信息不对称→正规金融的退出→非正规金融的发展。若正规金融部门扩展其原有的服务内容，需要支付的网点建设、信用评估、贷款使用监督等成本相应地需要大幅度提高，从成本收益角度分析，正规金融部门所付出的成本可能远超过所能得到的收益，因此，正规金融与非正规金融总是存在着各自的效率边界。

中国农村事实也表明，以政府为主导的外生金融是失灵的，没有满足农户金融需求，而受到国家政策抑制的各种自发产生的农村内生金融组织却满足了农户的大部分金融需求。原因很显然，内生性金融[①]由于更具本土化与草根性，是建立在掌握当地市场软信息的基础上发展而来，在试错的过程中逐渐修正，金融形式会与农村本地生产力水平和劳动生产率相适应，同时符合农村的各种客观因素，如文化、习俗等的要求。在中国，非正规金融被视作农村内生性金融形式，其弱化了信息不对称问题，使贷款交易成本降低，同时，降低了其提供金融服务的门槛，扩大了服务对象，真正迎合了农户的金融需求。相对地，外生性金融表现形式是农村之外的经济体系植入的金融行为和金融组织。这种金融形式往往来源于其他金融市场，对本地信息并不能完全掌握，相对于内生性金融来说信息不对称的程度更高，在发展中国家，外生性金融一般来源于更具规模的城市金融体系。在面对更分散的农村经营体难以调整金融行为与机构结构导致交易成本相对于内生性金融更高，更不用说在文化、习俗等软信息方面难以对接。在中国一般正规金融体系被视作农村外生性金融形式，从目前看这一形式是不可持续也并不有效的。因此，在农村现代化远未达成的情况下，中国小农融资难题可以转向非正规金融的演化以求答案。

6.2 非正规金融存在形式

非正规信贷市场是指那些从事非正规债务性交易的个人、机构及其活动，包括个人之间的借贷行为，通过非正规金融中介组织进行的吸纳储蓄、发放贷款、票据贴现、资

① 内生状态主要基于微观金融主体的参与贡献，外生状态很少包含微观金融主体的内在贡献因素，往往基于对外部金融的移植。

金拆借等信贷交易。从交易方式来看，非正规金融可以分为非正规直接金融市场和非正规间接金融市场。直接融资的非正规金融没有金融机构作为投资者和筹资者之间的中介，交易双方直接发生一对一的金融交易关系，因此，投资者要直接承担筹资者项目失败和违约的风险。而间接融资市场则由非正规金融机构作为投资者和筹资者之间的中介，将分散的、无组织的资本市场在一定程度上组织起来。世界各国的非正规金融往往形式各异，但以下形式是比较常见的。

6.2.1　非正规直接金融

非正规直接融资主要包括以下几类：亲戚朋友间和企业间的偶然性借贷、连结贷款、专业的存款收集者（savings collectors）和放贷者（moneylenders）、轮转储蓄和贷款协会（合会）。其中前两种融资方式的交易是一对一的，后两种则是一对多或者多对多。

1. 亲戚朋友间和企业间的偶然性借贷

在信贷约束的环境中，正规金融系统往往无法完全满足家庭户的消费信贷和小企业的贷款，在这样的情况下，向亲戚朋友的借款就成为克服金融困境的重要途径。这种借贷行为表现为很多不同的形式，利率的有无及高低、是否需要抵押和借款的期限取决于借款者和贷款者之间的关系如何。这类贷款被用于平滑借款者的消费水平或者用于解决中小企业暂时的资金困难。在农村和低收入群体中，收入水平波动性较大，缺乏稳定性，这就需要外部的金融支持来平滑消费水平。同时，像购买耐用消费品，支付孩子的教育、结婚所需要费用等大额支出也往往必须借助于亲戚朋友之间的借贷。而那些想做点小生意或者开办小企业的人在需要启动资金时往往也借助于亲戚朋友之间的借贷。偶然性借贷并不仅仅存在于个人与他们的亲戚朋友之间，在信贷约束的环境中，企业之间往往也进行这种偶然性的资金拆借以解决借款者所遇到的暂时性的资金困难。那些有闲置资金的企业有时候会将他们的资金投入非正规金融市场上，借给那些需要资金的企业。

2. 连结贷款

连结贷款是一种在很多发展中国家都普遍存在的非正规信贷形式，发放贷款的人其主要活动并不在金融市场，他们在发放贷款的时候往往将贷款条件和他们所主要从事的经济活动连结起来。例如，地主在将地租给农户的同时贷款给农户购买种子、肥料和必需的工具，同时约定庄稼收割时农户必须将其优先卖给地主，并用所得款项偿还贷款。又如，商人放贷给他的购买者，然后购买者用这笔资金向其购买所需商品。连结贷款合约中的农户出售收割的庄稼给地主的价格往往低于市场价格，而这种价差就是地主所获得的利息。同样，处于连结贷款合约中的商人往往能够以高于市场价的价格卖出他的商品。地主和商人采用连结贷款的形式一方面是为了顺利将地租出去，将货物卖出去，另一方面也是通过借贷活动赚取利息。而佃户和购买者则获得了他们所急需的资金支持，因而，这种非正规信贷形式在大部分发展中国家都存在着。

3. 存款收集者和放贷者

关于放贷者，在非正规金融市场的文献中有大量的记载，他们一般利用自己在金融活动或非金融活动中积累起来的个人财富进行放贷，以获取利息收入。全职进行放贷的人一般很少，大部分放贷者都有自己其他的生意，而利用业余时间进行放贷活动。

4. 轮转储蓄和信贷协会（合会）

轮转储蓄和信贷协会（合会）在发展中国家的城市和乡村都很普遍，甚至在像美国这样的发达国家都可以见到。在组织轮转储蓄和信贷协会时，一群人自愿的每期拿出一笔钱，然后将这笔钱交由参加合会的一个或多个会员使用。所有会员都会按一定的方法获得一次资金使用权，而决定资金使用权的方法主要有两种，一种是通过抽签决定使用资金的先后顺序，这又分为两种，第一，在开始组会时就通过抽签决定好每一期的资金使用顺序。第二，每一期单独进行抽签决定资金的使用权，除抽签外另一种方法则是通过竞价来决定资金使用权，这也分为两种，一是折扣竞价法，需要使用资金的人参与竞价，出的折扣最高的人获得当期的资金，而其他人中从未获得过资金使用权的人按照这个折扣缴纳当期的资金，前期已经获得过资金使用权的人则足额缴纳资金。二是溢价竞价法，竞价者承诺在今后各期出更多的资金，谁出的溢价最高谁就获得资金使用权。小的合会往往由亲戚、朋友或其他熟识的人所组成，目的是应付日常生活可能出现的资金周转不灵；大的合会则由商人和企业家所组织，其主要目的是应付生意中所可能出现的资金困境。一般来说，由做生意的人所组织的合会主要采用投标竞价的方法。

6.2.2 非正规间接金融

非正规金融中介机构专门从事动员储蓄和发放贷款等金融活动，他们不一定都是全职进行金融活动，有些可能是利用业余时间进行。但与偶然性借贷不同，他们的借贷活动是一种职业的、持续的经营活动。像商业银行一样对社会不特定对象吸收存款并发放贷款，有些还从事结算、票据贴现和外汇买卖等业务，这类机构可能有很多种不同的称呼。例如，本地银行（indigenous bank，是指他们只在当地一个很小的区域内进行金融活动）、私人钱庄、私人银行和财务公司等，但其业务范围大抵是相同的。

在正规金融市场利率受到管制的情况下，银行类非正规金融中介机构吸收存款和发放贷款的利率往往是根据市场资金供给情况自由浮动的，而且一般都比正规金融市场利率要高很多，因此，它们往往能够在很短的时间内就吸引大量的资金，然后以更高的利率将其贷出，从而获得价差收入。从这些金融中介机构借款往往需要支付较高的利息，因此往往是借款者的最后选择，并且这类贷款的期限一般也不长。这类私人银行和财务公司的活动一般来说都在金融监管当局的规范和监管范围之外，它们中有些是没有注册的地下金融机构，有些则注册为非金融机构但实际却从事金融活动。在一些国家，政府努力地要将其纳入监管范围，但往往难以成功，而在另外一些国家，政府干脆通过法令禁止它们存在。例如，在韩国，1972 年财务公司被强制并入了正规金融系统，而在巴基斯坦、印度，它们被强制关闭了（分别在 1989 年和 1987 年）。

6.3　非正规金融利率决定

非正规金融市场的利率可以分解为对资金的机会成本、交易成本的补偿，以及风险溢价与垄断利润几个部分，即

$$i=OC+TC+RP+MP$$

其中，OC 为资金的机会成本；TC 为从事非正规借贷活动的交易成本；RP 为风险溢价；MP 为垄断利润。

资金的机会成本是指非正规金融市场的资金供给者将资金投入其他领域所可能获得的回报。一般来说，机会成本与经济繁荣程度成正比，与正规金融市场回报率也成正比。经济越繁荣，企业或个人在实业投资领域可以获得的回报率越高，他们将钱投入非正规金融市场的机会成本就越大，他们所要求的回报也就越高。因此，在经济迅速增长的 20 世纪 90 年代初期，非正规金融市场利率要比 90 年代后期时高得多。同样，投资正规金融市场的回报率越高，投资非正规金融市场的机会成本就越大。在 1999~2001 年的股市行情中，地下资金拆借市场的利率往往高达 20%以上，而目前则降到 8%左右，甚至更低，这一方面是因为资金的供求关系使然，另一方面实际上也是由资金的机会成本所内在决定的。

非正规信贷交易的交易成本包括信息收集成本、监督成本和合约执行成本。非正规金融市场具有信息方面的优势，其交易双方往往拥有正规金融机构所不能拥有的私人信息。但是，这种私人信息是随着交易双方的人际关系的亲疏而变化的，关系越密切的，往往拥有对方的私人信息越多，相反，关系较疏远的，拥有的私人信息则较少，在日常交往中所获得的私人信息不足以作为判断依据的时候，交易者就必须要主动地去收集关于交易对手的信息，这种信息收集过程可能比正规金融部门容易，但是仍然是要付出一定的努力和成本的。因此，信息收益成本随着交易双方关系的亲疏而变化。此外，贷款者的监督努力与信贷市场外的其他关系（人情关系和生意往来）的约束共同组成了对借款者违约动机的约束，两者可以相互替代。给定所需要的违约约束的情况下，借贷双方的人情关系越重要，违约可能给借款者造成的借贷之外生意活动的损失越大，贷款者为了保证借款者还款所需要的监督成本就越小，反之，则越大。因此，监督成本和合约执行成本也随着交易双方关系的亲疏而变化。显然，这是为什么亲戚、朋友之间互助性的私人直接借贷利率相对较低而针对不特定对象营业的非正规金融中介机构利率较高的原因之一。

非正规金融市场的风险由三部分所组成，即制度风险、系统风险和非系统风险。制度风险的存在主要是因为非正规金融市场的很多交易行为为法律所不允许，一旦被发现，参与者不但投入的资金得不到法律保障，而且本身还可能受到法律的制裁。作为补偿，资金供给者往往会要求一个制度风险溢价作为补偿。理论上来说，政府治理整顿的力度越大，制度风险越大，贷款者要求的制度风险溢价就越高，这在一定程度上可以作为地

下钱庄利率高居不下的解释。也就是说，政府的治理整顿从某种意义上来说可能会加剧高利贷的发生。系统风险主要是指由整体经济形势变化所导致的企业和个人还贷能力的变化。系统风险对利率的影响与机会成本相反，经济越繁荣，企业和个人的现金流量越充足，还贷能力越强，系统风险就越小，贷款者要求的利率就越低。非系统风险则是那些借款企业或者个人特有的风险。非系统风险的控制很大程度上也依赖于交易双方的关系，关系越亲密，拥有的私人信息越多，人情关系和其他关系往来对借款者的约束越强，主动和被动违约的非系统风险就越小，贷款者要求的风险溢价就越小。

垄断利润通常被看做非正规金融市场高利率的重要原因。非正规金融市场贷款者之所以可能具有垄断能力主要有两个原因：从需求方面来看，非正规金融市场的借款者往往都是那些被正规金融市场所拒绝的企业或个人，他们急需资金做生意、投资项目或者一次性支付大宗消费，但又不乏从正规途径筹集到资金，只能求助于非正规金融市场，这就给了贷款者控制利率水平谋取超额利润的条件；从供给方面来看，正如前面所分析的那样，非正规市场贷款者依赖于关于借款者的私人信息来进行客户甄别，而这种私人信息往往只在一个很小的人际关系圈子里才能顺利流通，因此，他们往往将贷款对象限制在自己所熟悉的企业和个人，这就使非正规金融市场结构具有了一定的垄断性，即使在一个乡村或者城镇放贷者不止一人，他们也很容易进行共谋，以共同谋取垄断利润。

需要指出的是，垄断利润能够在多大程度上解释非正规金融市场的高利率并不是一个很好判断的问题，因为不同的地区、时期的资金的机会成本、风险溢价都不同，而关于机会成本和风险的判断往往还依赖于私人信息，这些都限制了我们判断一个利率是否包含垄断利润的能力。但是，一般来说，在落后的农村地区盛行的高利贷，其中包含的垄断利润的成分要高一些，因为相对于发达地区而言，这些借款者的筹资渠道受到严重的限制；而在江浙沿海的非正规金融市场上，利率中包含的垄断利润成分要相对小得多，因为这些地区非正规金融市场相当发达，借款者可以找到更多的贷款者，从而限制了贷款者谋取垄断利润的能力。

6.4　非正规金融运作特征

6.4.1　非正规金融的规模边界

社会网络（social network）在中国农村社会有重要的作用，中国农民一直有一种非市场的注重生活在众人之中的圈子主义精神。这是中国农村非正规金融市场上互助性借贷存在的基础，也是商业性借贷低交易成本的关键因素。非正规金融市场的金融交易一般发生在各种形式的人际关系范围之内，因为这个网络给贷款者提供了关于借款人个人能力、品格和过往信用记录的私人信息。调研结果表明，非正规金融市场借贷中，96.50%的参与主体是原本熟悉的，大多是亲戚朋友或者邻里，即使是陌生的，也是在朋友介绍的基础上间接认识的。

在信息严重不对称的农村信贷市场上，贷款者面临着由于信息不对称所引起的逆向选择与道德风险问题，而非正规金融由于其本土性能够充分利用农村基于血缘、地缘的社会网络更接近或了解借款人方面的信息，解决农贷市场上的信息不对称问题，降低了交易成本，这种基于社会网络的信息优势，正是非正规金融契约治理机制有效的关键因素，也是其规模存在边界的根本原因。总之，非正规金融的契约治理主要不是依靠国家的法律体系，而是基于社会网络，依靠当地的社会机制与私人治理机制，表现为“社会资本”替代了实物抵押、重复博弈与信誉机制、扩展交易范围与关联交易、联合贷款与连带责任等各种治理形式，这些机制共同保证了金融契约的有效实施。

根据一般经济学原理可知，正规金融的贷款边际成本曲线和非正规金融的贷款边际成本曲线都应该是“U”形曲线。对于非正规金融来说，由于社会网络的存在，其交易大都发生在彼此熟悉的圈子以内，借贷双方非常了解，贷款人可以充分利用自身掌握的私人信息，对借款人的信用状况、还款能力进行判断，因此所需的信息收集成本非常低，有些非正规金融甚至不需要像样的专门的交易场所，即非正规金融的初始投资成本比较低。相比之下，正规金融则需要固定的交易场所，需要必备的设备和专门工作人员，显然需要比非正规金融更大的初始投资规模。另外，不管发放贷款规模的大小，正规金融机构都需要对客户进行筛选，对借款人的信息真实程度进行甄别。因此，在规模较小的时候，非正规金融增加一笔贷款，并不需要增加多少额外成本，或者相对正规金融来说，其所需增加的额外成本要小得多。因此，在规模较小的时候，非正规金融的贷款边际成本比相同规模下的正规金融的贷款边际成本低。然而，随着非正规金融市场规模的扩大，经营范围的扩大，其在利用私人信息方面的优势逐渐丧失，且由于非正规金融的信息收集专业化程度不及正规金融机构，其所需的信息收集成本更高。因此，非正规金融信息收集的边际成本随着贷款规模的加大而逐渐加大，到了一定的规模，其边际成本就超过了正规金融的边际成本（图 6-1）。

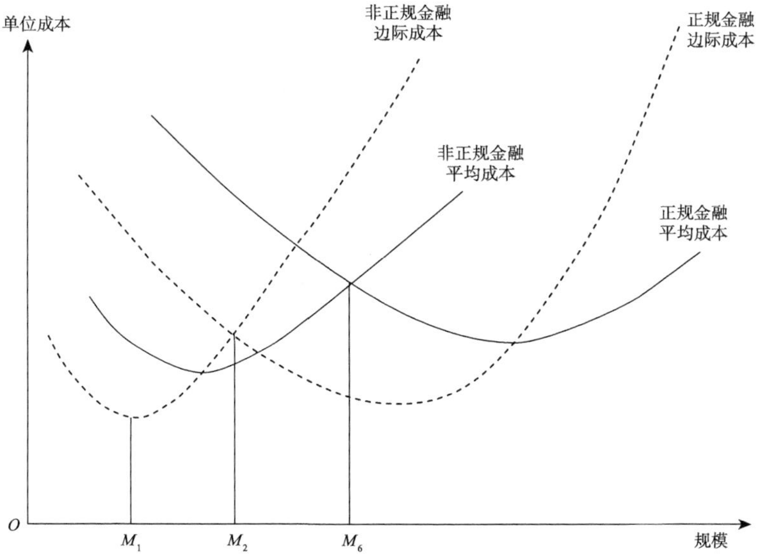

图 6-1　农村正规、非正规金融市场规模边界

考察点 M_2 与 M_6（$M_2<M_6$），非正规金融与正规金融的最佳分界点为 M_6。在融资规

模小于 M_6 时，非正规金融更有效率，反之，正规金融更有效率。需要补充说明的是，最佳分界点不是指该点是非正规金融贷款的最优贷款规模，或最大利润点；也不是指该点是正规金融的最优贷款规模，或最大利润点。最佳分界点只是表明，业务规模小于该点时，非正规金融在经济上具有比较优势；而业务规模大于该点时，正规金融在经济上具有比较优势。非正规金融市场规模边界是动态的虚拟边界，随时空而变，超出这个边界，社会网络作用将失效。

6.4.2 非正规金融的服务对象

在麦金农和肖的研究范式中，非正规金融是低效率的，因为存在非正规金融的市场必定存在分割，需要补充的是，其低效率的参照物是完善的自由竞争市场。同时，他们认为非正规金融产生的原因是金融抑制，因此，其会随着金融深化政策的实施逐渐消亡。然而，发展中国家依据该理论制定的金融自由化政策并没有实现预期效果，没有改变发展中国家二元金融结构的格局，症结就在于，金融抑制不是非正规金融产生的唯一原因，金融自由化自然无法使之消亡，非正规金融有其内生性，即农村金融市场信息不对称、规模不经济导致正规金融失灵和退出，农户的融资需求进一步引致了非正规金融的发展。依据该分析框架，学者们提出了如下观点：非正规金融是正规金融的有益补充，服务于不同的市场主体，即非正规金融主要服务于被正规金融排斥的农户（households excluded from formal loans）。例如，在中国台湾，由于中小企业与农户缺乏标准的会计账户和有效的抵押品，很难从正规金融机构获得贷款，其信贷需求一般从非正规金融市场得到满足，相对于正规金融，非正规金融能够充分利用业务关系、社会人际关系等软信息，以较低的成本获取资金需求者信息，进而为无法从正规金融市场获得贷款的中小企业和农户提供融资服务。因此，在农村地区，非正规金融能够弥补正规金融的功能失灵，在缺乏标准会计账户和有效抵押品的中小企业及农户的生产投资中发挥着重要的作用，是正规金融的有益补充。由于信贷配给等问题的存在，正规金融机构所提供的金融服务无法满足市场的需求，进而对金融服务的超额需求“溢出”到了非正规金融市场中。因此，正规金融市场与非正规金融市场二者之间存在着“溢出效应”。在发展中国家农村金融市场上，受到正规金融排斥的农户可能会由于与放贷人之间存在信息优势而从非正规金融市场上获得借款，并据此认为非正规金融与正规金融服务于不同的需求主体，二者之间的关系以互补为主。

然而，正规金融可以通过降低交易成本和服务门槛，为更多的人提供正规金融服务，从而挤占非正规金融的市场份额；而非正规金融也可以充分利用自身的灵活、便捷吸引更多资金需求者。因此，非正规金融不仅服务于受到正规金融排斥的农户，也同样服务于基于对交易成本及风险等因素的考虑而偏好非正规金融的农户（households prefer informal loans）。例如，在印度农村地区，部分农户并非被正规金融所排斥，而是主观偏好于非正规金融，主要原因除了包括交易成本、借款风险和时滞以外，还包括农户认为非正规金融市场的资金借出者易于沟通；非正规金融挤占了正规金融的部分市场，二者之间存在一定程度上的竞争关系。因此，非正规金融与正规金融的需求主体规模也可能存在此消彼长的关系。

6.4.3 非正规借款特征①

1. 借款农户特征

相对于正规金融，非正规金融更多地服务于从事种养业及外出打工、收入较低、资产较少且户主受教育程度较低的农户。非正规借款中，拖欠及违约借款的农户比例为 1.75%，而正规金融市场上该比例为 1.03%。但在非正规金融市场上，仅有 0.77%的农户被拒绝过借款，而在正规金融市场上被拒绝过借款的农户占 17.53%。另外，在非正规金融市场上，零息非正规借款主要服务于以打工收入为主要收入来源的农户，而高息非正规借款主要服务于以个体工商业为主要收入来源、经济社会地位和户主受教育程度较高的农户（表 6-1）②。

表 6-1 2010 ~ 2011 年借款农户特征统计

<table>
<tr><th colspan="2">项目</th><th>零息非正规借款</th><th>高息非正规借款</th><th>非正规借款</th><th>正规借款</th></tr>
<tr><td colspan="2">户主年龄/岁</td><td>53.69</td><td>50.03</td><td>53</td><td>49.04</td></tr>
<tr><td colspan="2">户主是否为乡村干部/%</td><td>4.35</td><td>12.19</td><td>6.83</td><td>12.74</td></tr>
<tr><td colspan="2">非劳动力成员比例/%</td><td>27.94</td><td>25.33</td><td>27.41</td><td>26.31</td></tr>
<tr><td rowspan="5">家庭最主要收入来源/%</td><td>种养业</td><td>14.47</td><td>17.74</td><td>17.49</td><td>7.22</td></tr>
<tr><td>个体工商业</td><td>8.18</td><td>43.55</td><td>16.14</td><td>43.30</td></tr>
<tr><td>打工收入</td><td>70.44</td><td>33.87</td><td>60.09</td><td>36.08</td></tr>
<tr><td>工资</td><td>5.66</td><td>4.84</td><td>4.93</td><td>13.40</td></tr>
<tr><td>其他（退休金、赡养费等）</td><td>1.26</td><td>0.00</td><td>1.35</td><td>0.00</td></tr>
<tr><td colspan="2">户主受教育年限/年</td><td>7.23</td><td>8.58</td><td>7.61</td><td>9.18</td></tr>
<tr><td colspan="2">家庭年毛收入/万元</td><td>5.96</td><td>18.30</td><td>12.189</td><td>23.49</td></tr>
<tr><td colspan="2">资产/万元</td><td>60.56</td><td>100.54</td><td>71.61</td><td>123.41</td></tr>
<tr><td colspan="2">耕地面积/亩</td><td>3.61</td><td>4.08</td><td>3.72</td><td>3.08</td></tr>
<tr><td colspan="2">拖欠及违约借款的农户/%</td><td>1.89</td><td>1.61</td><td>1.75</td><td>1.03</td></tr>
<tr><td colspan="2">被拒绝过借款的农户比例/%</td><td>0.63</td><td>0.81</td><td>0.77</td><td>17.53</td></tr>
<tr><td colspan="2">户均借款额/万元</td><td>3.61</td><td>3.81</td><td>3.68</td><td>19.53</td></tr>
</table>

注：“户主是否为乡村干部”指标表示户主为乡村干部的农户占各类农户的比例；“非劳动力成员比例”表示各户非劳动力成员占比的均值，该指标在统计时并未严格按照年龄划分，而是将从事农业或非农业生产的成员作为劳动力，正在上学和还未上学的小孩、伤残人和慢性病人作为非劳动力；“打工收入”是指在当地中小企业或外地打工的非正式工资收入；“工资”是从事教师、医生、公务员等职业的正式工资收入；“资产”包括房产、存款、现金、家庭耐用消费品、机械等；“被拒绝过借款的农户”是指实际获得借款为零的农户，不包括实际借得额小于申请额的农户

2. 农户借款用途

相对于正规借款，非正规借款主要用于消费，其借款笔数的比例达 69.81%；正规借款则主要用于农业及非农业生产投资，其中，非农业生产投资借款笔数的比例达 56.66%。

---

① 此部分数据来源于江苏省农村地区 1 202 户农村家庭的调研数据。

② 调研过程中发现，农村非正规金融市场中仅包括两类借款，一类为零息互助性借款，多用于生活消费方面（包括教育、医疗、购建房、购买耐用消费品等）；另一类为利率高于银行利率的高息借款，多用于生产方面（包括购买农用机械、个体工商投资等）。

在非正规金融市场上的零息非正规借款中，用于消费的借款笔数比例达 94.57%，而高息非正规借款中则有 83.37%的比例是用于非农业生产投资（表 6-2）。

表 6-2 2010～2011 年农户借款用途统计（单位：%）

项目	零息非正规借款	高息非正规借款	非正规借款	正规借款
农业生产投资	3.97	11.59	6.37	17.60
非农业生产投资	1.46	83.37	23.82	56.66
消费	94.57	5.04	69.81	25.74

注："农业生产投资"是指种养业投入，其中包括购买农用机械的支出；"非农业生产投资"是指用于个体工商经营等方面的投入；"消费"包括购买生活消费品（吃、喝、穿及耐用消费品）、教育、医疗、购建房和婚丧嫁娶等支出

由以上分析可以看出，零息非正规借款主要用于消费，高息非正规借款主要用于非农业生产投资。因此，现实中的农户是理性小农与道义小农的混合体。用于购买生活用品（吃、喝、穿及耐用消费品）、教育、医疗、购建房和婚丧嫁娶等消费方面的非正规借款一般不收取利息，体现出了农户道义小农的特性；而用于个体工商经营等非农业生产投资的非正规借款则一般为高息借款，又体现出了农户理性小农的特性。

3. 借款合约特征

非正规借款的时滞明显较短，从开始借钱到借到钱的时滞平均为 1.45 天，而正规借款的时滞平均为 6.02 天；非正规借款由于部分为零息借款，其平均利率低于正规金融机构，但高息非正规借款的利率则显著高于正规借款的利率，二者的加权平均利率分别为 1.96%和 0.92%。此外，非正规金融市场上 93.27%的借款为无抵押担保借款，而正规金融市场中 90.73%的借款为抵押担保借款，且应急借款相对较少。同时，调查还发现，虽然大部分非正规借款是不规定还款期限的，但是，其实际还款期限的均值甚至略小于正规金融机构借款的还款期限（表 6-3）。

表 6-3 2010～2011 年借款合约特征统计

项目		零息非正规借款	高息非正规借款	非正规借款	正规借款
开始借钱到借到钱的时滞/天		1.39	1.48	1.45	6.02
单笔借款额度/万元		3.17	3.20	3.18	15.47
还款期限/月		11.61	10.33	11.19	11.8
平均利率（月利率）/%		0	1.88	0.52	1.07
加权平均利率（月利率）/%		0	1.96	0.57	0.92
抵押担保/%	抵押	0	0	0	28.87
	担保	1.26	20.97	6.73	61.86
	无抵押担保	98.74	79.03	93.27	9.28
应急借款比例/%		1.89	8.07	5.38	1.03

注：由于非正规借款一般不规定还款期限，"还款期限"是指从借到钱到还钱之间的时间长度；"抵押担保"是指不同抵押担保形式的合约数的比例

综上所述，相对于零息非正规借款，高息非正规借款及正规借款均主要服务于收入较高且资产较多的农户；同时，由于交易成本及借款时滞的存在，农户家庭住所到最近金融机构网点的距离也影响正规金融为农户提供贷款服务。此外，相对于零息非正规借

款，高息非正规借款及正规借款更多地用于非农业生产，零息非正规借款主要用于农业生产、消费和家庭突发事件。由此可以看出，非正规金融与正规金融的服务对象以及借款用途具有显著差异，二者存在互补关系，非正规金融扩大了农村金融市场的服务对象，降低了金融服务的门槛。根据以上分析可初步推断，非正规金融提高了农户的信贷可获性；非正规借款降低了农户的信贷约束程度，进而促进了农户收入及消费水平的提高，提高了农户的福利水平。

6.5　非正规金融的发展

由于非正规金融市场上的商业性借贷存在以下几个问题：①缺乏监管与法律保护，引起经济纠纷，诱发社会问题；②削弱宏观调控的效果。于是产生了非正规金融正规化的逻辑起点。2006 年底在中国人民银行和银监会的推动下农村金融市场准入新政出台，在放开市场的同时推进农村金融机构的改革，农村地区产生了村镇银行、贷款公司和农村资金互助社等新型农村金融机构。村镇银行、农村资金互助社、小额贷款公司都能够在非正规金融中找到其前身，它们分别对应着非正规金融中的私人钱庄（或地下钱庄）、合会（或轮会）、私人借贷（或高利贷）。这些民间金融组织发展成为新型农村社区性金融机构的演进逻辑十分明显，是一种诱致性的制度变迁过程，即农村正规金融供给不足→民间内生自发金融创新，产生私人钱庄、资金互助组织，以及私人借贷，形成一种非正式制度安排→政府承认、加以总结和规范、以法律或规章等方式固定下来，并加以推广，进而成为一种正式的制度安排。

为了更好地发挥非正规金融市场的积极作用，学者们提出要将非正规金融合法化、正规化，以规范市场主体行为，维护市场参与主体的合法权益。农村金融市场改革应该坚持市场化取向不动摇，实践表明，各种政策性银行在农村金融市场是不可持续的，未来的农村金融市场应该积极培育各种本土化的小型商业银行。这里所指的小型商业银行包括合法正规化后的各种非正规金融组织。然而与此同时，也有学者对非正规金融的正规化的前景表示担忧，认为随着正规化的推进，非正规金融组织本身具有的各种优势（如信息充分、交易成本低等）可能会弱化甚至丧失，其原有的私人治理机制也有可能会失效。因此，持该种观点的学者们指出，可以允许各种非正规金融组织的存在和发展，但是不一定将其正规化。

本章小结

（1）农村非正规金融发展的内生逻辑表现为小农经济的特点→严重的信息不对称→正规金融的退出→非正规金融的发展。非正规信贷市场分为非正规直接金融和非正规间接金融。其中，非正规直接融资主要包括以下几类：①亲戚朋友间和企业间的偶然性借贷；②连结贷款；③专业的存款收集者和放贷者；④轮转储蓄和信贷协会（合会）。

（2）非正规金融市场的利率可以分解为对资金的机会成本、交易成本的补偿、风险溢价与垄断利润等几个部分。资金的机会成本是指非正规金融市场的资金供给者将资金投入其他领域所可能获得的回报；非正规信贷交易的交易成本包括信息收集成本、监督成本和合约执行成本。非正规金融市场的风险由三部分所组成，即制度风险、系统风险和非系统风险。垄断利润通常被看做非正规金融市场高利率的重要原因。

（3）非正规金融由于其本土性能够充分利用农村基于血缘、地缘的社会网络更接近或了解借款人方面的信息，解决农贷市场上的信息不对称问题，降低了交易成本，这种基于社会网络的信息优势，正是非正规金融契约治理机制有效的关键因素，也是其规模存在边界的根本原因。非正规金融市场规模边界是动态的虚拟边界，随时空而变。超出这个边界，社会网络作用将失效。正规金融与非正规金融之间的关系以互补为主，也存在一定程度上的竞争关系。

（4）在非正规金融市场上，零息非正规借款主要服务于以打工收入为主要收入来源的农户，而高息非正规借款主要服务于以个体工商业为主要收入来源、经济社会地位和户主受教育程度较高的农户。零息非正规借款主要用于消费，高息非正规借款主要用于非农业生产投资。非正规借款的时滞明显较短，还款期限灵活，但高息非正规借款的利率则显著高于正规借款的利率。

关键术语

信息不对称　规模不经济　金融排斥　正规金融　非正规金融　非正规直接金融　非正规间接金融　正规借款　非正规借款

复习与思考

1. 非正规信贷市场产生的原因是什么？
2. 简述非正规信贷市场的存在形式。
3. 试述非正规信贷市场利率的决定因素。
4. 概述非正规信贷市场的运作特征。

参考文献及推荐阅读

程昆，潘朝顺，黄亚雄. 2006. 农村社会资本的特性、变化及其对农村非正规金融运行的影响. 农业经济问题，（6）：31-35.

高艳. 2007. 我国农村非正规金融的绩效分析. 金融研究，（12）：242-246.

洪正，王万峰，周铁海. 2010. 道德风险、监督结构与农村融资机制设计——兼论我国农村金融体系改革. 金融研究，（6）：189-206.

黄建新. 2008. 论非正规金融之于农村反贫困的作用机制与制度安排. 现代财经，（5）：9-13.

李锐，李宁辉. 2004. 农户借贷行为及其福利效果分析. 经济研究，(12)：96-104.
刘纯彬，桑铁柱. 2010. 农村金融发展与农村收入分配：理论与证据. 上海经济研究，(12)：37-45.
马光荣，杨恩艳. 2011. 社会网络、非正规金融与创业. 经济研究，(3)：83-93.
钱水土，陆会. 2008. 农村非正规金融的发展与农户融资行为研究——基于温州农村地区的调查分析. 金融研究，(10)：174-186.
唐礼智. 2009. 农村非正规金融对农民收入增长影响的实证分析. 农业经济问题，(4)：76-79.
姚耀军. 2009. 非正规金融市场：反应性还是自主性？——基于温州民间利率的经验研究. 财经研究，(4)：38-47.
赵振宗. 2011. 正规金融、非正规金融对家户福利的影响. 经济评论，(4)：89-95.
Bell C，Srinivasan T，Udry C. 1997. Rationing，spillover，and interlinking in credit markets：the case of rural punjab. Oxford Economic Papers，49：557-585.
Hoff K，Stiglitz J. 1990. Imperfect information and rural credit markets：puzzles and policy perspectives. World Bank Economic Review，5：235-250.
Jain S. 1999. Symbiosis vs. crowding-out：the interaction of formal and informal credit markets in developing countries. Journal of Development Economics，5（9）：419-444.
Stiglitz J，Weiss A. 1981. Credit rationing in markets with imperfect information. American Economic Review，73（3）：383-410.
Tang S Y. 1995. Informal credit markets and economic development in Taiwan. World Development，23（5）：845-855.

第 7 章

农村小额信贷

学习目标：

1. 掌握对小额信贷机构进行绩效评价的指标与主要内容。
2. 了解小额信贷在我国的发展及实践。
3. 了解国际知名的小额信贷机构及其特点。

世界上有超过 13 亿的贫困人口，其中大部分生活在农村地区。为农村人口提供金融服务一直是很多政府发展战略的重要组成部分，其目的是加速增长和减少贫困。小额信贷是为中低收入者提供信贷服务的一种制度化的信贷方式。从 20 世纪 70 年代中期开始，亚洲和拉丁美洲一些发展中国家小额信贷的开创者认识到中低收入者在正规金融市场中的弱势地位，借鉴传统民间信贷的一些特点和现代管理经验，结合所在国家的经济和社会条件及中低收入者的经济与文化特征，在不断摸索和试验的基础上，创造性地构建了适合中低收入者资金需求特点的信贷制度和方式。

小额信贷是金融史上的一次巨大革命，它填补了中低收入者信贷服务的空缺，在一些地区比较成功地解决了为中低收入者提供有效信贷服务的问题，同时实现了信贷机构自身的持续发展。因此，小额信贷被众多发展援助机构和发展中国家视为一种缓解贫困的有效工具和扶贫方式。

7.1 小额信贷概述

7.1.1 小额信贷产生的背景

小额信贷是在大量中低收入者的信贷需求无法被正规金融机构满足这一背景下产生的信贷形式。小额信贷的产生是中低收入者信贷需求的特点、一般正规金融的局限性以及扶贫贴息贷款运用中存在的问题等因素综合作用的结果。

1. 中低收入者信贷需求的特点

首先，由于中低收入者所从事的主要是自我就业性的经济活动或主要依赖于体力的外出务工活动，再加上他们的管理能力较低、技术水平落后，因此单个中低收入者最初的信贷需求通常是小额度的贷款。然而，由于低收入者占世界总人口的70%左右，因此他们总的信贷需求规模是十分巨大的，世界银行等组织估计，到2025年，如果中低收入者30%的信贷需求能够得到满足，就需要提供900亿美元的贷款。

其次，贷款资金的生产和消费用途相互混淆。中低收入者的贷款资金与家庭其他生产生活费用经常是混合在一起的，这样他们的信贷需求与家庭的生产生活需要常常难以分开。由于资金具有可转换性，所以对穷人的贷款很难完全按照一般贷款的方式进行监测和管理，这在一定程度上也增加了对穷人贷款的风险。

最后，缺乏可供抵押和担保的财产。中低收入者通常缺乏可变卖的财产，多数除了自己的低价值住房和活的牲畜以外，没有其他高价值财产。而在市场发育落后的条件下，住房和活牲畜基本上不具有抵押的可行性，正规信贷中常用的财产抵押方式对于穷人来说很难适用。同时，由于多数中低收入者（尤其是在贫困地区的）很少能提供具有金融信用的担保人，因此正规金融制度中的财产和个人信用担保方式对他们来说也很难适用。

2. 正规金融机构信贷的局限性

对于商业银行等一般正规金融机构来说，其成本和风险管理框架所提出的要求，不是每个具有潜在投资机会的客户都能满足的。那些能够在这些框架之内进行管理的客户和业务，都能纳入正规金融体系，而那些不能满足这些管理需求的就会被排斥于正规金融服务之外。发展中国家农村地区的中低收入者在具有潜在投资机会从而产生融资需求的时候，却无法满足商业银行的贷款条件，这是因为：①这些客户一般业务规模较小且住地分散，银行要与客户分散谈判，就要付出很高的交易成本；②这些客户对金融服务的需求较为单一，不足以使银行得到范围经济的收益；③这些客户一般缺乏可信的长期信用记录，也没有规范的具有公信力的财务报表；④这些客户难以满足银行对于担保的要求，中低收入者一般缺乏符合正规银行要求并受法律保护的担保抵押品。

3. 扶贫贴息贷款运行所产生的问题

为了解决中低收入者进入正规信贷市场难的问题，许多发展中国家先后采用过贴息贷款的方式，希望通过向中低收入者直接提供贴息贷款来缓解他们的资金需求。然而迄今为止，几乎所有国家采取的贴息贷款方式都不同程度地产生了四个共同的问题：①扶贫贴息贷款政策产生的利益相当多一部分被非中低收入者所攫取；②扶贫贴息贷款的到期还款率很低；③贴息贷款政策扭曲了农村金融资源的配置，阻碍农村金融市场的发育，不利于贫困的持续缓解和贫困地区正常金融秩序的建立；④因贴息贷款不可能长期存在，所有的贴息贷款政策都不可能成为解决中低收入者资金短缺的可持续经济方式。

基于中低收入者收入较低特点导致的进入正规信贷市场的困难、正规金融机构提供信贷的局限性以及政府扶贫贴息贷款的缺陷的考虑，一些致力于改善中低收入者经济和社会地位的人士借鉴传统民间互助金融组织形式的优点，进行金融制度和金融工具的创新，创立了小额信贷这样一种适合中低收入者经济和社会特点的信贷形式。

7.1.2 小额信贷的含义、特征和目标

1. 小额信贷的含义

小额信贷是指通过一定的融资中介，按照一系列的经营原则，为具有还款能力的中低收入阶层（包括贫困户）以及微型企业提供的无须抵押担保的信贷服务。贷款一般只用于生产目的而不用于消费目的，具有额度小、期限短、分期还款、无须担保或担保形式灵活多样、市场利率水平、贷款成员自我组织等特征。小额信贷中的“小额”是相对的综合概念，并不仅限于“小额度”的含义。

1）与传统小额度贷款的比较

（1）二者的客户群体不同。传统小额度贷款的客户群体主要是各类正规企业及工薪阶层个人，这些客户通常拥有较正规的资信证明、财务报表、工资单等，同时其客户的地理分布比较分散。小额信贷的客户则是以低收入的贫困农户为主，客户多居住于特定的地理区域。

（2）产品特点不同。传统小额度贷款虽然也是小额，但与小额信贷的贷款额相比还是要大得多，而且期限也比后者要长，利率的确定方法也与银行其他贷款的利率确定方法一致。小额信贷的额度相对较小，期限更短，贷款利率通常高于一般银行的利率。

（3）贷款方式不同。传统小额度贷款通常需要抵押或者担保，而小额信贷主要依靠贷款者的信用。

2）与传统扶贫贷款比较

（1）贷款的目标客户不同。小额信贷的客户定位为有偿还贷款能力的中低收入者，必须保证借款人在贷款到期时能足额偿还贷款的本息，无到期偿还能力的低收入者不属于小额信贷的目标客户。而传统扶贫贷款的客户定位为低收入者，越没有生产能力越有可能得到扶贫贷款。

（2）利率水平不同。小额信贷要求借款者到期按时还本付息，而且利率水平一般比同期金融机构的利率水平要高。而传统的扶贫贷款基本不要求受益者支付利息，甚至连本金都不需偿还。

（3）持续时间不同。小额信贷追求贷款回收率和利率，从而能保证其经营的可持续性。而传统的扶贫贷款回收率较低，在经营一段时间后就会出现亏损，不具有可持续性。

2. 小额信贷的特征

从以上对小额信贷的概念介绍以及与其他信贷产品的比较中可以看出，小额信贷有以下几方面的特征。

1）以中低收入者作为贷款对象

中低收入者是一般金融机构不能完全覆盖到的群体，尤其是低收入者。由于中低

收入者的贷款存在额度小、风险大、无法提供担保且贷款使用监测困难等问题，正规金融机构一般不愿意或很少愿意为中低收入者提供信贷服务，这使他们在一般市场经济条件下的信贷市场中处于边缘化地位。而小额信贷就是为了解决这部分人群的信贷需求问题。

2）灵活的抵押担保方式

小额信贷原则上不需抵押或采取灵活多样的抵押担保形式。灵活的抵押条件，是为目标群体服务的关键因素之一，中低收入者缺乏正式抵押物，如土地和房子，这是他们获得正式机构贷款的主要障碍。小额信贷对抵押的替代通常是组成连带小组。建立小组并承担本小组成员还款责任是给成员贷款的条件，小组成员互相担保各自的贷款，这种方法能使成员之间起到互相监督和连带责任的作用。一般针对核心贫困阶层和贫困妇女的小额贷款项目多采取强制性储蓄和连带小组之间的连带压力等间接的抵押担保形式。例如，以孟加拉乡村银行为代表的乡村银行项目和行动国际（ACCION）就是这种贷款方式的先锋。以中低收入阶层为目标群体的小额信贷项目多采用直接担保或小组联保和直接担保相结合的形式。例如，印度尼西亚人民银行（Bank Rakyat Indonesia，BRI）地方金融系统一般要求以土地作为担保，也可以存款的 80%或租赁合同作为担保。

3）鼓励贫困者储蓄

贫困者缺乏储蓄的观念是由于没有收入、没有钱，或是有少量收入但不善于理财，不进行储蓄。因此，在给予小额信贷时，要求他们定期、少量储蓄，不仅是经营机构扩大本金来源的一种手段，更是帮助贫困者转变观念，提高理财能力。例如，孟加拉乡村银行是通过要求贷款者提供基金来体现这一点的。有些项目采取存贷相联，先存后贷的形式，即希望得到贷款的成员必须先存款到一定比例才可以得到贷款。

4）同政府部门保持密切合作和良好关系，得到政府各方面支持

减少贫困是发展中国家政府重要的发展目标之一。孟加拉乡村银行的尤努斯教授所创立的小额信贷，使扶贫资金能够真正到达贫困者手中，帮助他们走出贫困，目标与政府目标一致，因此能够得到政府各方面的支持。例如，孟加拉乡村银行成立至今得到的政府支持主要包括：①提供资金支持，以 4%~5%的利率提供贷款，累计超过 50 亿美元。②法律支持，允许孟加拉乡村银行以非政府组织形式从事金融活动。③政策支持，对孟加拉乡村银行提供免税的优惠政策。

3. 小额信贷的目标

世界银行关于小额信贷目标的阐述是“为不能获得服务或服务水平低下的市场金融需求提供服务”，通常为下列一个或多个：①减少贫困；②增强妇女或其他脆弱群体的能力；③创造就业；④帮助现有经营活动的发展或实现多样化经营；⑤鼓励新行业的发展。

就实际情况来看，关于小额信贷的两类目标可大致归纳为以下内容。

（1）为核心贫困阶层提供生产所需贷款，帮助他们摆脱绝对贫困，即以扶贫作为小额信贷的首要战略目标，其他目标都是为这一基本战略服务的。这类小额信贷通常在贫困的乡村地区实施，多采用连带小组模式，一般强调信贷纪律，不侧重自愿储蓄服务。尽管这种模式包括存款内容，但属强制储蓄范畴，带有抵押担保的性质。这类项目注重

对工作人员培训的同时，也十分注重对贫困户的培训，在提供金融信贷服务的同时，也关注社会发展的内容。以孟加拉乡村银行模式为典型代表，所有效仿乡村银行的小额信贷均属于这种小额贷款模式，这种模式在亚洲比较流行。这种模式主要为贫困户服务并保证机构持续发展，但首先强调的是为核心贫困阶层提供贷款服务，注重帮助穷人中的赤贫者、脆弱集团中的最脆弱群体，强调以妇女为主要目标对象。它是在保持目标群体不偏离的前提下，追求机构的持续发展。

（2）为正规金融难以覆盖的整个低收入阶层提供金融服务，以小额信贷机构的财务自立为重要目标。在拉丁美洲以小企业金融为开端发展起来的小额信贷项目更注重项目的金融运作能力。微型企业金融机构服务于那些自己拥有小企业的穷人，包括自我就业者。微型企业金融服务强调建立企业（即使是非常小的），同时包括季节性的或兼营性的创收活动。小企业金融总体上排除了小农，认为小农已是有补贴的农业信贷项目的目标群体，也排除具有一定规模的企业。一般以 5~10 名雇工为区分微型企业和小企业的界限。界定微型企业为目标客户的一种解释是为拥有小企业的穷人提供金融服务，可能比其他群体更容易实现金融的财务自立。这种观点认为只有项目或机构具有持续地为穷人客户提供高质量金融服务的财力和物力时，才具有推广项目的基础，所以，追求金融持续性是小额信贷项目的重要目标。

进入 21 世纪以来，小额信贷的作用日益得到关注，已经有大量的证据表明，为贫困家庭提供金融服务的小额信贷是促进新千年发展目标实现的关键因素，包括：消除极端贫困和饥饿、实现普遍的初级教育、促进性别平等和妇女解放。贫困者使用金融服务不仅投资于微型企业，而且投资于健康与教育，以及应对家庭的其他紧急需求和其他各种现金需求。世界上数百万小额信贷客户的经历证明，获得金融服务能够使贫困者增加家庭收入和积累资产，减少生存危机的发生，获得金融服务还体现为穷人能够得到更好的营养及改善健康状况。

按照小额信贷的发展目标，相应的小额信贷机构大致可以分为两种，即制度性的小额信贷机构和福利性的小额信贷机构。制度性机构的小额贷款业务遵循商业原则，追求利润最大化；福利性机构提供的小额贷款大多以扶贫为目标，但为了保证其经营的持续性，这类机构的业务必须保证至少要覆盖成本。总之，无论是制度性的还是福利性的机构，利率不会很低，甚至会有较高利率的情况出现，同时一系列的工具和制度创新保证了其运行的稳定。

7.2 小额信贷的运行机制与理论分析

小额信贷在短短的二十多年时间里能够得到如此迅速的发展，一方面说明了全世界对占人口大多数的贫困者的日益重视，另一方面得益于小额信贷符合事物发展规律的运行机制，这从根本上保证了小额信贷每笔业务的规范运行。

7.2.1　运行机制

1. 核心机制

1）小组联保

小组联保是由贷款者自愿组成一个小组，贷款资金发放给小组，再根据具体需求分配。小组成员对本组内的其他成员的违约行为承担违约责任，起到了抵押物的作用。在经典的孟加拉乡村银行模式中，借款者一般由 5 人组成，小额贷款先发放到其中 2 人手中，然后再发放给另外 2 人，最后发放给最后 1 人。一旦违约行为发生，不仅小组成员附有连带责任，小组中的所有人以后都不能再从孟加拉乡村银行获得小额贷款。这种类似于“抵押物”的替代品具有严格的信贷纪律和处罚措施。小组组建是自愿的，方便贷款的日常管理。小组联保的特点主要体现在以下几个方面。

（1）自动瞄准。小额信贷机构给农户提供小额信贷服务的首要条件是借款人自愿参加由不含直系亲属关系的当地农户组成的互助互保贷款小组。小组成员间虽没有直系亲属关系，但因为都是同村居民，彼此信息透明。在借款之前，要由小组成员共同评议借款农户的家庭收入水平和信誉状况，通过互相揭示彼此状况，便可以剥离出信誉不好的农户，有助于解决小额信贷机构在选择贷款对象时与农户间由于信息不对称而造成的逆向选择问题，真正发挥小额信贷帮助信誉较好的农户脱贫致富的作用。

（2）互相监督。联保小组成员互相监督信贷资金的使用、项目的运作、彼此的信誉、贷款的归还等情况，通过中心会议或其他渠道向小额信贷机构及时反馈借款人的各种信息，这种制度安排的透明度高，信息不对称偏差小，有助于降低借款人的道德风险，防止“劣币驱逐良币”现象发生。这样一种监督机制，有助于强化农户的信用意识，改善农村地区的信用环境。同时，发放小额信贷的金融机构也能及时掌握贷款农户的信息，便于及时发现问题，及时处理问题，降低贷款调查和跟踪管理的监督成本。

（3）还款共生。还款压力来自联保小组成员之间的违约连带责任。这种收益与处罚共享、小组成员荣辱与共的“捆绑共生机制”对每个组员形成还款压力，致使联保小组的所有成员走出“囚徒困境”，最终采取一致行动，选择还款，促使个体利益、群体利益和小额信贷机构利益都达到最大化。联保贷款制度通过团体担保、互相监督、责任连带的制度设计，确保了农户小额信贷的高还贷率，提高了资金的使用效率，有利于小额信贷机构滚动放贷，为更多农户发放贷款。

（4）多方共赢。联保小组成员间的互助机制和技术指导能真正提高贫困农户的创收能力和收入水平。具体来讲，小组成员相互帮助选择项目、开展技术指导和培训、相互交流项目成败和致富的经验、检查贷款项目落实和资金使用情况等。通过强制储蓄、存款保证金、救济基金、保险服务等措施，扩大了小额信贷机构的资金来源，为还款提供后续保障，农户了解了储蓄和资本积累方式，树立了投资理财的观念。联保贷款制度将贷款支持、理财培训和技术指导相结合，农户也能得到真正的长远实惠，有利于实现借款农户、农业、放款机构和社会等多方共赢的局面。

2）“检验性贷款”和后续放款

在小组成立后，小额度的贷款开始发放，如果小组能够及时归还小规模的贷款，那么相对规模较大的贷款会开始发放；相反，如果小规模的贷款无法及时偿还，则其接下来的大笔贷款会被禁止。我们可以把一开始的小规模放贷视为对借款人诚实性的测试，或者是进一步获得贷款的激励。

通过“检验性贷款”的测试后，借贷双方的信用关系规模扩大，这种逐步增加贷款额度的连续放贷方式和违约的惩罚形成了贷款中的动态激励机制，即当借款人对未来贷款、大规模贷款存在需求时，就会增加其还贷的激励。

2. 成功的因素

小额信贷的运行围绕其核心机制，成功地在体制和组织基础上植入不同于纯粹的商业金融市场的业务运作模式。其成功的因素具体可归纳为以下七个方面。

（1）建立一种贷款者主动还款的激励机制。主要分为两个方面：一是使中低收入人群和中小微型企业能够以较低的交易成本，方便地得到金融服务；二是给予有信用的贷款者以正向的激励，具体表现在给予他们更多的贷款机会、更大的贷款额度。此外对于老客户，还可以通过给予优惠利率的方式产生激励作用；还有设计一种有利于减轻客户还款压力的还款机制，如分期还款制度。

（2）小额、短期、分期多次偿还的高时间成本机制，自动淘汰了非中低收入者和大中型企业的客户群，保证了目标对象不偏移。对于“小额”的确定，没有统一的标准。一般来讲我们用单笔贷款的平均额度除以人均 GDP 来衡量。中低收入者的比值基本在 3 以内，微型企业的比值基本在 5 以内。

（3）创造一种有利于接近客户、有利于信息对称的业务拓展机制。例如，把机构延伸到社区；小额信贷的操作由社区居民自我实现；建立小额信贷决策的参与机制，如在一些地区，小额信贷的发放要通过小额信贷村级项目执行小组；实行信贷员的片区制管理模式，最大限度地接近客户，如一些非政府组织的社区队员。

（4）把小额信贷的发放过程变成一个教育和培训的过程，把这种“参与式”的思路定位为小额信贷业务的拓展支点，帮助客户寻找创收途径，提供技术信息。可以说，小额信贷机构与客户之间的关系已经不再仅仅是纯粹的信贷交易，而是更深层次的、具有社会性的互助发展关系。

（5）小额贷款组织在运行过程中也要遵循一般运作规则，利率商业化，以满足小额信贷组织的可持续发展需求。具体来说，其根据资金供求状况，通过市场化的存款利率、贷款利率吸收资金、配置资金。要注意的是，市场化的利率水平并不意味着高利率，在向低收入人群提供小额贷款的同时，利率既不能人为压低也不能人为提高，决定其利率水平的关键因素就是其能覆盖小额信贷的运行成本，包括利息成本、交易成本和隐性成本等。扶贫协商小组和世界银行的专家们对世界范围内的小额信贷产品的利率进行过测算，利率水平在 15%~20%。

（6）吸收民间互助组织和合作组织的优点，内在操作成本外在化，充分利用借款人将会面对的社会压力，以此替代抵押物（缓解抵押物不足的困境）。具体来讲，小组联保模式就是一种很好的办法，小组联保结合借贷信息公开，由借款者自发按照彼此的信息沟通得到的结果来产生信用状况较好的借款者，这样就大大降低了信誉较差的借款者的违约风险。

（7）小额信贷的信用文化建设需要政府的介入参与，培养全社会良好的金融生态环境。中国某些地区农村信用社小额贷款的成功，与地方政府积极培育健康的信用文化是分不开的，这构成了小额信贷机构可持续发展大环境的基础。如果信用环境不佳，那么小额贷款机构很可能会“惜贷”，结果会对小额贷款产生不利影响。

7.2.2　小额信贷取得成功的理论解释

1. 逆向选择

逆向选择，即向一个团体发放贷款，团体中的成员要对其他成员的违约承担一定的担保责任。Maitreesh 和 Timothy（1999）的分析模型解释了在集团贷款下，同样类型的借款者会聚集到一起，有效地解决逆向选择问题。同时，贷款合约可以实现一种歧视性的价格（利率），而这在个人的单独借款中是不可能实现的。

假设有安全型和风险型两类借款人，两者都以获得的贷款从事一定的项目。安全的借款者成功的几率 p_s 较大，但是成功后的收益 R_s 较小，风险的借款者成功的几率 p_r 较小，但是成功后的收益 R_r 较大。为了简化，假设两种项目的期望收益 $\overline{R}$ 是相同的，即 $\overline{R}=p_rR_r=p_rR_s$。另外，在不从事这种项目时，两种人都可以获得固定工资收入 m。

在银行分别对这两类借款者贷款时，尽管银行知道有两种类型的借款者但由于不能确定特定借款者的类型，只能制定一个统一的利率。因此，当借款者项目成功时，银行正常收回的贷款收益相等，设为 R_b，再设 $\overline{p}$ 为两类借款者成功的平均概率，ρ 为银行贷款成本，那么，银行为了使收支平衡，需使 $R_b\overline{p}=\rho$。

显然，由于 $\overline{R}-R_bp_s<\overline{R}-R_bp_r$，安全借款者的期望收益要比风险借款者低。为此，当 $\overline{R}-R_bp_s<m$ 时，安全借款者的期望收益甚至比不从事项目的工资收入还低，将退出借款市场。

最终，市场将均衡在 $R_bp_r=\rho$，即只有风险借款者留了下来。显然，这是一个典型的逆向选择过程。

然而，如果通过团体贷款，却可以解决这一问题。

假设有一个两个人的贷款团体，两人独立从事项目活动，如果失败，支付为零，如果成功，将要支付利息 R^*，并且，一方要为另一方的失败承担担保责任。

当安全借款者与风险借款者结成团体时，安全借款者的期望收益为

$$\overline{R}-p_s\left[R^*+(1-p_r)c^*\right]$$

当安全借款者之间结成团体时，安全借款者的期望收益为

$$\overline{R}-p_s\left[R^*+(1-p_s)c^*\right]$$

相比之下，当与风险借款者结成团体时，安全借款者的损失是 $p_s(p_s-p_r)c^*$。

同理，可以推出，当与安全借款者结成团体时，风险借款者的收益是 $p_r(p_s-p_r)c^*$。

因为 $p_s(p_s-p_r)c^*>p_r(p_s-p_r)c^*$。也就是说，当安全借款者与风险借款者结成团体时，安全借款者的损失大于风险借款者的收益。由于风险借款者不能进行足够的转移支付补偿安全借款者，因此，安全借款者是不愿意与风险借款者结成团体的。

这样，最终的贷款团体一定是同质的，即只有相同类型的借款这才会组织到一起。

重要的是，在贷款团体同质时，事实上的价格歧视可以实现。

安全团体的期望收益是

$$\bar{R}-p_s\left[R^*+(1-p_s)c^*\right]$$

风险团体的期望收益是

$$\bar{R}-p_r\left[R^*+(1-p_r)c^*\right]$$

只要 R^* 和 c^* 的取值合适，安全团体的期望收益就可以提高。这种政策可以使正规金融机构由于无法充分了解借款人信息而导致的逆向选择问题得到解决。同时，由于借款者所组成的团体是同质的，银行可以节省对借款者逐个审查所需的成本，节省了交易费用。

2. 道德风险

Stiglitz 和 Weiss（1981）的研究表明，尽管在正规金融的信贷中，银行由于无法完全控制借款者行为而面临着道德风险问题，但是，在团体贷款下，同一个团体中的同伴监督却可以约束个人从事风险性大的项目，从而有助于解决道德风险问题。仍然利用以上模型对这一问题做出说明。

假设个人有效用函数 $u(x)$，从事安全的项目和风险的项目的预期效用分别是 $p_s u(R_s-r)$ 和 $p_r u(R_t-r)$。如果所有的人都从事安全项目，银行的利率将是 $r=\rho/p_s$；同样，如果所有的人都从事风险项目，银行的利率将是 $r=\rho/p_r$。

如果银行认为所有的人都从事安全项目，将利率定在 $r=\rho/p_s$，那么，个人就会有从事风险性项目的激励。因为从事安全项目的期望效用是 $E[U_{ss}]=p_s u(R_s-\rho/p_s)$，而从事风险项目的期望效用是 $E[U_{sr}]=p_r u(R_r-\rho/p_s)$，并且 $E[U_{ss}]<E[U_{sr}]$。

但在同质的团体贷款中，这一问题可以解决。

首先，两个人的团体只可能同时从事安全的或者风险的项目，这是一个博弈的结果。从事安全的项目的期望效用是

$$p_s^2 u(R_s-R^*)+p_s(1-p_s)u(R_s-R^*-c^*)$$

从事风险的项目的期望收益是

$$p_r^2 u(R_r-R^*)+p_r(1-p_r)u(R_r-R^*-c^*)$$

Stiglitz 指出，只要设定足够高的联合偿付责任 c^*，就可以使团体只从事安全项目。

7.3 小额信贷的绩效评价

在小额信贷发展的早期，扩大对穷人的覆盖面是其主要目标，随后，财务可持续能

力变得越来越重要，小额信贷机构的目标开始变得多元，最终在国际范围内形成了一个相对一致的观点，即认为小额信贷机构具有覆盖穷人和财务可持续的双重目标。对小额信贷机构的绩效评价就是对双重目标完成情况的评价。所以，小额信贷绩效包括财务绩效和社会绩效。实现机构自身的可持续发展是小额信贷的财务绩效目标；扩大对穷人的覆盖面，改善和提高低收入阶层的福利水平，最大限度地减轻贫困是小额信贷的社会绩效目标。

7.3.1　小额信贷的财务绩效评价

对小额信贷的财务绩效进行评价，主要是关注小额信贷机构的可持续发展能力。小额信贷机构要向目标群体提供持续的金融服务，首先就需要机构本身具有可持续性，即在运作小额信贷业务时，小额信贷机构能够弥补成本进而可以获取合理利润。对小额信贷的绩效指标有很多，既包括一般公司运用的评价指标，也有专门为小额信贷等微型金融机构设计的财务可持续性绩效评价指标。下面主要介绍几个常用的小额信贷财务可持续性评价指标和体系。

1. 操作可持续性与财务可持续性

传统上，多数组织和机构是按照“自负盈亏”来衡量机构的可持续发展能力。“自负盈亏”指标在本质上是测量成本收回的，它主要是比较收入和成本。“自负盈亏”包含两个层次：首先实现可持续发展的最低标准是“经营的自负盈亏”，也就是操作上的自负盈亏，测量营业收入补偿营业费用的程度，它反映了在给定期间内小额信贷机构用其所有的营业收入补偿其出现在利润表中所有的营业费用的能力。其次是“财务自负盈亏”，即金融上的自负盈亏，测量营业收入补偿所有费用（调整后的所有经营支出，包括了补贴的价值和自有资本的通货膨胀成本）的程度，它反映小额信贷机构在微利性水平上运营的能力。实现了财务上自负盈亏的小额信贷机构能在接受很少或完全不接受捐赠的情况下，提供可持续性的服务，从而实现机构的可持续发展。

具体用公式表示是

经营自负盈亏=营业收入÷（营业费用+财务成本+贷款损失准备金）

财务自负盈亏=营业收入÷（营业费用+财务成本+贷款损失准备金+资本成本）

其中，资本成本=通货膨胀率×（平均总资产–平均固定资产）+（平均债务资金×债务的市场利率–实际财务成本）。

如果操作可持续性大于 1，则表明该机构具备“经营可持续能力”；如果财务可持续性大于 1，该机构具备“财务可持续能力”。

2. 常用指标体系

1）雷格伍德的绩效评价体系

乔安娜·雷格伍德在其所著的《小额金融信贷手册金融业和公司运作的透视与展望》中，对机构绩效评价的指标进行了较全面的概述，通常认为，用以反映一个小型信贷机构绩效的指标主要包括以下六类：贷款资产质量，生产率与效率，财务生存性，收益，杠杆率和资本充足率，规模、范围和增长。具体如表 7-1 所示。

表 7-1　雷格伍德的绩效评价体系

指标类型	定义	具体指标举例
贷款资产质量	提供了有关未盈利资产的百分比	欠款率、风险贷款、贷款损失率等
生产与效率	提供了有关机构获得收益与其成本费用间的比率关系	每个信贷人员负责的平均现行贷款数量、平均贷款资产；经营成本、单位货币借贷成本、每笔贷款成本
财务生存性	提供机构利用其赚取的收益来抵付其成本的能力	财务差率、经营性自足、财务性自足
收益	提供与其资产平衡表相关的净收入	资产收益率、商业收益、财产收益率
杠杆率和资本充足率	杠杆率是指相对于其财产数量机构所借贷资金的数量	财产债务比率、资本与风险加权资产比率
	资本充足状况是指相对于其资产机构拥有的资本数量	
规模、范围和增长	反映客户信息；经营活动的规模以及扩展范围深度	客户和工作人员、接受服务的客户比率；现有借款人数量、贷款规模、平均贷款期限、有效年利率等

2）ACCION CAMEL 绩效评价体系

1992 年在采用了传统的 CAME 体系的五个评价的角度的基础上，针对小额信贷行业的特殊性，行动国际组织设计了 ACCION CAMEL 评价指标体系。ACCION CAMEL 框架设计科学严谨，在国际上应用广泛。

ACCION CAMEL 框架从五个方面设置了指标，CAMEL 是五个评价金融机构标准的英文字母的缩写：资本充足性（capital adequacy）、资产质量（asset quality）、管理水平（management）、营利能力（earnings）、资产的流动性管理（liquidity management）。这五个评价角度的具体含义如下：一是资本的充足性。评价机构的资金状况、机构自身发展和支持贷款业务的资金能力，潜在的资产减值。ACCION CAMEL 的分析关注企业增加盈余公积的政策和能力，用以抵御损失，防范运营风险。二是资产质量。评价整个贷款资产质量和其他的资产质量，包括基础设施（如办公场所、环境等）。这就需要分析贷款风险和坏账比例，还要考察信贷政策、程序和适当的贷款分类系统、收款程序，以及坏账核销政策。三是管理水平。考察治理结构、综合管理、人力资源政策、管理信息系统（management information system，MIS）、内部控制、内部审计、战略规划和预算，从而反映机构整体的管理质量。四是营利能力。考察收入和费用的主要组成部分，通过运营效率、利率政策、权益回报率、资产回报率来衡量营利能力。五是资产的流动性管理。这个层面既关注机构的总体项目资金需求，又关注个别的贷款资金需求。负债结构和持有资产的获利能力也是衡量机构整体流动性管理的重要方面。

ACCION CAMEL 评价指标体系包含 21 个关键指标，每个指标有自己的权重。其中，8 个定量指标占比 47%，13 个定性指标占比 53%。指标分布如表 7-2 所示。

表 7-2 ACCION CAMEL 评价指标体系

指标名及权重	定量指标	权重/%	定性指标	权重/%
资本充足性（15%）	杠杆系数 准备金充足率	5 5	扩股的能力	5
资产质量（21%）	在险贷款组合 核销/核销政策	8 7	组合分类系统 长期资产的生产力 基础设施	3 1.50 1.50
管理水平（23%）			治理/管理 人力资源 程序、内控、审计 管理信息系统 战略规划、预算	6 4 4 5 4
营利能力（24%）	权益收益率 运营效率 资产收益率	5 8 7	利率政策	4
流动性管理（17%）	其他流动资产的生产力	2	债务结构 满足信贷需求的资金可得性 现金流项目	8 4 3
100%		47		53

资料来源：The Accion Camel Technical Note，Saltzman S B · Darchy Salinger. Accion International Working Paper，1998

7.3.2 小额信贷的社会绩效评价

社会绩效是小额信贷领域的独特理念。一直以来，我们对小额信贷绩效的关注主要集中在财务绩效上，如贷款资产的质量、贷款偿还率、贷款收益等方面，良好的财务绩效被认为是小额信贷成功的重要标准，因为只有当利润超过成本才具有可持续发展性。但事实上，小额信贷组织具有双重性目标，既要追求财务可持续，又要为穷人提供服务。特别是国际小额信贷发展由福利主义过渡到制度主义，普惠金融理念开始在全球流行。小额信贷组织在服务对象、地域、资金来源等方面出现扩张，一些非政府组织小额信贷组织转型为正规金融机构，开始吸收社会公众存款，商业化趋势越来越明显。小额信贷不能只是追求财务绩效，还要追求社会绩效。

对于小额信贷机构而言，社会绩效是指为实现其扶贫目标，设定相应指标、开展经营管理，最终产生社会影响的过程。小额信贷社会绩效的主要内容体现在目标设计、政策行为、产出、结果和影响五个方面。其中“目标设计”是指小额信贷组织的社会目标是什么；“政策行为”是指小额信贷组织是否采取一些实际行动来实现目标，是否通过教育帮助员工树立实现社会目标的信念，并提供适当的激励，通过创新开发新的产品和服务来实现社会目标；“产出”是指小额信贷组织为实现社会绩效而努力所产生的效果，反映小额信贷组织服务深度和广度，是否具有可持续发展性等问题；“结果”是指小额信贷的客户是否通过接受小额信贷服务改善经济条件和提高社会地位；“影响”是指客户的经济和社会条件的改善在多大程度上归功于小额信贷组织提供的服务，如图 7-1 所示。

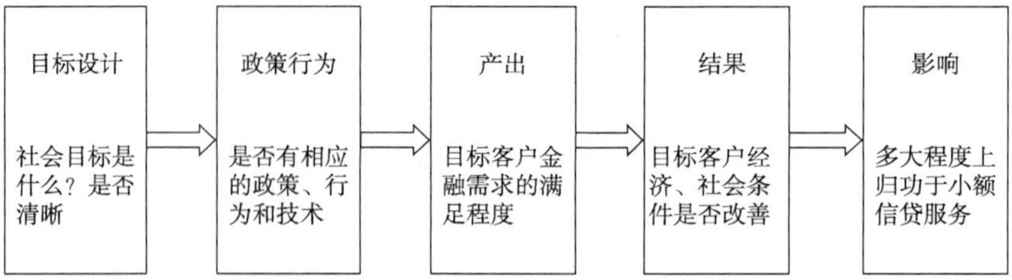

图 7-1　小额信贷组织社会绩效研究框架

社会绩效评价主要是评价小额信贷组织实现社会目标的程度，由于小额信贷社会绩效是涵盖目标设计、政策行为到产生社会影响的整个过程，社会绩效评价一般是针对整个社会绩效实现过程中的一个或者某几个环节来进行评价。根据社会绩效的主要内容，可以从小额信贷的供给与需求主体两个角度来进行绩效评价。

1. 基于机构供给角度的小额信贷社会绩效评价

1）目标设计与内部政策行为

小额信贷社会绩效反映社会目标转化为实践的具体过程，因此首先应该考察机构的社会目标定位，以及围绕社会目标所出台的具体政策措施。

（1）社会目标定位情况。小额信贷社会目标是整个组织发展的总纲领，通过它可以看到小额信贷组织是为追求经济效益而“奋斗”，还是重视为广大穷人和低收入者服务。但目标定位难以用定量性指标来表示，只能通过查看小额信贷组织的章程和其他规章制度，或通过对管理层、客户、员工进行调查了解社会目标。

（2）小额信贷组织的公司治理结构。公司治理结构反映董事会成员的来源，是否有来自农户的代表，是否有妇女代表以及各层次成员在董事会所占的比例。一般通过“董事会中农户占比”“董事会中微小企业占比”“董事会中妇女占比”等定量指标来反映问题。

（3）关于社会绩效的培训情况。小额信贷组织要真正为穷人服务，提高社会绩效，应该对投资者、管理者、信贷员开展培训，让他们了解该机构扶贫目标定位，树立为穷人服务的思想和意识，把小额信贷当做一种社会责任和信仰，而不仅仅是一种赚钱谋生的手段。另外，小额信贷的运作模式与一般的银行贷款业务有所差别，所以需要对工作人员进行业务能力的培训，掌握了小额贷款业务技术的员工才可以更好地为客户服务。

2）服务覆盖面与客户满意度

（1）服务覆盖面可以衡量对客户需求的满足程度。服务覆盖面主要包括以下五个维度：服务深度，即产品和服务能达到社会低级阶层的程度，表明小额贷款公司应尽可能帮助收入水平最低下的人群，可以通过“贷款规模与人均国民收入之比”以及“平均贷款规模”来反映服务深度；服务广度，是指小额信贷机构应尽可能扩大服务的覆盖面，可以用客户数量和服务种类两大指标来反映，具体包括“活跃客户数量”“接受金融服务数量”“接受非金融服务数量”“贫困客户数量”等；服务质量，即服务是否符合适用性、有效性和经济性等一般要求；服务跨度，即客户获取金融产品和服务的时间长度；服务品种，即提供给客户的服务是否具有多样性，是否适于客户需求。

（2）客户进出入小额信贷组织的情况可以反映客户的满意度。客户希望小额信贷组织提供他们所需要的产品和服务，当满意程度比较高时，会有越来越多的客户接受小额信贷，成为小额信贷客户。但当客户对提供的产品和服务不满意时，而客户又没有能力使小额信贷组织改正服务，只能采取“用脚投票”的方式，退出小额信贷组织服务，可以通过年度内加入和退出小额信贷组织的数量来反映该问题。另外还可以设计“客户对服务满意比率”等指标反映客户对小额信贷服务总体情况。

2. 基于农户需求角度的小额信贷社会绩效评价

小额信贷是缓解农户贫困的有力工具，能够从收入、消费、资产、减贫、教育、健康、主观福利等单个或多个角度改善穷人的经济福利和社会福利。

1）小额信贷影响农户福利的途径

（1）收入效应。可以从两个层面予以诠释：首先，获得贷款使人们手头相对宽裕，可利用资产增加，消费能力提高。在其他条件不变的情况下，农户收入增加可能会增加对子女教育、营养健康与休闲等方面的支出，减少贫困和脆弱性。其次，获得贷款的农户可以合理、有计划地安排已有资金，增强他们的理财能力，从而减少收入波动，促进消费平滑。

（2）替代效应。一方面农户为了积累更多的资产进行投资，他们可能会减少消费。另一方面，不管是自我雇用还是经营微型企业都需要花时间，与其他活动相比，时间的成本更高，抵消了收入增长的正向效果。例如，由于小额信贷的对象多为女性，随着女性非农就业的增加，养育孩子的机会成本上升，他们更可能采取避孕措施，降低生育率。父母为了弥补家庭劳动力不足和补贴家用，要求孩子帮助做家务劳动或从事辅助性经营活动，这可能导致孩子受教育水平下降。

2）小额贷款对农户福利的具体影响

（1）经济影响。目前在对小额信贷的经济影响进行评价时，使用最普遍的一个指标是收入的变化，其他指标还有就业、消费、支出及资产的水平和方式等。一项对印度 SHARE 客户的研究证明，较长时间参加项目的客户中有四分之三的客户极大地改善了他们的经济福利（收入的增加、对生产性资产的拥有、住房条件的改善等），有一半客户摆脱了贫困。客户的就业模式也有了很大的转变——从不规范的、低工资的日劳动变成现在的谋生手段多样化、家庭成员就业增加以及主要依靠小商业的状况等。Mahjabeen（2008）运用一般均衡分析框架检验了在现有的体制下孟加拉国小额信贷机构对其客户的家庭、消费和福利的影响，调查结果为小额信贷机构提高了所有家庭的收入，增加了所有客户的全部商品消费，创造了就业机会，减少了收入不平等，提高了福利。

（2）社会影响。在对小额信贷机构社会影响的评价中，教育、健康和医疗是通常会考虑的因素。一项有关微型金融效果的研究表明，在乌干达，客户家庭比非客户家庭在教育上投资更多，在乡村银行成员家庭中几乎所有的女孩都受到一些学校教育。Ahmed 等（2001）对 BRAC 客户一项广泛的纵向研究发现，相对于对照组而言，项目成员很少遭遇到严重营养不良，而且随着成员年限的增加，营养不良的严重程度在下降。对玻利维亚和加纳“免受饥饿”项目进行研究得出的结论是，妇女通过参加项目增加了自信，提高了在社区中的地位。Cheston 和 Kuhn（2002）对尼泊尔“妇女赋权项目”的研究发现，68%的成员自己决定买卖财物、送女儿上学、协商孩子的婚事以及规划家庭，而这些决策传统上都是由丈夫决定的。同时“世界教育”项目（把教育和金融服务联系起来）发现参加小额信贷项目的妇女在确保女孩平等地获得食物、教育和医疗保健方面有重要的地位。

7.4 农村小额信贷实践

7.4.1 我国农村小额信贷产生的背景与发展过程

1. 我国农村小额信贷产生的背景

我国于 1994 年开始引进小额信贷，目的在于解决贫困人口问题，增加贫困人口的收入。小额信贷的引进与我国扶贫攻坚的背景是分不开的，自 1986 年我国实行开发式扶贫以来，试图以区域经济增长带动区域贫困人口的脱贫。然而，从我国以往的信贷扶贫实践来看，扶贫目标往往偏离贫困户，扶贫资金的挪用、漏出现象严重，使扶贫资金到达贫困户的比率低，扶贫贷款难以如期收回、循环使用等问题一直困扰着我国的信贷扶贫工作，从而直接影响了整体扶贫工作的效果。与此同时，国外小额信贷特别是孟加拉乡村银行运行实践表明，小额信贷模式可以将资金直接送达贫困人群并且保持了较高的还贷率。再加之国外一些非政府组织以及一些扶贫基金在我国的小额信贷实践取得了初步成效，引起了有关部门和研究者的注意，开始进行了小额信贷的初步尝试。

我国小额信贷二十多年的发展与我国政府将扶贫作为重要工作目标之一分不开，特别是与 20 世纪 90 年代中期以来强调农村扶贫到村到户的战略密切相关，为了实现“到 2000 年基本解决贫困人口的温饱问题”的战略目标，我国政府于 1994 年实施了《国家八七扶贫攻坚计划》，并一再强调要保证将扶贫资金落实到户。以信贷扶贫资金使用效率可以得到改善的措施作为开端，小额信贷在扶贫中所起的作用得到显现。从小额信贷的引进到后来我国小额信贷试点的初步成功，证明小额信贷在扶贫攻坚这一总体战略中成为一种扶贫资金到贫困户的有效工具，这是我国小额信贷引进、试验、推广与发展的大背景环境，也是我们充分认识我国小额信贷发展及其存在问题的基础。

2. 我国农村小额信贷的发展过程

我国小额信贷经过二十多年的发展，走过了从学习个别技术环节、借鉴制度，到试图从中吸取适合我国国情的合理成分的过程。从时间上来看，小额信贷在我国的发展大体经历了以下几个阶段。

（1）第一阶段是 1981~1993 年，属于完全的项目小额信贷试验阶段。这个阶段的特点是小额信贷只是作为国际援助机构扶贫项目的一个组成部分和一种特殊的资金使用方式，只在较小的范围内试验。到 20 世纪 90 年代初期，国际机构在华援助的很多项目为了配合我国的扶贫政策，提出了明确的扶贫目标，而且扶贫项目中包括了小额信贷的成分。例如，20 世纪 90 年代初，联合国开发计划署（The United Nations Development Programme，UNDP）在我国开展的项目，将扶贫作为优先考虑的领域，联合国开发计划署援助的直接扶贫项目有 16 个，涉及探索缓解我国农村绝对贫困的途径和我国城市扶贫的领域，在我国的 16 个省（区）的 48 个县（市）执行（表 7-3）。

表 7-3　我国非政府组织小额信贷发展情况一览表

小额信贷项目或机构	开始年份	项目数/个	项目省数/个	项目县数/个	项目资金总量/10^6美元	小额信贷资金总量/10^6美元	每县小额信贷资金总量/元
联合国开发计划署	1995	32		48	11.11	8.21	1 368 333
联合国儿童基金会	1996	68	13	68		6.50	2 080 000
联合国人口基金组织	1999	15	13	15	5.05	2.25	1 200 000
世界银行	1997	3	2	3			
国际农业发展基金	1980	19		95	473.08	345.70	29 112 615
澳大利亚国际开发署	1997	1	1	3	4.00	2.05	4 114 333
新加坡国际开发署	2005	1	1	2			
国际鹤类基金	1994	1	1	1			
社会科学院扶贫社	1994	4	2	4			
中国扶贫基金会	1996	11		11			
四川省乡村发展协会	1996		1				
山西省陵县小额信贷	1993	1	1	1			

（2）第二阶段是 1993~1996 年，这个阶段是项目小额信贷与非政府组织操作小额信贷共同试验阶段。这一阶段的明显特征是以探索孟加拉乡村银行式的小额信贷项目在中国的可行性为基本目标，由半官方或民间机构实施，强调项目运作的规范化，基本上没有政府资金的介入。第一次将小额信贷作为一种制度借鉴到中国是 1993 年中国社会科学院农村发展研究所开展的“扶贫经济合作社”的小额贷款扶贫项目。具体目标是希望通过试点项目来寻找信贷资金到贫困农户难、贫困农户还款难和提供信贷扶贫的机构生存难这三个问题的答案。在福特基金会和孟加拉乡村银行的资金和技术支持下，该项目效仿孟加拉乡村银行的运作模式开展了小额信贷在中国的试验。

（3）第三个阶段是 1996~2000 年，这个阶段主要是由于政府认识到小额信贷对于扶贫的作用，政府开始采用小额信贷的方法开展扶贫，并把小额信贷推广到全国多数贫困地区，成为一种重要的扶贫到户的措施。1996 年中央扶贫开发会议提出扶贫资金不仅要到县，而且要到村、到户。1998 年 2 月国务院扶贫办召开的全国扶贫到户工作座谈会指出，从当年开始，凡是没有进行小额信贷试点的省区，要积极进行试点工作，已进行试点的，要逐步推广，试点取得成功的，可以稳步在较大范围内推广。同年 9 月，中共中央、国务院在做好当前农业和农村工作的通知中，对小额信贷扶贫工作提出方针，积极试点、认真总结规范，逐步发展推广。1998 年 10 月 14 日中共中央十五届三中全会通过的《中共中央关于农业和农村工作若干重大问题的决定》中指出，要总结推广小额信贷等扶贫资金到户的有效做法。1999 年中央扶贫开发工作大会再次强调小额信贷扶贫的作用，指出小额信贷是一种有效的扶贫到户形式，要在总结经验、规范运作的基础上，积极稳妥地推行。

这一阶段标志了小额信贷在中国的一个转折点，小额信贷扶贫从由非政府组织、社会团体主要利用国外资金进行小范围试验转向了由政府和指定银行操作、以使用国内扶贫资金为主，在较大范围内推广。但它的基本目标是为实现政府扶贫任务服务，企图解决扶贫到户和还贷难问题，而没有长期持续发展的目标和措施。从这一点考虑，这类项目不能称为规范的小额信贷，而将其称为扶贫项目可能更合适。

（4）第四个阶段是 2000~2006 年，主要是正规金融机构——农村信用合作社以及民间自发成立的各种小额信贷组织，大力开展小额信贷的阶段。2001 年国家经济工作的重点之一就是努力增加农民收入，支持农村经济的发展。2000 年初，中国人民银行总行出台了《农村信用合作社农户联保贷款管理指导意见》和《农村信用合作社农户小额贷款管理暂行条例》两项政策，在大部分省区农村信用合作社推行了小额信用贷款和农户联保贷款形式，拉开了正规金融机构开展和推广小额信贷的序幕，2000~2005 年农村信用合作社的贷款额逐年增加（表 7-4），已经成为农村信贷市场的主力军。以 2005 年上半年为例，全国农村信用社农户贷款余额 4 176 亿元，较年初增加了 1 028 亿元，增幅为 32.7%；小额信用贷款 695 亿元，比年初增加 368 亿元，增幅 112.5%；联保贷款 268 亿元，比年初增加 149 亿元，增幅 125.2%，有力地支持了三农经济的发展。到 2005 年 9 月末，全国获得农村信用社小额信用贷款和联保贷款的农户已达到 7 134 万户，占我国 2.2 亿农户总数的 32.43%，如果考虑到这 2.2 亿农户中有实际贷款需求的大约为 1.2 亿农户，那么农村信用合作社小额贷款实际上满足了农户贷款需求的 60%。2005 年 12 月 27 日，山西省平遥县晋源泰小额贷款有限公司和日升隆小额贷款有限公司在全国率先挂牌成立，预示着小额信贷的商业化在我国迈出了坚实的一步。

表 7-4　1999~2004 年度农村信用合作社贷款额（年末数，单位：亿元）

年份	1999	2000	2001	2002	2003	2004
农业贷款	3 039.64	3 587.98	4 417.57	55 579.28	7 056.38	8 455.7
贷款总计	9 225.59	10 489.29	11 971.1	13 937.71	16 978.69	19 237.84

资料来源：根据 2000~2005 年中国金融年鉴整理

（5）第五个阶段是 2006 年至今。2006 年以后，随着国际小额信贷市场的发展和建设社会主义新农村的需要，给处在困境中的小额信贷带来了曙光。中国小额信贷进入了一个发展时期。除了具有法人资格的正规金融组织机构外，大量的具有法人资格的非正规金融组织机构快速发展，村镇银行、贷款公司、担保公司、农村资金互助社等小额信贷组织发展迅速，这些小额信贷组织机构正在逐步完善（图 7-2）。

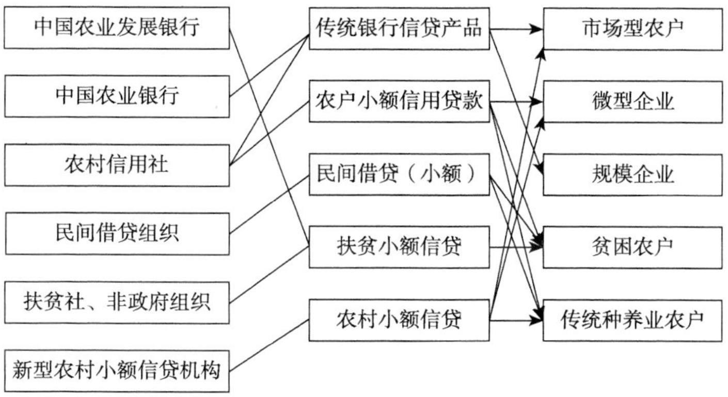

图 7-2　中国农村主要小额信贷机构

专栏 7-1

中国非政府组织小额信贷项目转型的代表性机构——中和农信

中和农信项目管理有限公司（以下简称“中和农信”）是一家扎根农村的小额信贷机构，其宗旨是为那些不能充分享受传统金融机构服务的县域内中低收入群体，量身定制以小额信贷为主的多元化金融服务产品，帮助他们发展产业，增加收入，早日实现美好生活。

中和农信始于 1996 年在世界银行贷款秦巴山区扶贫项目中创设的小额信贷项目；2000 年，该项目交由中国扶贫基金会接管，并获准在贫困地区推广试点；2008 年，中国扶贫基金会在当时小额信贷部的基础上组建中和农信；2010 年以后，国际金融公司、红杉资本、蚂蚁金服、天天向上基金、仁达普惠等机构先后入股，为中和农信提供资金、人才和技术等方面的支持。

根据 2018 年的数据显示，中和农信的贷款客户中 88.6%为农户，59.1%为妇女，84.3%为初中及以下文化水平，21.0%为少数民族，50.84%的客户除了中和农信没有在其他金融机构贷过款，42.2%的贷款直接用于种植养殖业。

截至 2019 年 3 月末，中和农信小额信贷业务覆盖 20 个省的十万多个村庄，贷款余额 97.85 亿元，在贷客户 38 万户，户均余额 25 671 元，大于 30 天的风险贷款率为 1.13%。在全国设立 314 家分支机构，在职员工 5 112 人，其中客户经理占比 67.0%。小额信贷业务累计放款 271.4 万笔，总计 445.6 亿元。中和农信的主要业务模式包括以下几个方面。

（1）小额信贷。中和农信的服务群体是那些不能充分享受传统金融机构服务的县域内中低收入农户，他们没有征信报告，没有资产负债表，不能提供合适的抵押品。针对这类人群，中和农信在信贷产品的设计上，侧重于考察他们的未来现金流量及还款意愿。

中和农信提供的小额信贷额度呈现有上限而无下限的特点，既能为目标农户提供启动资金，又能改善农户的生活。在还款方面，中和农信创新了多种还款模式，农户可自主选择选款方式，有效减轻农户的还款压力。

中和农信的信贷模式主要分两大类，即线下模式和线上模式。线下模式：主要分两种，一是小组模式，该模式借鉴了孟加拉的格莱珉小额信贷模式，并进行本土化创新，无需抵押，3~5户联保，额度在2万元以内；二是个贷模式，起源于德国国际项目咨询公司的微贷技术，信贷目标锁定农村个体经营者，一人担保，无需抵押，最高额度20万元。线上模式：2018年推出线上授信业务——极速贷，单笔最高限额2万元，平均单笔授信额度1万元。

（2）乡信金融。乡信金融是中和农信旗下的公益助农平台，旨在通过借贷信息中介服务为农村创业者提供小额、简单、可获得的融资服务。

（3）小额保险。小额保险是中和农信乡村振兴贡献的一个有力支撑点。保险业务从护农爱农的公益理念出发，向客户宣讲保险知识，培养保险意识。截至2019年3月末，保险公司通过中和农信向广大农村中低收入家庭送去36.8万份保障，为277名客户挽回经济损失近224万元。

7.4.2 农村信用社的小额信用贷款

从我国的实践来看，中国农业发展银行、中国农业银行、农村信用合作社和中国邮政储蓄银行等金融机构都开办了小额信贷业务，但农村信用社在全国小额信贷业务中占有主要份额。因此，在传统的这些金融机构中，农村信用社对农户发放的小额信用贷款是介绍的重点。

1927年，第一个信用合作社性质的农民协会在湖北黄冈建立，新中国成立后农村信用社经历了多次改革，逐步形成了由农民、农村工商户和各类经济组织入股，为农民、农业和农村经济发展服务的社区型地方金融机构。农村信用社的分支机构几乎遍及所有乡镇，是农村金融机构中向“三农”提供金融服务的核心力量。近年来，农村信用社大力推广农户小额信用贷款和联保贷款，有效缓解了农民贷款难的问题，受到广大农民群众的好评。截至2010年9月末，全国农村信用社的各项贷款余额为5.7万亿元，占全国金融机构各项贷款余额的比例为12.3%，涉农贷款和农户贷款余额分别为3.7万亿元和2.0万亿元，分别占总额的64.91%和35.09%。农村信用社已成为农村金融的主力军和联系农民的金融纽带。

农村信用社农户小额信用贷款的运作主要包括以下几个方面。

1. 农户小额信贷的基本内容

农村信用社的小额贷款经历了一个不断发展的过程。农村信用社贷款的目标群体由最初从事家庭传统耕作的低收入农户扩展到规模种植、养殖、加工户及涉农微小企业，目前已扩大到各种与“三农”有关的城乡个体经营户，服务对象一步步扩大，并开始注重服务对象的信用基础与发展能力。对于农户的授信额度在最初阶段是根据当地农村经济、农户生产经营收入和信用社资金状况等情况确定的具体额度，现在则是根据农户的金融需求、信用记录、偿债能力、经营状况、与信用社的往来业务等情况进行差异化授信，贷款额度在不断调高。农村信用社提供的小额信贷的用途从仅满足农户生产性需求逐渐扩宽到满足农户的日常消费需求，如购置耐用消费品、建房或购房、治病、子女上学等。农户小额信贷的期限则由最初的“贷款不跨年”到现在坚持在核定的额度内和期限内实行“一次核定、随用随贷、余额控制、周转使用”的原则。为了更加科学地确定小额贷款的利率，建立充分覆盖风险、成本和收益的小额贷款利率自主浮动机制，2007年，农村信用社开始实行贷款利率定价分级授权制度，即法人机构对分支机构贷款权限和利率浮动范围一并授权，分支机构在法律规定和政策允许范围内，根据贷款利率授权，综合考虑借款人信用等级、贷款金额、贷款期限、资金及管理成本、风险水平、资本回报率要求以及当地市场利率水平等因素，在浮动区间内进行转授权或自主确定贷款利率。

2. 农户小额信贷的发放程序

在具体实践过程中，农户获得小额信贷的过程一般分为三个阶段（图 7-3）。

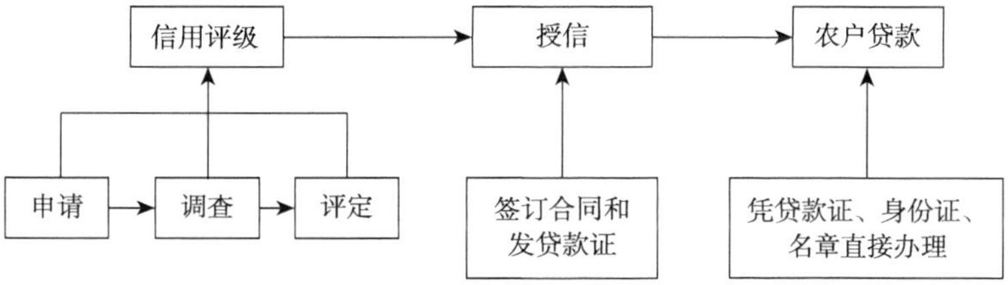

图 7-3　农户小额信用贷款操作程序图

第一阶段为信用评级，通过调查，了解农户基本情况，评定农户的信用等级和最高贷款额度。

第二阶段为授信，农村信用社与农户签订《农户小额信用贷款合同》，并发放贷款证。

第三阶段为办理贷款。农村信用社通过对农户进行信用评定、核定信用额度、发放贷款证后，农户在期限内可随时带“两证一章”（身份证、贷款证和名章）到农村信用社办理期限和限额以内的贷款，不需要出具任何担保或抵押品，不需要找农村信用社领导和信贷员签字。

3. 农户小额信贷的发放方式

信用社发放农户小额信贷一般有三种方法。

（1）集中放贷。在春耕生产、夏收夏种、秋收秋播等农忙时节，农村信用社集中时间进行放贷，这种方式是农村信用社的传统做法，目前较少使用。

（2）上门放贷。信贷员根据农户需要，背包上门服务，在农户家中立借据、放贷款，把贷款送到农民手中。这种方式为农民提供了方便，也便于信贷员对贷款使用的全过程进行监督检查。

（3）柜台办理。农户在签订合同取得贷款证后，由本人持“两证一章”可随时到信用社柜台办理贷款。办理时，农村信用社的信贷会计应审核借款人是否为本人、证件真伪、借款额度是否在限额以内。

4. 农户小额信贷的贷后管理

农户小额信贷主要是支持属于弱质产业的农业，涉及农村的千家万户，如果没有严格的管理容易造成资金损失。因此，严格的贷后管理是保证按时还贷的关键。为了督促信贷员对贷款进行有效的管理，农村信用社建立了“定期检查、按季通报、年终总评、奖罚兑现”的考核体系，确保贷款按时收回。农村信用社实行小额信贷与信贷员“三包一挂”制度，即包发放、包管理、包回收、工效责任与实际绩效相挂钩。

具体来讲，贷款放出后，信贷员与贷户实行月见面制度，除了按月收息外，还要每月检查一次贷款使用情况，了解、掌握贷户资金使用和生产经营情况，及时帮助农民解决生产、生活、经营中的困难和问题，帮助农户选好项目，合理安排和运用资金，保证贷款使用质量，提高资金的使用效率。

此外，农村信用社实行农户贷款公开制度，接受群众监督。这项制度定期将农户小额信贷的对象、用途、数量、利率、积欠、还贷情况以及信用社的贷款计划、审批制度等情况张榜公布，向农民和社员公开，接受群众监督，确保贷款发放的公正合理。

专栏 7-2

江苏省农信社扶贫小额贷款运行状况

从 1999 年起，江苏省将结余的财政扶贫贴息资金改作扶贫小额贷款担保资金，为中国农业银行和农村信用社发放贫困农户扶贫小额贷款提供担保，用小额信贷的运行机制来运作扶贫贴息贷款。2001 年后，江苏省将扶贫小额贷款的发放全部移交给农村信用社办理。目前，江苏省的扶贫小额贷款可以被看做扶贫贴息贷款与小额信贷的综合体。

一、贷款发放范围与贷款方式

江苏省扶贫小额贷款的投放范围是省定的扶贫重点村，发放对象主要是家庭收入处于中等及中等以下水平的农户以及一部分以项目带动贫困农户“脱贫”的合作经济组织和种养大户。在发放范围内的农户先自主选定合适的经营项目，然后向村委会提出用款申请，接受公示之后，经乡镇扶贫小额贷款协商小组筛选，初定为贷款备选农户，报县扶贫办审定并由财政局复核确定，再转至县信用联社，最终由农村信用社根据备选农户名单自主审查和自主发放小额信贷。扶贫小额贷款采用小组联保贷款和信用贷款相结合的方式，对于信用记录比较好的农户，可以直接放贷，无须抵押担保。

二、贷款的额度、期限及利率

2005 年之前，农户初次贷款可以得到的额度是 1 000 元，再次贷款时可以增加到 2 000 元；2005 年以后，每户首次贷款原则上不超过 3 000 元，续贷原则上不超过 5 000 元；2007 年，贷款额度再次扩大，最高金额可达 1 万元，视项目需要在限额内确定。投放给带动贫困户致富的合作经济组织和种养大户的贷款，根据与贫困户订立的合同数，按每带动一户贷款 2 000 元计算，但单户贷款数额不得突破 2 万元，合作经济组织和种养大户总贷款量不得超过本乡镇贷款总额的 5%，2007 年，该比例允许扩大到 20%。

贷款期限视生产经营项目的周期确定，最长不超过一年，允许跨年度使用，但回收期不得迟于下年度的 3 月底。贷款利率按中国人民银行规定的同期同档次基准利率执行，按期归还贷款的农户享受 50%贴息，但借款人一旦逾期就不可以享受贴息。

三、贷款损失责任及激励机制

如果贷款回收率高于 90%，其贷款损失全部由省财政承担；如果贷款回收率低于 90%，贷款损失由省财政和农村信用社各承担一半。这样的风险补偿机制可以降低农村信用社运作扶贫小额贷款的损失。而相应的激励机制是对回收率超过 92%的县进行奖励，奖励资金按农村信用社 70%、扶贫工作相关部门 30%的比例分配。

目前江苏省推广的扶贫小额贷款的内在机制可以概括为“政府担保贴息，农村信用社贷款，农户用钱”。政府以适量的财政资金投入为代价，农户可以获得 3 倍于财政投入资金的贷款，一定程度上缓解了贫困农户难以获得正规金融机构贷款的困境。

资料来源：褚保金，张龙耀，郝彬. 农村信用社扶贫小额贷款实证分析——以江苏省为例. 中国农村经济，2008，(5)：11-21

7.4.3　国际主要小额信贷模式

目前国际上比较成熟的发展模式有以下三种，即孟加拉乡村银行模式（又译为格莱珉银行）、印度尼西亚人民银行小额信贷部（Bank Rakyat Indonesia-Unit Desa，BRI-UD）模式、玻利维亚阳光银行（BancoSol）模式。其中孟加拉乡村银行被认为是福利主义小额信贷的成功案例，而印度尼西亚人民银行小额信贷部模式和玻利维亚阳光银行模式则是制度主义小额信贷的典范。

1. 孟加拉乡村银行模式

孟加拉地处南亚，是世界上最贫困的发展中国家之一，其国民人口的绝大部分为农村人口。孟加拉现有人口 1.3 亿，人口年增长率高达 2%，这造成该国非常严重的贫困问题，而且有不断恶化的趋势。为了应对贫困的威胁，救助贫困人口，尤努斯教授于 1976 年开始了小额信贷的试验项目，在尤努斯教授的直接担保下，试验项目得到了该国商业银行的资助，经过六年的运作，试点项目的规模覆盖到全国。由于该项目在扶贫方面取得的巨大成就，当局政府于 1983 年批准在该项目的基础上成立一个特殊的小额信贷金融机构，即孟加拉乡村银行。乡村银行的特殊之处就在于，它不用和其他正规金融机构一样去遵守孟加拉银行公司法和其他的金融制度与条例，并且乡村银行在开展小额信贷业务时实行不封顶的利率政策。孟加拉乡村银行模式小额信贷的主要特点如下。

1）贷款类型

其主要发放一般性贷款，除此之外还有住房贷款、季节性贷款和家庭贷款等。

2）贷款对象

只以农村贫困人口尤其是农村妇女为承贷对象，贫困农户中的妇女具有如下的优点：节俭、顾家、不乱花钱、能按时还钱等，这些品德使她们用心于为家庭谋利益的生产经营活动中，而且相对于男子来说外出较少，便于从事家庭养殖、手工业生产，也便于开会和参加小额信贷组织的各种活动。

3）强制储蓄、建立基金

不是金融机构，没有公开从社会吸收存款的权利，但是，为了提供紧急情况的安全保障，设法从借款的贫困者中吸收储蓄，建立基金。基金分为小组基金和中心基金两种。小组基金为互助性基金，由小组成员储蓄、储蓄利息、贷款提成、借款提成、违纪罚金组成，小组基金只能由小组成员使用。中心基金为中心集体福利金，由集体基金、儿童教育基金、保险基金组成，用于中心成员的集体福利和帮助无力支付学费的中心成员孩子识字，遇到自然灾害，中心成员死亡时的抚恤等。

4）贷款无须抵押和担保，实行小组互助、互督、互保

小额信贷设计了由贷款客户组成的互助、互督、互保小组，小组成员在选择贷款项目、按时还本付息、实施监督等方面，承担相应的责任，小组中的五个人有相互依存的关系，从而起到连保的作用，这是重要的制度保证。为此，有亲属关系的客户不能在同一小组，防止因亲属关系而影响连保作用。贷款的发放，一般按照“二二一”顺序，先贷给最贫困的两个组员，观察两周后再贷给另外两名组员，最后贷给小组组长，以检验小组组建质量，避免失信和失误。

5）实行较高利率

小额信贷机构不仅是一种扶贫的工具，更是一个金融机构，由于其承担的风险高于普通金融机构，因而收取的利率就要比正规的金融机构高。实践证明，所有的贫困客户对这样的利率是愿意承受且能承受的，看起来这似乎与我们所认为的常识有悖，但实际上因为利率较低的信贷他们贷不到，而农村民间存在的高利贷又实在是贷不起，所以比商业银行利率稍高的小额信贷就成为贫困农户的最佳选择。

6）中心会议制度

孟加拉乡村银行规定，6~8 个借款贫困小组组成一个中心。为了便于管理，一个中心必须在一个自然村里。每周召开一次小组会，每半个月左右召开一次中心会，会议的任务和内容包括开展互助、培训等活动调解小组成员之间的矛盾纠纷、放贷还贷交流、经营信息、出售良种、树苗、手工艺品等，以改善借款贫困者家庭的生产、生活条件。

7）小额短贷、整贷零还

由于贫困农户家庭底子薄，没有信贷经验，难以从事大规模的经营活动，只适宜从事见效快、风险小、易操作、周期短的小型项目，因此孟加拉乡村银行的第一笔贷款额度一般都不超过 1 500 塔卡。当借款人拿到贷款后，从第三周起即开始分期陆续归还本金和利息。孟加拉乡村银行规定一周开始还贷，一年期贷款每周归还本金的 1/50，称为“50 周还贷制”。

2. 印度尼西亚人民银行乡村信贷部模式

印度尼西亚人民银行是一家有 100 多年历史的国有银行，而小额信贷主要由印度尼西亚人民银行的地方银行小额信贷部进行操作。印度尼西亚人民银行小额信贷部是正规金融机构从事小额信贷的代表。印度尼西亚人民银行小额信贷部的基本做法如下。

（1）印度尼西亚人民银行小额信贷部的主要资金来源有自有资本和收受的公众存款。印度尼西亚人民银行小额信贷部视储蓄为银行赖以生存的条件，认为在任何情况下需要储蓄服务的人都要多过于需要贷款服务的人，贫困人口都有储蓄倾向，若银行根据他们的需求提供合适的储蓄工具和服务，许多贫困人口会自愿存钱。为了鼓励储蓄，印度尼西亚人民银行小额信贷部制定的利率政策有别于一般商业银行，不是根据储蓄时间而是根据储蓄额确定利率。储蓄没有期限规定，任何时间都可以提取，每月结账一次，根据个人账户上的最小余额提取利息。无论储蓄多少，每半年可以参加一次摇奖，中奖者得到银行大额的奖励，农户储蓄因此成为印度尼西亚人民银行小额信贷部贷款资金的重要来源。

（2）贷款的利率是以能够弥补全部成本为出发点而制定的。这些成本包括没有补贴的资金成本、管理成本、贷款损失成本和利润，印度尼西亚人民银行小额信贷部实行商业贷款利率（年利率 32%）以覆盖成本，如果借款者在 6 个月内都按时还款，银行将每月返回本金的 0.5%为奖励，印度尼西亚人民银行小额信贷部对小额信贷利率的规定要高于印度尼西亚的其他小额信贷机构。

（3）加强员工培训，重视对营业所员工的培训。对基层服务内容和运作都有标准化的培训教材，通过培训提高员工的素质。该银行的新员工要进行为期 9 个月的培训，3 个月的上岗培训，再进行 3 个月的集中培训。

（4）当印度尼西亚人民银行小额信贷部开展其他服务时，每个乡村营业所必须自己从相关服务费中支付成本。村银行是乡村信贷部的基本经营单位，独立核算，自主决定贷款规模、期限和抵押，具体执行贷款发放与回收。目前，印度尼西亚人民银行的小额信贷部已经成为印度尼西亚最大的小额信贷机构，也是目前世界上公认的发展小额信贷比较成功的例子，其在国际上的影响仅次于孟加拉乡村银行，而且日益受到国际组织的重视，特别是受到联合国农业发展基金会（International Fund for Agriculture Development，IFAD）的重视和支持，IFAD 目前在发展中国家主要推荐的就是印度尼西亚人民银行的模式。

3. 玻利维亚阳光银行模式

玻利维亚阳光银行是一种非政府组织的项目成功地转制为专门从事小额信贷业务的私人商业银行。玻利维亚阳光银行成立于 1992 年，前身是 1987 年成立的非营利性组织（PRODEM），主要为城市小企业或自我雇用者提供小额贷款。PRODEM 实施的是一种正规的相互的担保人制度，如果小组中任何人的贷款拖欠，其他人将联合承担偿还责任。1992 年，PRODEM 进行了分化，把商业化运作的一部分单独分离出来，在玻利维亚银行和金融实体监管处的批准下成立了玻利维亚阳光银行，成为第一个转变为商业银行的非政府组织。

玻利维亚阳光银行的成功得益于其在发展中形成了独有特色的机制设计和创新理念，体现在以下几个方面。

1）小组贷款机制

玻利维亚阳光银行，要求 3~8 人组成小组，小组成员都可以贷款。这种小组联保的机制（成员间负有连带责任）对于违约问题存在一个特殊的“风险扩散机制”，即如果一个成员违约，所有成员都会失去借款的机会。这种连带责任不仅缓解了成员的逆向选择和道德风险问题，还降低了风险和成本。

2）商业化转型

通过提高利率来解决由低利率造成的财务不可持续问题。玻利维亚存在大量的微量企业和自我雇用者，在市场经济下，微量企业的发展，以及由于土地不能满足因生活需要转为自我雇用存在的农民的发展，他们对资金需求强烈也愿意支付高利率，促使资金的有效循环。

3）动态激励机制

小额信贷领域的动态激励机制是指将贷方的历史信用记录在案，以促进贷款人还款。动态激励的特征是，可以用较小的贷款额度进行尝试，来发现借款者的真实信用水平。如果借款人在后续的还款过程中表现良好，那就可能得到反复的信贷服务；如果拖欠贷款，再获得贷款的可能性就随之降低。倘若借款者以后还想得到贷款，那么他违约的可能性就几乎为零。贷款数额会随着借款人的信誉记录考察的升级不断提高。对于小组成员来说任何人违约使其失去以后贷款的成本远高于其在以后贷款中所获收益，在此前提下的相互监督使违约者很难达成，因此集体违约的发生率也几乎为零。

4）灵活的贷款偿还机制

玻利维亚阳光银行是根据借款人的人品和现金流量对借款人授信，贷款金额微小、利率高、期限短，每周或隔周分期偿还。这种分期还款机制一方面可以降低信贷风险并获得充足现金保持健康的财务状况，另一方面还具有早期预警功能，可以提早发现具有较大潜在风险的贷款。

5）完善的监督和管理机制

玻利维亚阳光银行充分采用银行业的先进的现代治理机制。作为小额信贷商业化的一个典范，玻利维亚阳光银行模式是继孟加拉乡村银行模式和印度尼西亚人民银行模式之后的典范，其商业化运作的成功使小额信贷从财务不可持续，逐步走向了财务的可持续。

专栏 7-3

小额信贷创始人：穆罕默德·尤努斯

挪威诺贝尔委员会将 2006 年诺贝尔和平奖授予孟加拉乡村银行以及该银行创始人穆罕默德·尤努斯。1976 年开始，穆罕默德·尤努斯在一个村对 42 名最穷的农户进行每人贷款 27 美元的小额信贷实验，随后逐步建立起孟加拉乡村银行——“格莱珉银行”。

孟加拉乡村银行完全是市场商业化运作模式，通过良好的企业管理实现滚动发展，目前该行拥有 2 226 个分支机构，650 万客户，资产质量良好，还款率高达 98.89%，超过世界上任何一家成功运作的银行。23 年里，尤努斯的孟加拉乡村银行曾贷款给 639 万人，当中 96%是女性，从而使得 58%借款人及其家庭成功脱离了贫穷。

最主要的是，尤努斯做到了双赢：穷人不仅摆脱了贫困，还获得了做人的尊严，孟加拉乡村银行也获得高额的利润，可以把贷款恩泽更多的穷人。因此，孟加拉乡村银行模式不仅在很多欠发达的国家和地区得到推广，美国、加拿大、法国、挪威等发达国家也在借用。

穆罕默德·尤努斯教授作为小额信贷运动的发起人可以说是一位革命家。他的思想结合了具有社会责任感的资本主义制度，并且永远改变了孟加拉乡村经济和社会发展的面貌。他用一个经济学家的眼光开发了一块被传统银行忽视的金融市场，又以一个政治家的眼光找到了开发这个市场的途径。他创建的乡村银行为成千上万的穷人提供了有效的金融服务。孟加拉乡村银行在孟加拉 36 000 个农村中拥有 1 092 个分支机构，为孟加拉二百多万个农村贫困人口提供了贷款。自孟加拉乡村银行的建立以来，孟加拉现在已经有二十多亿美元的贷款。这个为最贫困人口提供无担保贷款的新型银行系统开始作为吉大港大学的研究课题，并且不久就发展成了一个完全有能力发展的银行。并且孟加拉银行 94%的顾客都是妇女，这些妇女的还款率也空前达到了 98%。孟加拉乡村银行还创造性地实现了对乞丐的贷款，让最贫困的人口也能享受到金融服务。如今，由他倡导的小额信贷运动已经遍布世界各地，包括发达国家在内上亿人口正从中受益。

尤努斯创办的孟加拉乡村银行对传统银行规则进行了彻底的颠覆。在他的银行里，看不到电话、打字机或者地毯——尤努斯的员工们主动下到村里地头去拜访借款者——他们之间也不签署借款合同，大多借款人都目不识丁。孟加拉乡村银行向客户们收取固定的单利利息，通常是 20%每年，相对孟加拉商业贷款 15%的复利，这个利率是比较低的。他们的客户都是那些没房没产的穷人，那些还不致穷困潦倒的人则被排除在外。尤努斯发现，把钱借给那些在孟加拉社会里没什么赚钱机会的妇女们，通常会给家庭带来更大的收益：这些妇女们对她们的贷款会更为小心谨慎。贷款申请人还得清楚地了解孟加拉乡村银行的运作方式，这样他们才有资格借款。偿款通常从借款的第二周开始，尽管看上去会有些压迫性，但这也缓减了让借款人承担在年终偿付一大笔钱的压力。借款者要有 6~8 人构成“团结小组”，相互监督贷款的偿还情况，如小组中有人逾期未能偿款，则整个小组都要受到处罚。借款发放和偿付每周通过一次“中心会议”公开进行。在孟加拉到处滋生着腐败的各种机构中，孟加拉乡村银行以其公开透明的运作而感到自豪。

本章小结

（1）本章围绕农村小额信贷，主要介绍了农村小额信贷产生的背景、小额信贷的含义、特征和目标，阐述小额信贷的运行机制与理论分析、小额信贷的绩效评价以及农村小额信贷在我国及国际范围的实践情况。

（2）小额信贷被众多发展援助机构和发展中国家视为一种缓解贫困的有效工具和扶贫方式。小额信贷是指通过一定的融资中介，按照一系列的经营原则，为具有还款能力的中低收入阶层（包括贫困户）以及微型企业提供的无须抵押担保的信贷服务。贷款一般只用于生产目的而不用于消费目的，具有额度小、期限短、分期还款、无须担保或担保形式灵活多样、市场利率水平、贷款成员自我组织等特征。小额信贷的目标主要体现为减少贫困，增强妇女或其他脆弱群体的能力，创造就业，帮助现有经营活动的发展或实现多样化经营，鼓励新行业的发展。

小额信贷核心机制主要为小组联保、“检验性贷款”和后续放款。小额信贷的运行围绕其核心机制，成功地在体制和组织基础上植入不同于纯粹的商业金融市场的业务运作模式。基于此，小额信贷能有效缓解传统信贷存在的逆向选择和道德风险问题，这从根本上保证了小额信贷每笔业务的规范运行。

（3）小额信贷机构具有覆盖穷人和财务可持续的双重目标，所以对小额信贷机构的绩效评价应该包括财务绩效评价和社会绩效评价。实现机构自身的可持续发展是小额信贷的财务绩效目标；扩大对穷人的覆盖面，改善和提高低收入阶层的福利水平，最大限度地减轻贫困是小额信贷的社会绩效目标。对小额信贷机构的财务绩效进行评价主要使用的是操作可持续性和财务可持续性两个指标，而较全面的评价体系有雷格伍德的绩效评价体系和 ACCION CAMEL 评级体系。小额信贷机构的社会绩效是指为实现其扶贫目标，设定相应指标、开展经营管理，最终产生社会影响的过程。小额信贷社会绩效的主要内容体现在目标设计、政策行为、产出、结果和影响五个方面。根据社会绩效的主要内容，可以从基于机构供给角度以及农户需求角度来进行绩效评价。

（4）我国于 1994 年开始引进小额信贷，目的在于解决贫困人口问题，增加贫困人口的收入。从时间上来看，小额信贷在我国的发展大体经历了五个阶段；从开办小额信贷业务的机构来看，农村信用社在全国小额信贷业务中占有主要份额。目前国际上比较成熟的发展模式有孟加拉乡村银行模式、印度尼西亚人民银行小额信贷部模式、玻利维亚阳光银行模式。其中孟加拉乡村银行被认为是福利主义小额信贷的成功案例，而印度尼西亚人民银行小额信贷部模式和玻利维亚阳光银行模式则是制度主义小额信贷的典范。

关键术语

小额信贷　缓解贫困　中低收入阶层　创造就业　小组联保　检验性贷款　操作可持续性　财务可持续性　社会绩效

复习与思考

1. 如何对小额信贷机构进行绩效评价？简述绩效评价的基本内容。
2. 简述我国农村信用社小额信用贷款的运行程序以及作用。
3. 简述国际主要小额信贷模式。
4. 简述我国主要小额信贷机构的发展情况。

参考文献及推荐阅读

阿芒达利兹 B，默多克 J. 2013. 微型金融经济学. 罗煜，袁江译. 辽宁：万卷出版公司.

程恩江. 2010. 小额信贷缓解农户正规信贷配给了吗？——来自三个非政府小额信贷项目区的经验证据. 金融研究，(12)：190-206.

李莹星. 2015. 小额信贷能改善穷人福利吗？——微观影响评估研究综述. 农业经济问题，(10)：86-112.

张正平. 2011. 小型金融机构双重目标的冲突与治理：研究进展述评. 经济评论，(5)：139-150.

周孟亮，李姣. 2013. 国际小额信贷社会绩效：动态及启示. 农村金融研究，(11)：66-71.

Ahmed S M，Chowdhury M，Bhuiya A. 2001. Micro-credit and emotional well-being: experience of poor rural women from Matlab，Bangladesh. World Development，29（11）：1957-1966.

Cheston S，Kuhn L. 2002. Empowering women through microfinance. New York：UNIFEM.

Mahjabeen R. 2008. Microfinancing in Bangladesh：impact on households, consumption and welfare. Journal of Policy Modeling，30（6）：1083-1092.

Maitreesh G，Timothy G. 1999. The economics of lending with joint liability：theory and pratice. Journal of Development Economics，(60)：195-228.

Stiglitz J，Weiss A. 1981. Credit rationing in market with imperfect information[J]. The American Economic Review，(21)：393-410.

第 8 章

农村中小企业融资

学习目标：

1. 明确农村中小企业的构成、特点及经济地位。
2. 熟悉农村中小企业融资理论构成。
3. 了解农村中小企业融资困境及其成因。

作为发展中的农业大国，我国农村经济的发展对国民经济乃至整个社会发展都起着关键性的作用，只有农村全面实现小康，我们才能最终建设成小康社会。而农村中小企业已成为农村经济增长不可或缺的重要力量。经过近半个世纪的艰苦创业和改革发展，我国农村中小企业取得了长足进步，为发展农业、繁荣农村、富裕农民做出了积极贡献，为推进农村城镇化、农业现代化注入了新的活力。本章主要在界定农村中小企业定义的基础上，梳理关于中小企业融资困境的相关理论，介绍我国农村中小企业的融资方式，包括农村中小企业内源融资和外源融资的状况，探讨农村中小企业融资困境的成因及解决路径。

8.1 农村中小企业概述

8.1.1 农村中小企业定义

在世界各国和地区的经济发展过程中，中小企业都起着重要的作用。在我国，中小企业已成为我国国民经济的重要组成部分，是经济发展中一支最为活跃的力量，发展潜力极大，其健康发展对于我国社会主义市场经济体制的建设至关重要。从广义上来说，中小企业一般是指国家确认为大型企业之外的所有企业，包括中型企业、小型企业和微型企业。

由于世界各国的社会经济制度不同、经济结构不同、生产力发展状况不同，各行业之间的性质、技术发展水平等差异很大，所以，对中小企业的界定也因此变得更加困难、复杂。但各国出于把握国民经济中的企业规模结构和运营状况，并对之进行经济、法律和政策等方面管理和扶持的需要，都对本国或本地区的中小企业制定了不同的划分标准（表 8-1）。这些划分标准一般采用两种方法：一是根据企业的经济特征和控制方法予以界定。一般采用企业所有权集中度、管理方式和它在本行业所处的地位作为衡量标准；二是以若干数量指标衡量企业的规模。其中，雇员人数、资本金和一定时期内的销售额三项指标最为常见。前者从定性的角度反映出企业在组织结构和经营方式上的特点；后者以定量的标准直观地给人以“大或小”和“较大或较小”的概念。由于经济发展水平、文化背景及区别划分中小企业目的的差异，各国界定中小企业范围的方法和所用指标各不相同。大多数国家只采用定量标准，定性标准由于在实际运作中缺乏数量上的界限，难以掌握和核实，因而采用的国家不多，此外，还有少数国家采用定性与定量相结合的界定标准。

表 8-1　世界主要国家和地区关于中小企业的划分标准

国家及地区	名称及划分标准	依据
美国	质的规定为符合下列条件或至少两项的企业为中小企业：①独自经营，经理通常就是企业主；②资本由一个人或少数几个人所有；③产品的销售范围主要在当地；④企业规模在本行业内相对较小，这可以用销售额、就业人数等指标来衡量 量的规定：雇员人数≤500 人	美国经济发展委员会
英国	质的规定：①市场份额小；②所有者依据个人的判断进行经营；③所有经营者独立于外部支配 小企业：制造业雇员人数≤200 人；建筑业、矿业雇员人数≤25 人；零售业年营业额≤45 万英镑	博尔顿委员会
日本	制造业：雇员人数≤300 人或资本金≤3 亿日元 批发业：雇员人数≤100 人或资本金≤1 亿日元 零售业：雇员人数≤50 人或资本金≤5 000 万日元 服务业：雇员人数≤100 人或资本金≤5 000 万日元	《中小企业基本法》（2000 年）
欧盟	中型企业：雇员人数≤250 人，且年交易额≤4 000 万欧元；或资产年度负债总额≤2 700 万欧元，并不被其他企业拥有 25%以上的股权 小型企业：雇员人数≤50 人，且年交易额≤700 万欧元；或资产年度负债总额≤500 万欧元，并不被其他企业拥有 25%以上的股权	欧洲委员会
澳大利亚	质的规定：所有者在拥有专业知识的同时，由 1~2 个所有者进行全部重要的经营决策 中型企业：制造业雇员人数在 100~499 人；服务业雇员人数在 20~499 人 小型企业：制造业雇员人数≤100 人；服务业雇员人数≤20 人	《维尔特谢尔委员会报告》（1973 年）
韩国	制造业、运输业：从业人员≤300 人或资产总额≤5 亿韩元 建筑业：从业人员≤50 人或资产总额≤5 亿韩元 商业、服务业：从业人员≤50 人或资产总额≤5 000 万韩元 批发业：从业人员≤50 人或资产总额≤2 亿韩元	《中小企业组织法》（1986 年）

续表

国家及地区	名称及划分标准	依据
新加坡	中型企业：固定资产额在 500 万~1 000 万新元 小型企业：固定资产≤500 万新元，且生产用固定资产≤200 万新元	小工业金融计划
中国台湾	制造业、营造业、矿业土石采掘业： 中型企业为实收资本≤8 000 万元新台币，或经常雇员≤200 人； 小型企业为经常雇员≤20 人 农林渔牧业、水电燃气业、商业、运输业、工商服务业： 中型企业为前一年营业额≤1 亿元新台币，或经常雇员≤50 人； 小型企业为经常雇员≤5 人	中国台湾地区《中小企业白皮书》（2000 年）

资料来源：康立. 非对称信息条件下中小企银行信贷融资研究. 华东师范大学博士学位论文，2007

我国对中小企业的界定标准是随着我国经济体制的转变，以及社会的不同发展阶段而改变，至今已有 7 次变动。

（1）20 世纪 50 年代初期，中央政府为了便于统筹管理，按照企业拥有的企业人数对企业规模进行了界定。企业职工在 3 000 人以上的企业为大型企业，500~3 000 人的企业为中型企业，500 人以下的企业为小型企业。

（2）1962 年，我国关于企业规模的界定指标，由按企业职工人数划分改为固定资产价值划分，而且在集中精力、发展生产的思想指导下，发展大中型企业成为各级政府工作的中心。所以界定企业规模的标准，主要是围绕大企业来进行的，大企业之外的企业，自然就是中小企业。

（3）1978 年，国家计划委员会发布《关于基本建设项目的大中型企业划分标准的规定》，对企业规模的界定由以往以固定资产价值为标准改为以综合生产能力为标准。

（4）1984 年，国务院《国营企业第二步利改税试行办法》对我国非工业企业的规模按照企业的固定资产原值和生产经营能力创立了划分标准，主要涉及的行业有公交、零售、物资回收等国营小企业。例如，规定京、津、沪三市固定资产原值不超过 400 万元且年利润不超过 40 万元的属于国营小型公交企业；三市以外相应标准为固定资产原值 300 万元以下和年利润 30 万元以下。1988 年，对 1978 年标准进行修改和补充，重新发布了《大中小型工业企业划分标准》，按不同行业的不同特点做了分别划分，将企业规模分为特大型、大型（分为大一、大二两类）、中型（分为中一、中二两类）和小型四类六档。当时中小企业一般是指中二类和小型企业。具体为凡产品比较单一的企业，如钢铁联合企业、炼油厂、手表厂、水泥厂等按生产能力为标准进行划分；一些企业，如发电厂、棉纺厂，习惯上以生产设备数量为标准进行划分；对于产品和设备比较复杂的企业，以固定资产原值数量作为划分标准。

（5）1992 年，国家经济贸易委员会重新颁布了《大中小型工业企业划分标准》作为原标准的补充标准，将企业规模划分为特大型、大型、中型和小型四大类，这四类企业的界定，对于生产单一产品的行业是以生产能力作为划分的依据。无法以一种产品作为衡量企业生产能力的行业，则以固定资产原值作为界定的标准。

（6）1999 年对企业规模的划分又再次进行修改，这次将销售收入和资产总额作为主要考察指标，仍然划分为四大类，即特大型、大型、中型和小型。其中年销售收入和资产总额均在 5 亿元以下、5 000 万元以上的为中型企业；年销售收入和资产总额均在 5 000 万元以下的为小型企业。

（7）2003 年 4 月，国家经济贸易委员会、国家计划委员会、财务部、国家统计局联合发布了《中小企业标准暂行规定》，该标准是根据企业职工人数、销售额、资产总额等为指标，同时结合行业的特点，适用于各类所有制和各种组织形式的企业，体现了不同所有制形式的中小企业将享有同等的待遇。

（8）2011 年 6 月 18 日，工业和信息化部、国家统计局、国家发展和改革委员会、财政部联合印发了《关于印发中小企业划型标准规定的通知》，在暂行规定的基础上，进行了更为详细的划分，其划分标准见表 8-2。

表 8-2　我国中小企业划分标准

行业名称	指标名称	计量单位	中型	小型	微型
农、林、牧、渔业	营业收入（Y）	万元	$500\leqslant Y<20\ 000$	$50\leqslant Y<500$	$Y<50$
工业*	从业人员（X）	人	$300\leqslant X<1\ 000$	$20\leqslant X<300$	$X<20$
	营业收入（Y）	万元	$2\ 000\leqslant Y<40\ 000$	$300\leqslant Y<2\ 000$	$Y<300$
建筑业	营业收入（Y）	万元	$6\ 000\leqslant Y<80\ 000$	$300\leqslant Y<6\ 000$	$Y<300$
	资产总额（Z）	万元	$5\ 000\leqslant Z<80\ 000$	$300\leqslant Z<5\ 000$	$Z<300$
批发业	从业人员（X）	人	$20\leqslant X<200$	$5\leqslant X<20$	$X<5$
	营业收入（Y）	万元	$5\ 000\leqslant Y<40\ 000$	$1\ 000\leqslant Y<5\ 000$	$Y<1\ 000$
零售业	从业人员（X）	人	$50\leqslant X<300$	$10\leqslant X<50$	$X<10$
	营业收入（Y）	万元	$500\leqslant Y<20\ 000$	$100\leqslant Y<500$	$Y<100$
交通运输业*	从业人员（X）	人	$300\leqslant X<1\ 000$	$20\leqslant X<300$	$X<20$
	营业收入（Y）	万元	$3\ 000\leqslant Y<30\ 000$	$200\leqslant Y<3\ 000$	$Y<200$
仓储业	从业人员（X）	人	$100\leqslant X<200$	$20\leqslant X<100$	$X<20$
	营业收入（Y）	万元	$1\ 000\leqslant Y<30\ 000$	$100\leqslant Y<1\ 000$	$Y<100$
邮政业	从业人员（X）	人	$300\leqslant X<1\ 000$	$20\leqslant X<300$	$X<20$
	营业收入（Y）	万元	$2\ 000\leqslant Y<30\ 000$	$100\leqslant Y<2\ 000$	$Y<100$
住宿业	从业人员（X）	人	$100\leqslant X<300$	$10\leqslant X<100$	$X<10$
	营业收入（Y）	万元	$2\ 000\leqslant Y<10\ 000$	$100\leqslant Y<2\ 000$	$Y<100$
餐饮业	从业人员（X）	人	$100\leqslant X<300$	$10\leqslant X<100$	$X<10$
	营业收入（Y）	万元	$2\ 000\leqslant Y<10\ 000$	$100\leqslant Y<2\ 000$	$Y<100$
信息传输业*	从业人员（X）	人	$100\leqslant X<2\ 000$	$10\leqslant X<100$	$X<10$
	营业收入（Y）	万元	$1\ 000\leqslant Y<100\ 000$	$100\leqslant Y<1\ 000$	$Y<100$
软件和信息技术服务业	从业人员（X）	人	$100\leqslant X<300$	$10\leqslant X<100$	$X<10$
	营业收入（Y）	万元	$1\ 000\leqslant Y<10\ 000$	$50\leqslant Y<1\ 000$	$Y<50$
房地产开发经营	营业收入（Y）	万元	$1\ 000\leqslant Y<200\ 000$	$100\leqslant Y<1\ 000$	$Y<100$
	资产总额（Z）	万元	$5\ 000\leqslant Z<10\ 000$	$2\ 000\leqslant Z<5\ 000$	$Z<2\ 000$

续表

行业名称	指标名称	计量单位	中型	小型	微型
物业管理	从业人员（X）	人	300≤X<1 000	100≤X<300	X<100
	营业收入（Y）	万元	1 000≤Y<5 000	500≤Y<1 000	Y<500
租赁和商务服务业	从业人员（X）	人	100≤X<300	10≤X<100	X<10
	资产总额（Z）	万元	8 000≤Z<120 000	100≤Z<8 000	Z<100
其他未列明行业*	从业人员（X）	人	100≤X<300	10≤X<100	X<10

注：带*的项为行业组合类别，其中，工业包括采矿业、制造业、电力、热力、燃气及水的生产与供应；交通运输业包括道路运输业、水上运输业航空运输业、管道运输业、装卸搬运和运输代理业，不包括铁路运输业；信息传输业包括电信、广播电视和卫星传输服务、互联网和相关服务；其他未列明行业包括科学研究和技术服务业、水利、环境和公共设施管理业、居民服务、修理和其他服务业、社会工作、文化、体育和娱乐业，以及房地产中介服务、其他房地产业等，不包括自有房地产经营活动

资料来源：《中小企业划型标准》（国统字〔2011〕75 号）

关于乡镇企业的定义，《中国统计年鉴》（2003 年）是这样界定的：“乡镇企业是指农村集体经济组织或农民投资为主，在乡镇（包括所辖村）举办的承担支援农业义务的各类企业。投资为主是指农村集体经济组织或农民投资超过百分之五十，或者虽不超过百分之五十，但能起到控股或者实际支配作用。其范围包括乡（镇）办企业、村办企业、联户办企业、户（私营，个体）办企业，以及这些企业之间或者这些企业与国有企业、城镇集体企业、私营企业以及外资（包括我国港澳台地区）等各种经济成分联合投资建立的企业。”从上述定义，可以看出这里所指的乡镇企业几乎包容了所有的设置在农村的企业。而参照《中小企业标准暂行规定》，我国的农村企业绝大多数为中小企业。因此，本书将我国在农村地区除大型企业之外的所有企业看做农村中小企业，主要涵盖以下三个方面：一是乡镇企业原口径下的中小企业；二是通过城市企业向农村延伸，或通过国内外产业转移在农村兴办的企业；三是通过推进农业结构调整，延伸农业产业链、培育现代农业产业体系而在农村兴办的各类农业产业化企业。这三者之间具有一定的重叠性，简单来说，我国农村中小企业传统上一般称为乡镇企业，也包括近年来迅速发展起来的各类农业产业化企业。

8.1.2　农村中小企业的特点

从农村中小企业的行业来看，它们大多从事农产品的生产、加工和流通，以及与农民生活密切相关的建材行业等；从所有制性质来看，他们大多属于股份制、股份合作制企业或民营企业。相较于城市中小企业，我国农村中小企业有着明显不同的经营特点，体现在以下几个方面。

1. 原材料的供给弹性不同

农村中小企业的产品品种单一，劳动力充足，对原材料供给商来说，面对的市场比较小，相对而言弹性也比较小。而城市中小企业原材料供给面对的市场较大，企业也较多，因此原材料市场的供给弹性相对较大。

2. 企业的内部治理水平不同

农村中小企业几乎不存在完善的治理结构，企业的账目混乱，企业资产和家庭资产难以划分。城市中小企业虽然也缺乏完善的治理结构，但一般都有账可查，企业资产和家庭资产严格分开。

3. 企业人员的素质不同

由于所处地域、环境不同，农村中小企业在吸引人才方面处于劣势，素质偏低。同时，企业主管人员的素质相对于城市中小企业也较低。

4. 企业面临的风险不同

从产品面对的市场风险、季节性以及产品转换容易程度来看，农村中小企业普遍的没有稳定的主营业务和自己的品牌，难以应对市场的瞬息万变，抗外部冲击的能力弱，与大企业相比，倒闭率和歇业率较高。而且农村中小企业受自然因素影响较大，季节性特点明显，缺乏对冲季节性风险的市场和机制，这与城市中小企业可通过广阔的市场来减弱季节性影响不一样。另外，农村中小企业的产品品种比较单一，市场利润比较低，而城市中小企业面对的市场规模比较大，需求种类多样化，进行产品转换相对容易，因此农村中小企业面临的风险相对城市中小企业更高。

8.1.3　农村中小企业在农村经济中的地位

农村中小企业的发展不仅关系到农业与农村经济的发展，也关系到农民收入增加、农村剩余劳动力转移、农村工业化和城镇化的建设，是我国农村经济发展和全面建设小康社会的重要力量。近 30 年来，随着农村经济与农业产业化经营的不断发展，农村中小企业的数量与规模不断扩大，在国民经济，特别是在农村经济中的地位日益突出，具体体现在以下六个方面。

1. 农村中小企业对我国 GDP 贡献巨大

改革开放政策使农村中小企业迅速发展，特别是 20 世纪 80 年代以来，农村中小企业的年产值增长率一直保持较快增长，远远高于总的经济增长速度。据统计，乡镇企业增加值对我国 GDP 增长贡献近三分之一，30 年增加值增长 332 倍，其占 GDP 的比重不断上升，从 1990 年的 13.50%增长到 2007 年的 27.57%。根据《中国中小企业年鉴 2014》，2013 年中小企业实现主营业务收入 61.9 万亿元，占规模以上工业的 60.2%；资产规模为 44.3 万亿元，占规模以上工业的 52.0%；实现利润 3.8 万亿元，占规模以上工业的 60.7%；实现税金 2.2 万亿元，占规模以上工业的 48.9%；实现出口交货值 4.9 万亿元，占规模以上工业的 42.9%。

2. 农村中小企业是推进农村工业化的重要力量

当前，我国工业化正处于发展阶段的中期，而农村工业化还徘徊在发展初级阶段，要推进农村新型工业化，必须找到一条实现途径。农村中小企业利用自身的机制优势、劳动力优势和后发优势，把城市工业化和农村工业化有机地结合起来，实现了城乡工业共同发展，大大加快了农村新型工业化进程。

3. 农村中小企业吸纳了大量农村富余劳动力

农村中小企业，以其劳动力密集、门槛低、易于兴办的优势，吸纳了大量农村富余劳动力。从所吸纳的就业人数来看，1978 年为 2 826.6 万人，到 2007 年增加为 15 000 万人，增长了 4.3 倍，年均涨幅为 5.9%，2007 年我国乡镇企业从业人数占全国农村劳动力的比重达到 31.3%左右。正常年份乡镇企业每年增加 600 万~700 万个就业岗位。2014 年 5 月，工信部中小企业司司长郑昕在国务院举行的新闻发布会中表示，中小企业是中国数量最大、最具创新活力的企业群体，提供了 50%以上的税收，创造了 60%以上的 GDP，提供了 80%以上的城镇就业岗位。

4. 农村中小企业提高了农民收入

增加农民收入是建设社会主义新农村的核心问题，农村中小企业已经成为农民增收的主要来源。30 多年来，农村中小企业成为了农民增收的一个重要支撑点。1978~2007 年 30 年间，农村企业提供给每个农民的工资收入由 10.74 元增加到 1 440 元，年均增长 25%以上，比农民纯收入增长（15%）的年均水平高 10 个百分点，农民平均从农村中小企业中获得工资收入占农民人均纯收入的比重由 1978 年的 8.04%上升到 2007 年的 34.8%，除了工资这一块以外，乡镇企业中的股份制、股份合作制企业提供的红利租赁，承包企业提供的租赁承包收入，个体私有企业的利润以及企业转作奖金的利润等都增加了农民的收入，农村中小企业还间接增加农民收入。

5. 农村中小企业推进了农村城镇化建设

城镇化意味着产业的集中、人口的聚集、基础设施的改善以及商业和服务业的繁荣。农村中小企业向园区和小城镇的聚集，带动了农民的聚集，进而带动了服务业和市场的兴起，培植了小城镇的产业基础，壮大了小城镇经济，促进了小城镇建设，成为加快农村城镇化不可缺少的经济支撑。大力发展农村中小企业，有利于基础设施的改善，有利于农村人口向城镇集中，有利于带动服务业和商业的繁荣，从而加快农村城镇化建设的步伐。

6. 中小企业改变了农村产业结构，为发展农村经济开辟了广阔途径

农村中小企业的发展拓展了农村经济的发展空间，优化了农村的产业结构，改变了农民单纯靠农业增收的格局，改变了农村经济和县域经济单纯靠农业支撑的格局，对于搞活农村经济，保持农村稳定，加强农村基层组织建设，具有十分重要的意义。

可见，我国农村中小企业已经成为我国农村经济乃至整个国民经济发展不可替代的重要力量。

8.2　农村中小企业融资理论

8.2.1　信息不对称与信贷配给理论

Macmillan（1931）在《麦克米伦报告》中阐述了中小企业在融资过程中所面临的资金短缺，资金供给方因种种原因不愿意为中小企业提供其所需资金，从而产生了信贷配给。为了解释信贷配给的产生原因，学术界给出了诸多解释，其中，以信贷配给理论最广为接受。

Stiglitz 和 Weiss（1981）指出，贷款利率和还款概率（贷款风险）共同决定金融机构的期望收益，且贷款利率本身也会影响借款人的还款概率，具体表现为逆向选择和道德风险。当金融机构无法识别借款人的风险时，金融机构会选择抬高利率，这不仅会迫使一部分风险较低的借款人放弃贷款，诱发逆向选择问题，还可能会引起道德风险问题，即致使一部分借款人从事风险较高的投资，最终导致贷款机构的整体风险上升，因为一般来说，能够承受高利率的借款人大多是那部分预期违约概率较高的借款人。因此，金融机构的理性行为是制定一个相对较低的利率，从而拒绝一部分借款人，但这时就产生了信贷配给。从图 8-1 中可以看出，存在一个能够使金融机构期望收益达到最大值的最优贷款利率 r^*。金融机构制定的贷款利率 r 未超过 r^*时，由利率上升带来的收益效应（直接效应）超过风险效应（间接效应），随着 r 的上升，金融机构的期望收益也会上升；但当 r 大于 r^*时，则会出现 r 增加而金融机构期望收益随之下降的现象，这是因为在这时，利率上升的风险效应超过了其收益效应。虽然，在 r^*处，资金的供给和需求并不相等，产生了超额信贷需求，但即使那部分未获满足的借款人愿意支付高于 r^*的贷款利率，金融机构也不会同意其申请，因为在金融机构看来，以高于利率 r^*发放的这部分贷款的风险更高，期望收益更低。因此，均衡结果是产生了信贷配给，而 r^*是均衡利率。

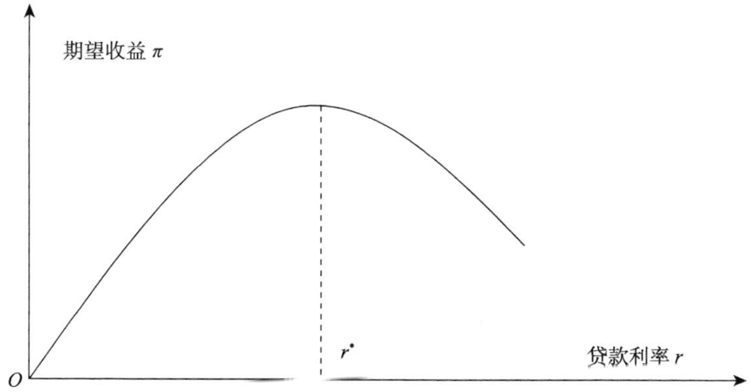

图 8-1　金融机构贷款利率与期望收益的关系

考虑到贷款利率决定信贷需求，贷款的平均收益决定信贷供给，因此，本书采用图 8-2 来替代传统的供需曲线图分析。从图 8-2 第 Ⅰ 象限中所描绘的需求曲线 L_D 可以看出，对信贷资金的需求随着贷款利率的增加而减少；第Ⅳ象限中的非单调曲线描绘出了金融机构放款的期望收益π和贷款利率之间的关系；第Ⅲ象限则描绘了供给曲线L_s和金融机构期望收益π的关系，假定存款市场是自由竞争，那么π就等于存款利率；第Ⅰ象限是45°线。通过以上分析，可以得到r与贷款供给曲线L_s的关系线，即第Ⅰ象限的资金供给曲线$L_s(r)$。从图8-2所反映的相互关系中，存在信贷配给均衡，其均衡利率为r^*。在r^*处，贷款机构会实行信贷配给，使得贷款供给小于贷款需求，产生了超额信贷需求Z。虽然图中的供给和需求曲线相交产生了一个利率r_m，但r_m并不是信贷配给市场的均衡利率。

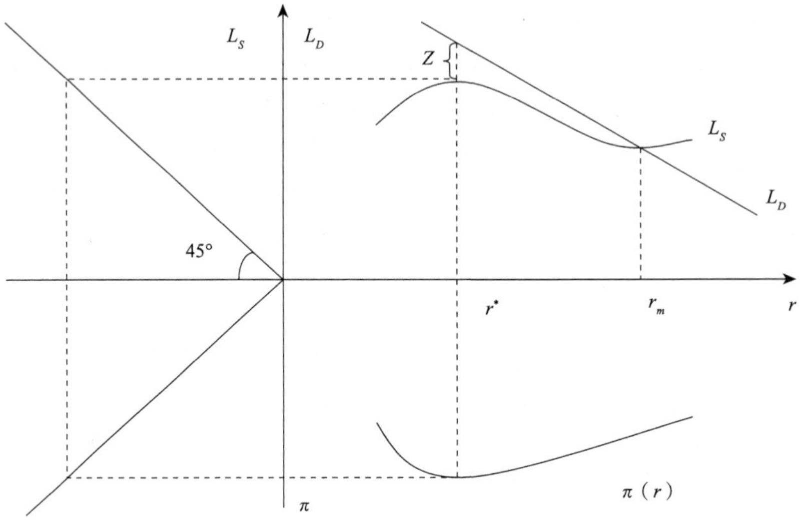

图8-2　信贷配给市场均衡

资料来源：Stiglitz J，Weiss A. Credit rationing in markets with imperfect information. American Economic Review，1981，71（3）：3

Bester（1985，1987）在假设信贷市场完全竞争的前提下，得出如下结论：①信贷配给不会发生在贷款合同中包含利率和抵押品的情况下；②在均衡状态下，不同风险的借款者将选择不同类型的信贷合约，信贷市场上存在混同均衡；③在均衡状态下，高风险借款者偏向于以较高利率和较低的抵押物价值获取信贷资金，低风险借款者偏向于以较低利率和较高的抵押物价值获取信贷资金，由此可以区分高风险借款者和低风险借款者。

综上，信贷配给理论认为信贷配给产生的根本原因在于银企间信息不对称，即使利率自由化，信贷配给也将长期存在。大中型企业以硬信息为主，财务报表较为完整，也能通过机器设备、厂房、动产等合格的抵押担保物来显示其资信状况，因而大中型企业和银行之间的信息不对称程度较轻。然而，中小企业的信息以软信息为主。例如，企业主的诚信水平、经营管理能力、还款意愿等，财务报表不完整、不健全、缺乏规范性，基于硬信息的信用评级型贷款技术难以应用，同时缺乏抵押担保，银行难以通过一般渠道获取中小企业在生产经营、现金流等方面的信息。正是因为银行和中小企业之间的信息不对称程度更大，导致了中小企业易面临信贷配给。

8.2.2　融资优序理论和金融成长周期理论

Myers 和 Majluf（1984）首次较为系统地提出了融资优序理论。这一理论从信息不对称的视角出发，放宽了现代资本结构理论中对于完全信息的限定，融资方式不同所产生的融资成本以及对企业市场价值的影响也不完全相同。融资优序理论指出，企业的融资决策是在成本最小化的原则下，按照内源融资、债务融资、股权融资的融资顺序，依次选择不同的融资方式。他们指出采取这样的融资顺序不仅仅是考虑融资的成本和风险，同时也是向市场传递企业信息，采用适当的融资顺序可以向投资者传递正面的信息，从而获得企业价值的提升。如果企业融资时首先采取股权融资，那么投资者会认为企业经营者认识到企业的股份被高估，所以优先使用股权融资以获得溢价的便宜，会降低对公司股票的评价而使公司股票价格下跌。

融资优序理论解释了当企业在一个相对较短的时期内产生的对增量资金需求时的融资行为，但该理论无法揭示融资机制随着企业成长的动态变化，这也是该理论的一个重大缺陷。美国经济学家 Berger 和 Udell（1998）提出的修正后的企业金融成长周期理论较好地解决了该问题，他们认为伴随着企业成长周期发生的信息约束条件、企业规模和资金需求等变化，是影响企业融资结构变化的基本因素。他们对美国中小企业的融资结构进行了实证检验，将企业的成长周期划分为“婴儿期”（0~2 年）、“青少年期”（3~4 年）、“中年期”（5~24 年）和“老年期”（25 年及以上）四个阶段，最后统计出了不同成长周期和不同规模的中小企业的融资结构。企业在早期成长阶段，主要依赖于内源融资，这是由于早期企业资产规模小，财务报表不规范，外部投资者难以获取企业内部的经营信息，随着企业的成长，则可以逐渐通过债务融资。由于企业信息透明度逐渐上升，将有更多的资产价值可用于抵押。

我国较早提出并研究企业生命周期理论的学者是陈佳贵教授，他在 1995 年的《关于企业生命周期与企业蜕变的探讨》中，提出了企业的蜕变期概念。在陈佳贵教授研究的基础上，曹晋生（2001）做了进一步的研究，他将企业成长各周期的特点、融资需求和银行融资选择结合起来，试图寻找银行进入和退出企业的最佳时期。潘淑娟和韩克勇（2004）对高新技术企业融资特征和商业银行机制特征进行分析后，得出：在高新技术企业的成熟期，若能恰当运用金融创新工具和有效的风险管理技术，商业银行的信贷资金完全可以积极介入。

在选取哪种企业融资结构理论适合对我国中小企业进行分析的问题上，张捷和王霄（2002）对企业的融资结构理论做了述评后，认为在现代经济学的企业融资结构理论中，企业成长金融周期理论因为考虑了中小企业不同发展周期及与之对应的融资特点，动态地考察了企业融资方式选择对中小企业以后资本安排的影响，比较适用于对我国中小企业融资结构变化的分析。

8.2.3　小银行优势理论

金融机构（这里主要指银行）对小企业提供融资服务的倾向会因其规模的不同而呈现出差别。国外的大量实证研究发现：第一，相对于大型金融机构，小型金融机构将其更大比例的资产分配给小企业；第二，当小型金融机构被大型金融机构兼并后，其小企业贷款比例会降低，而且被排除在外的那些小企业项目许多是能够产生正的现金流净值的项目。由此，产生了在对小企业信贷融资上的小银行优势理论。为了说明小银行优势的形成机理，学者们提出了种种解释，概括如下。

1. 控制权激励理论

Berger 和 Udell（1995）发现，金融机构分配给小企业的信贷资金比例会随着金融机构规模的增大以及组织结构的复杂而减少。基于不同规模企业信贷业务的不同特征及管理的规模和范围不经济的角度，两位学者分析了银行并购对小企业贷款的不利影响，他们认为，组织结构更复杂、规模更大的银行会集中资金对大企业提供金融服务，而减少对小企业的金融服务。Stein（2002）在分析不同组织结构的金融机构在生产信息和配置资金两方面的不同后得出结论，认为大型金融机构因为具有较为复杂的组织结构而存在“组织规模不经济”。所以，一个组织层级和管理链条较少的小型金融机构在处理不易可靠传递的“软信息”时更具比较优势。相反，“硬信息”本身具有易可靠传递的特点，而组织层级较多的大型金融机构处理这些“硬信息”是具有优势的。

2. 所有权激励理论

通过对不同规模、管理层级银行的代理问题的分析，Berger 和 Udell（2002）认为，采用关系型贷款的前提条件是金融机构的基层信贷经理通过长期与企业接触搜集到了大量的“软信息”。不过，这些“软信息”很难在管理层级较多的大型金融机构内部传递，因此，金融机构应将发放关系型贷款的决策权下放给拥有这些“软信息”的基层信贷经理，但是这样做又将导致代理问题的产生。为了控制这种代理问题，Brickley 等（2003）认为同时给予基层经理较多的所有权份额是一种可行的办法。因为，相对于大型金融机构而言，基层经理能够在所有权结构较为集中的小型金融机构中获得更好的所有权激励，如此，他们搜集“软信息”的积极性会更大，付出的努力也较多，且会以与股东目标基本一致的方式来使用这些信息。

3. 地理距离说

Hauswald 和 Marquez（2002）在分析了地理距离对金融机构搜集、传递企业信息的影响后，认为银企之间的地理距离越远，金融机构搜集和生产借款企业特定信息的成本会越大，此时金融机构会减少发放关系型贷款。而考虑到与大型金融机构相比，小型金融机构一般更为靠近潜在借款企业，因此两位学者得出小型金融机构更具有开展关系型贷款的比较优势的结论。

由以上分析可知，小银行优势理论的核心在于，在依赖“软信息”的关系型贷款方面小银行具有优势，因此，在对小企业的贷款中，小型金融机构比大型金融机构更具有优势。简而言之，可以将这一理论概括为高度简化的二分法，即“大型金融机构–硬信息–财务报表型贷款–大企业；小型金融机构–软信息–关系型贷款–小企业”（杜创，2010）。之所以称之为“二分法”，是因为该理论只考虑了两种截然对立的信息类型及其对应的贷款技术。其中，两种信息类型，一类是可以被第三方验证的硬信息（hard information），如经过审计的企业财务报表等；另一类是无法被第三方验证的软信息（soft information），如在直接接触过程中所了解到的企业家能力、企业文化、员工忠诚度、与供应商和顾客的关系等。两种贷款技术是指财务报表型贷款和关系型贷款。运用财务报表型贷款的重点是对来自于企业财务报表的相关信息进行评估，借款企业的资产负债表和收入表状况决定了金融机构是否放贷及其放贷条件。这种贷款技术所适用的群体主要是那些具有相对透明信息（如通过审计后的合格的财务报表等）的企业。而金融机构采用关系型贷款技术则主要依赖于通过长期与企业以及其顾客、供应商等其他利益相关者密切接触所逐渐积累的借款企业及其业主的私有信息（如企业的历史信用记录以及其他金融产品等）。相对于财务报表和抵押品所提供的硬信息，这些软信息更能够帮助该金融机构比其他竞争者更好地处理企业的信息不透明问题。

8.3　农村中小企业融资状况

8.3.1　中小企业融资方式

中小企业融资，就是中小企业对资金这一稀缺资源的配置过程。融资既是中小企业存在和发展的立足点，也是企业扩大再生产的根本保证。中小企业只有在取得资本后，将资本有目的地进行投资活动，才能谋求最大的资本收益，维持中小企业的持续发展。

中小企业的成长与融资方式、资本结构密切相关。中小企业的融资方式主要有内源融资和外源融资，其中，内源融资包括留利资金、沉淀资金和内部集资；外源融资又分为直接融资和间接融资，直接融资包括股权融资和债权融资，间接融资包括金融机构贷款、票据贴现、融资租赁、基金融资和典当贷款等（图 8-3）。

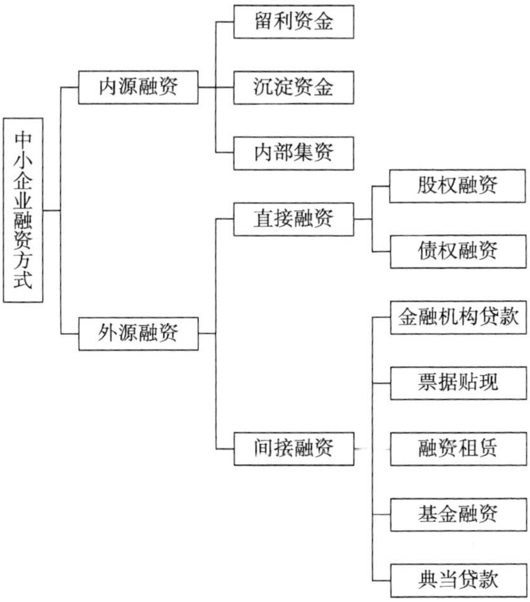

图 8-3　中小企业融资方式

1. 内源融资

内源融资又可称为内部融资，是企业在生产经营过程中，从其内部融通资金，以扩大再生产，主要包括折旧和留存收益，有些国家和地区还存在企业内部集资的现象，其实质就是企业所有者向企业追加投资。内源融资是企业稳定与发展必不可少的重要手段。内源融资主要包括以下几种形式。

1）留利资金

利用留利资金融资（弥补被没收的财务损失、弥补企业的年度亏损、提取法定盈余公积金、提取公益金）的优点是：可以增强企业实力，增强企业用其他方式筹资的能力；可以相应减少债务资本，降低财务风险；不需支付代价，资金成本低。可以说，留利资金融资是企业融资方式中成本最低的一种。利用留利资金融资的缺陷是：部分留利资金的转化形式，如公益金、盈余公积金等的使用，要受国家有关规定的制约。

2）沉淀资金

沉淀资金实质上就是折旧基金转化为积累基金。利用沉淀资金的优点是：可以使企业获得长期稳定的资金来源，利用沉淀资金融资的数额很高，不构成企业的债务负担。利用沉淀资金的缺陷是：企业运用沉淀资金进行生产经营时，如果到折旧期结束时不能按期收回沉淀，则将大大影响企业的固定资产更新和技术改造。

3）内部集资

内部集资是指企业为了满足生产经营的需要，向其职工（包括管理者）募集资金的行为。向职工借款融资方式构成企业的债务负担。具体做法为征得职工同意后，扣除部分或全部工资；向职工发售企业债券或内部股票；等等。这种融资方式的优点是：调动职工工作热情；手续简单，筹资成本不高；能在企业处于困境时起到救急的作用。但是其缺点也很明显：因为资金规模有限，而只能作为企业的一种次要的、辅助性的融资方式。

2. 外源融资

对中小企业的发展而言，内源融资明显不足，迫切需要外部资金融通。外源融资中按照是否经过银行等金融中介机构进行融资，又可分为直接融资和间接融资。直接融资是企业通过融资工具（股票、债券），在资本市场直接筹集资本，它具有直接性、长期性和不可逆性的特点；间接融资是企业以金融中介机构为媒介筹措资金，它具有间接性、短期性和可逆性的特点。

1）直接融资

（1）股权融资。股权融资可以分为吸收直接投资和股票融资两大类。其中，吸收直接投资是中小企业融资最便捷的方式之一，是指投资者通过向某一企业注入一定量资金，以达到占有该企业股权，参与或控制该企业生产经营活动的融资方式。直接投资一般可分为政府投资、基金投资、其他企业与个人投资三种形式。股票融资是企业根据自身条件，按照股票发行程序申请发行股票，获取批准后发行股票，并在证券交易所上市交易。

（2）债权融资。债权融资是有偿使用企业外部资金的一种融资形式，主要是以企业自身信用或第三者的担保，取得资金所有者资金使用权利，并承诺按期还本付息。

2）间接融资

由于中小企业自有资金少、知名度不高，所以通过资本市场直接发行债券、股票进行融资比较困难，这就决定了中小企业比大企业更加依赖间接融资。可以说，间接融资在中小企业成长、发展、壮大过程中发挥着重要的作用。间接融资方式主要有金融机构贷款、票据贴现、融资租赁、基金融资和典当贷款等。

（1）金融机构贷款。贷款是企业为满足自身生产经营的需要，同金融机构签订协议，借入一定数额的资金，承诺在约定期限还本付息的融资方式。

向金融机构借款进行融资的优点在于：贷款种类较多，便于企业根据需要进行选择，弹性大、灵活性强。贷款在使用期内，如经营状况发生变化，可与有关金融机构协商，增减借款数量或延长、缩短借款时间，便于企业降低融资成本。贷款利息计入企业成本。合理利用贷款，可在财务杠杆作用下，提高权益资本的收益率，获得资金较为迅速。当企业需要融资时，只需向银行提出申请，审批同意签订借款合同后，资金即可划到企业结算账户。

贷款的缺点是没有融资主动权。企业申请贷款的种类、数量、期限、利率，都得由银行对企业借款申请审核后决定，处于被动地位；融资规模有限，不可能向证券融资那样一下子筹集到大量资金；到期必须归还，财务风险较大。另外，有时银行还会在借款时规定一些资金使用方向上的限制，从而影响企业的投资活动；受国家政策影响强烈。当中央银行实行扩张性货币政策时，银行会扩大信贷规模，企业取得贷款比较容易；当中央银行实行紧缩性货币政策时，银行会收缩信贷规模，企业取得贷款相对困难。

（2）票据贴现。商业汇票持票人将持有的未到期商业汇票交付银行，银行把该商业汇票到期金额减去扣除的贴现利息支付给汇票持有人，这种行为称为票据贴现，其实质是向银行申请一笔短期贷款。贷款利息就是被扣除的贴现利息，贷款本金为商业汇票到期金额减去扣除的贴现利息。如果商业汇票到期后，受票人拒付或无力兑现汇票，贴现银行可行使追索权，向原汇票持有者要回贴现的资金。

企业利用贴现方式融资的优点是：由于以实质经济交易为基础，安全性高，银行比较欢迎，手续上也较为简单、快捷；将未到期的商业汇票贴现，使企业能够提前将这些资金用于生产经营，从而提高了资金使用效率，加快了企业的资金周转。

贴现方式融资的主要缺点是：融资规模限于商业汇票金额以内，融资规模有限；如果汇票到期，受票人无力偿付，贴现银行向企业行使追索权，很可能使企业出现资金周转困难。

（3）融资租赁。所谓融资租赁，是指出租人（所有人）在一定时期内把租赁物借给承租人（使用者）使用，承租人按租约规定分期给付一定的租赁费，出租人保有租赁物的所有权。合同期满后，其设备是留购、续租或退回租赁公司，可以事先商定或临时协商。在租赁融资中，企业获得了设备的使用权，实际上相当于获得了购买设备的资金。融资租赁是以融物的形式达到融资的目的，实质是一种融资借款活动。

融资租赁的优点是：能够筹集到数额巨大的长期资金。企业只要交付少量租金就可以获得设备的使用权，相当于花较少的成本筹集到数额巨大的长期资金，为企业生产经营服务；利用融资租赁能争取引进技术设备的长期资金，为企业生产经营服务；利用融资租赁能争取引进技术设备的时间，有利于企业的技术改造，增强产品的市场竞争力；融资租赁的期限较长，有的可长达 15 年以上；更重要的是，融资租赁采取表外负债的形式，租金列为经营成本，不影响企业的信誉和承租人的股票、债券上市，不影响承租人进一步融资的能力。

融资租赁的缺点是：租赁费用较高，租金总额一般高于直接购买设备的总造价；由于承租人对租赁的设备只有使用权而无所有权，所以不利于企业对租赁设备进行技术改造，而且租赁设备也不能作为借款的抵押品；税率变动使出租成本增加时，应由承租人承担；租赁期限内，原则上不许解除合同，这在一定程度上限制了企业的灵活经营。

（4）基金融资。基金融资中最主要的是共同基金，它是金融信托的一种，是指由不确定的多数投资者不等额出资汇集成基金（主要是通过向投资者发行股份或收益凭证方式募集），然后交由专业性投资机构管理，将资金再投资于金融市场上多种金融工具以增加收益的一种新型金融证券形式的投资基金。共同基金是一种间接的投资工具，其投资收益归原有的投资人所有，即获得的收益由原投资者按出资比例分享，而投资机构本身则作为资金管理者获得一笔服务费用。共同基金的投资方向主要是各种上市公司的股票、公债、企业债券、金融债券等有价证券。在国外，也有将基金投资于期货、期权或黄金等贵金属，但多数属于短期收益的投资。基金证券和债券、股票共同点在于都是金融投资工具，但股票反映的是一种产权关系，债券反映的是一种债权债务关系，而基金证券反映的是一种信托关系。共同基金并不能直接为企业融资所用，但却是企业融资的重要来源之一。

利用这种基金融资，可以取得各种无偿或贴息资金，有利于企业利用低成本资金进行科技创新，提高企业产品的附加值和科技含量，提高竞争力。缺点是融资项目必须符合一定条件，获得贷款难度较大。

（5）典当贷款。典当融资是一种古老的融资方式。人们急需用钱时，可以把物品以低价当掉，取得资金，在约定的时间内重新赎回，过期则由当铺老板随意处置，其实可以看做是一种抵押贷款。今天的典当融资已经成为中小企业融资的新渠道。通过典当融资，可以在较短的时间内取得急需资金，以解燃眉之急，比较适合中小企业资金需求急、数量小的特点。但这种融资方式主要解决的是中小企业的突发性流动资金需求，而且典当价格往往大大低于实际价格，筹集的资金比较有限。

8.3.2 农村中小企业融资总体状况

农村中小企业是我国农村经济的主体力量和国民经济的重要组成部分。目前，农村中小企业融资总体状况如下。

1. 农村中小企业内源融资状况

近些年来，农村中小企业权益资本金占融资资金总额的比重稳步上升，内源融资资金的绝对数额和相对份额已呈现明显的上升趋势，但受企业自身发展状况的限制，其所能融通的资金和自留资金非常有限，内源融资严重不足，很难直接从资本市场取得发展所需的资金。一是由于我国农村中小企业的经营者自我占有意识较重，缺乏长期经营意识，在利润分配上存在短期化倾向。二是折旧率过低，无法满足企业设备更新和技术改造。我国企业长期以来在计算折旧时只考虑设备的有形损耗，很少考虑无形损耗，造成农村中小企业折旧资金较少，缺乏足够的资金进行设备更新改造。三是对于通过内部集资的农村中小企业来说，目的是为了分享其资金经营所带来的经济效益。但如果集资活动中缺少了必要的管制，就会出现很多问题和纠纷。非法集资就是集资活动中所出现的最大问题，由于手续不全，极易发生债权债务纠纷。另外，目前市场竞争激烈、农村中小企业经营不景气、资金沉淀严重、利润平均化也是导致农村中小企业内源融资困难的重要因素。

2. 农村中小企业外源融资状况

农村中小企业外源融资以间接融资为主，直接融资所占比重较小。

1）间接融资

间接融资包括金融机构贷款、票据贴现、融资租赁和基金融资等方式。但在我国，在这几种间接融资方式中，票据市场发育缓慢，其对农村中小企业的贴现是微乎其微。企业融资租赁发展水平还很低，典当融资所能满足的资金一般是数额较小、期限很短的流动资金，且成本较高，发展也很有限。至于各种风险投资基金、创业基金方面的融资渠道，只有极少数高科技中小企业利用这一出资方式进行融资，对我国的绝大多数农村中小企业而言还是一个新生事物。因此，我国农村中小企业间接融资主要以金融机构贷款为主。

近几年来，虽然部分地区开展了农村小额贷款机构、农村村镇银行、农村资金互助社试点，但大部分农村中小企业主要依靠农村信用社和农业银行进行银行贷款，并且目前以农村信用合作社为主的金融机构对农村中小企业的信贷投入总量有限，农村中小企业向银行贷款依旧比较困难。

除以上间接融资的方式外，由于我国农村中小企业的特殊性，民间借贷是目前农村中小企业间接融资的重要途径，有效地支持了农村中小企业的融资需求。民间借贷由于其灵活方便，手续简单、快捷，资金使用自由，交易成本相对较低，且亲朋好友和邻里相互之间十分了解，降低了贷款道德风险和信息不对称带来的成本，因此民间借贷深受农村中小企业的青睐。但是同时，民间借贷导致农村中小企业流动负债比例过高，并且由于其利率偏高，加剧了农村中小企业的资金使用成本。

2）直接融资

由于大多数农村中小企业都没有建立起现代企业制度，所以资金来源中直接融资所占比重非常小。第一，股权融资。农村中小企业在证券市场上股权融资规模偏小，筹资困难重重。股票市场的发展主要是配合国有企业的改革进行的，为国有企业在新的经济环境中提供了便利的融资服务。因此，早期推出的绝大多数上市公司均是国有企业或国有企业的化身，民营中小企业尤其是农村中小企业很难上市。虽然近年来，证券管理政策调整后有利于民营企业上市，但民营中小企业尤其是农村中小企业，由于主板上市门槛太高、二板市场运作过程中存在很多局限性和弊病、场外交易市场发展缓慢等原因，上市规模仍然较低。目前在中国沪深两市挂牌上市和进入二板市场的农村中小企业可以说是微乎其微。第二，债权融资。我国债券市场由于起步晚、规模小，基本上未向农村中小企业开放，并且公司（企业）债券的发行受到严格的控制，有时还要求抵押或担保。而且，我国企业债券的偿还期一般较短，不能满足企业的长期资金需求。另外，由于农村中小企业大都规模小，发行股票和债券的上市成本太大，流通盘子小，价格容易受人操纵，不利于市场的健康发展，这些都成为农村中小企业在证券市场直接融资的障碍。

总体而言，相对于城市来说，农村中小企业普遍处于融资困境之中。第一，从金融分支机构的布点看，农村地区单位人口享有的金融分支机构数目比城市地区的要少得多；第二，目前我国支持城市中小企业发展的主导银行是国有银行、股份制银行和城市商业银行，支持农村中小企业发展的主导银行是农村信用社，但农村信用社的贷款份额还偏低；第三，即使是农村信用社，其贷款资金也不是全部流向农村；第四，农村没有城市那样的市场优势和区位优势，农村中小企业的经营环境更为恶劣，贷款担保的抵押物更加难以变现，更不容易获取金融机构的抵押贷款支持；第五，农村金融市场资金供给缺口大，每年通过财政渠道和金融渠道从农村流向城市的资金极为可观。逐年上升的资金流失无疑加剧了农村金融市场的资金紧缺程度，使农村中小企业的融资“雪上加霜”。

8.3.3 农村中小企业融资困境成因

目前我国农村中小企业融资面临着融资结构不合理，融资渠道狭窄，多数农村中小企业融资结构中内源融资有限，直接融资比例小，负债比例较高的困境。这些与农村中小企业自身存在的原因有很大的关系，如信用信息不足、抵押担保能力不足和规模小、营利能力差、经营风险高等，同时企业的外部环境因素也是造成农村中小企业资金短缺的重要成因。

1. 内部成因

1）农村中小企业信用信息不足

银行提供贷款之前，需要搜集企业的有关信息，包括财务状况、经营现状及前景，经过对大量信息进行筛选和分析研究后才能决策。在放贷之后，银行还要监控企业是否按照合同办事。

但是，农村中小企业不同程度地存在着财务制度不健全、财务报表不规范、经营透明度低等问题，客观上造成银行与企业的信息不对称，使银行贷款风险和审贷成本增加。另外，多数农村中小企业仍停留在传统结构的经营管理层面上，其内部管理结构呈单一化特征，法人治理结构不规范，管理水平低下，随意性大。这种治理结构和信息管理结构缺乏必要的监督与约束，大大增加了银行从外部获取农村中小企业在经营管理等方面信息的难度和成本，导致了银行与农村中小企业间的信息不对称。信息不对称对农村中小企业融资活动的阻碍可以从两个方面考察：其一是在组织之外的市场交易中出现逆向选择与道德风险问题；其二是在组织内产生代理问题，代理问题的核心在于监督和激励的方式、程度。

2）农村中小企业抵押担保能力不足

促成贷款的抵押要求越来越高的直接推动因素是近年来金融界大力强调对银行业不良资产比率的监控（如有的银行片面强调发放贷款要达到 100%的优良），强调对信贷人员的责任追究（如强调贷款责任的终身追究）。于是，在缺乏相应的激励机制、缺乏对银行经营基本风险认同的前提下，银行业的信贷人员必然会选择贷款决策的风险最小化，其中一个最重要的表现就是开始越来越关注贷款的抵押。同时，为了保证贷款的安全性，银行必须尽力了解客户的情况。可是，信息是有成本的，要取得真实信息，其成本会更高。为了降低信息成本，银行可以给自己常来常往的客户确定授信额度，也可以请专门的信用评级公司来给企业评级。通常，具有较高信用评级的企业比较容易从银行得到信贷。如果银行不能降低信息不对称程度，那么最简单的办法就是要求客户提供抵押担保。抵押和担保成为金融机构对信息不透明的中小企业提供贷款时保护自己利益的重要工具。如果中小企业不能提供抵押和担保，他们不是面临“信贷配给”就是要面临着不利的贷款条件，抵押和担保成为阻碍中小企业获得银行贷款的障碍。

农村中小企业受自身经营规模和经营条件限制，往往资产负债率高，缺乏有效的抵押物。银行对抵押品的要求较为苛刻。除了土地和房屋地产外，银行很少接受其他形式的抵押品。银行接受抵押品的偏好主要依赖于抵押品能否顺利出售以及抵押品的价值是否稳定。中国的银行偏好以房地产作为抵押品，一方面是因为我国的资产交易市场不发达，另一方面是因为银行缺乏对其他资产如机器设备、存货、应收账款的鉴别和定价能力。在农村地区，由于大部分土地的使用权受到限制，因此，实际上银行也不愿接受土地作为抵押品。这使农村中小企业在获得贷款方面遇到更多的困难。在抵押物处置方面，我国尚未形成抵押物流转二级市场，一旦企业经营不善而破产，金融机构处置抵押物难，这些都会影响金融机构的贷款意愿。

担保贷款分为由第三方（包括个人、企业和担保机构）提供保证的贷款和以抵押品提供担保的贷款。但实际上，商业银行一般都要求为债务人提供保证的第三方保证人再以“抵押品”的形式提供担保。担保难主要表现为农村中小企业难以找到合适的担保人。效益好的企业既不愿意给别人做担保，也不愿意请人为自己做担保，免得“礼尚往来”后，碍于情面又不得不为别人做担保；效益一般的企业，银行又不认同其担保资格，这使农村中小企业难以找到合适的担保人，因而无法提供有效担保。而农村中小企业之间相互担保，往往是一家企业出了问题会连累一批企业，通常被认为是社会稳定所难以承受的，这使得担保常常变得有名无实。

3）农村中小企业规模小、营利能力差、经营风险高

农村中小企业普遍规模小、底子薄、产品和技术落后、技术人才缺乏、缺少特色和品牌、内部管理粗放，这大大降低了农村中小企业的市场竞争力，使其营利能力较差，利润水平不高，经营业绩不稳定，依靠利润留成作为企业资金来源，远远无法满足需要。同时由于农村中小企业整体投资效益不高，影响了企业的融资能力，对各类投资者缺乏吸引力，使大多数农村中小企业不可能从资本市场上融入资金。而且农村中小企业从事的项目大多属于技术含量较低、市场门槛不高、竞争比较充分的领域，主要靠低成本优势参与市场竞争，易受经营环境的影响，变数大、风险高，稍有不慎，就可能导致经营

失败。

2. 外部成因

一个国家完善的金融体系的功能和效率不仅要体现在具备一个与经济发展相适应的银行体系，同时也要具备一个健全的、多层次、多结构的直接融资市场。完善的资本市场体系既包括股票市场，也应该包括债券市场。但是，我国外部宏观环境对农村中小企业发展的金融支持明显不足。

1）宏观政策环境发生变化，影响了农村中小企业的融资能力

我国金融体制始终保持着国有经济导向，银行在信贷决策上偏离商业原则，将贷款过多地投向国有大型企业。现行的融资体制主要是为了适应国有企业外源融资需要而建立的，改革过程中金融资源的配置结构都被锁定在国有银行与国有企业的链条上。对中小企业尤其是农村中小企业而言，这种在政策支配下成长起来的金融机构难以提供与其匹配的金融服务。随着我国乡镇企业产权制度改革、财税体制改革和金融体制改革，农村中小企业在财政扶持、税收减免、金融贷款方面的优惠政策逐步取消，再加上近几年金融危机的影响，对农村中小企业发展产生较大的影响，加剧了农村中小企业资金困难。

2）金融机构信贷总体供给不足，农村中小企业间接融资困难

虽然近年来国家陆续出台了一系列鼓励中小企业融资及农村经济发展的政策，但仍存在一些问题：①金融机构信贷供给总量少。由于体制上的原因，我国国有商业银行的信贷主要是确保国有企业的发展，农村资金大量外流。目前农村金融银行类机构主要包括中国农业银行、中国农业发展银行、农村合作金融机构和邮政储蓄机构等，农村村镇银行、农村小额贷款机构、农村资金互助社只在部分地区进行试点，农村中小企业信贷供给总量不足，农村中小企业获得贷款的规模远小于实际资金需求。②银行对农村中小企业惜贷，且金融产品及金融服务方式单一。目前，由于银行与企业之间的信息不对称、农村中小企业贷款管理成本和监督费用高、贷款风险大、缺乏有效的抵押资产，因此银行对农村的中小企业普遍存在惜贷现象。同时，我国农村不少地区金融产品少、金融服务方式单一。③与信贷有关的社会辅助系统不健全。一方面，我国农村社会信用体系缺失严重，与农村中小企业融资、生产和经营活动紧密联系的信用系统尚未建立。另一方面，中小企业信贷担保体系尚未完全建立。目前我国能够为农村中小企业提供担保的机构数量、担保基金的种类和规模都远远不能满足需要，一般商业担保机构参与农村中小企业融资支持的动力不足；担保机构自身面临着规模较小、运行不规范、风险管理机制以及风险补偿机制和监管机制缺乏等问题；农村中小企业普遍反映担保机构的担保费用高、担保金额较小、担保手续繁杂、担保难。

3）民间借贷发展迅速，成为农村中小企业间接融资的重要渠道

农村中小企业很难从国有银行获得资金支持，这就使企业选择了资本门槛低、灵活方便、资金使用自由、交易成本相对较低的民间借贷来满足其资金需求。目前，民间借贷成为农村中小企业融资的重要渠道，弥补了我国正式金融机构的不足。

4）资本市场尚不完善，导致直接融资困难

从农村中小企业的融资现状看，直接融资渠道单一和融资手段不足，导致了我国农

村中小企业的负债比例过高。第一，目前，我国债券市场发行实行规模管理，仍然没有向包括农村中小企业在内的中小企业开放。再加上大多数农村中小企业规模小、经营业绩不佳、信用差，难以进行债券融资。第二，我国股票市场体制限制了农村中小企业的直接融资。严格的主板和中小企业板上市条件和审核程序使农村中小企业很难跨越市场的“门槛”，最终能够实现上市融资的农村中小企业数量很少。第三，缺乏多层次的区域性股权交易市场。现阶段我国缺乏层次差异，特别是低层次差异的资本市场。这种状况与我国不同类型地区、不同类型企业对资本市场的多层次需求远远不相称，特别是以中小企业为主体的农村企业对低层次资本市场的差异需求。

8.4　农村中小企业融资扶持政策体系

为了改进农村中小企业融资状况及解决出现的融资困境等问题，农村中小企业应增强自我发展能力，加强企业内源融资；此外，国家还应从政策根源、融资渠道拓展、社会服务体系等外部环境，多方面寻求改进和创新，建立多层次的间接融资体系和直接融资体系。

8.4.1　提高农村中小企业自身融资能力

1. 加强内部改革，增加农村中小企业的信息透明度

农村中小企业的决策者应积极转变观念，推行管理的社会化，引进外部优秀人才，建立科学、完善的内部管理制度，建立健全财务管理制度，加大信息披露力度，增强企业运作透明度，避免因信息不对称而影响到金融机构对企业的融资。同时，农村中小企业应进一步推行现代企业制度的建立，通过股份制改造等措施，完善企业治理结构，为筹集资金提供良好的基础。通过公司治理，可以促进农村中小企业经营机制的转换，提高运行绩效，增强利润生成能力和内源融资能力，优化调整融资结构，克服现阶段农村中小企业资产负债率过高的现状。

2. 强化信用观念，培育以信用为核心的企业文化

农村中小企业融资困境很重要的一个客观原因在于缺乏抵押担保物，但从主观方面来说在于企业信用意识的缺失。因此，农村中小企业应该培育一种以诚信为核心的企业文化，加强守信的意识，塑造良好的信用形象，为自己获得更多的贷款支持打下信用基础。

3. 培养和发展核心竞争力，提高农村中小企业营利能力

农村中小企业应优化配置企业内部人、财、物等生产要素，创新技术和管理，将各种资源进行有效整合，着力培养核心技术和核心产品，加快产品的更新换代速度，有效扩大市场份额，逐渐形成竞争优势，提高营利能力，为顺利融资创造条件。

8.4.2 优化农村中小企业融资外部环境

1. 加大政府扶持力度，提高农村中小企业的融资能力

政府应重视通过优惠政策来扶持农村中小企业的融资和发展，在财政、税收、产业政策等方面给予支持：①在财政方面，多形式地建立农村中小企业发展基金等，专门用于扶助农村中小企业的发展；制订各种中小企业技术创新与开发计划，对符合条件的农村中小企业给予专项补贴；对提供较多就业机会的农村中小企业给予就业补贴，对有出口业务的农村中小企业给予出口补贴。②在税收方面，对创建初期的、有出口业务或科技含量高的农村中小企业实施一定程度的税收减免与返还；降低农村中小企业的营业税、增值税和所得税等税率。③在产业政策方面，鼓励龙头企业和农村中小企业通过品牌、技术、资本和产业纽带形成专业化分工协作体系；促进传统产业中的农村中小企业进行技术创新、技术改造和技术升级，扶持有条件的农村中小企业进入高新技术产业，提高产品质量和市场竞争力。

专栏 8-1

各国对中小企业的金融支持

纵观一些国家的发展历史，不难看出，无论是发达的资本主义国家还是新兴的工业化国家，政府对中小企业的发展都是非常重视的。尤其是在第二次世界大战后，典型的自由主义市场经济国家美、德等发达国家在不断发展本国民族工业，积极发展对外贸易产业的基础上，纷纷依靠政府来保护和促进本国的小型企业发展，并从不同方面，以不同形式支持其成长中的小型企业，尤其是在小企业的融资服务方面更是给予了特殊的支持。

以美国为例，美国政府为了促进其中小企业的顺利发展，采取了许多有利于小企业发展的金融政策。例如，美国对于那些符合条件，但又无力获得借款的小型企业，一般通过其直属机构——美国联邦小企业管理局（Small Business Administration, SBA）直接向小型企业提供银行贷款担保；对于具有风险的投资，则通过美国联邦小企业管理局所建立的小企业投资公司向各中小企业进行金融协助。20 世纪 70 年代以来，美国即开始实施“小企业创新研究计划”，在小企业的技术研究、开发和创新的一系列活动，政府通过各种形式给予小企业以金融支持。1995 年美国又推出“出口周转资金信贷担保计划”，其目的在于协调美国联邦小企业管理局与进出口银行的行动，以支持小企业的出口贸易活动。

日本是公认的执行中小企业政策较为典型的国家，中小企业融资体系较为完善。日本的大企业和大型金融机构以相互持股的形式紧密结合在一起，形成了以大型金融机构为中心的财团，在这种经济背景下，大型金融机构对中小企业存在种种信贷歧视，导致中小企业的融资困境。在民间广泛存在的信用合作组织以及地方银行在此时解决了中小企业的融资问题。这些信用合作组织都是由中小企业为了加强合作、聚集资金而组建，一开始就是立足于为中小企业服务的。而地方银行则是由地主资本发展而来的，本身就带有封建色彩，和中小企业有着相同的经济起源。这些金融组织在本质上和中小企业属于日本二重结构中的同一级，在经济利益上更具有同一性，所以能把为中小企业服务作为自己的本职。

为了保证中小企业在现代化进程中可以获得有效的金融支持，日本制定了大量的中小企业法律和相关的金融法律，如表 8-3 所示。

表 8-3　日本中小企业法律和相关金融法律

年代	法律
40	《国民金融公库法》《中小企业互助合作法》
50	《中小企业协同组合法》《日本信用金库法》《中小企业信用保险法》《信用保证协会法》《中小企业金融公库法》《中小企业振兴资金助成法》《相互银行法》《劳动金库法》
60	《中小企业基本法》《中小企业近代化促进法》《中小企业各行业振兴临时措施法》《中小企业共济法》《中小企业现代化资金助成法》《中小企业投资育成股份公司法》
70	《中小企业转换对策临时措施法》《中小企业振兴法》《中小零售商业振兴法》《中小企业倒产防止共济法》
80	《中小企业技术开发促进临时措施法》《特定中小企业者事业转换对策临时措施法》

资料来源：日本中小企业厅

依据这些法律，政府可以通过金融辅导手段对中小企业现代化进行有计划、按步骤的指导。同时，这些健全的法律规范使支持中小企业的金融行为成为长期的定向的法律行为，对于促进日本中小企业融资机构的规范发展，提高其资产质量和经营的安全性，保证其健康平稳运作具有重要的意义。

日本政府还利用会计支出和财政投融资的方式加大对中小企业的扶持力度。会计支出是指日本政府每年都从一般会计支出中拿出一定数量的资金，以低息提供给中小企业金融机构。1960 年提供的贷款额为 25.8 亿日元，到 1980 年已达 2 434 亿日元，其中 40%~60%用于中小企业现代化和高度化。日本财政投融资通过调节全社会资金流动的不平衡，对占全国企业总数 96%以上的落后的中小企业的现代化改造大力投入，促进了日本经济二重结构的消除和日本经济的全面现代化。尤其是在经济高速增长时期，金融资本集团以系列贷款、协调贷款把绝大多数民间银行的资金投向重化工业部门的大企业，而落后的中小企业则成为了财政投融资的重要对象。日本政府通过政府专门金融公库，向中小企业提供大量的低息优惠贷款，促进了中小企业现代化。

日本中小企业融资体系对中小企业现代化提供金融支持，除了依靠自身为中小企业提供的完善的融资服务和高效的运作机制之外，还得益于中小企业社会化服务体系的支持，即中小企业诊断制度。所谓中小企业诊断是指对中小企业的经营问题进行识别并提出改进方法。日本的中小企业诊断分为一般诊断和现代化促进诊断，其内容包括低息融资、新兴企业补助金、组织化、经营体制和技术等，在中小企业融资过程中发挥着重要的作用。

法国、德国、意大利等国在其小企业的发展中，政府也大多采取扶持和资助的形式帮助小企业解决资金问题。一般的政府主要通过银行贷款、政府补贴、减免税收等多种形式为中小企业发展提供必要的金融支持，以协调小企业的经济活动，保证小企业在发展过程中无后顾之忧，从而扩大和壮大本国民族工业的发展。

资料来源：陈灿灿.日本与美国中小企业融资比较. 科技咨询导报，2007，(8)：140；霍卫红.日美中小企业融资经验及其借鉴意义. 时代经贸，2007，(4)：67-68；李关政.日本二重结构下中小企业融资体系的发展及对我国的启示. 湖南大学硕士学位论文，2006：50-55；陈淑华，薛耀滨.政府对中小企业的金融支持. 黑龙江教育学院学报，1997，(4)：36-37

2. 完善间接融资市场体系，打破农村中小企业融资瓶颈

进一步完善我国农村中小企业间接融资市场体系，多种融资方式协调发展，增加信贷供给总量，打破农村中小企业融资瓶颈，可以从以下几方面进行：①在试点的基础上，完善结构多层次、主体多元化的融资体系，扩大农村金融机构信贷规模。2003 年以来，中国政府及各金融机构出台了一系列扶持和促进中小企业及农村经济发展的融资政策措施，以部分农村信用社和农村信用社县（市）联社为基础组建了农村商业银行、农村合作银行；鼓励境内商业银行或农村合作银行在农村地区设立贷款公司；成立了邮政储蓄银行；开展中国农业银行三农金融事业部制改革试点；开展了村镇银行、小额贷款公司、农村资金互助社试点工作等，多渠道、多方式缓解了农村中小企业资金供应不足的现状。从各项改革举措来看，我国已经初步形成了一个产权结构和投资主体多元化的农村金融体系，对解决农村中小企业融资问题起到了积极的作用。但以上很多农村金融改革工作尚在试点当中，需进一步加大推行力度，相关政策法规体系也仍需进一步完善。②创新金融产品，为农村中小企业提供多种融资方式。农村金融机构应大力发展适合农村中小企业的金融产品，开展信用担保贷款、综合业务授信、票据承兑和贴现融资、融资租赁、自然人担保贷款、订单及仓单质押贷款，应收账款质押贷款、买方信贷、典当融资等金融服务项目，并根据企业的融资额度、融资期限、担保方式等要素的不同，提供不同的产品组合服务。③规范民间借贷，拓宽农村中小企业的融资渠道。目前，民间金融在农村中小企业融资中发挥了重要的作用。因此，政府应通过立法使民间借贷走向法制化，规范民间金融的发展，将非正规的民间融资转化为正规的受金融监管部门监管的金融机构，从而弥补国有商业银行在金融支持方面的不足。

3. 加快社会信用体系建设，为农村中小企业融资提供良好的环境

政府应统筹安排，建立和不断完善企业的社会信用体系，以提高农村中小企业信息透明度，降低金融机构搜集信息的成本。第一，加速制定信用管理类法律法规，形成一个比较完整的框架体系，为商业化的社会征信机构开展业务提供法律依据，根据法律对不讲信用的企业和责任人进行惩处，保障信用市场的良好运行和发展，从而为农村中小企业融资提供更好的环境。第二，制定和完善农村中小企业信用评价指标体系。应考虑大部分农村中小企业的特点和可操作性等原则，制定科学合理的农村中小企业信用评价标准，实行企业信用评级制度。并通过建立高效统一的信用信息系统，规范和完善农村小企业信用档案，建立经济行政管理、金融等部门联合的信用征集与信用评价体系，面向全社会进行信息查询、交流及共享。

4. 加强信用担保体系建设，为农村中小企业融资提供有力的支持

我国绝大多数农村中小企业规模小、资产少、资产质量差、信用风险大，尤其需要信用担保。因此，加强信用担保体系的建设是解决农村中小企业融资困境的必要途径。第一，完善我国农村中小企业信用担保机制。应借鉴国外担保法律条款，结合我国实际情况，修改、补充和完善《中华人民共和国担保法》(简称《担保法》）等法规，对专业担保机构的业务范围及种类、从业资格、财务内控制度、行业自律、退出等方面进行规范。第二，发展多种形式的担保机构，扩大担保机构的服务范围，建立分层次的农村中小企业融资担保体系。发展农村政策性信用担保、农村合作性担保、农村商业性担保等多种形式的信用担保组织。第三，建立合理的农村中小企业融资担保风险分散机制和风险补偿机制。农村中小企业担保机构所面对的复杂因素更多，也更具风险性。一方面，国家应加快建立再担保体系，积极支持为信用担保机构提供信用保证服务的信用再担保机构建设，形成“贷款主体、银行、担保、再担保”四位一体的融资合作机制。另一方面，中央和地方财政应建立制度化与法律化的担保风险补偿机制，对农村信用担保机构落实营业税、所得税等税收减免政策等，降低担保公司的运营成本，从而使担保公司能降低担保收费标准，并最终降低中小企业融资成本。

专栏 8-2

中国台湾地区和美国的融资担保模式

一、中国台湾地区的中小企业融资担保模式

中小企业是中国台湾经济发展的支柱力量。中国台湾地区的中小企业融资担保模式走在世界前列。1974 年，由财政部主管，中国台湾地区成立了中小企业信用保证基金，该基金的资金主要来自金融机构的捐助和政府出资。还通过立法直接规定金融机构以捐助的方式入股基金，目的是鼓励金融机构积极参与。通过该基金的设立，一是提高金融机构对中小企业的信心，分担金融机构的融资风险，如期放款；二是可以对发展潜力好，但缺少担保品、资金短缺的中小企业提供信用保证，顺利取得金融机构的贷款，使企业得以顺利发展；三是配合有关中小企业担保机构扩大担保效果。

1991 年中国台湾当局建立了较为完善的担保体系，并通过了《中小企业发展条例》，包括经营管理、财务融通、研究发展、生产技术、市场营销等各个方面。该担保体系作为中小企业信用保证基金的有益补充，有力地促进了中小企业的发展，协助中小企业每年取得 2 000 亿新台币左右的融资，使 10 万家中小企业（约占中小企业总数的 26%）得到信用担保，并使其中一部分中小企业顺利上市。

自 1974 年中小企业信用担保基金成立，至 2002 年 6 月底，中国台湾中小企业信用保证基金共受理保证申请 2 050 480 件，提供承保 24 034.27 亿元新台币，为 152 995 家企业提供了信用保证。帮助中小企业取得金额高达 32 922.90 亿元新台币。

中国台湾地区实行一级担保机构，在各地设立分支机构。信用保证基金建立了较为完善的管理制度，组织机构健全，各部门分工周密，包括限定担保贷款的最高限额、信用保证对象的基本规定、代位清偿及不代位清偿准则、移送信用保证的程序等。中国台湾金融机构还与中小企业信用保证基金建立了基本涵盖全岛的密切协作关系。信用保证基金为了节省大量人力、财力和物力，发挥金融机构的审查优势，同时提高资源的运作效率，在运作方式上采取授权贷款额度保证。首先是由签约金融机构直接对申请企业进行资格审查，对符合贷款要求的采取先拨付贷款，再移送基金追认保证的方式。

二、美国的中小企业融资担保模式

美国是一个高度市场化的国家，同时还拥有较为发达的信用担保体系。概括来讲，美国的中小企业信用担保体系主要有三种：一是由各地方政府操作的区域性专门担保机构；二是直接服务于国家经济政策的专门担保机构美国联邦小企业管理局；三是社区担保体系。

其中发挥的作用最大的是美国联邦小企业管理局。小企业管理局成立于 1953 年，专门负责管理和执行小企业贷款担保计划，是实行一级担保独立的联邦政府机构，并且它在各地设立分支机构。美国联邦政府直接全额出资中小企业信贷保证计划的资金，实行国会预算贷款，由小企业管理局直接负责管理和执行。它的重要职能就是为小企业向金融机构贷款提供担保、经营管理咨询等服务。通过所设立的信用担保项目，小企业管理局可以为中小企业提供如下服务：为不超过 10 万美元的贷款提供高达 80%的信用担保，对 10 万美元以上的贷款额可以提供 75%的信用担保。

小企业管理局的主要特点如下：一是小企业管理局的业务经费和担保基金主要来源于政府的财政收入；二是美国政府直接操作美国联邦小企业管理局，这为中小企业信用担保业务的开展起到极大的促进作用；三是拥有完善的外部环境；四是明确规定了担保收费、担保对象和担保贷款的最高限额，最高限额为 75 万美元。

资料来源：翟春玲.我国中小企业融资担保问题研究. 河南大学硕士学位论文，2010：28；孙翔.破解中小企业融资困境的思考. 安徽大学硕士学位论文，2010：27-28

5. 大力发展我国农村中小企业直接融资市场体系，积极拓展中小企业直接融资渠道

现行的关于上市融资、发行债券的法律法规和政策导向对农村中小企业不利，农村中小企业很难通过债券和股权融资的渠道获得资金，因此，需要大力发展我国农村中小企业直接融资市场，积极拓展中小企业直接融资渠道。第一，进一步发展债券融资方式。加快债券市场改革，推行农村中小企业债券的发行制度，支持经营良好的、有偿还能力的农村中小企业进行债券融资。同时，在试点的基础上，总结经验，积极开展农村中小企业集合债券发行，提升农村中小企业直接融资的比重。第二，支持农村中小企业直接从证券市场筹措发展资金。鼓励、引导农村中小企业进行规范的股份制改造，到中小企业板块市场、国内主板市场上市，使符合条件的农村中小企业获得上市融资机会，拓宽直接融资渠道。第三，培育多层次的区域性股权交易市场。包括建立和发展一些区域性的证券交易所，为部分农村中小企业今后进入证券交易所上市融资提供桥梁或台阶；积极发展多层次的场外交易市场，特别是一些区域性的小证券市场或股权交易市场。

整体来看，农村中小企业在融资过程中出现的种种问题，是多方面原因造成的。需要各方面共同努力，拓展农村中小企业的融资渠道，从而优化农村中小企业的融资结构，促使农村中小企业的健康发展。

本章小结

（1）本章主要在界定农村中小企业定义的基础上，梳理关于中小企业融资困境的相关理论，介绍我国农村中小企业的融资方式，包括农村中小企业内源融资和外源融资的状况，探讨农村中小企业融资困境的成因及解决路径。

（2）我国农村中小企业传统上一般称为乡镇企业，也包括近年来迅速发展起来的各类农业产业化企业。农村中小企业具有原材料的供给弹性不同、企业的内部治理水平不同、企业人员的素质不同、企业面临的风险不同等特点。农村中小企业的发展不仅关系到农业与农村经济的发展，也关系到农民收入增加、农村剩余劳动力转移、农村工业化和城镇化的建设，是中国农村经济发展和全面建设小康社会的重要力量。

（3）现代融资理论，包括信贷配给理论、融资优序理论、金融成长周期理论等，都对企业融资方式做出了解释。对于中小企业来说，资金对其生存和发展的意义尤为重要，甚至是其能否生存发展的决定性因素。农村中小企业的金融需求主要表现为资金融出（主要是存款）、资金融入和结算。我国农村地区的金融机构基本能够满足农村中小企业的资金融出服务和结算服务，资金融入成为农村中小企业最主要的金融需求。目前我国农村中小企业融资面临着融资结构不合理，融资渠道狭窄，多数农村中小企业融资结构中内源融资有限，直接融资比例小，负债比例较高的困境。这些与农村中小企业自身存在的原因有很大的关系，如信用信息不足、抵押担保能力不足和规模小、营利能力差、经营风险高等，同时企业的外部环境因素也是造成农村中小企业资金短缺的重要成因。

（4）为了改进农村中小企业融资状况及解决出现的融资困境等问题，农村中小企业应增强自我发展能力，加强企业内源融资；国家应从政策根源、融资渠道拓展、社会服务体系等外部环境，多方面寻求改进和创新，建立多层次的间接融资体系和直接融资体系。

关键术语

中小企业　农村中小企业　乡镇企业　农业产业化企业　信贷配给理论　融资优序理论　金融成长周期理论　金融需求　内源融资　外源融资　直接融资　间接融资　融资困境　解决路径

复习与思考

1. 农村中小企业如何定义？其有哪些特点？
2. 简述农村中小企业的重要性。

3. 试简要概括中小企业的融资理论。
4. 简述资金对农村中小企业发展所起的作用。
5. 我国农村中小企业的金融需求具有哪些特征？
6. 根据中小企业的融资方式，分析我国农村中小企业的融资状况。
7. 简述我国农村中小企业融资困境的成因。
8. 解决我国农村中小企业融资困境的路径有哪些？

参考文献及推荐阅读

曹晋生. 2001. 企业发展与银行融资. 中国社会科学院研究生院博士学位论文.
董晓林，杨小丽. 2011. 农村金融市场结构与中小企业信贷可获性——基于江苏县域的经济数据. 中国农村经济，5：82-92，96.
董晓林，程超，吕沙. 2015. 不同规模银行对小微企业贷款技术的选择存在差异吗？——来自江苏省县域的证据. 中国农村经济，10：55-68，79.
杜创. 2010. "小银行优势"理论面临的挑战——国外研究进展及评论. 金融评论，6：112-120，123.
林毅夫，李永军. 2001. 中小金融机构发展与中小企业融资. 经济研究，1：10-18，53-93.
潘淑娟，韩克勇. 2004. 商业银行对高新技术企业融资介入阶段分析. 河南金融管理干部学院学报，1：45-48.
田晓霞. 2004. 小企业融资理论及实证研究综述. 经济研究，5：107-116.
张捷，王霄. 2002. 中小企业金融成长周期与融资结构变化. 世界经济，9：63-70.
Berger A N，Udell G F. 1995. Universal banking and the future of small business lending. Social Science Electronic Publishing.
Berger A N，Udell G F. 1998. The economics of small business finance：the roles of private equity and debt markets in the financial growth cycle. Journal of Banking and Finance，22：613-673.
Berger A N，Udell G F. 2002. Small business credit availability and relationship lending：the importance of bank organizational structure. The Economic Journal，112（477）：32-53.
Bester H. 1985. Screening versus rationing in credit markets with imperfect information. American Economic Reviews，75（4）：850-855.
Bester H. 1987. The role of collateral in credit markets with imperfect information. American Economic Reviews，31：887-899.
Brickley J A，Linck J S，Smith C W. 2003. Boundaries of the firm：evidence from the banking industry. Journal of Financial Economics，70（2）：351-383.
Hauswald R，Marquez R. 2002. Competition and strategic information acquisition in credit markets. Review of Financial Studies，19（3）：967-1000.
Jaffee D W，Franco M. 1969. A theory and test of credit rationing. American Economic Review，59（5）：850-872.
Macmillan H P. 1931. Report of the committeeon finanee and industry. Comnd：389.
Moses A. 2013. Management control systems，business strategy and performance：a comparative analysis of family and non-family businesses in a transition economy in sub-saharan africa. Journal of Family Business Strategy，4（2）：131-146.
Myers S C，Majluf N S. 1984. Corporate financing and investment decisions when firms have information that investors do not have. Journal of Financial Economics，13（2）：187-221.
Stein J. 2002. Information production and capital allocation：decentralized versus hierarchical firms. The Journal of Finance，57（5）：1891-1921.
Stiglitz J E，Weiss A. 1981. Credit rationing in markets with imperfect information. American Economic Review，71（3）：393-410.

第9章

农 业 保 险

学习目标：

1. 了解农业风险和农业保险的内涵，熟悉农业保险的种类，理解农业再保险的作用。
2. 从理论上理解和掌握政策性农业保险的实施基础。
3. 了解国外农业保险发展的主要模式和做法。
4. 理解我国农业保险的发展状况和典型模式。
5. 了解当前我国农业保险存在的问题和发展前景。

农业保险对于防范和化解农业风险具有重要的意义，随着当前农村改革的深入和农村商品经济的发展，以政府救灾为主体的风险保障措施已不能适应农业、农民和农村发展的需要。在目前的新形势下，完善我国的农业保险具有重要意义。

9.1 农业保险概述

9.1.1 农业风险的分类与特点

1. 农业风险的分类

农业是一个典型的风险型产业，农业风险大致归为三大类，即自然风险、市场风险和社会风险。

1）自然风险

自然风险是指由于来自自然界的某些突发事件（随机事件）给经济造成损失的可能性。农业生产一方面是劳动产品、劳动力、生产关系等经济现象的再生产过程，同时又是动植物繁衍及其与自然界进行物质和能量相互转换等自然现象的再生产过程。农业的这一特点决定了农业受自然条件的影响很大，而自然现象是变化无常的，相应地存在自然风险，此亦为农业有别于其他产业之处。相对而言，非农产业的生产过程很少受到自然因素的直接作用。

农业自然风险主要由自然灾害、意外事故等因素所造成。农业自然灾害包括：①气候灾害；②植物病、虫、草害；③动物疾病（普通病、寄生虫、传染病）；④地球地壳的板块运动，如地震、地陷、泥石流、火山爆发等。这些自然界突出因素给农业带来的风险就是农业自然风险。表 9-1 是我国近年来受灾、成灾和绝收面积的情况。

表 9-1　我国近年来受灾、成灾和绝收面积（单位：10^3 公顷）

指标	1990 年	1995 年	2000 年	2010 年	2012 年	2013 年	2014 年
一、受灾面积	38 474	45 824	54 688	37 426	24 962	31 350	24 891
旱灾	18 175	23 455	40 541	13 259	9 340	14 100	12 272
洪涝灾	11 804	12 734	7 323	17 525	7 730	8 757	4 718
风雹灾	6 354	4 479	2 307	2 180	2 781	3 387	3 225
冷冻灾	2 141	3 578	2 795	4 121	1 618	2 320	2 133
台风灾			1 722	342	3 491	2 670	2 483
二、成灾面积	17 819	22 268	34 374	18 538	11 475	14 303	12 678
旱灾	7 805	10 402	26 784	8 987	3 509	5 852	5 677
洪涝灾	5 605	7 604	4 321	7 024	4 145	4 859	2 704
风雹灾	3 415	2 076	1 162	916	1 368	1 682	2 193
冷冻灾	994	1 791	1 032	1 444	795	885	933
台风灾			1 075	168	1 658	987	1 149
三、绝收面积		5 618	10 148	4 863	1 826	3 844	3 090
旱灾		2 121	8 006	2 672	374	1 416	1 485
洪涝灾		2 627	1 324	1 658	889	1 539	625
风雹灾		561	321	280	213	412	458
冷冻灾		194	260	241	143	181	168
台风灾			237	12	206	290	349

资料来源：历年《中国农村统计年鉴》

2）市场风险

市场风险是指一个生产经营单位在实际运转过程中，由于外部经济环境变化或偶然性因素出现，实际收益与预期收益发生背离的可能性。市场风险是任何部门都面临的一种客观经济现象，就农业而言，市场风险主要来自于农产品和农业生产资料价格的变动。农业生产经营中的市场风险与自然风险是两种性质不同的风险。市场风险具有两重性，其后果可能是一种损失，也可能是一种获利。例如，市场价格的变化，对农业生产者来说，可能卖高价而获利，也可能卖低价而亏损。

3）社会风险

农业生产除了特别容易受自然因素的影响外，还受许多社会因素的影响，社会条件异常引起的灾害事故会造成农业风险。通常包括：①政治制度风险，是指由于政治制度的变化、罢工甚至战争引起的农业风险；②行为风险，是指由于个人或团体的行为，包括过失、行为不当或故意行为所引起的农业风险，如纵火、投毒、恶意破坏等道德风险，管理不善、操作不当、管理人员失职等管理风险；③技术风险，是指由于科学技术的发展所带来的风险。使用新的科学技术虽然增强了农业生产抵御自然风险的能力，但同时承担的经济责任重了，社会风险也会相应加大。

2. 农业风险的特点

农业风险不同于一般财产风险和人身风险，其具有独特的地方，概括起来主要有以下几个特点。

1）农业风险的不确定性和复杂性

根据风险和保险理论，不确定性是所有风险的基本特征，但农业风险的不确定性尤为明显：农业受自然力的控制，而自然气候变化多端，远远超过了目前人类社会的预测和控制能力。农业同时又受到社会因素的制约，如市场、制度、政策等。就农业活动的全过程而言，农业生产周期较长，农业生产者和经营者的可控性很差，具有相当的依赖性和从属性，是一个风险性很大的产业。随着现代立体农业、高新技术农业以及农业产业化的推进，农业生产与经营风险的不确定性因素日益增多，且各种风险因素相互交织、相互影响，具有复杂性。农业风险的不确定性主要源于：生产过程和产量的不稳定性，市场供应价格的不规则波动，资金供应能力的不确定性，技术缺乏及落后的可能性，社会结构、法律规范、交易规则的变异，人为失误、破坏的可能性等。这些不确定变化引起农业产出水平、农民收入水平、农业资本存量、农业投入能力的波动，从而导致农业风险具有高度的不确定性。

2）农业风险具有地域性

农业风险具有地域性主要表现在两方面：一方面农业灾害特别是自然灾害分布上具有明显的区域性特征，不同地区的主要灾害存在显著差异。我国地域辽阔，各地气候和自然资源条件差异明显，总体而言，一般情况是北方多旱灾，南方多水灾。另一方面是农业风险发生所造成的破坏性具有地域性，如一个地区某年遭受某一类虫害，则它的损害波及面就可能是整个地区。

3）农业风险发生的季节性

农产品的生产呈现很强的周期性和季节性，加上某些自然现象的发生也具有时间差异性，两者共同作用，导致农业自然风险季节性特点。正是农业自然风险季节性特点的限制，使得众多农业生产者做出生产决策的时机基本上是相同的，因此他们据以做出决策所依据的价格也是同一时期的，大体相同。另外，农业生产周期也是基本一致的，这样上一时期价格的升降会引起其各个生产者下一期供应量同时同向的变化，进而使农业市场风险也具有季节性。

4）农业风险的系统性

就某种风险的外延而言，可以将其分为系统性风险和非系统性风险。农业风险具有高度相关性，也具有广泛的伴生性。农业风险的高度相关性使得一种风险事故的发生往往会引起另一种或多种风险事故的发生，农业风险损失容易扩大，而且由于这种损失是多种风险事故的综合结果，很难区分各种风险事故各自的损失后果。例如，台风灾害往往会伴生暴雨灾害，山区的暴风雨则可能导致山洪或泥石流的发生；我国南方在梅雨季节，高湿现象可能诱发农作物的病害和虫害。同时，由于众多农业风险单位在同一风险事件中产生经济损失，农业风险极易演变为巨灾风险并造成巨灾损失，因此农业风险更多地表现为一种系统性风险。

9.1.2　农业保险的内涵

1. 农业保险的定义

农业保险是指保险人为农业生产者在从事农业生产过程中，对遭受自然风险或市场风险所造成的损失提供经济补偿的各种保险保障。农业保险通常有狭义和广义之分，狭义的农业保险仅指种植业和养殖业保险，即农业生产者以支付小额保险费用为代价，把在从事种植业和养殖业生产和初加工过程中遭受的自然风险或市场风险所造成的损失转嫁给保险公司的一种制度安排；广义的农业保险则除了种植业和养殖业保险外，还包括从事农业生产的劳动力及其家属的人身和农户家庭、农场的其他物质财产的保险。我国学术界和实务界目前一般采用狭义农业保险的概念，而将广义农业保险涵盖在农村保险的概念中。

2. 农业保险的特点

农业风险的客观存在为农业保险提供了发展的契机，同时农业风险相对于财产风险和人身风险的特殊性，使得农业保险与一般财产保险相比，具有以下特点。

1）农业保险是一种高成本和高风险性的保险

农业保险的高风险源于农业生产的高风险，由于农业生产在很大程度上依赖于自然条件（特别是地理和气候条件），也在一定程度上依赖于当地的经济和技术发展水平，尽管科学技术在 21 世纪的今天已经有了突飞猛进的发展，但即使在美国、加拿大这样自然条件优越、技术装备先进的国家，其农业生产，特别是农作物生产也频繁地遭到自然灾害的袭击。自然灾害的发生不仅频率高，而且具有系统性。农业风险的系统性使得农业风险单位在灾害事故及灾害损失中常表现为高度的时间与空间相关性。再加上农业灾害的覆盖面广、影响面大，农业风险所造成的经济损失往往难以度量，发生巨灾损失的概率相对较大，极易给保险公司带来无法控制的潜在巨大损失，具有极高的经营风险。农业保险的高风险性同时增大了农业保险的赔付率，显著加大了农业保险的经营成本，同时，农业在空间上具有较大的分散性，在生产资料的利用上具有较强的季节性，这给风险区划和确定费率带来了困难并增加了工作量。另外，保险的展业宣传、承保签约、查勘定损、理赔兑现等业务在时间上比较集中、地域上比较广阔、工作强度很大，这些必然使保险人花费比其他保险更多的人力、物力和财力，使农业保险又具有高成本的特点。

2）农业保险中存在更严重的信息不对称

保险业务中普遍存在逆向选择与道德风险。但是，由于农业保险的标的大都是有生命的动植物，其生长、饲养都离不开人的行为作用。而我国农村地区土地广袤，气候多变，加之农户居住地分散，信息闭塞，保险人往往很难得到相关信息，因此在农业保险中信息不对称就表现得更为严重。

一方面是逆向选择问题。在农业保险中，由于获取信息的代价过于高昂，保险人不得不采取统一格式的保险合同，其结果必然是保险市场上充斥着大量的高风险者，而低风险者被排除在外。这样一来，保险人的赔付率不断上升，促使保险人进一步要求高保费率，从而进一步将中低风险农业风险单位排斥在外。久而久之，农业保险的市场将大部分是高风险者，导致保险人的经营风险过高。另一方面是道德风险问题。与一般财产保险不同，在农业保险中，风险事故的发生与事故发生后造成损失往往与投保人（被保险人）的行为密切相关。投保人（被保险人）的防灾防损、灾后补救的态度和手段不同，损失率就有可能不同。而在实际中，农户参保以后，往往不再重视或放弃有效的风险管理措施，大大增加了损失概率。加之保险人的技术水平有限、监督成本高、风险控制难度大，使农业保险具有的严重的道德风险。

3）农业保险具有显著的外部性

从福利经济学来看，具有完整的激励效应的经济行为时投资资本与投资收益完全内敛。如果单一投资行为出现了成本的外溢，社会福利就会受损，从而放大了私人福利；如果出现了效益的外溢，私人福利就会下降，社会福利就会增加。农业保险具有福利外溢的典型特点，具有显著的外部性。农民缴纳保费购买农业保险，不仅能够保障自己的收入稳定，而且还能发挥保证农业再生产顺利进行和稳定国民经济的作用。同理，保险公司在提供农业保险为农业保驾护航时，既可以从农业保险中赚取利润，也可以促进农业的发展。总之，农业保险的发展，不仅可以使农民和保险公司受益，还可以保证农业生产的顺利进行，使全社会成员享受农业稳定的好处。

但是，由于农业保险具有外部性，引入农业保险后，保险人并不完全受益，保险农户在一定阶段可从中获取利益，但超过一定程度，反而会因供给量的增加导致其收入下降，而广大消费者才是最终的受益者。另外，农业保险的外部性使保险公司无法限制不买保险的农民从农业保险中获益，使农民在购买农业保险时容易产生“免费搭便车”现象，严重影响了农业保险的销售和推广。例如，防灾防损是农业保险经营的重要环节，保险公司常用高炮轰击乌云，以减少雹灾的次数和强度；但在实施过程中不可能只针对购买了农业保险的农民，当地未购买保险的农民也因此减少了雹灾带来的损失。基于此，保险公司就失去了办农业保险的激励，从而影响了农业保险的开展。

4）经营农业保险存在特殊的技术障碍

一是保险费率难以厘定。农业灾害损失在年际间差异很大，纯费率要以长期平均损失率为基础，但有关农作物和畜禽生产的长期记录和统计资料却难以搜集或极不准确，为精确厘定费率带来了困难。二是合理的保险责任难以确定。各地的农业实践千差万别，灾害种类和频度各不相同，而要准确反映这些差异，合理确定不同地区不同条件下的保险责任，就必须进行保险区划，而这不是仅保险机构就能够轻易完成的。三是难以定损理赔。与一般财产保险不同，农业保险的标的是有生命的动植物，标的价格在不断变化，赔款应根据灾害发生时的价值计算，而未成熟农产品的未来市场价值难以预测，因而定损困难；另外，要从产量损失中分解出特定风险造成的损失，也非常困难。

5）农业保险需要政府的参与

从前面四点可以看出，农业保险区别于一般财产保险的高风险、高成本、显著的外部性以及操作上存在的技术障碍，使商业性保险公司的经营面临较大的困难。在世界保险业中，农业保险一直被视为尖端，可以说是发展最缓慢的一类保险，一般的商业保险公司都不愿经营这种风险较大、没有固定利润的保险。但是农业保险作为农业生产风险转嫁机制，具有很大的作用，需要政府的参与。在许多国家农业保险已经作为了政策保险的第一大组成部分，并采取了给农户以保费补贴、保险公司运营费用补贴和强制保险等手段。例如，美国国会于 1980 年通过了《农作物保险修正法案》，将联邦农作物保险公司（Federal Crop Insurance Corporation，FCIC）的股金增加两倍多，承保范围几乎覆盖了所有粮食作物，政府在不同保障水平下的保费补贴率高达 38%~65%。日本的农业保险主要是强制性的，稻农交纳相当于正常年景 10%的保险费，政府则对农业保险给予大量补贴。因此，农业保险要发展，就需要政府的参与，政府支持对于农业保险的发展非常重要。

3. 农业保险的种类

农业保险从不同的角度有不同的分类方式，按生产对象不同分为种植业保险、养殖业保险；按保障程度分为成本保险、产量或产值保险；按实施方式，还可分为自愿保险和法定保险；按保险责任范围不同，可分为基本责任保险、综合责任保险和一切险；按保单形式的不同，可分为单险种保险和组合式保险。

1）按生产对象分类

种植业保险是指以植物生产为保险标的，以生产过程中可能遭遇的某些危险为承保责任的一类保险业务的统称。它又分为生长期农作物保险、收获期农作物保险、森林保险和经济林、苗圃、园林保险。

养殖业保险是指以各种处于养殖过程中的动物为保险标的、以养殖过程中可能遭遇的某些危险为承保责任的保险。按照保险标的不同，可将其分为大牲畜保险，如奶牛、耕牛、山羊等；中小家畜保险，如猪、羊、兔等；家禽保险，如鸡、鸭、鹅等；水产养殖保险，如鱼，虾，螃蟹等。

在我国实践中，通常是按生产对象的不同确定承保对象，并由此来确定相应的农业保险。

专栏 9-1

能繁母猪保险

能繁母猪就是可以正常繁殖的母猪，包括生产母猪和后备母猪，其最基本的标准是：体重达到成年体重的 70%以上，能定期正常发情、配种、受孕、生产，身体健康，没有影响繁殖的疾病。

2007 年，生猪生产，特别是能繁母猪养殖出现了问题，导致全国范围的猪肉供应紧张，猪肉价格节节攀升，直接影响到了国计民生。因此，国家高度关注，希望通过包括保险在内的系统解决方案，化解“猪肉危机”。于是，在国务院、保监会和农业部的共同推动下，在全国范围内推出了能繁母猪保险。

能繁母猪保险属于政策性保险，商业化运作。其保险费由中央财政、地方财政和农户共同负担，农民只需要交12元的保费，就可以获得每只母猪1 000元的保障。

能繁母猪的投保条件：①参保能繁母猪（指具有繁殖能力的母猪）必须经当地畜牧兽医部门认定，按规定免疫并佩带标识；②猪龄在8月龄（含）以上、4周岁（含）以下；③存栏量10头（含）以上的可直接投保，10头以下的以行政村或农民专业合作组织为单位统保。

能繁母猪的保险责任涵盖了母猪饲养过程中面临的主要病害、自然灾害和意外事故，包括败血症、蓝舌病、痒病、猪瘟、猪肺炎、猪丹毒、蓝耳病、流行性腹泻、猪链球菌、口蹄疫及其免疫副反应、台风、龙卷风、暴雨、雷击、地震、洪水、冰雹、泥石流、山体滑坡、火灾、爆炸、建筑物倒塌、空中运行物体坠落。

2）按保障程度分类

成本保险是指以生产投入作为确定保障程度的基础，根据生产成本确定保险金额的保险。农业生产成本是随着生长期而渐进投入的，因此，成本保险一般采用变动保额、按生育期定额保险的方式进行。

产量或产值保险是指以生产产出作为确定保障程度的基础，根据产品产出量确定保险金额的保险。其中，如果以实物量计，则称为产量保险；如果以价值量计，则称为产值保险。农产品产量是生产过程结束时最终形成的，因此，产量或产值保险一般采用定额保险的方式进行，即按正常产量的一定成数承保。不足额承保的目的，主要是控制道德风险。

3）按实施方式分类

对于频繁发生、损失后果严重的自然灾害，如地震、洪水，应采用法定保险方式。这些灾害会直接影响农业生产的持续进行，给广大农业生产者带来生活困难，严重影响国民经济发展，同时还会给国家财政造成额外负担。很多国家采用这种强制保险方式，以保障农业生产的稳定和持续发展，由于我国幅员辽阔，可根据地区农业生产特点和受灾特点举办区域性强制保险。

农副业生产品种繁多，经营分散，使局部性损失较多。为了提供保障，应大力宣传保险的作用，增强保险意识，鼓励自愿投保，并满足农业生产者对保险的不同需要。随着商品经济的发展，自愿保险方式将为广大商品生产者乐意接受。

4）按保险责任范围分类

基本责任保险，即只承保了一种责任的保险，如小麦雹灾保险和林木火灾保险等。

综合责任保险，即承保一种以上可列明责任的保险，如水果保险可以承保风灾、冻害等。

一切险保险，即除了不保的风险以外，其他风险都予以承保。例如，美国等国开办的农作物一切险保险，就承保了几乎农作物所有灾害事物损失责任。我国目前还没有开办这类险种。

5）按保单形式分类

单险种保险，即一张保单只包含一个险种的内容。

组合式保险，即几个相关险种组合在一起形成一张保单，如塑料大棚保险包括棚体保险和棚内作物保险，农村综合保险包括农作物保险、农业生产资料保险等。

4. 农业保险的作用

1）农业保险有利于转移农业风险，保证农业生产持续稳定的发展

农业是直接利用动植物的生活机能，通过人工培育以取得产品的社会生产部门。农业生产的主要对象是有生命的动植物，在很大程度上受自然条件的影响。农业的生产周期长，不确定因素多，在生产过程中，资金的投放、物料消耗、产品收获和资金的回收等，都具有明显的季节性和不稳定性，这就使农业风险较大。通过农业保险，农民可以用较小的代价把农业生产和经营的风险转移给保险组织，当风险发生造成损失时，可以从保险组织得到经济补偿。通过保险的形式组织农民将分散的抗灾资金集中起来，互助互济，根据灾害损失程度大小，重新分配保险基金，起到及时补偿、保障农业生产稳定持续发展的作用。目前多数的工商企业在分配中第一次扣除的保险基金作为投入，计入生产成本中。而恰恰相对于别的产业，遭受自然灾害机遇最大的农业却缺少这种扣除。如果我们的农业政策不考虑在分配中进行这种合理的扣除，在农民的生产和生活因灾难以为继的情况下，就不能形成一个完整的农业保护政策体系。因为对每个农民每个生产周期而言，灾害发生的概率并不是100%，所以农户只要在每一次初分配中扣除少量的保险金，就可以应付将来某个时期可能会遇到的灾害损失。而这种扣除只有进入再分配，通过农业保险，才能发挥它的社会效用。

2）农业保险可以稳定国家的财政收支，促进信贷资金的流转

农业是国民经济的基础，其生产经营是否正常，将直接影响到国家的财政收支状况。保险是一种契约行为，农业保险是通过大量的农民向保险人交纳保险费所建立起来的经济契约关系，即一旦灾害发生，保险人就将根据保险单的规定，对被保险人的实际损失履行保险赔偿责任，使受损的保险标的价值得到契约规定内的经济补偿，从而迅速恢复其生产能力。这样，一方面可以减少国家财政的救灾支出；另一方面被保险人恢复生产能力后，通过税收等形式为国家财政增加收入。从这个意义上说，农业保险起到了稳定财政收支的作用。另外，农业生产经营中所需要的资金有些来源于银行等金融机构，如果借款人在生产经营过程中受到自然灾害和意外事故的损害后，不能及时得到经济补偿，将无法归还借款，不仅贷款者将蒙受损失，而且借款者也将背上更沉重的包袱。如果农民参加了农业保险，被保险标的一旦受灾，保险人将根据合同履行赔偿责任。被保险人获得赔偿后积极组织生产自救，迅速恢复生产，一般能保证借贷资金的归还，使整个社会的信贷资金能够顺畅地流转。

3）农业保险能够为被保险人提供风险保障

现代农业承受着自然风险、社会风险、经济风险的威胁，在我国，农业经济基础的薄弱和小规模农户分散经营使农民的收益处在一个极度不确定的状态，客观需要创造一种转移分散风险、分摊经济损失的风险管理机制。由于未来农业收成得到了农业保险的保障，就可以为必要的农业贷款提供担保，从而促进农业金融的发展。

4）农业保险有利于加强农业风险的管理，减少灾害损失

农业保险在展业承保时，对投保人和投保标的都要进行审核，排除那些损失必然发

生和有可能导致损失的因素。在保险期内，保险双方都要加强对保险标的的管理，如保险公司主动配合有关部门进行防灾防损，被保险人要认真执行保险条款和保险人提出的风险隐患整改意见。否则，造成的经济损失将得不到赔偿。这样，保险关系的建立增强了农业抗御自然灾害的能力，减少了灾害所造成的损失。

5）农业保险可以在世界贸易组织框架下，支持和保护本国农业发展

按照世界贸易组织的规则，价格补贴等农业补贴措施将受到限制，而规则中农业保险则属于“绿箱政策”，根据《农产品协议》第六条、第七条和附件二的规定，下列国内支持措施属于可免除减让义务的措施：①在农业研究、病虫害控制等方面的政府开支。②为食品安全目的而采取的储存措施。③直接向生产商提供财政或实物支持。具体包括：政府在财政上参与收入保险和净收入保障项目，自然灾害救济。《农产品协议》使农业保险成为世界贸易组织框架下，各国农业政策的重要走向之一。因此，要改变我国农产品在国际贸易市场中缺乏竞争力的现状，办法之一就是要学会许多世界贸易组织成员的做法，充分利用规则，以农业保险的方式来补贴农业，确保国家粮食安全。

9.1.3 农业再保险

农业风险具有系统性的特征使得农业风险多为巨灾风险，危险单位很大；通常，农业保险组织受地域的限制，经营空间范围有限，即便集合了本区域内的全部同质风险单位，也很难通过空间有效地分散风险。区域农业保险组织如果集合了本区域内的全同质风险单位，风险不但没有分散，反而更加集中，保险人经不起巨灾风险的打击。因此，必须在更大范围内寻求空间上的风险分散，即保险组织将其承保的农业保险业务进行再保险。

1. 农业再保险的内涵

农业再保险也称农业分保，是农业保险人将其所承保的危险责任的一部分或者全部转嫁给其他保险人，是保险业者之间分散风险责任的方法。以原保险人基于直接保险合同所承担的责任为保险的对象，再保险合同的当事人是原保险人与再保险人，合同的目的是原保险人在支付保险金遭受损伤时，从再保险人处获得补偿。换言之，原保险人因直接保险合同所规定的危险事故发生而承担损害赔偿责任时，再保险人根据再保险合同的规定承担原保险人的部分或者全部赔偿责任，因此，再保险人是以原保险人向被保险人支付保险金为再保险事故，而以原保险人对被保险人所承保的责任为标的。

农业保险与再保险是相互联系的：农业保险和再保险都是保险人进行农业风险分散的方式，都是以大数定律为依据来实现风险的分散；农业保险是再保险的前提和条件，农业再保险以保险为基础，再保险的发展反过来又促进了农业保险的发展。农业保险与再保险之间尽管相互联系，但仍存在着一些区别：①订立合同的双方当事人不同。农业保险是农业投保人与农业保险人之间建立合同关系，农业再保险是农业保险人与再保险人之间建立合同关系。②保险对象不同。农业保险人承保的是标的可能遭受的风险损失，农业再保险业务承保的对象是原保险单所承担的一部分或全部的合同责任。③被分散风

险的主体不同。农业保险分散的是农业被保险人的风险，农业再保险则是再保险人分散农业原保险人的风险。

从模式来看，农业再保险可以分为五种经营方式：农业保险机构内部建立起再保险体系；国家建立农业再保险公司承担再保险职能；农业保险机构之间协商联合开展再保险；完全商业化经营的农业保险再保险；国家指定专门再保险机构承担农业再保险。

2. 农业再保险的分类

农业再保险按照责任限额计算基础的不同，可以分为两种：以保险金额为责任限额计算基础的比例再保险和以赔款金额为责任限额计算基础的非比例再保险。

比例再保险是指分保分出人与分保接受人签订分保合同，以保险金额的一定比例承担保险责任的一种再保险。基本的比例再保险形式有两种，分别称为成数分保和溢额分保。

非比例再保险是指以赔款金额为基础计算分保责任限额的再保险，又称为超额损失分保。它又可以分为超额赔款分保和超额赔付率分保。

3. 农业再保险的功能

农业再保险的基本功能是为了分散风险，原保险人为避免承保标的遭受巨额损失，或者因农业灾害频繁发生而影响其正常的业务经营活动，因而将其所承保的部分业务分出给其他保险人，通过再保险的方式将一些保险人的承保力量聚积到一起。具体说来，农业再保险具有以下功能。

1）避免农业原保险人的过度损失，保障其业务经营的稳定性

保险公司是经营风险的特殊行业，经营安全是保险业的最基本要求。保险公司必须将承担的风险及时分散，同时将自留的风险责任均衡化。保险公司所承保业务的保险金额通常大小不一，有高有低，而且相差悬殊。农业风险系统性特征，使得农业保险的风险责任一般过于集中，常常造成农业原保险人的过度损失，很可能影响农业保险原保险人经营的稳定性。为此，农业保险原保险人可以利用不同的农业再保险合同，对每个风险单位的责任加以控制，也可以对一次灾害事故中的累计农业风险责任加以控制，还可以对某一农业保险险种的赔付率加以控制，这样原保险人可以通过农业再保险的方式将农业风险分给其他保险人，巨额风险被一次又一次地平均化，使风险控制在合理的范围之内，达到稳定经营的目的。

另外，由于农业再保险业务的建立，农业保险原保险人之间的联系和合作得到进一步的加强，不仅形成了联合的巨额保险基金，增强了整个保险业应付农业巨灾风险的能力，而且形成了全社会风险分散的网络，风险在更大的范围之内得以分散。新进入农业保险业务的原保险人，可以得到农业再保险的支持和技术指导，保证业务的稳定发展。

2）扩大了农业保险原保险人的承保能力

保险公司是经营被保险人转嫁的各类风险的组织，就每一承保对象而言，是否发生保险事故有其偶然性，难以预测其发生的规律。但通过对同类保险事故长期的数据的积累和分析研究，可以发现近似保险事故发生的频率。这种大数法则是近代保险业赖以生

存的数理基础。根据大数法则，经营风险的保险人只有大量地接受风险，才能平衡风险责任，增加保费收入，稳定业务成绩。但保险人的承保能力又受到其资本金和责任准备金等因素的制约，资本较少的保险人难以承保巨额的保险业务，即使财力雄厚的保险人，其承保能力也是有一定限度的，特别是承保农业巨额风险。原保险人在将其所承保的业务分出之后，减轻了本身所承保的责任，将其风险分散到再保险公司，增加了其保险能力，从而可以接受超过自身财力的较大金额的危险。

3）可以均衡农业保险原保险人的业务结构，分散风险

根据保险理论中大数法则的要求，保险人承保的保险标的越多，保险金额越均匀，保险业务经营的稳定性越好。农业保险原保险人承保的保险标的往往达不到保险金额均匀的要求，通过农业再保险，原保险人可以将同类农业保险业务中超过平均保险金额水平的业务分给其他保险人。再保险业务交换的结果，一方面对危险尽可能地分散，另一方面尽量交换危险较少的业务，使所承保业务的平均质量有较大的提高。从而使农业保险金额的相对均匀，减少农业保险经营中的不稳定因素，以达到分散风险的目的。

4）降低原保险人的经营成本

农业保险原保险人的经营成本主要是赔款成本和营业费用。再保险人对原保险人降低成本的支持主要表现为直接支持和间接支持。直接支持表现为当农业保险赔款发生时，原保险人可以向农业再保险人分摊赔款，减少了实际赔款的支出，进一步降低了赔付率。间接支持表现为有了农业再保险的支持，原保险人可以进一步扩大承保能力，增加了业务量和保险费收入，有利于风险分散，降低赔付率，同时也产生了规模效应，将一些固定的营业费用摊薄。另外，在农业再保险业务的交易中，再保险人会对原保险人的营业费用进行一定程度的分摊，这又进一步降低了营业费用。

9.2 政策性农业保险的理论基础

农业保险的特点，决定了商业性保险公司在经营农业保险方面存在的巨大挑战，换言之，农业保险的正常经营需要得到政府的相应补贴，政府在农业保险的发展过程中有着举足轻重的地位。因此，政策性农业保险的推广和开展成为了许多国家农业保险体系中十分重要的一部分。那么，本小节将从农业风险的弱可保性理论、市场失灵理论来分析农业保险需要政府参与及补贴的必要性。

9.2.1 基于农业风险弱可保性的理论分析

保险具有分散风险和补偿损失的职能，且一般只承保纯粹风险，然而并非所有的纯粹风险都具有可保性，即所谓的“风险可保性”。“风险可保性”是指可以保险的风险一般必须满足一些条件，即保险人能够运用保险精算原理和大数法则，将那些具有同类风险的众多单位或个人集合在一起，以合理计算分担金的形式，由保险人筹措建立保险基金，实现对少数成员因该风险事故所致经济损失的补偿行为和保险人必要的盈利目的，这

样的风险才能为保险人所接受，才是可保的风险。一般而言，可保风险具有以下六个条件：①存在大量具有同质风险的保险标的；②损失程度高；③损失发生的概率小；④损失发生必须是意外的；⑤损失必须是确定的和可以测量的；⑥损失不能同时发生。根据这六个条件，对农业保险和一般财产保险进行比较分析，如表 9-2 所示。

表 9-2 农业保险的可保性分析

可保条件	财产保险	农业保险	农业保险可保性
是否存在大量具有同质风险的保险标的	财产同质性高且事件之间相互独立	波及范围广，导致风险单位大，使得独立风险事件数量有限	很差
损失程度是否较高	财产损失较高	由于存在多种风险，农业风险损失一般较高	较好
损失概率是否较小	一般企业财产和家庭财产的损失率为 1%~2%，发生概率很小	农业风险因素的危险度高，决定了农业风险损失发生的概率较高	较差
损失发生是否是意外	以意外为主	一般都是意外的	较好
损失是否可确定和可测定	财产有较好的价值衡量标准且发生事故必然导致损失，因此可以测定	农业风险事故不一定导致损失且损益后果比较复杂，损失的可测定性较差	较差
损失是否同时发生	几乎不可能出现多数对象同时出险的情况	农业风险经常会出现损失同时发生的情况	很差

从上述对农业风险的可保性分析可以看出，在可保风险应满足的六大条件中，除了第二个可保条件（损失程度高）和第四个可保条件（损失发生必须是意外的）能够较好满足外，其他条件满足的程度均较低，因此导致农业风险的可保性较差。农业风险的弱可保性导致农业保险机构的经营困难重重，赔付率较高，积极性也较低。如果没有政府的补贴支持，很难做到持续性经营。

9.2.2 基于市场失灵理论的分析

从农业保险市场来看，2003 年以前，我国政府没有大力介入和推动农业保险发展时，农业保险的发展完全由市场发挥作用，造成的结果是农业保险保费收入的逐年下降以及险种日渐减少，亏损高居不下，许多商业性保险公司都选择退出农业保险市场，我国农业保险的发展呈现出“需求不足，供给不旺”的市场失灵态势。究其原因，首先是农业保险面临着更大的系统性风险，使一定区域投保农户的风险呈现高度相关性，从而不满足“大数定律”，削弱了保险公司在农户之间、作物之间、地区之间分散风险的能力，导致农作物保险的高赔付率，从而影响保险公司在农作物保险市场的供给行为。其次，农业保险中存在着严重的信息不对称，导致了逆向选择和道德风险问题的出现。最后，农业保险是一种双重正外部性的产品，主要体现在农民对农业保险消费和保险公司对农业保险生产两个方面，具有供给和需求双重的正外部性。

1. 政府补贴对系统性风险引起的农业保险市场失灵的纠正作用

我国农作物保险费率的厘定是基于农作物自然风险发生的频率和损失程度，而我国农业自然灾害发生频率和损失程度远远大于一般财产保险，因此农作物保险的百分之几的费率明显高于普通财产保险千分之几的费率，较高的费率抑制了农户农作物保险的需求，系统性风险所致的高赔付率则抑制了农作物保险的供给，从而造成农作物保险市场的失衡。农业生产中的系统性风险（巨灾风险）使投保农户的风险呈现高度的相关性，当风险相关系数非常高时，供给曲线左移与需求曲线无法相交，农作物保险市场无法出清。此时政府通过提供足够高的保费补贴可以影响农户的保险需求，从而形成农作物保险市场新的均衡，且保费补贴的比例越高，对农作物保险需求的影响就越大。

国外很多政府对农业保险经营机构都提供经营管理费用补贴，对农业保险再保险业务提供补贴及出资建立农业巨灾风险基金等，这些财政支持措施都能对农业保险机构应对系统性风险提供支持，在一定程度上起到纠正市场失灵的作用。

2. 政府补贴可以纠正信息不对称引起的农业保险市场失灵

对于信息不对称造成的逆向选择问题，很多国家通过农业保险补贴和强制保险的方式来提高保险覆盖率加以解决。这种情况在美国很典型。1939 年，美国联邦政府开始在试验的基础上实施农作物保险计划，最初只承保小麦一种作物的保险，后来逐步扩大到棉花和烟草等，保险责任为多种风险。到 1980 年，农作物保险的范围局限于较少的地区和农作物，联邦农作物保险公司也只为全美半数地区的 30 种农作物提供保险，投保作物面积仅占总播种面积的 7%。1980 年，美国政府修订了《联邦农作物保险法》，开始在 50 个州全面推行农业保险。为了鼓励农民参与农作物保险，提高参与率，根据立法对农作物实行补贴（补贴纯保险费的 30%）。由于政府补贴的支持，农民的参与率（投保面积占可保面积的百分数），由 1980 年的 9.6%提高到 1989 年的 40%。但是，农业保险的发展仍然没有达到国会制定的目标（承保面积达到可保面积的 50%），发展不算理想。1994 年，国会颁布了《农作物保险改革法》。该法规定了与福利政策相联系的强制投保制度，并提高了保险费补贴等，农作物保险的参与率迅速提高。该法实施后，保险作物从 1980 年的 30 种扩大到 47 种，同时由于新保险产品的推出，1995 年农作物保险承保面积达到 2.2 亿英亩（1 英亩=4 046.86 平方米），占当年可保面积的 82%，是美国农险历史上承保面积占可保面积比例最高的一年。由此可见，政府补贴并且配合适当的强制保险机制，可以有效提高农业保险覆盖率，可在一定程度上降低农业保险的逆向选择。

3. 政府补贴可以鼓励农业保险正外部性

根据庇古的福利经济学思想，对于正外部性产品的生产和消费，政府应该提供补贴，鼓励生产者或消费者将该产品的产量或消费量提高至社会最佳规模。因此，对于农业保险中存在的双重正外部性，政府应对消费者和生产者同时补贴，鼓励农业保险需求和供给达到社会最佳规模。

如图 9-1 所示，政府对保险人和农户不进行补贴时，市场均衡量为 Q_1。当政府对保险人（生产者）每单位保险产品提供补贴 T 时（T 为最优产量下的边际外部收益），保险人的私人边际成本将下降 T 个单位。这样，供给曲线下移至 $SS+T$，新的市场均衡 Q_2 产生。另外，如果政府同时对投保农户（消费者）每单位保险消费提供补贴 t 时（t 为最优消费量下的边际外部收益），农户对保险的需求将提高 t 个单位，为 $DD+t$，市场均衡量进一步变为 Q_0。从图 9-1 中可以看出，对农民和保险公司同时进行补贴的均衡量 Q_0 远大于不补贴时的 Q_1。由此可见，对农民和保险公司同时进行补贴，是改变农业保险“需求不足、供给短缺”的重要措施。

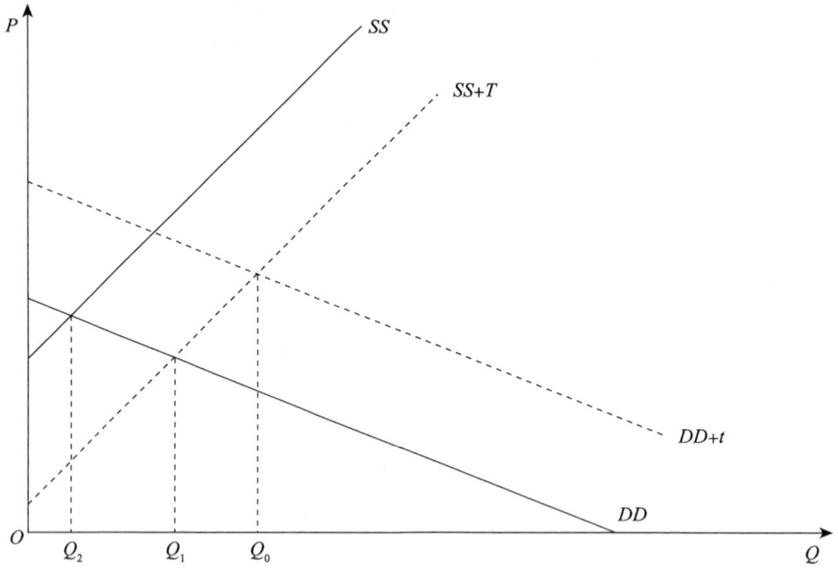

图 9-1　政府补贴对农业保险双重正外部性的纠正

9.3　国外农业保险概况

世界上真正意义上的农业保险始于 18 世纪的德国，但农业保险发展比较快的时期是 20 世纪 40~60 年代。先是美国、日本通过立法进行试验经营，到 20 世纪 50~60 年代南美洲和亚洲许多发展中国家也加入了试验的行列。目前世界上大约有 40 多个国家在举办农业保险，这些国家举办农业保险有着不同的背景、目的和制度模式。现行的比较有代表性的模式是美加模式、日本模式和西欧模式，下面将分别介绍。

9.3.1　美加模式

美国和加拿大在实施农业保险时有一个非常显著的特点就是由国家专门保险机构主导，以经营政策性农业保险为主，属于政府主导型模式。政府提供健全的、不断完善的农作物保险的法律、法规；依法由官方农作物保险公司提供农作物一切险的直接保险和再保险。政府认购农作物保险公司一定数额的资本股份，并支付一切经营管理费用，对公司的资本、存款、收入和财产免征一切赋税，并补贴部分纯保险费。对于私营、联合股份保险公司独立经营的一般农作物雹灾保险，饲养动物、农场建筑物和机械设备等财产的保险，政府也同样补贴保险费和经营管理费。在具体实施中，美国和加拿大的农业保险又各自有它们的特点。

1. 美国的农业保险

美国的农业保险发展较早，起始于19世纪末，发展历程大致可以划分为四个阶段：①私营单轨式（19世纪末~20世纪初）；②国营单轨式（1938~1980年）；③公私合营双轨式（1981~1996年）；④私营+政府扶持式（1996年至今）。在上述四个阶段，尽管经营主体发生了重大转变，但政府的主导作用是非常明显的，政府制定政策并提供大量补贴一直是美国农业保险业务得以持续稳定发展的重要保证。其内容包括以下内容。

1）政府立法支持

随着农业保险发展不断完善，美国为开展农业保险提供了法律依据。自1938年的《联邦农作物保险法令》颁布实施后，随着农业保险的发展变化，美国政府的立法也历经多次修订完善，对引导农业保险的发展方向起着至关重要的作用。

2）组织及运作模式

美国农作物保险的组织构成包括联邦农作物保险公司（也称风险管理局）、商业保险公司与保险代理人和农险查勘核损人三部分。其经营运作主要分三个层次进行：第一层次为联邦农作物保险公司，负责全国农作物保险的政策制定、经营和管理以及组织各项计划的实施。第二层次为有经营农险资格的私营保险公司，这些公司大都是有实力、信誉好、管理和技术力量比较强的公司，它们承担了农作物保险的全部直接业务。第三层次为保险代理人和农险查勘核损人，很多代理人可为多家保险公司代理业务。

3）财政政策支持

财政政策支持包括财政补贴和税收优惠。财政补贴体现在两个方面：其一是保费补贴，即向经营政府农作物保险的私营保险公司提供20%~25%的业务费用（包括定损费）补贴。此外，美国国会还于2000年6月通过了一项《农业风险保护法》，计划未来5年内提供总计82亿美元的财政支出，补贴农业保险。2004年美国各家经营农业保险的保险公司共收入保费41.9亿美元，其中政府对农险的补贴为24.8亿美元。其二是税收优惠。税收优惠主要表现为免税。《联邦农作物保险法》规定联邦政府、州政府及其他地方政府对农作物保险免征一切税赋，并且通过其他法律鼓励各州政府适当提供农作物保险专项补贴。

4）再保险支持

再保险安排主要是由联邦政府通过联邦农作物保险公司向私营保险公司提供比例再保险和超额损失再保险保障。

5）巨灾保险安排

采用农业巨灾证券化手段来分散转移农业巨灾风险是近年来的新趋势。自1997年以来，巨灾债券作为被成功运用的金融手段，主要是保险公司通过选择的再保险机构或特定的专业公司发行承担债务的附息证券。这种债券规定保险公司保留根据公司特定损失或全行业损失的情况改变债券利息率的权利。把保险与金融市场结合起来为农业灾害提供风险保障，是美国农险集聚资金、化解风险的新手段。

纵观美国农业保险的发展历程和多年的具体实践，它以较完善的法律法规为依托，以实现国家宏观经济目标为导向，利用各种优惠政策诱导商业公司参与，渐进式地将难测的自然风险带来的财政不确定支出化解为具体的财政预算，并逐步利用金融市场上的各种金融手段，进行保险风险管理技术创新，以适应农业不断发展与农险体制创新的要求。

2. 加拿大的农业保险

加拿大与美国是近邻，该国实施的农业保险比美国晚 20 年。其制度模式和经营方式与美国比较相似，但也具有自己的特点。1959 年加拿大联邦政府制定了《农场收入保护法》和《联邦农作物保险法》，规定联邦政府可与每个实施农业保险计划的省签订协议，承诺对省级农作物保险计划给予财政补贴。次年马尼托巴省第一个通过了省级农作物保险试验立法，并与联邦政府签订了协议，正式开始举办农作物保险。经过 50 多年的发展，目前加拿大农作物的总投保面积占总耕地面积的 65%，有力地促进了其农业的发展。

加拿大农作物保险的特点：①建立了一种全国性的，由联邦、省和农民三方缔约的农业保险供给体系。联邦政府负担各个省农作物保险的部分保费、管理费和再保险费；各省负责开展和管理农作物保险计划，并制定和通过适当的法律。各省有充分的自主权决定是否加入联邦-省农业保险计划。②提供的保障责任很广泛，以便使农民对政府其他援助计划的需要减少到最低限度。③与其他农业收入保障政策具有互补性。农作物保险的保障风险的范围主要还是集中在自然风险上，是为了解决农作物的生产因灾害事故造成的损失，而不保障价格下降所招致的损失。

9.3.2 日本模式

日本的农业保险制度是 20 世纪 20 年代发展起来的，不同于美加模式，其采取的是一种民间非营利团体经营而政府补贴和再保险扶持的模式，该模式在日本被称为“农业共济”，主要是为了突出农业灾害补偿制度的“互助”特性。随着日本经济的发展，政府财力不断增强，日本政府对农业保险的扶持力度也越来越大。日本的农业灾害补偿制度已成为日本政府通过财政补贴稳定农户经营，进而达到支持和保护本国农业的一项重要的农业支持制度。日本模式的核心就是政府支持下的合作互助，其主要内容包括以下几方面。

1. 农业保险法律的明确保障

日本在 1939 年正式举办农业保险之前，就先后颁布了《牲畜保险法》和《农业保险法》，1947 年又将这两部法律修改合并为《农业灾害补偿法》，该法对农业保险的组织机构、政府职责、强制与自愿保险范围以及费率制定、赔款计算、再保险等都做了明确具体的规定，以后进行了多次调整修订，形成了统一和完善的农业保险制度。

2. 政府财政补贴的大力支持

日本政府对投保人实行保险费率补贴，其保费补贴与费率挂钩，费率高的险种补贴比率高，反之亦然，如水稻补贴比率为70%（费率为4%），旱稻补贴比率为80%（费率为15%）。1999年，日本用于农业保险的财政预算为1 382亿日元，占农林水产业总预算的4%。

3. 强制保险与自愿保险两种方式并存

一是险种强制，对关系国计民生有重大意义的农业保险如水稻、小麦、牛和马等实行强制，对其他农业保险险种，如水果和园艺作物等实行自愿保险；二是规模水平上的强制，对生产数量达到一定规模的农户必须加入农业保险，对生产数量小于规定规模的农户实施自愿保险。但无论是强制还是自愿，政府均提供保险费率补贴。

4. 组织及运作模式

日本的农业保险制度组织形式采用“农业共济”的组织形式，由三级机构负责具体运营：基层的农业共济组合，都、道、府、县级的农业共济组合联合会和中央政府的农业共济再保险特别会计处。最基层的农业共济组合由农民自愿组成，承担承保、防灾防损、损失评定和给付赔偿金等职能，是一种互助形式的保险。这一保险制度的具体运作模式是：农业共济组合将一部分风险向农业共济组合联合会投保，各地的农业共济联合会再向中央政府的农业共济再保险特别会计处分保。同时为改善协会的经营状况，政府与农业共济联合会共同出资设立农业保险基金，管理运作农业共济组合及其联合会的资金，在农业共济联合会的补偿基金不足时，向其提供贷款及债务担保，由此构筑了多重风险分散与安全保障机制。

日本的农险经营模式从制度设计上考虑保费厘定的合理性与保护农户利益，保证了农户自助组织的稳定性，基本达到了通过农业保险来促进农业经济稳定发展的目的，现已发展成为支持和保护本国农业发展的一项重要农业制度。

9.3.3 西欧模式

西欧国家由于气候条件较好、自然灾害的影响程度较低，农业保险的发展相对美国和日本有所滞后。西欧国家的农业保险制度特点是鼓励竞争，其主要模式是民办公助模式，农业保险可以由私营公司、保险相互会社或保险合作社经营，投保自愿，政府也给予一定比例的保费补贴。下面以法国为例做介绍。

法国是农业大国，法国开办农业保险的历史从1840年成立第一家地区性相互保险公司算起，至今已有170多年。法国农业保险采用民办公助的优惠模式，其内容主要包括以下几个方面。

1. 经营主体

法国农业保险是由农业合作保险组织来经营的。法国的农业保险起源于19世纪中叶，为保障经济安全，法国农民自发设立了作为农业合作组织的相互保险公司以应付农业生产经营风险。农业合作组织是以互助共济为原则开展业务活动的非营利组织。其涵盖的保险险种呈现多样化，利用发展其他涉农保险来补贴政策性农险。该组织中的农民既是保险人，又是被保险人，从而达到了互助共济的目的。

2. 政府立法保障

农业保险项目由国家以法律形式进行明确，对其保险责任、保险费率、理赔计算和再保险等做了明确规定，使得农业保险规范化、标准化。《农业保险法》规定，对所有农业保险部门都实行对其资本、存款、收入和财产免征一切赋税的政策；对关系到国计民生的大宗产品，如水稻、小麦等实行强制性保险。

3. 组织结构

法国农业保险设立了由政府和社会共同联办的农业相互保险集团。农业相互保险集团是政府控股为主体、社会参股形式建立起来的专门经营农险及相关业务的股份有限公司。其下设四个保险公司——农业相互保险公司、非农业财产保险公司、农民寿险公司和农业再保险公司。农业相互保险公司承保全国农民的财产、疾病和意外伤害中断的损失；非农业财产保险公司承保农村的小商品者的财产、疾病和意外伤害保险；农民寿险公司承保农民和非农民的人寿和死亡保险业务；农业再保险公司则负责对内对外的分保业务。

4. 巨灾保险保障安排

巨灾保险保障安排，即设置农业巨灾保障基金。设置巨灾保障基金的目的是对农业灾害进行补偿和对农险业务进行补贴。其主要支出是对不可保农业风险，如洪水、地震、火山等进行直接补偿；对保费进行补贴。前者的补偿必须满足两个条件：一是整个农场的损失超过 14%，二是受灾农作物损失超过 27%。法国政府对保费补贴基本达到农民交保费的 50%~80%。《农业灾害法》规定，农作物保险和牲畜保险业务以外的其他涉农保费收入的 11%作为巨灾保障基金的一个来源，巨灾保障基金的另一个主要来源是国家财政预算。

法国的农险发展已成为其农业发展规划的一部分，与其他国家的农险发展相比，更为明显突出的特点是建立了政府与社会联办的国家保险公司独立经营广义的农业保险，增强了保险公司的经营能力，达到了“以险养险”的目的。

9.4 中国农业保险发展历程

9.4.1 中国农业保险的发展阶段

在新中国成立之前，中国的农业保险只是在局部地区进行了零星的试点，其特点是承保范围很小、承保标的很少以及很高的赔付率，导致农业保险无法持续稳定经营，没有形成大的气候。中国正式的农业保险应该是从新中国成立后开始的，大致可以分为以下五个阶段。

1. 探索阶段：20世纪50年代

1949年10月20日中国人民保险公司成立，经营管理全国各种保险业务，开展农业保险业务是其重要职能。1950年，中国人民保险公司首先在北京郊区、山东商河、重庆北碚试办牲畜保险。1951~1952年，在一些地区试办了农作物保险，如先后在山东、苏北等36个地点试办了棉花保险。至1955年底，全国共有13个地区开办有大牲畜业务，东北地区业务占全国牲畜保费收入的98%以上。

1956年前后，全国出现了农业合作化高潮，由于农业合作化运作发展迅猛，上上下下要求保险工作配合农业合作化和手工业合作化的呼声很高，许多地方的农业生产合作社要求办理保险业务。1956~1957年的农业保险业务在整顿、调整中开展。

1958年1月，中国人民保险公司第六次全国保险工作会议决定：农村保险要积极办理牲畜保险，扩大办理养猪保险，重点试办农作物的保险。但随着农业“大跃进”的深入以及人民公社化运动的出现，愈演愈烈的浮夸风使农作物上报产量的虚数很大，这使农作物的承保产量很难确定，农作物保险试办时间不长就停止了。1958年10月，在西安召开的财贸工作会议上认为，人民公社化以后，保险工作的作用已经消失，决定停办国内保险业务。至此，农业保险在全国范围内停办。

2. 恢复发展阶段：1982~1992年

十一届三中全会后，随着家庭承包责任制在全国广泛推开，出于分散风险的需要，农业保险业务自1982年恢复，到1986年的4年试办阶段中，农业保险仍由中国人民保险公司代表政府垄断经营。1986年，中国人民保险公司试办的农业保险产品多达100多种，几乎涵盖了小麦、玉米、水稻等粮食作物以及棉花、甘蔗、烟叶、西瓜、甜菜、亚麻等经济作物和牲畜、水产等养殖物。

得益于鼓励性政策背景的推动，1987~1992年是我国农业保险快速发展的时期。此时期几个主要政策文件的出台推动了农业保险的发展。首先，中国人民保险公司成立了专门业务部门，将农村保险业务统交农村保险部经营管理，为农业保险的发展注入了活力。其次，各地也积极开展创建保险先进县的活动，这为农业保险争取各地方党政领导部门的政策支持、措施保障和资金支助开通了一些渠道。另外，一些省级保险分公司还与省政府财政、中国人民银行、民政、农业、气象、工商、税务及其他相关技术部门结合，进行了大量的农业保险体制改革试点，形成了以湖南、河南、云南为代表的“三南”模式。这些也使得这一时期的农业保险呈现出了多种经营形式并存、多元经营主体参与的特点，具体表现为依靠民政部门经营农村救灾保险，允许新疆生产建设兵团经营兵团内的农业保险，允许中国人民保险公司与地方政府合办或代办农业保险等。6年中，农业保险业务收入从1987年的10 028万元增加到1992年的86 190万元，增长了约7.6倍，可以说，1987~1992年是我国农业保险大幅度增长的阶段，是新中国成立后农业保险发展的黄金时期。

3. 市场化运作与持续萎缩阶段：1993~2003 年

经过 1982~1992 年的快速发展，虽然保费得到了快速上升，但是农业保险的赔付率也居高不下。1993 年，我国农业保险的赔付率飙升至 116%。随着我国经济体制加速向社会主义市场经济转轨，市场竞争加剧，加之农险的赔付过高，中国人民保险公司开始调整其农险结构，对一些风险大、亏损多的农险业务进行战略性收缩。从 1993 年开始，我国农业保险便开始走下坡路，业务数量迅速萎缩，1997 年底农业保险保费收入仅占财产保费收入的 1.51%，比 1992 年底下降了 38.12%。1998 年以后农业保险滑坡更加严重，2000 年农险保费收入下降到 3.87 亿元，2001 年为 3.98 亿元，至 2002 年仅有保费 2.72 亿元，创 1991 以来的历史最低，仅占财产保险收入的 0.35%。1993~2004 年农业保费收入一直震荡徘徊，农业保险业务一直萎缩不前，农业保险业务的发展落后于农村经济的发展，落后于其他保险业务的发展。在保费收入大幅下降的同时，农业保险的险种也不断减少，由最多时的 60 多个险种，下降到不足 30 个。

4. 复苏阶段：2004~2006 年

2004 年中央一号文件明确加快发展农业保险。在此大背景下，保监会与各级地方政府推动农业保险发展的压力加大，政策性归位，中国农业保险由此进入了复苏阶段。

2004 年，保监会在上海、吉林、黑龙江分别批设了安信农业保险公司、安华农业保险公司和阳光农业相互保险公司三家不同经营模式的专业性农业保险公司；在江苏、四川、辽宁、新疆等地依靠地方政府支持，开展保险公司与政府联办、为政府代办以及保险公司自营等多种形式的农业保险试点工作。2005 年，在巩固既有试点的同时，保监会在宁夏、内蒙古、湖北、云南、北京等地，相继开展和深化了农业保险试点，险种也从主要粮食作物扩展到奶牛、生猪、烟叶、西瓜等多种牲畜和农作物，农业保险试点取得良好的效果。2005 年，我国农业保险保费收入达 7.5 亿元，同比增长 89%。2006 年全国农业保险保费收入达 8.5 亿元，为“三农”提供的风险保障达 733 亿元，农业保险全面复苏。

专栏 9-2

我国的专业性农业保险公司

近年来，我国各地区农业保险发展模式主要有以下五种：一是专业性农业保险公司经营模式；二是新疆维吾尔自治区的保险公司自办模式；三是江苏省政府与保险公司联办共保模式；四是浙江省农业保险共保体模式；五是四川省商业保险公司代办模式。其中，专业性农业保险公司经营模式取得的成绩较大。

专业性农业保险公司是指专门或者主要经营农业保险的保险公司。2004 年 9 月 17 日，我国第一家专业性股份制农业保险公司——上海安信农业保险股份公司开业，这是我国探索建立政策性农业保险制度的首个试点。2004 年 12 月 30 日，吉林安华农业保险股份有限公司在长春开业，这是我国东北第一家专业性股份制农业保险公司。2005 年 1 月 12 日，黑龙江阳光农业相互保险公司正式开业，这是我国第一家相互制农业保险公司。2007年1月，保监会正式批准在安徽省筹建我国第四家专业性农业保险公司——安徽国元农业保险股份有限公司。

作为全国唯一一家相互制农业保险公司，目前，阳光农业相互保险公司开办的保险险种有种植业保险、养殖业保险、责任保险、机动车辆保险、交强险和其他涉农保险等主险产品100余个。公司在黑龙江省设立了1个分公司和11个中心支公司，在94个农场设立了保险社，在72个县（市）设立了营销服务部，在1 000多个乡（农场管理区）成立了保险分社，在2 000多个村（农场居民组）成立了保险互助会，发展会员100余万人，服务网络已覆盖黑龙江省。公司的保费从2005年的2.2亿元跃升至2009年的16.49亿元，截止到2009年，阳光农业相互保险公司共承保粮食作物面积1.9亿亩，累计支付农业保险赔款23亿元，使91万受灾农户得到及时赔付，占参保总户数的50%以上，户均得到赔偿近3 000元，保障了农民的生产和生活稳定，发挥了农业保险惠民、安民、富民的作用，对减少农业损失、降低生产成本起到了重要作用。

5. 拓展阶段：2007年至今

2007年中央一号文件颁布后，政策性农险有了实质性突破，中央财政首次列支10亿元预算额度开展对6省区的大豆、玉米、小麦、水稻、棉花、能繁母猪6个种植业和养殖业保险保费补贴的试点，对农险发展产生了重要推动作用，我国的农业保险进入拓展阶段。

首先，农业保险业务规模迅速扩大。2013年的农业保险保费收入达到306.59亿元，比2008年的110.68亿元增长了177%，提供风险保障首次突破10 000亿元，参保农户2.14亿户，见表9-3。

表9-3　2008~2013年我国农业保险业务情况统计表

年份	农业保险费收入/亿元	农业保险费赔偿与给付/亿元	农业保险提供的风险保障/亿元	农业保险的参保农户/10^7户
2008	110.68	64.14	2 397.40	9.0
2009	133.90	95.18	3 812.00	13.3
2010	135.86	95.96	3 943.00	14.0
2011	174.03	81.78	6 523.24	—
2012	240.60	131.34	9 006.00	18.3
2013	306.59	194.94	10 000.00	21.4

资料来源：相关年份的《中国保险年鉴》

其次，农业保险产品不断得到丰富。除了主要粮食作物的保险外，还开展了林木、油菜、香蕉、烟叶等特色作物保险，以及农产品价格、农产品质量和天气气象指数保险等，已涉及粮食作物、经济作物、蔬菜园艺、生猪、家禽、水产养殖等多个领域。

专栏 9-3

指数保险合约

指数保险合约是农业保险领域的创新产品。它是根据地区产量或某些目标天气事件，如气温和降雨量进行赔付的农业保险产品。目前主要有地区产量指数保险合约和天气指数保险合约两种。地区产量指数保险合约是根据地区产量赔付的保险产品，这种地区一般在地理面积上远远大于农场，其赔款是基于一个区域（如县或地区）的预计产量和实际产量的差额确定的。而天气指数保险合约是根据天气事件赔付的保险产品。这一概念最早出现在 20 世纪 90 年代后期，它是指把一个或几个气候条件（如气温、降水、风速等）对农作物损害程度指数化，每个指数都有对应的农作物产量和损益，保险合同以这种指数为基础，当指数达到一定水平并对农产品造成一定影响时，投保人就可以获得相应标准的赔偿。天气指数保险按实际天气事件（如降雨指数低于约定指数的偏差）支付，由于保单利益的依据是客观独立的气象指标与约定承保指标，所以保险权益的标准化程度非常高。

与传统的农作物保险合约相比较，指数保险合约的优点主要表现在以下几个方面。

首先，由于指数保险克服了信息不对称问题，从而有利于减少逆向选择，防范道德风险。逆向选择和道德风险问题往往是借助于信息不对称而存在。尽管投保人相对于保险人更了解自己的农作物状况，但指数保险并不以个别生产者所实现的产量作为保险赔付的标准，而是根据地区产量或现实天气指数和约定天气指数之间的偏差进行统一的赔付。因此，在同一农业保险风险区划内，所有的投保人以同样的费率购买保险，当灾害发生时获得相同的赔付，额外的损失责任由被保险人自己承担。这种严格规范的赔付标准极大地解决了信息不对称问题，进而解决了逆向选择和道德风险问题。

其次，管理成本低。指数保险管理成本低于传统农业保险主要源于以下三方面原因：第一，指数保险合同是标准化合约，并不需要根据参保人的变化来调整合同内容。第二，指数保险不需要对单个农产进行监督。第三，一旦发生保险责任损失，保险公司并不需要复杂的理赔技术和程序，赔偿金仅仅根据由政府代理人或其他第三方组织所测定的指数来进行支付。

最后，由于指数保险是标准化、透明合约，因此其流动性强。指数保险合同的标准化使其易于在二级市场上流通，这不仅方便人们获取保单，而且使其定价过程更为遵循市场供求规律。更为重要的是，较强的流动性有利于在条件成熟时将其引入资本市场，利用强大的资本市场来分散农业风险。

目前国内国元农业保险股份有限公司已开展了水稻种植天气指数保险。其保险期间为自 5 月 15 日零时起至 10 月 15 日二十四时止。保险责任为在保险期间内，发生下列情形之一造成保险标的损失时，保险人依照保险合同约定负责赔偿：①自 5 月 15 日开始至 8 月 31 日止的累计降雨量低于 230 毫米；②自 9 月 1 日开始至 10 月 15 日止的累计降雨量低于 15 毫米；③自 7 月 30 日开始至 8 月 15 日止的累计高温差高于 8 摄氏度。

再次，农业保险网络建设大大向前推进了一步。一些保险公司通过与农村地区现有的金融机构进行合作，最大限度延伸了农村保险销售终端。截止到 2013 年，开办农业保险的保险公司达到 29 家，以全国性保险公司和专业保险公司组成的农业保险经营网络初步形成，农业保险已覆盖全国各省市。

最后，农业保险的政策指导和监管也在不断加强。一方面，保监会加强与各地保监局以及各级政府部门的沟通协调，加大对农业保险工作政策指导力度，出台了相关的文件，从市场准入、核保核赔、风险控制以及再保险安排方面，对农业保险做出规范性要求；另一方面，地方政府也相继出台了政策措施来指导和规范农业保险的发展。近几年福建、新疆、江西、浙江、甘肃、山东等省区相继出台了农业保险发展的政策文件，山东、浙江、陕西等省还专门召开农业保险工作会议，北京等地区下发文件规范政策性农业保险理赔服务，促进政策性农险业务健康发展。

9.4.2 中国农业保险的典型模式

1. “安信”模式

2004~2009 年连续六个中央一号文件都强调了要大力发展政策性农业保险，在地方政府的推动下，经保监会批准，中国陆续成立了专门经营农业保险业务的公司。专业农业保险公司是专门为农民提供农业保险服务的机构，其中比较有代表性的是上海的“安信”模式。

安信农业保险股份有限公司（简称“安信公司”）是在原中国人民财产保险公司上海分公司农业保险业务的基础上筹建的，由上海 11 家企业（各区县的国有资产经营公司）共同于 2004 年 9 月 17 日投资组建的第一家专业性农业保险公司。安信公司的成立是中国农业保险发展史上的一个重要里程碑，标志着我国农业保险体制创新的开端。作为探索建立我国政策性农业保险制度的一个试点，安信公司采取“政府财政补贴推动+市场化运作”的经营模式，主要做法有以下三点。

1）推行“基本保险+补充保险”的农业保险运作机制

安信公司对水稻、奶牛、生猪、家禽四大险种实行普惠制基本保险，同时引导农户积极参加补充保险。具体来说，就是市、区（县）两级财政对投保符合上海农业产业发展导向的种、养两业保险的农户实行保费补贴，即对水稻、奶牛、生猪、家禽四大险种实行普惠制基本保险，政府用财政收入为农户购买“普惠式”的基本保险。一旦发生灾害，农户可获得 30%~50%的损失赔偿。同时引导农户积极补足全额保险，如果农户自己还购买了补充保险，则可获得 100%的赔偿。所有在上海专门从事水稻种植、生猪养殖、奶牛养殖、淡水养殖的农户都可获得 35%的基本保险，而种植小麦、蔬菜、林木或者养殖家禽的农户则可以得到 30%的基本保险。基本保险与补充保险相结合的农业保险运行机制有利于农业保险的启动与开展。

2）实行以险养险

安信公司还经营经保险监管部门批准的财产保险、责任保险、短期人身意外伤害保险和健康保险等，通过这些险种的收益来弥补种、养两业保险可能产生的亏损，实行“以险养险”。这一混合经营的模式为农业保险基金的积累和保险公司的正常运作提供了强有力的支撑。

3）建立巨灾风险补偿机制

上海市考虑到保险公司的承受能力，建立了特大灾害补偿机制，规定当农业保险赔付金额单次超过 5 000 万元，全年累计赔付金额超出公司当年全部赔付能力时，政府启动补偿机制，对公司无力补偿部分由政府财政予以补偿。在遇到特大灾害时，公司通过再保险分保，公司通过巨灾再保险仍无法承担保险责任时，政府通过特殊救灾政策给予支持。由于有政府的支持和补贴，保险公司可以承受巨额赔偿的支付，其生存发展得到了保障。

安信公司始终秉持“服务三农”的指导思想，紧紧依靠各级政府和有关部门的支持，较好地实现了上海农业保险从传统运作方式向现代企业经营方式的转变，农险业务和商业险业务保持了快速发展的良好势头，显示了“政府财政补贴推动+市场化运作”模式的生机与活力。作为沿海最发达地区的上海市郊农业保险，从对全国农业保险的主要经营指标和相关业务经营规模比较看，上海处于全国领先地位，出现了稳定的发展势头。在政府搭建的保费补贴政策以及以险养险实践平台已形成的经验基础上，其经营模式和方式具有较强的地方特色。

2.“共保体”模式

“共保”方式是国内外保险界对损失概率不确定的重大项目和罕见巨灾的一种理想的农业保险制度模式，可以降低独家承保的风险，提高化解巨灾风险的承受能力。2006 年 3 月 1 日，人保财险、中华联合等 10 家保险公司在杭州成立了国内首个政策性农业保险共同体——浙江省政策性农业保险共保体。共保体按照自愿加入的原则成立，在“政府推动+市场运作”的原则下，根据省政府授权经营运作政策性农业保险项目，实行“单独建账、独立核算、盈利共享、风险共担”。其主要特点是包括以下五个方面。

1）在保险程度上，坚持低保障起步

充分考虑财政承受能力、企业经营积极性和农户参保意愿，原则上以补偿承保对象的物化成本为主，以实际生产成本的 50%作为保险金额，重点保障受灾农户能够及时恢复生产，防止出现多年致富、一灾致贫的情况。同时以分档选择的办法，将全省划分为高、中、低三类风险区域，对不同风险地区实行区域差别费率，对同一品种设计不同档次的保险费率及相应的保额，由参保者自愿选择，满足群众的多样化需求。

2）在保险对象上，坚持面向种养大户

除国家规定的能繁母猪、奶牛、油菜 3 个品种外，确定 10 个品种参保对象，主要是种养大户、农业龙头企业和专业合作社。在保险责任上，坚持以保大灾为主，选择以浙江发生频率比较高、对农业生产影响比较大的灾害为主，种植业主要包括台风、洪涝、暴雨、冰冻和常见病虫害；养殖业主要包括重大疫病和自然灾害等，基本覆盖了浙江自然灾害的 80%以上。在试点品种选择上，坚持规定品种与自选品种相结合。

3）政府推动坚持资金补助与政策扶持相结合

在保费补助方面，2006 年确定了最低位 35%的保费补贴比例，水稻 40%。2007 年上述两项分别提高到 40%、45%。2008 年进一步提高到 45%、90%。2006~2009 年，各级政府共投入 1.5 亿元，占保费的 67%，农户自交 33%。在以险养险方面，将县及县以下财政拨款机关事业单位的车辆险由承办农业保险的共保体承保，有力地支持了共保体可持续经营。

4）在定损理赔上坚持基层组织与共保体联动

乡镇设立农业保险服务站，村设立代办员，县建立农业保险定损专家组，共保体将网络延伸到乡镇农业保险服务站。灾情发生后，先由农户报案，镇村专业代理人员先行查勘估损，共保体审核定损，有争议时，由专家组审议裁定。此运作模式体现了勘损快速、定损准确、争议较少、赔付及时的特点，得到群众认可。在理赔服务上，各地普遍建立了24小时报案受理制度，一接报案，立即查勘。

5）在风险分担上，政府与商业保险公司形成“共保体”

浙江多家商业保险公司联合组成“共保体”，以承保份额最大的中国人保财险浙江分公司为“首席承保人”，11家公司保费按比例进行分配，承担风险，享受政策。为有效防止特大灾害、导致政府和保险公司难承受的局面出现，政策性农业保险巨灾责任实行当年保费5倍以内的封顶方案，全省农业保险赔款在当年农业保险保费2倍（含）以内的，由共保体承担全部赔付责任；赔款在当年农业保险保费2~3倍（含3倍）的部分，由共保体与政府按1：1比例承担；赔款在当年农业保险保费3~5倍（含5倍）的部分，由共保体与政府按1：2比例承担。

3.“银保联动”模式

在我国，虽然各级政府为农业保险提供了高达80%的保费补贴，但是农业保险的覆盖率仍然偏低，为了提高农业保险补贴政策的效率，提高农业保险的参与率和覆盖面，有必要研究农业保险补贴的替代政策，农业保险和农业信贷的联动模式便是其中十分重要的一种，而且随着我国银保互动的推行，实践中出现了多种银保互动模式，其中十分具有代表性的是安徽国元农业保险公司和安徽长丰科源村镇银行合作，以长丰县特色经济作物草莓为试点对象，设计的基于综合险的小额信贷产品的银保互动项目。

安徽省长丰县是我国著名的草莓种植基地，2013年，全县草莓种植面积达到19.5万亩，总产量35万吨，总产值达到了45亿元，草莓种植户近8万户，草莓种植已成为当地调整产业结构、提高农民收入的重要途径。但是随着草莓种植面积的扩大和种植农户的增加，农户的信贷需求也持续上升，资金的缺乏成为了种植户进一步扩大规模和提高效益的制约因素。为此，安徽省出台了“信贷+保险”的试点办法，并推出了“信贷+保险”草莓种植专项贷款，为长丰县草莓提供信贷和保险的专项支持。这一农业保险和农业信贷的联动模式主要有三个特点。

1）贷款的额度和期限与草莓保险的保险金额和期限一致

贷款主体为长丰县域内的草莓种植农户、从事草莓种植经营的农民专业合作社，贷款额度为4 000元/亩，单个农户最高可贷5万元。草莓生长周期是从当年的9月到次年的5月，覆盖草莓生长周期贷款期限和保险期限均设定为1年，贷款农户通过农民专业合作社担保、联保以及草莓保险单获得贷款。自实施以来，科源村镇银行的银保合作贷款额逐年递增，从2009年449.7万元增加到2013年的4 543万元，大大增加了信贷供给，缓解了草莓种植农户的信贷约束。

2）综合保险的保费由农户与政府财政分摊，减少了农户投入成本

贷款主体借贷时必须同时办理国元农业保险公司的《草莓种植小额信贷组合保险》，银行为保险的第一受益人。草莓种植小额信贷组合保险是一种综合保险，包括三重保险：一是大棚草莓种植保险，对因霜冻、大风、洪涝等自然灾害对大棚或者草莓造成的损失进行保险；二是借款人意外保险，对借款人意外死亡或者伤残进行保险；三是农业生产小额贷款保险，对借款人的贷款信用进行保险。当发生任何一种投保保险事故时，保险公司给予赔付，前两种保险事故的赔付金额以保险金额为限，第三种保险事故发生时赔付金额以保险金额的30%为限，考虑到农户在管理上可能存在懈怠，该保险实行8%的绝对免赔率。组合产品的保险费率为6%，每亩保费为240元，其中借款人支付保费的20%，即48元，其余部分由省、市、县级财政按照30%、25%、25%的比例承担。

3）银保互动信贷实行优惠利率

对于抵押贷款等一般贷款，贷款利率在国家基准利率的基础上一般会上浮60%~65%，但对于参保农户贷款利率只上浮40%~60%。而实际情况是为了吸引农户参与，该项目在实施之初贷款年利率仅定为7.5%，后来随着项目被农户熟知，贷款利率逐渐上升至9%，但其贷款成本仍然不高于同期抵押贷款成本。

从2009年8月长丰模式推广以来，有效降低了信贷风险，实现了村镇银行、农户和保险公司三方“共赢”的局面，推动了长丰县草莓及其相关产业链的发展。农业保险解决了农户抵押不足问题，农户联保与合作社担保化解了农户违约风险，因此，贷款农户的偿还能力大幅度提高。银保互动的推行，也提高了农户的信贷可获得性，增加了农户的收入，同时又扩大了农业保险覆盖，促进了农业保险的发展。

9.4.3　中国农业保险发展面临的问题和发展方向

1. 农业保险发展面临的问题

虽然在2007年后，中国的农业保险发展进入了一个新的时期，取得了一定的积极效果，但是中国农业保险仍然面临一些挑战，制约其健康可持续的发展。主要表现在如下几个方面。

1）农业保险立法滞后

从本章第三节对国外农业保险发展的介绍中可以发现，农业保险开展比较成功的国家都有比较健全的法律体系，它们对农业保险的经营原则、保险责任、保险费率、赔偿办法、农业保险经营主体的地位以及政府在农业保险中的作用等都做出了明确的法律规定。但是中国长期以来没有对农业保险进行过专门立法，保险内容只是体现在《中华人民共和国保险法》（简称《保险法》）和《中华人民共和国农业法》（简称《农业法》）中。

1995年施行的《保险法》实际上是一部商业保险法，主要是规范和保障商业性保险公司的经营行为，而农业保险中很大一部分是政策性保险，与商业保险的经营目标大相径庭，用现行的保险法指导农业保险会存在许多问题。虽然在2002修订的《保险法》中提出农业保险由法律、行政法规另行规定，但是直至2009年新修订的《保险法》仍然没有出台专门的农业保险法律法规。2002年新修订的《农业法》尽管确定了中国农业保险

制度发展的基本框架，但是在有关农业保险中的许多具体问题上也没有涉及。总之，中国目前的农业保险立法严重滞后。

2）保障程度不能满足农户的多样化需求

试点起步阶段，考虑到农户的保费承担能力和财政的承受能力，可以采取“低保费、低保障、广覆盖”的原则，主要保障农作物的直接物化成本。截至2015年底，三大口粮作物保险保障程度约占直接物化成本的84%，但仅占全部生产成本的33%。对于散户而言，由于保障程度偏低，遭受灾害后，保险赔款“不解渴”，且即使没有赔款，自身也完全可以承担灾害损失，因而投保积极性不高。对于因土地承包经营权流转形成的家庭农场、专业合作社等新型农业经营主体而言，其投入大、风险高，一旦遭受大灾，将面临重大损失，现有保障水平远不能满足其风险保障需求。

3）保险机构服务能力不足

我国“三农”信息管理基础较弱，基础信息和数据管理系统不完善，如二轮土地承包信息不准确、生猪耳标佩戴率低。同时，农业生产的分散性决定了其对农业保险服务能力有更高的要求。在覆盖面快速扩大的同时，保险机构服务能力和管控能力未能同步跟进，保险公司出于成本控制考虑，对设立农村基层服务网点积极性不高，基层网点和人员远不能满足农业保险发展需要。

4）农业保险的监管机制不健全

我国的保险监管起步晚，技术和经验缺乏，从监管内容看，目前仍然采取的是较为严格的实体监管方式，监管的重点仍在条款及费率的审批、手续费标准管理等方面，而对关系到保险行业稳定发展的偿付能力、资产负债质量等方面的监管力度还相对薄弱，这既带来了繁重的监管任务和监管成本，又不能达到有效监管的目的。

从监管的机构设置看，保监会只在省级和计划单列市设有分支机构，还无法完全设立到地市级以下的保险市场，因机构下延有限，对地市级以下的监管还是一个空缺。农业保险的服务对象是农业生产者，农业保险业务的开展主要是在广大的农村地区进行的，因此保监会对农业保险的监管成本高，有效性差，更加容易出现监督与管理的脱节。

5）缺乏有效的巨灾风险管理机制

农业风险的高度关联性很容易促成农业巨灾风险损失的发生。一旦发生农业巨灾损失，往往吞噬农业保险公司的所有准备金和资本金，严重地冲击保险公司的财务稳定，危及农业保险的可持续发展。而化解农业巨灾风险，并非农业保险公司自身力所能及的，需要建立政府主导下的巨灾风险管理体系。国外农业保险的经营普遍有政府再保险机制的支持，特别是避免特大自然灾害对农业和农户的影响。但是从目前我国的情况来看，既没有建立起有效的农业巨灾风险基金，也没有完善的农业保险再保险机制，使风险过于集中在保险经营主体自身，难以分散，影响经营主体的经营效果，缺乏维系农业保险可持续发展的重要制度保障。

2. 农业保险未来发展方向

虽然我国农业保险仍然存在着诸多问题，但是有挑战才会有机遇和发展的动力，“十三五”规划指出，农业是全面建成小康社会和实现现代化的基础，这是对农业基础性、战略性地位的一个新的重大表述和战略定位。保险业要牢牢把握这条主线，将自身发展融于农业农村发展的大背景之中，充分发挥保险功能作用，为农业现代化保驾护航。

中国农业保险试点启动之初，将其定位为促进粮食增产财政保障机制的组成部分，目的是保护农民种粮积极性、保障国家粮食安全。随着我国农业现代化进程的加快，对农业保险也提出了新的要求，政策目标也逐步扩大到完善农业支持保护体系、深化农村金融服务、促进农民增收和服务农业现代化，极大地丰富了政策内涵。

在功能作用上，与政策目标的转变相适应，农业保险不断被赋予和加载新的功能作用，从基础的经济补偿向防灾减灾、社会管理、扶贫开发、担保增信和辅助市场调控等综合功能拓展，农业保险与其他行业的联系和融合日益密切，"稳定器"和"助推器"的作用日益得到体现。

在发展动力上，从以往主要依靠政府推动和财政补贴的单核驱动模式向产品创新、服务创新和农户参保意识增强的多核驱动模式转变。目前，各级财政对农业保险的保费补贴已达 80%，在全球也处于较高水平。近年来，各级政府和广大农户对农业保险的认识在逐步深化，特别是农业现代化过程中涌现的新型农业经营主体，具有"高投入、高产出、高风险"的特点，天然对金融保险有着迫切需求。农业保险发展模式将逐步从供给推动型向需求拉动型转变，农业保险迫切需要进行转型升级。

一是完善农业保险制度。要做好农业产业政策、保险政策和财税政策的衔接，提高政策的针对性、有效性和协同性。要进一步加大支持力度，充分运用世界贸易组织规则，研究农业补贴由直接补贴向间接补贴转移，研究对地方特色农产品保险奖补政策，建立财政支持的大灾风险分散机制。要明确地方政府在推动农业保险发展方面的主体责任，推动地方政府加大农业基础设施投入，完善农业技术服务体系，厘清政府和市场的边界，确保工作中不缺位、不错位、不越位。

二是加强市场监管。以落实国家强农惠农富农政策和保护农户权益为核心，加大监管力度，规范市场秩序，持续保持监管高压，对各类影响国家惠农政策落实和侵害农民权益的行为"零容忍"，依法予以严厉打击，确保农业保险好事办好、实事做实。

本章小结

（1）农业是一个典型的风险型产业，农业风险大致归为三大类，即自然风险、市场风险和社会风险。农业风险具有不确定性和复杂性、地域性、发生的季节性以及系统性特征。

（2）农业保险是指保险人为农业生产者在从事农业生产过程中，对遭受自然风险或市场风险所造成的损失提供经济补偿的各种保险保障。农业保险有多种分类方式，指生产对象、保障程度、实施方式、保险责任范围、保单形式等均可以分为不同类别的保险。

（3）农业保险与一般保险不同，由于农业生产过程所面临的风险具有特殊性，在世界保险业中，农业保险一直被视为尖端，可以说是发展最缓慢的一类保险，在许多国家构成政策保险的第一大组成部分。

（4）农业再保险是指农业保险人将其所承保的危险责任的一部分或者全部转嫁给其他保险人，是保险业者之间分散风险责任的方法。按照责任限额计算基础的不同，可以分为比例再保险和非比例再保险两大类。

（5）农业风险具有系统性的特征使得农业风险多为巨灾风险，危险单位很大；一般的农业保险组织保险受地域的限制，经营空间范围有限，即便集合了本区域内的全部同质风险单位，也很难通过空间有效地分散风险。因此，农业保险的发展离不开农业再保险。

（6）到目前为止，农业保险已经在全世界范围内广泛开展，但是由于地域之间在背景、目的、制度模式等方面的差异，不同国家和地区的农业保险模式不尽相同。

（7）我国正式的农业保险应该是从新中国成立后开始的，大致可以分为五个阶段，分别为探索阶段、恢复发展阶段、市场化运作与持续萎缩阶段、复苏阶段以及拓展阶段。从我国农业保险的典型模式来看，主要有“安信”模式、“共保体”模式、“银保联动”模式等。

（8）2007年以后，我国的农业保险进入拓展阶段，保险业务规模不断扩大，保险产品不断丰富，农业保险的网络建设和政策支持得到了很多大的进步，农业保险取得很大的发展。但是，由于农业保险立法滞后、财政税收支持不够以及农业保险产品少等原因，我国农业保险的健康持续发展面临着一定的挑战。

关键术语

农业风险　农业保险　种植业保险　养殖业保险　成本保险　产量或产值保险　自愿保险　法定保险　基本责任保险　综合责任保险　一切险保险　单险种保险　组合式保险　农业再保险　比例再保险　非比例再保险　农业风险弱可保性

复习与思考

1. 农业风险的分类和特点是什么？怎样理解农业风险的系统性特征？
2. 什么是农业保险？怎样理解农业保险的特点？
3. 农业保险有哪些作用？
4. 政府为什么要介入农业保险的运营中？
5. 种植业、养殖业保险有哪几类？各有什么特点？
6. 我国农业保险的发展可以分为哪几个阶段？各有什么特点？
7. 我国农业保险的现状如何？
8. 什么是农业再保险？农业再保险与农业保险有什么关系？
9. 农业再保险有什么作用？主要模式有哪些？

参考文献及推荐阅读

冯文丽. 2008. 农业保险理论与实践研究. 北京：中国农业出版社.

冯文丽，董经纬. 2007. 农业保险功效研究. 浙江金融，(5)：33,38.
黎已铭. 2005. 农业保险性质与农业风险的可保性分析. 保险研究，(11)：22-25.
罗帅民. 1998. 农作物保险的作用和实务主要观点综述. 保险研究，(1)：37-39.
欧阳越秀，李贞玉. 2010. 逆向选择、系统性风险与政策性农业保险可持续发展. 保险研究，(4)：66-71.
任素梅，杨光荣. 1995. 农业保险概论. 北京：中国农业出版社.
孙香玉，钟甫宁. 2008. 对农业保险补贴的福利经济学分析. 农业经济问题，(2)：4-11.
庹国柱，李军. 2004. 农业保险. 北京：中国人民大学出版社.
谢玉梅. 2015. 基于综合险的银保合作模式：典型个案及理论含义. 农业经济问题，(5)：84-90.
张跃华，顾海英，史清华. 2005. 农业保险需求不足效用层面的一个解释及实证研究. 数量经济技术经济研究，(4)：83-92.
钟甫宁，宁满秀，邢鹂. 2007. 我国政策性种植业保险制度的可行性研究. 北京：经济管理出版社.
朱俊生. 2011. 中国天气指数保险试点的运行及其评估——以安徽省水稻干旱和高温热害指数保险为例. 保险研究，(3)：19-25.
Binswanger H R, Peter H. 1996. Risk Aversion, Collateral Requirements and the Markets for Credit and Insurance in Rural Areas. Baltimore and London：The Johns Hopkins University Press.
Carter M R，Cheng L，Sarris A. 2016. Where and how index insurance can boost the adoption of improved agricultural technologies. Journal of Development Economics，118：59-71.
Farrin K，Miranda M J. 2015. A heterogeneous agent model of credit-linked index insurance and farm technology adoption. Journal of Development Economics，116：199-211.
Goodwin B K. 2001. Problems with market insurance in agriculture. American Journal of Agricultural Economics，83（3）：643-649.

第10章

农村金融风险与监管

学习目标：

1. 了解农村金融风险的内涵，理解并掌握农村金融风险的特征。
2. 了解我国农村金融风险的现状,理解我国农村金融风险的形成原因及其防范措施。
3. 了解我国农村金融监管的含义、监管的对象和监管范围。
4. 了解我国农村金融监管的目标与内容。
5. 理解并掌握不同类型农村金融机构的监管现状。

随着经济运行与金融运行的逐步融合，金融风险已成为现代经济风险最主要、最集中的表现形式，作为支持农村经济发展的农村金融，其运行必然也充满了风险。农业经济具有弱质性等特征，使得农村金融比一般金融具有更高的风险。在目前的形势下，提高农村金融风险的防控能力具有重大的意义。本章首先对农村金融风险做了一般概述，其次介绍了我国农村金融风险的现状及防范，最后对农村金融监管这一防控农村金融风险的最重要外部手段进行了具体阐述。

10.1 农村金融风险概述

10.1.1 农村金融风险的内涵

1. 农村金融风险的概念

金融风险是指包括金融机构在内的各种经济主体在金融活动或投资经营活动中，因经济原因或金融制度、金融运行与金融管理等各种因素的不确定变动使经济主体的实际收益与预期收益目标发生偏差，从而导致其在经济活动中遭受损失的可能性。其含义有四：第一，金融风险并不等于经济损失，它的存在与爆发依赖于经济主体的客观行为；

第二，金融风险仅指存在和发生于资金融通和经营过程中的风险，只要一进入这个领域，金融风险就随之形成并可能产生实际的损失；第三，不确定的经济活动是产生金融风险的必要条件，预期行为目标的偏离是金融风险产生的充分条件；第四，金融风险中包括金融机构在内的各个经济主体主要是指从事资金筹集和经营活动的经济实体，包括居民个人、企业、事业单位、银行、非银行金融机构，甚至政府等。

农村金融风险属于金融风险的一部分，结合金融风险的定义，农村金融风险是指包括金融机构在内的各种农村经济主体在农村金融活动中，因经济、金融各种因素的不确定变动，使农村经济主体的实际收益与预期收益目标发生偏差，造成农村金融与经济发展的非协调性，从而导致农村经济主体在经济活动中遭受损失或农村金融与经济发展形成相互制约恶性循环的可能性。

2. 农村金融风险的主体和客体

一般而言，农村金融的供给者、需求者和监管者这些农村经济主体是金融风险的主体，农村金融市场是金融风险的客体，也即载体。

农村金融机构是农村金融服务的供给者，是风险主体之一，它们是农村金融风险的直接承受者。主要包括银行业、保险业、农村合作金融业和民间非正式的各类融资组织。从组织体系设计上来看，我国已经形成了由政策性、商业性、合作性金融共同构成的、分工协作的“三元架构”的农村金融体系，对农村市场经济的持续、稳定发展起到了一定的推动作用。它们面临的金融风险主要是资产风险，尤以信贷风险为甚。

农户、农村中小企业、农民专业合作经济组织以及县乡政府是主要的金融需求者，也是风险主体之一。它们作为金融的需求者，参与农村金融活动，也是金融风险的直接或间接影响者和承受者。农户需要的金融服务主要是储蓄和生产经营性信贷，储蓄也是农村金融各项交易中最为稳健的投资项目，一旦金融机构发生支付风险，则农户将是间接的最大受害者；农村中小企业最重要的金融需求是流动资金贷款和结算服务，由于农村中小企业进入和退出行业受市场规律影响较大，并且当前的很多农村中小企业没有把信誉作为企业的无形资产，有钱不还现象严重，是农村金融风险增加的直接影响者；县乡政府的投资项目多是营利性不强的公益项目，加上农村税费改革，县乡政府的人员庞杂，历史包袱过重，因此它们对金融机构的贷款多会成为农村金融机构的不良贷款，增加金融风险，也是金融风险的直接影响者之一。

农村金融监管机构是风险主体之一，它对农村金融活动进行监管，以保持金融市场的正常运作，防范和控制金融风险。目前我国农村金融的监管主要由中央监管机构、地方政府以及相关民间监管机构组成。

农村金融市场是风险的客体，也即载体。它主要分为三个层次：第一层次是农村各类金融机构相互之间的交易市场；第二层次是农村各类金融机构与非农村金融机构之间的交易市场；第三层次是农村各类金融机构与农村各类企业、农业生产者等融资需求方和融资服务方的交易市场。广义的农村金融市场还包括各种非正规的、非制度化的融资交易行为等。随着市场经济体制的完善，农村金融市场也在逐渐完善，金融交易活动逐渐规范，这极大地减少了由于不规范操作和道德风险等风险因素带来的不利影响，但是只要存在金融交易，客观风险因素将是永远合理存在的。

10.1.2 农村金融风险的特征

农村金融具有区域性特征，易受当地经济发展情况影响。农村经济活动的弱质性和农村金融机构风险管理水平的有限性，使农村金融风险除了具有金融风险的一般特征（如社会性、客观性等）外，还具有自身的特殊性（如隐蔽性更强、风险更加复杂和更难控制等）。

1. 农村金融风险的社会性

金融行业不同于其他行业，自有资本占全部资产的比重一般较小，绝大部分资金来自存款和借入资金，因而金融机构的特殊地位决定了社会公众与金融机构的关系是一种依附性的债权债务关系。农村金融风险是与农村金融机构的经营行为相伴而行的，因此它具有与一般行业经营风险不同的特点。农村一般行业的经营风险对农村经济的影响只是局部的，一般不会构成对整个农村经济的巨大破坏。而农村金融一旦出现较大的经营风险，如出现较大范围存款挤兑，就容易酿成金融风波，其结果将会使农村金融乃至整个社会经济的运行陷于瘫痪。它对社会经济生活的危害，不仅在于将大大削弱金融机构的支付能力，损害广大存款人的利益，损害农村金融业的良好信誉，而且可能激化财政收支矛盾，迫使中央银行增发货币，最终导致通货膨胀，危及国民经济运行的稳定。

2. 农村金融风险存在的客观性

农村金融风险属于金融风险的一部分，金融风险存在的客观性决定了农村金融风险存在也具有客观性。无风险的金融活动在现实金融生活中是根本不存在的，金融风险之所以具有客观性，其原因主要在于：一是市场经济主体的有限理性。市场信息的非对称性和主体对客观认识的有限性，市场经济主体所做出的决策有时不及时、不全面和不可靠，甚至错误，在客观上有可能导致经济金融运行中风险的发生。二是市场经济主体的机会主义倾向。人类的天性有一种道德上的冒险精神和趋利避害动机，因而可能采用不正当的手段，如说谎、欺骗、违背承诺等方式谋取私利。这些情况的客观存在导致金融风险不可避免。三是信用的中介性和对象的复杂性。金融中介的出现，使那种原始信用之间存在于期限结构、数量供求、借进贷出上的一一对应关系，演变为相互交织、相互联动的复杂关系，并且使金融经济运行有可能与实物经济运行相脱离，从而加大了产生金融风险的可能性。

3. 农村金融风险的隐蔽性更强

农村金融风险具有隐蔽性，首先源于金融风险的隐蔽性，这主要表现在：一是信用有借有还、存款此存彼取、贷款此还彼借，导致许多损失或不利因素被这种信用循环所掩盖；二是银行具有创造信用的功能，从而使本来属于即期金融风险的后果，可能被通货膨胀、借新还旧、贷款还息等形式掩盖。农村金融的金融属性，使农村金融风险具有一定的隐蔽性。

其次，农村金融风险的隐蔽性还源于农村金融制度的不完善，这也使得农村金融风险的隐蔽性更强。从完善的金融制度上看，金融机构经营信息的披露和支付危机是金融风险暴露的两条主要途径。分析我国情况，一方面，我国农村金融机构的信息披露制度不健全，农村金融机构经营的透明度普遍较差。当风险形成以后，连监管当局都无法及时获取准确、真实的信息，社会公众对此更是一无所知；另一方面，我国以国家信用为农村金融机构的后盾而没有引入破产机制，支付危机难以大规模发生，再加上当前农村储蓄的快速增长，进一步延缓了农村金融风险的显性化。此外，同城市金融机构相比，农村金融机构一般具有规模小、地域性强、彼此之间关联性较小的特点，因此，引发系统性风险的可能性较小。即使某个金融机构出现了问题，其加速性的表现也没有城市金融机构那样强烈，涉及的范围有限，如果发现后及时采取有效的措施，引发大面积挤兑的可能性很小，因而我国的农村金融风险具有很大的隐蔽性。

4. 农村金融风险更加复杂

农村金融风险相比于一般金融风险而言更加复杂，这主要体现在农村经济的特征加大了农村金融风险。农村经济的主体是农户和农村中小企业，包括种养业、林业企业等，其再生产过程是自然再生产与经济再生产相交错的过程。从农业经济再生产考察，它和非农产业一样，面临着发生市场风险、利率风险、汇率风险的可能性，并由此导致农村金融风险。但是由于从事农业和非农产业不一样，它在生产过程的每一环节，都受到自然条件的影响和制约，可以说，从播种开始，再生产过程就处于一定程度的风险之中。显然，农户和农村中小企业一旦成为农村金融机构贷款或其他方式结成的客户，农村金融机构不仅要承担来自经济再生产过程可能带来风险的压力，而且还要承担来自自然再生产过程可能带来风险的压力。这些风险具体表现在以下两方面。

自然风险。据联合国统计资料表明，20 世纪以来，我国是继美国、日本之后世界上自然灾害最严重的国家之一。民政事业发展统计报告显示，近 10 年来我国因洪水、台风、地震等自然灾害造成的经济损失每年维持在 2 000 亿元左右，2008 年的汶川地震直接经济损失就达 8 451 亿元，其他方面和波及全国的损失更是难以估算。自然风险已成为影响“三农”经济发展乃至社会稳定的重要因素。

市场风险。农作物的生长周期较长，从种植到收获，市场价格可能发生很大变化。我国农业生产极其分散，难以实现规模化和机械化，也无法大规模、流程化运用现代耕作技术，致使收益率低。加入世界贸易组织后，国际农产品由于质量稳定、价格低廉而大规模进入我国，我国弱小分散的农户及产品面临国际农产品的冲击，市场风险剧增。

5. 农村金融风险更难控制

金融风险具有可控性，它是指市场金融主体依一定的方法、制度可以对风险进行事前识别、预测，事中防范和事后的化解。因为人们可以根据金融风险的性质、产生条件，识别金融业务经营和管理过程中存在各种可能导致损失的因素，从而为可控性提供前提；人们可以依据概率统计以及现代化技术手段，建立各项金融风险的技术性参数，从而为金融风险的可控性创造技术手段。现代金融制度（包括正式制度如法规、条例、管理办法等，非正式制度如道德、习惯等）是防范和控制金融风险的有效手段。它的建立、健全与创新发展，使金融主体行为受到有效约束，是控制金融风险的最有力保障。

但是从我国目前情况看，农村金融市场尚缺乏完善有效的金融制度，一方面金融征信体系和担保制度缺失，使农村金融市场相比城市金融市场信息不对称程度更高；另一方面，相关农村金融机构自身管理水平低下，员工素质不高，缺乏良好的内部控制措施。这些原因直接制约了农村金融风险的有效控制，使农村金融主体的行为得不到适当的约束，大大增加了农村金融风险控制的难度。

10.2　中国农村金融风险的管理

10.2.1　中国农村金融风险的现状

中国农村金融市场的发展相对比较滞后，农村金融机构作为农村金融市场的主导力量，其风险也是中国农村金融风险的最主要部分。中国的农村金融机构主要是银行业金融机构，包括农村信用社、农村合作银行、农村商业银行、村镇银行、中国农业银行、中国农业发展银行等。它们的风险体现在以下三个方面。

1. 信用风险

信用风险又称违约风险，是指交易对手有意违约或因客观因素变化而无力履行合同，给债权人造成经济损失的风险，即债务人未能如期偿还其债务造成违约，而给债权人带来的风险。农村信用风险，表现在债务人因各种原因不能偿还或者延期偿还本息，由此导致农村金融机构净收益下降而遭受财务上的损失。信用风险的产生和农村金融的经营环境紧密相连。一方面，由于农业是弱质产业，生产周期长，产品附加值低，再加上较高的生产成本，农民通过农业生产获取的收益较低，这从根本上限制了农民的还款能力和偿还水平。另一方面，农村信用体系还未健全，部分借款者的还款意愿可能本身就很低，再加上一些自然灾害等意外事件的影响，其还款的动力明显不足。

目前，我国农村金融机构面临的信用风险有所缓解，但仍较为突出，这主要表现在不良资产比例有所下降，但仍相对较高。2012 年末，我国县域农村金融机构的不良贷款率较之大型商业银行过高，平均达到 12.7%，比之高出 3 个百分点。表 10-1 是我国主要农村金融机构 2014 年的涉农不良率，农村信用社（含农村商业银行和农村合作银行）的不良贷款率相较于 2013 年有所下降，但 7%的不良率仍明显高于我国其他商业银行。

表 10-1　2014 年主要农村金融机构涉农不良率

项目	涉农不良贷款			
	余额		比率	
	本期/亿元	同比增长/%	本期/亿元	同比增减百分点
农村信用社	2 433	−1.9	7.0	−0.3
农村商业银行	665	57.8	2.1	0.3
农村合作银行	107	−5.7	2.7	0.5
村镇银行	31	127.4	0.8	0.3

资料来源：中国人民银行农村金融服务研究小组.中国农村金融服务报告. 北京：中国金融出版社，2014

2. 流动性风险

农村金融机构的流动性风险表现为由于农村金融机构持有的资产流动性和对外融资能力枯竭而造成损失或破产的可能性。我国农村金融机构的资产主要是信贷资产，有价证券和固定资产所占比例都很低。当前我国农村金融机构普遍存在着存款活期化与贷款长期化的错配，使金融机构出现极大的资金缺口，再加上不良贷款率居高不下，不仅限制了农村金融机构的投资途径，降低了其营利能力，而且限制了资金的流动性。另外一方面由于农业生产具有的季节性特征，所以农村资金需求也具有季节性特征，农业生产经营者在春耕芒种时节对资金需求增加，提款意愿增强，取款集中，使农村金融机构可以用于即时支付的流动性资产不足以满足存款提现的要求，造成其清偿能力下降，严重的会致使农村金融机构信誉度下降，出现挤兑现象和破产风险的情形。

资本充足性是衡量金融机构经营状况是否稳健的一个重要标志。在满足这一条件的前提下，金融机构的资本既能应付坏账损失的风险，又能保证金融机构正常运作达到盈利。因此，为了保证金融机构的正常运行和健康发展，维护社会稳定，各国金融监管当局都要求金融机构达到一定的资本充足率，中国人民银行也对包括农村信用社在内的金融机构提出了资本充足率必须达到 8%的具体要求。以农村信用社（含农村商业银行和农村合作银行）为例，2002 年，农村信用社的资本充足率为 2.35%，远低于《巴塞尔协议》规定的资本充足率 8%的最低标准；截止到 2013 年，农村信用社资本充足率达到 11.8%。由此可见，农村信用社资本充足率在“央行票据换资本充足率标准”的作用下持续增长，应对流动性风险的能力得到增强。

3. 操作风险

操作风险是指由人员、不完善或有问题的内部程序或外部事件所造成损失的风险。农村金融中违规问题是操作风险的主要表现，2012 年末，从已查出暴露的操作风险案件来说，各种违章、违纪和违规操作在存贷款、投融资、财务会计结算、计算机等业务方面大量存在。就农村合作金融机构来说，各类案件发生损失总额达到 85 亿元，涉案数额较大的案件平均案值达到 984 万元，与 2011 年同期相比上升幅度较大，达到 27%，其中，操作风险的案件数量占比较高，而涉及操作风险的金额损失占比达到 70%以上，这给产权不甚明晰且内部治理不够完善的农村金融机构敲响了警钟。

与信用风险主要存在于信贷业务中不同，操作风险普遍存在于农村金融机构业务管理、经营环境的各个方面，主要分为由人员欺诈、流程管理不到位和外部事件所引发的风险。

（1）由人员欺诈所引发的操作风险，如营私舞弊、监守自盗等内部欺诈，外部人员故意欺诈、骗取银行资产等外部欺诈。

（2）流程管理不到位而引发的操作风险，主要表现为农村金融机构部分员工由于知识技能落伍，违反相关业务管理规定，进行跨流程操作；疏于严格管理，信贷人员违规操作、人情贷款；部分农村金融机构未遵守监管当局的规定，逃避中央银行、系统内上级行社和财政、税务、审计等部门的监督，违规设置账目甚至不建账、不记账，或者账目所反映的实收资本不真实、重复计算、凭空对转、虚增资本金。

（3）外部事件所引发的风险。社会上不法犯罪分子铤而走险，盗抢农村金融机构的事件时有发生。

另外，在农村信用社、中国农业银行等这些金融机构之外，农村地区还广泛存在着各种民间金融，如民间借贷、民间票据贴现、各种协会和互助会等。民间金融是一种非制度化和非组织化的体系，适应于农村的、传统的、固有的经济模式，对满足广大农户和农村企业融资需求提供了便利，已成为农村产业发展的重要资金保证。但是，它们的存在又有一定的问题：第一，它是一种自发的、盲目的、分散的信用活动，缺乏必要的管理和法律法规支持，也会使农民面临一系列的风险，如引发债务纠纷，甚至有的民间贷款用于赌博、吸毒等严重违法活动，严重扰乱了金融秩序，危害社会稳定。第二，民间借贷利率较高，许多企业或个体户从民间所借资金利率水平一般都比较高，比银行同期利率高 3~4 倍，从而加重了个人和企业负担。第三，规避市场风险的手段不健全。目前我国的农户整体文化素质还比较低，面对规避风险的工具如远期交易、期货交易、期权交易等不会使用，使农户的风险无法得到转移和分散。因此我国民间金融领域已经积聚了一定程度的风险。

专栏 10-1

农村合作基金会

农村合作基金会曾是中国农村经济发展中的一个重大事件，其对中国农村经济和农村金融的影响至今也没有消除。农村合作基金会是在 20 世纪 80 年代中期家庭承包导致人民公社解体后，各地在对集体资产清理过程中实行“清财收欠，以欠转贷”而产生的。其产生的背景主要包括四个：一是重建集体积累机制，盘活用好集体资金，实现了集体资金的保值增值。二是寻求新的农业投入保障机制。在市场化进程中，农业的比较利益低下，社会资金很难向农业转移，需要建立一个新的向农业投入的保障机制。三是弥补中国农业银行、农村信用社的信贷真空。一方面，中国农业银行、农村信用社仍以集体建立银行账户，一直不把农户作为信贷对象。另一方面，受国家信贷规模和结构控制，中国农业银行和农村信用社不可能满足各种农村经济主体的小额贷款业务。而农村合作基金会可以做到这一点。四是抑制民间高利贷。由于农村信用社不能满足农村的各种需求，民间金融市场和高利贷一直客观存在，农村合作基金会抑制了高利贷的活动。

正是在这四个大背景下，农村合作基金会得以产生并发展。其间从开始成立运行到被清理关闭，从全国范围看，大约经历了10年的时间，但是各地的情况有所不同，有的时间长一些，有的时间短一些。根据农村合作基金会与国家政策之间的高度相关性，全国的农村合作基金会的发展历程分为5个阶段。

一是萌发阶段（1984~1986年）。从1984年河北省康保县芦家营乡正式建立农村合作基金会起到1986年末，黑龙江、辽宁、湖北、浙江、广东、四川、江苏等地农村社区内部融资活动都有了一定的发展，并产生了农村合作金融组织的雏形。这一阶段最为关键的问题是国家金融管理部门对此从未认可，有些地方金融机构甚至予以限制。二是改革试验阶段（1987~1991年）。在这一阶段，农村合作基金会这种农村合作金融组织逐步得到了中央政府和有关部门的承认、鼓励和支持，并在黑龙江尚志市、河北玉田县、山东平度市、广西玉林市、四川广汉市等试验区进行了农村合作基金会的规范化试验，逐步建立了合作金融组织的新制度框架。三是高速扩张阶段（1992~1995年）。1992年春天邓小平发表南方谈话，全国上下兴起了新一轮的投资热潮，此后中国经济重新出现了高增长，许多农村合作基金会在地方政府的干预下，基金会的资金更多地投放于非农经济领域，并开始大量办理非会员及所在区域以外的存贷款业务。金融秩序处于混乱状态，一些非金融部门都加入了创办基金会、股金会，参与高利率资金市场的恶性竞争。四是整顿发展阶段（1996~1998年）。1996年8月的《国务院关于农村金融体制改革的决定》针对相当多的合作基金会的违规行为提出了对农村合作基金会进行清理整顿。但是农村合作基金会是基层政府参与组成，没有许可证而从事金融业务的准金融组织，带有浓厚的行政色彩，从而加剧了清理整顿的难度。1998年各地普遍出现挤兑，四川、河北等地甚至出现了较大规模的挤兑风波，并且酿成了危及农村社会及政治稳定的事件。五是清理关闭阶段（1999年1月至清理整顿结束）。1999年1月国务院发布3号文件，正式宣布全国统一取缔农村合作基金会。文件要求停止新设农村合作基金会，现有的农村合作基金会一律停止以任何名义吸收存款和办理贷款，同时进行清产核资，冲销实际形成的呆账，对符合条件的并入农村信用社，对资不抵债又不能支付到期债务的予以清盘、关闭。至此，农村合作基金会在我国彻底消失。

农村合作基金会最后被取缔，根本原因就是其金融风险的大面积积聚，运行过程中出现许多问题，导致基金会后来越来越严重地偏离组织创办者和政府审批者当初在主观上所希望的发展方向，危害了农村经济社会活动的安全。在一般性质上，农村合作基金会是人民公社体制解体后，农村基层重建和完善农业积累制度的一种组织基础，它是社区合作经济组织内部各成员在资金上互通有无、有偿使用、独立核算、自负盈亏、民主管理、自愿互利、共担风险的一种专业性合作经济组织。但是，实际运行过程中，农村合作基金会根本就不是农民的合作金融组织，农村合作基金会的所有者是缺位的，实质上是政府所有的农村金融组织。其行政干预严重，管理不严，形成了巨额的不良资产，造成了金融风险，导致了后来的清理整顿直至取缔。

农村合作基金会的失败，反映了一个无法回避的事实：无论中央政府还是地方政府，所建立的农村金融体系都存在着重大制度缺陷。农村合作基金会对地方政府和地方性金融组织的依附，与真正意义上的合作金融相去甚远，实践证明是不成功的。但是，对农村合作基金会的否定绝不能变为对农村合作金融的否定，中国需要真正的合作金融。

10.2.2　我国农村金融风险的形成

要对我国农村金融风险实施有效的管理，必须深入了解农村金融风险产生的原因，具体包括以下几个方面。

1. 农业生产的经营特性

农村金融以农村经济活动为载体，其中农业生产经营活动是基础。农业作为农村经济发展的支柱产业，其弱质性所产生的农业风险问题不仅威胁着农村经济的健康发展，也影响了以农村经济作为经营基础和条件的农村金融。我国农业生产的自然风险以及较为脆弱的农业基础设施、农业生产方式，不仅影响我国农业和农村经济发展，损害了农户和农村企业的利益，同时也将农业生产的自然风险转嫁至农村金融机构，导致了农村金融风险的形成。

2. 农村金融机构经营管理问题

农村金融机构经营管理水平低下，直接造成了农村金融风险的形成。农村金融机构管理水平低下主要表现在三个方面：一是员工队伍素质较低。由于农村金融机构组建时间长，机构众多，人员来源渠道复杂，在旧的人事管理制度下，难以形成有效的人才竞争机制，员工队伍的文化水平、政治素质、业务技能相对较差。二是企业文化管理薄弱。农村金融机构缺乏对企业文化和企业精神建设的重视，对员工的职业道德管理松散，致使部分员工对防范经营风险缺乏自觉性和责任心，安全意识淡薄，积聚了风险。三是信贷业务经营管理不到位。其主要体现在信贷业务中贷前审查和贷后管理不规范。贷前信贷人员对农户、农村中小企业在授信业务中信用等级评定工作缺乏规范，有很强的随意性和失真性，在信贷流程中存在人情贷款、违规贷款操作等现象；贷后信贷人员的管理责任意识缺位，疏于检查，跟踪管理不到位。

3. 缺少风险补偿机制

完善的风险补偿机制能够在损失实际发生之后及时给予补偿，从而减少风险的累积，我国农村金融机构的风险补偿机制还很不完善。首先表现在呆账准备金的计提与核销不足。盈利增长速度低于呆账增长速度和税收政策不配套等原因，金融机构的呆账准备金远远不能弥补风险损失，导致风险累积。其次，不存在市场退出。当金融机构的资产净值变为零或负数时，该金融机构应该被宣布破产，以避免进一步损失，也给金融机构提供了一个防范风险的约束机制。但在实际中，一般总是将有问题的金融机构吸收合并到其他较好的金融机构，表面上化解了目前的金融风险，实际上仅仅使风险暂时得到转移。

这种市场退出机制的缺位产生了很大的负面效应。

4. 法律法规欠缺

目前我国农村经济和金融活动存在法制不健全、难落实的问题，对农村金融风险的形成产生了很大的影响。表现在三方面：一是农村经济实体经营者法制观念淡薄，缺乏法律责任意识，在现行法规对经营失败、倒闭者缺乏有效的惩戒措施的情况下存在故意拖欠债务的行为；二是对金融同业不正当竞争缺乏有效的法律约束，致使一些农村金融机构存在诸如抬高利率、贴息存款等经营活动，加剧了农村金融机构的经营风险；三是相关法制对地方政府约束力低。一些地方政府采取不适当的行为，在处理企业并购、资产重组时，千方百计甩掉农村金融机构债务，致使农村金融机构债权悬空。在面对这种情形时，相关的农村金融机构难以寻求有效的法律保护。

10.2.3 我国农村金融风险的防范和化解

1. 强化农村金融与农村经济的联动关系

在农村金融机构发展的过程中，要正确处理农村金融机构发展与农村经济发展之间的关系。农村金融机构发展与农村经济发展之间是相互促进、相互制约、平等互利的关系，只有二者相互协调，使农村金融机构适应农村经济的发展，农村金融机构风险的防范与化解才能得以实现。农村金融机构大力支持农业经济发展，既是农村经济发展对农村金融机构的迫切要求，也是农村金融机构优化信贷资金结构，提高经济效益的有利时机。农村经济的发展为农村金融机构优化资本结构、盘活存量资本、高效运营创造了有利条件。首先，农村金融机构需转变传统的支农观念，确立为现代化农业服务的思想。其次，农村金融机构需改进服务方式，为农业产业化提供多层次、全方位的优质服务，注重支持农业科技开发与推广，提高贷款科技含量。

2. 完善农村金融机构的经营管理

在认知层面上，领导层要充分认识到加强内部经营管理和控制建设的重要性，积极借鉴国内外银行先进的管理手段和先进的内部控制管理理念，在防范风险的基础上发展业务，同时加强对员工的思想教育，提升其素质，强化员工的内部控制观念，使其熟知各自岗位的制度和操作规程，严格按制度和规程处理每笔业务。

在内部控制体系上，建立健全内部控制体系，使决策权、业务流程、操作环节和员工行为都置于严密的内部控制之下。完善有效的法人治理结构，强化制约机制，明确各方的职责，使其相互制约和控制，充分发挥理事会和监事会的作用，增强事中控制能力。

3. 完善风险补偿机制

风险补偿作为一种事后的风险控制手段，它能够防止风险的长期累积，是控制风险的一种必需的制度安排。我国风险补偿机制还不完善，因此，必须对此加以完善，以提高农村金融机构控制风险的能力。

完善农村金融机构内部风险补偿机制的重点是提高资本充足率，通过增资扩股等各种手段及时补充资本金，其资本充足率要达到 8%的标准；要进一步完善呆账准备金制度，提高农村金融机构呆账准备金的提取比例，允许农村金融机构依据自身的风险程度，适当提高呆账准备金提取比例。

农村金融机构外部风险补偿机制是国家及其相应的产业部门制定具体风险补偿政策，减少农村金融风险带来的损失。目前可考虑以下四种途径：一是扩大国家财政补贴范围，由于我国财力有限，补贴的比例低。同时，国家设置的门槛太高，部分农村金融机构的不良贷款占比下降较为困难。所以还要依靠其他途径来进行农村金融风险的补偿。二是大力发展农业保险，由农业保险公司对农村金融机构在支农过程中所形成的损失进行补偿，农业保险的模式可采取政府支持、国家财政补贴的方式建立，使政府在综合利用财政、金融、税收等手段间接支持农业保险经营主体的稳健发展的同时，不必付出巨额补贴，从而减轻财政压力。三是建立信用担保制度。在农村逐步建立由信用担保、互助担保和商业担保多种模式相结合的信用担保体系，同时建立强大的资金支持体系，以保证资金的长期供给。四是建立公开的存款保险制度，对农村金融机构实行强制性存款保险制度，以免除政府对金融机构债务的无限支付责任，通过提供适当的存款保护，为金融机构市场退出创造前提条件。

4. 加强法制和信用建设

与其他金融机构一样，农村金融机构也必须依法经营，其财产、合法权益也应该受到法律保护，加强农村金融机构员工的法律意识，强化法制观念。首先，将农村金融机构的产权关系用法律形式固定下来，明确界定农村金融机构的产权归入股员工所有，员工代表大会享有最高权力，在产权明晰的基础上，完善农村金融机构的治理结构。其次，建立相应的信用激励约束机制，严格把关对信用户的评定工作，并大力发展信用中介机构。最后，要强化外部监管及行业自律，提高我国金融监管机构的监管能力，正确定位农村金融监管主体的监管职责，提高其监管的专业水平，建立科学的监管体系。

10.3　农村金融监管概述

世界银行的研究认为，发展中国家的农村金融市场不能有效运行，存在普遍的市场失灵。市场失灵带来的金融风险可以通过有效手段加以控制，而金融监管就是一国政府通过对金融机构的监督和管理来控制金融风险最重要的措施。金融监管在防范和减少金融风险的产生与积累、增强金融机构的稳定性、保证金融系统的健康和安全等方面都发挥着至关重要的作用。

农村金融机构作为金融体系的重要组成部分，在发展过程中必然要接受一国金融主管机构的监督管理。关于金融监管必要性的理论支撑主要有公共利益论和金融脆弱性理论。公共利益论认为金融监管是政府向社会提供的一种公共产品，政府通过对经济的适当于预降低或消除市场失灵，从而消除自然垄断、外部效应和信息不对称等失灵方面的不利影响，提高金融机构的治理水平，从而提高整个社会的公共利益。金融脆弱性理论认为金融机构由于其经营业务的特殊性，存在巨大的风险，包括信息不对称产生的逆向选择和道德风险，一旦存款者对银行的经营产生怀疑，这种恐慌会呈现蔓延趋势，引发挤兑现象，加剧银行的经营困难，这种脆弱性积累到一定程度时，就会发生金融危机，引发金融崩溃，通过金融系统的放大作用，导致整个社会经济发生危机。金融机构系统的脆弱性需要政府对金融系统实施全面监督管理，以维护公众信心，维护金融稳定与安全，促进经济增长。

10.3.1 农村金融监管的含义

在市场经济条件下，必须对经济实行宏观调控和监督，金融监管是经济监督的重要组成部分。金融监管是金融监督和金融管理的复合词。首先，监管应该是由某个或者某几个主体进行的活动，而且是有意识进行的活动；其次，监管是一种有对象和范围的活动；再次，监管必须有手段和方法；最后，监管是有预定目标的活动。监管主体（即监管者）、监管对象（即被监管者）、监管手段和监管目标构成了监管的四大要素。

从金融监管实践上看，金融监管是由两类主体完成的：第一类主体是“公共机构”，通常将它们称为“金融管理部门”，它们的权力是由政府授予的，有时候行使金融监管权力的就是政府本身。它们负责制定金融监管方面的各种规章制度以及这些规章制度的实施，并对违反者进行处罚。目前我国这类机构主要是中国人民银行、银监会、保监会和证监会。第二类主体是各种非官方的民间机构或者私人机构，它们的权力不是来自政府，而是来自于成员对机构决策的普遍认可，出现违规现象并不会造成法律后果，但可能会受到机构纪律处罚。目前，世界上绝大多数证券交易所或者证券商自律组织就属于这类监管机构。由此，金融监管的含义有广义和狭义之分。狭义的金融监管是指金融主管部门依据国家法律法规的授权对金融业（包括金融机构行为及金融市场活动）实施监督、约束、管制，使金融业依法稳健运行的行为总称。广义的金融监管是指除主管部门监管之外，还包括金融机构的内部控制与稽核、行业自律性组织的监督以及社会中介组织的监督等。

由此，农村金融监管也有狭义和广义之分，狭义的农村金融监管，是指金融主管部门依据国家法律法规的授权对农村正规金融机构和非正规金融组织及其在农村金融市场上的活动实施监督、约束、管制，实现农村金融依法稳健运行的行为总称。广义的农村金融监管除主管部门监管之外，还包括农村金融机构的内部控制与稽核、信用社等行业自律性组织的监督以及社会中介组织的监督等。

相对而言，我国农村金融监管的内涵远远小于城市金融监管，由于证券业、保险业和投资业发展的历史不长，其触角还没有普遍延伸到农村；农村金融市场中一度活跃的农民基金会、农金服务社等这些农村非（准）正规金融组织也相继被取缔，农村金融监管的内容相对比较集中也比较单一，农村金融监管的官方机构主要是中国人民银行和银监会，监管的对象主要是农村金融机构。本书中所提到的农村金融监管，不加说明都是指狭义农村金融监管中的金融机构监管。

10.3.2　农村金融的监管对象和范围

金融监管对象和范围是金融监管的核心。根据上述金融监管的定义，金融监管的对象是金融业，在我国农村金融组织体系中，银行业金融机构处于主体地位，当前农村金融体系主要是由合作金融、商业性金融和政策性金融所构成，非银行业金融市场发展缓慢，存量较少，保险业在农村发展甚微，信托等非银行业务基本停滞。因此，我国农村金融的监管更多体现在对银行业的监管上。

在我国农村金融市场上，同时活跃着正规金融机构和非正规金融机构（也称民间金融）。正规金融机构有政策性银行、国有银行、农村信用社、农村合作银行、农村商业银行、邮政储蓄银行、新型农村金融机构、保险公司、信托投资公司。非正规金融机构是相对于官方金融机构（正规金融机构）而言，未经政府监督管理机构批准自发形成的金融组织，没有纳入金融管理机构常规管理系统，其具体的存在形式是合会、地下钱庄等。图 10-1 是我国农村金融监管的对象。

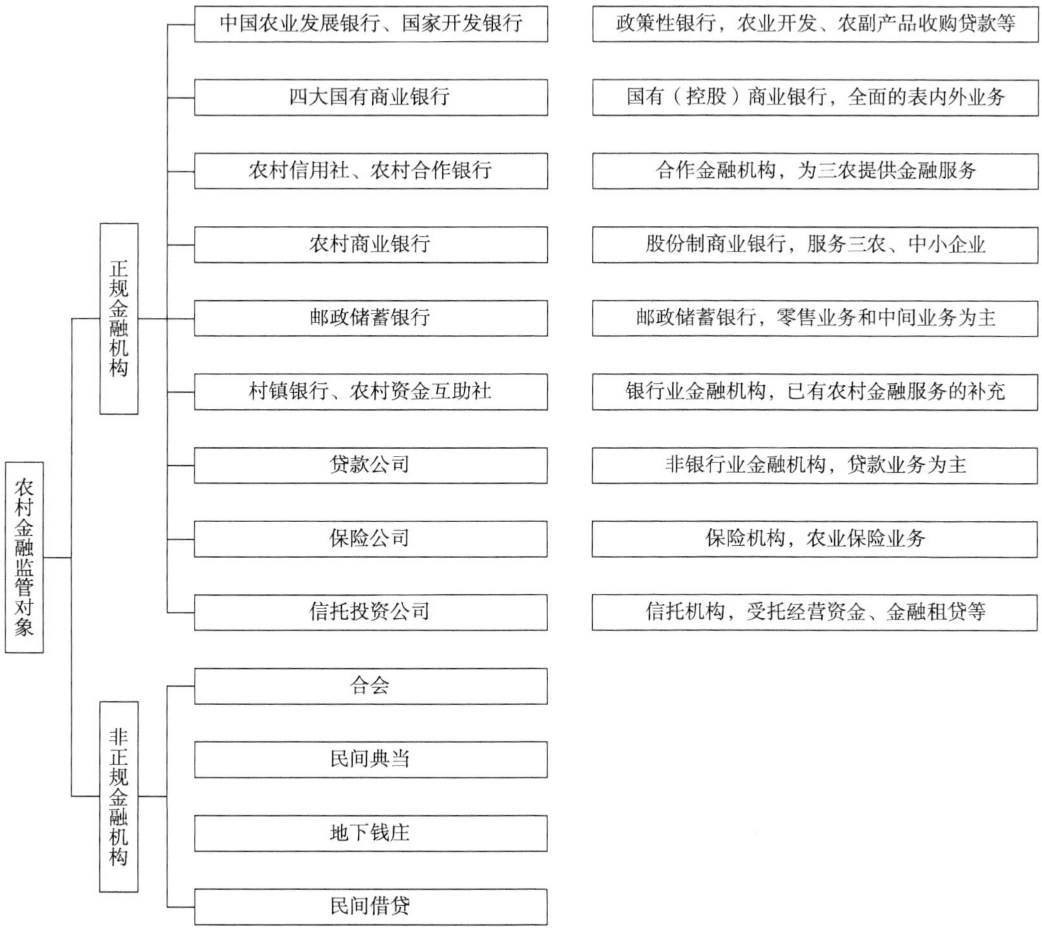

图 10-1　农村金融监管对象

在我国农村金融市场，各监管主体的监管范围和职责分工各不相同，具体如表 10-2 所示。

表 10-2 我国各金融监管部门的监管范围

监管主体	监管范围
中国人民银行（中央银行）	制定和执行农村货币政策，负责农村金融体系支付安全，防范与化解金融风险，维护金融稳定
银监会	实施涉“农”银行业机构及其业务活动的监督管理
证监会	实施对证券业的监督管理，但目前农村证券市场尚未得到发展，参与者有限
保监会	实施涉“农”保险业的监督管理
各级地方政府	实施对小额贷款公司、农民资金互助社等组织的监督管理
其他部门	财政部、国家发展和改革委员会、国家外汇管理局监督管理农村国债市场、企业债券、外汇等，但数量很少

近年来，为了配合整个经济体制改革的推进，推动农村经济的发展，农村金融体制也进行了一系列的改革，我国农村初步形成了以农村信用社为主体，中国农业银行、中国农业发展银行、邮政储蓄银行和新型农村金融机构共同发展，以民间借贷为补充的金融体系。农村金融市场格局的新面貌、新变化都要求农村金融监管体系的跟进。

10.3.3 农村金融监管的目标与内容

1. 农村金融监管的目标

金融监管的目标是金融监管行为要取得的最终效果或达到的最终目标，是实现金融有效监管的前提和监管当局采取监管行动的依据。由于金融监管是政府为了降低或消除市场失灵而采取的有效手段，那么显而易见金融监管的目标就是降低或消除市场失灵。

市场失灵主要表现为以下四个方面：垄断、外部性、信息不对称和公共产品。市场失灵会导致价格扭曲、市场信息失真等，而金融体系又是集资本密集型、信息密集型、高风险型和属于公共产品或准公共产品的行业于一身。为了防止金融风险的发生，避免金融市场失灵造成的效率损失、不公平交易和系统的不稳定对社会经济系统危害巨大，对金融系统进行必要的监管以限制市场失灵现象，就成为金融监管的目标。它主要体现在以下三个方面。

一是效率性。对金融机构在金融市场上可能出现的违规行为进行必要的监管，保证金融秩序有效运行，促进全社会金融资源的配置与政府的政策目标相一致，促使整个社会金融资源的配置效率得以提高。

二是公平性。消除因金融市场和金融产品本身的原因而给某些市场参与者带来的金融信息的收集和处理能力上的不对称性而造成的交易的不公平性，并促进农村金融和整个金融业的公平竞争。这种监管更多的是一种市场行为的监管，是基于对在金融活动中处于弱势信息一方的小储户、小投资者、债务者和政策支持者的一种保护。

三是稳定性。由于信息不对称，在经营机构的经营过程中，如果金融机构出现金融风险，无法保证存款人的资金安全，就会出现挤兑等现象，造成金融机构的危机和存款人的恐慌，促使经济出现较大的波动，影响经济的稳定性。

2. 农村金融监管的内容

从一般意义上来看，农村金融监管当局对金融业的监管是从市场准入、业务经营到市场退出的全过程监管。

1）市场准入监管

农村市场准入监管是指金融监管当局对新设立的农村金融机构，包括合并和增设分支机构的登记、审批等监管。市场准入监管是农村金融监管的首要环节，把好市场准入关是保障农村金融机构稳健运行和金融体系安全的重要基础。批准高质量的金融机构和金融高级管理人员进入市场，并根据金融机构的功能定位和审慎性标准，审批金融机构的业务范围，将有利于降低金融机构的经营风险。

金融机构的市场准入包括三个方面，即机构准入、业务准入和高级管理人员准入。机构准入，是指依据法定标准，批准金融机构法人或其分支机构的设立；业务准入，是指按照审慎性标准，批准金融机构的业务范围和开办新的业务品种；高级管理人员的准入，是指对金融机构高级管理人员任职资格的核准或认可。

各国的金融监管当局一般都参与金融机构的审批过程。金融机构的设立申请主要包括三个方面：一是要有足够的注册资本，金融监管当局主要监管资本充足率指标；二是要有素质较高的管理人员；三是要有最低限度的认缴资本额。由于农村金融机构的特殊性，以及地区差异等，我国金融监管当局逐步对农村金融机构的注册资本金限度进行了放宽，并根据农村金融机构的自身特点，在股东资格、股权结构等方面进行了区别于普通商业银行的规定。表 10-3 显示了我国主要农村金融机构在准入门槛方面的规定。

表 10-3　主要农村金融机构门槛设立对比（截至 2015 年）

项目	农村合作金融机构			新型农村金融机构			非金融机构
	农村商业银行	农村信用合作联社	农村合作银行	村镇银行	贷款公司	农村资金互助社	小额贷款公司
注册资本	≥5 000 万元	≥300 万元	≥2 000 万元	县（市）≥300 万元；乡镇≥100 万元	≥50 万元	乡（镇）≥30 万元；村≥10 万元	有限公司≥2 000 万元；股份公司≥3 000 万元
发起人要求	在农村合作银行、农村信用社基础上组建	在农村信用合作社及其联合社基础上以新设合并方式发起设立	由农村信用社或联（合）社改制	发起人中应至少有 1 家银行业金融机构	境内外银行	发起人数≥10 人，发起人包括乡（镇）、行政村的农民和农村小企业	有限公司：发起人数≤50；股份公司：2≤发起人数≤200
股权结构规定	单个自然人及其近亲属合计投资入股比例≤2%；职工自然人合计投资入股比例≤20%；单个境内非金融机构及其关联方合计投资入股比例≤10%			主发起人持股比例≥15%；其他单一股东持股比例≤10%	由单个境内外银行全额出资	单个农民或单个农村小企业持股比例≤10%	

资料来源：中国银行业监督管理委员会，《中国银监会农村中小金融机构行政许可事项实施办法（修订）》，2015 年

农村金融机构准入门槛之所以没有定得太高，主要基于以下考虑：第一，如果准入

门槛定得太高，那将不利于扩大农村金融市场的资金来源，从而影响农村金融的深入发展。第二，农村金融市场中的资金需求量普遍低于城市工商企业，融资规模相对较低，因此农村金融机构的准入门槛相较于城市金融机构也较低。

另外，资本金的充足与否是衡量一家商业银行抵御风险能力的重要指标，较多的资本金和适度的资本充足率是银行实力的象征，表明了其抵御风险的能力。对银行资本金的审查是金融机构准入监管的重要方面，目前各国都对拟设立的银行提出了资本金方面的最低标准。《中华人民共和国银行法》（简称《银行法》）第十三条规定：设立全国性商业银行的注册资本最低限额为十亿元人民币，设立城市商业银行的注册资本最低限额为一亿元人民币，设立农村商业银行的注册资本最低限额为五千万元人民币。注册资本应为实缴资本。

2）业务运营监管

业务运营监管实质上也是市场运作过程的监管。实践表明，金融风险大多发生在金融机构经营活动中。因此，对金融机构业务运营过程进行有效的监管有利于更好地实现监控目标。对我国农村金融机构业务运营监管的内容无非是业务经营的合法合规性，正规金融机构资本的充足性，资产质量的稳妥可靠性、流动性及营利性，内部管理水平和内控制度的健全性等方面，但具体在内容上有别于城市金融监管，如对农村金融机构的存款准备金率通常都会比其他金融机构低 0.5 个百分点。

3）市场退出监管

市场退出监管是指监管当局对金融机构退出金融业、破产倒闭或合（兼）并、变更等的管理。金融机构市场退出，一般是金融机构由于不能偿还到期债务，或者发生了法律法规和公司章程规定的必须退出的事由，从而不能继续经营，必须进行拯救或破产清算的过程。

金融机构市场退出按原因和方式可以分为两类：主动退出与被动退出。主动退出是指金融机构因分立、合并或者出现公司章程规定的事由而需要解散，因此退出市场。

被动退出则是指金融机构出于法定的理由，如由法院宣布破产或因严重违规、资不抵债等原因而遭关闭，监管当局将金融机构依法关闭，取消其经营金融业务的资格，金融机构因此退出市场。金融机构市场退出监管主要考核支付存款本金和利息的债务清偿额（比例）指标等，包括六个方面，即接管、收购、分立或合作、解散、吊销经营许可证和破产。

为维护存款人利益和维持市场信心，一般情况下银监会针对风险高、无法持续经营、支农状况较差的金融机构，尽量遵循少关闭、多兼并重组、减少市场振荡、防止出现农村金融服务空白和弱化“三农”服务的原则。2010 年，银监会起草印发了《关于高风险农村信用社并购重组的指导意见》，对部分农村信用社特别是监管评级为六级以及监管评级为五 B 级且主要监管指标呈下行恶化趋势的机构进行了并购重组，以化解高风险农村信用社风险，进一步提高农村金融体系的稳健性，提升“三农”和小企业金融服务水平。

总之，市场准入监管、业务运营监管和市场退出监管三者是统一的整体，相互联系。市场准入监管是金融机构监管的首要环节，它能够保证进入金融市场的机构的良好品质以及合理的机构数量；业务运营监管是对银行的持续性监管，遵循银行审慎监管的原则，通过对商业银行的资本充足率、信贷风险、波动性等进行监管，确保机构的稳健运行；市场退出监管是在机构不能满足监管当局的审慎要求时监管当局采取的措施。三者相互结合，服务于监管的全过程，以保证机构的稳健运行。

10.4　中国农村金融监管现状

中国农村金融市场具有高交易成本、缺少传统的抵押品、收入波动较大、分散风险机会有限等特点，因而金融风险较大，对金融监管的要求也较高。就目前而言，中国的农村金融监管体制具有国家宏观调控，中央银行和银监会监管，省级人民政府依法管理、落实责任，行业自我约束、自担风险的特点。

中国当前农村金融体系主要是由合作性金融、商业性金融和政策性金融所构成，保险业在农村的发展较慢。因此，中国农村金融的监管更多体现在对银行业的监管上。

自从 2006 年，银监会颁布文件，提出调整放宽农村金融机构准入的相关政策，鼓励和引导金融机构与境内外各类资本加大对农村的金融投资，村镇银行、贷款公司、农村资金互助社相继成立，打破了农村信用社垄断农村金融市场的局面，形成了农村金融市场的竞争新格局。无论是深化改革进程中的农村信用社还是新成立的农村新型金融机构，都迫切要求相关监管部门在风险控制和管理上的跟进。

10.4.1　农村合作金融机构的监管

针对农村合作金融机构数量多、经营规模差距大、发展水平悬殊的特点，按照“化解风险—产权改制—健全内控—有效治理—提高竞争力”的路径，银监会自成立以来持续加强农村信用社、农村合作银行和农村商业银行的监管。

一是实施风险分类统一标准和差别监管措施。从 2006 年起推动监管标准的逐步统一，全面完成农村合作金融机构表内外资产由四级分类向五级分类的过渡，实施贷款风险分类偏离度检查，基本摸清风险底数。2007 年起按照商业银行评级标准对农村合作金融机构实施监管评级，共分为 6 个级别 10 个档次，2010 年针对多家农村合作金融机构处于同一个级别而难以体现风险程度差异，又将档次增加到 15 个，基本摸清风险分布区域、风险集中程度以及风险机构数量，为实施差别监管提供了依据。同时，建立健全适合农村金融机构特点的分类差别审慎监管制度和全流程联动监管体系，加大了对重点机构和重点环节的监管力度。

二是大力推进高风险机构处置。2008 年，银监会出台了《农村合作金融机构主要监管指标及监管评级 2008—2010 年达标升级规划》，按照“机构分类—梯次规划—按季督查—按年考核”的方式，要求 35 个省市和 2 400 家县级法人，逐省逐社制定达标升级规划，明确达标措施与步骤，并将达标进展结果纳入对高管人员的履职考核中，取得了良好效果。重点推动五级、六级机构监管达标升级，专门下发高风险农村信用社并购重组指导意见，对于监管评级为六级或者五 B 级且主要监管指标呈下行恶化趋势的农村信用社，符合投资入股资格的商业银行、农村合作金融机构、非银行金融机构及优质企业均可对其实施并购。

三是农村合作金融机构股本监管取得成效。银监会在农村信用社改革多元化产权制度探索基础上，全面确立了股份制产权改革方向，2010 年制定《关于全面推进农村合作金融机构股权改造工作的指导意见》，着力推进资格股改造，优化股权结构，健全规范法人治理，完善内控机制。通过股权改造，农村合作金融机构投资股比例已经提高到 76% 以上，治理机制得到初步完善，内部人控制问题有所改善，风险管控能力显著增强。

10.4.2 新型农村金融机构的监管

为有效解决我国农村地区金融供给不足、竞争不充分等问题，银监会于 2006 年底调整放宽农村地区银行业金融机构准入政策，按照“低门槛、严监管”原则，积极培育发展村镇银行、贷款公司和农村资金互助社三类新型农村金融机构。

所谓“低门槛”，就是适当降低机构和业务的市场准入条件，增加农村地区银行业金融机构覆盖面，主要体现在：降低农村金融机构注册资本要求，村镇银行最低注册资本金为 100 万元，贷款公司最低注册资本金为 50 万元，农村资金互助社最低注册资本金为 10 万元；农村合作银行、县（市）统一法人联社最低注册资本金分别由 2 000 万元、1 000 万元降低为 1 000 万元和 300 万元；取消境内银行业金融机构对在县（市）、乡（镇）、行政村设立分支机构拨付营运资金的限额及相关比例的限制；降低农村银行业金融机构投资人资格与境内投资人持股比例限制；放宽业务准入条件与范围；调整董（理）事、高级管理人员准入资格；调整新设法人机构或分支机构的审批权限。

所谓“严监管”，具体包括：实施审慎监管，农村地区新设银行业法人机构必须执行审慎、规范的资产分类制度，资本充足率不得低于 8%，资产损失准备充足率不得低于 100%，内部控制、贷款集中、资产流动性等应严格满足审慎监管要求；根据农村地区新设银行业法人机构的资本充足状况及资产质量状况，适时采取差别监管措施；引导和监督新设银行业法人机构的资金投向；建立农村地区银行业金融机构支农服务质量评价考核体系。在扩大调整放宽农村地区银行业金融机构准入政策试点工作时，必须坚持服务“三农”、市场化、严格监管、政策激励、积极稳妥五个原则。

银监会于 2010 年印发了《关于加快发展新型农村金融机构有关事宜的通知》，强调要严格执行准入标准，不得抬高或变相抬高银监会规定的准入门槛，并允许因地制宜对三年规划适度调整。实施中，采取“东西挂钩、城乡挂钩、发达与欠发达挂钩”政策，引导大中型商业银行、中小银行业金融机构作为发起人，到经济欠发达地区设立新型农村金融机构。

2011 年，银监会根据风险防范需要，印发《关于调整村镇银行组建核准有关事项的通知》，调整完善准入政策，确立集约化培育、专业化管理的工作思路，鼓励按照区域挂钩的原则集约化组建村镇银行，重点布局西部地区和中部欠发达县域，并按照先西部地区后东部地区、先欠发达县域后发达县域的次序组建。

近些年，由银监会主导的农村中小金融机构监管工作已取得了显著的成绩。截至

2014 年末，全国农村合作金融机构主要监管指标较之 2006 年末有了较为明显的改善，加权资本充足率由–4.6%提升到 13.2%；不良贷款余额由 17 322 亿元下降到 3 998 亿元，不良贷款率由 27.9%下降到 3.8%；拨备覆盖率由 8.3%提高到 135.2%；资产利润率、资本利润率分别由 2005 年末的–1.60%、–0.5%提高到 2010 年末的 0.95%、17.4%。新型农村金融机构的资产利润率、资本利润率也达到了 1.42%、10.1%。

农村金融业快速发展的同时，尤其需要农村金融监管的跟进，这关系到我国金融体系的稳定和效率，也对农村金融业的发展具有重要影响。新型农村金融机构的兴起对农村金融监管提出了新的要求，金融监管当局在监管体制、立法等方面还有待更多地探索。

10.4.3　民间金融的监管

我国的民间金融由来已久，在历史上，小农经济和民间借贷一直是相依共存的。1997 年后由于维护农村金融安全的需要，我国对农村民间金融总体上持否定的态度，在关闭了大量的农村基金会后，许多农村民间金融组织转入了地下活动。20 世纪 80 年代以来，随着中国农村改革、农村乡镇企业的发展和各领域市场化进程的不断推进，农村民间金融市场逐渐地发展壮大，在有些地区，农村民间金融对当地农村经济的支持甚至超过正规金融机构。农村民间金融的存在有其客观的社会经济基础，传统的以“堵”为主的监管方式，难以达到预期的效果，因此需要根据其特性正确地对民间金融活动进行监管。

2003 年，党的十六届三中全会通过的《中共中央关于完善社会主义市场经济体制若干问题的决定》中指出了“鼓励社会资金参与者中小金融机构重组改造。在加强监管和资本金充足的前提下，稳步发展各种所有制金融企业。完善农村金融监管体系，国家给予适当政策支持”。国家首次对发展民间金融给予了政策支持。2004 年中央发文中再次提出来了鼓励在严格监管和有效防范的前提下，积极创办民间金融组织，同时中央银行指出了民间金融的存在可以起到资源优化配置的功能，能够对中小民营企业给予资金支撑，同时分散和转移银行风险。

2005 年，中国人民银行正式将陕西、四川、贵州和山西确定为实施小额信贷的试点地区，试点资金来源为自有资金、捐赠资金或单一来源的批发资金形式，不吸收存款，不跨区经营，股东最多不超过 5 个，贷款利率可由借贷双方自由协商。对四省试点之后，中国人民银行正式对民间金融表示了认可，也把对民间金融的监管提上了议事日程。

我国民间金融借贷政策基本上完全由中国人民银行在制定，银监会集方针政策的制定者、执行主体、监督主体和评估主体于一身对民间金融进行统管，而且这种管理也是宏观的，对于省以下都没有结合本省市区的实际情况制定具体的方针政策，方针政策的执行到不了基层，监管到不了最关键的神经末梢——具体的民间金融组织和行为。目前，尚有很多民间金融组织和行为处于无政府状态，基本上都是基于行业内自我形成的约束条例，没有具体的制度和规范可以依据，也没有明确的监管主体。

2008 年，中国人民银行提出了《放贷人条例》草案，被人们高度关注，期待正式条例出台，期待民间金融合法化、阳光化。但是草案至今仍在审批中，并未正式出台。我国现有的涉及调整和规范民间融资的法律法规，有《中华人民共和国刑法》、《中华人民共和国民法通则》、《中华人民共和国合同法》、《中华人民共和国商业银行法》、最高人民法院司法解释以及国务院行政法规。这些法律法规从借贷利率、资金筹集和运用等方面初步界定了民间金融的合法性判定标准，但随着市场经济的不断发展，一些问题凸显，客观要求法律制度的进一步修订完善。

本章小结

（1）农村金融风险是指包括金融机构在内的各种农村经济主体在农村金融活动中，因经济、金融各种因素的不确定变动，使农村经济主体的实际收益与预期收益目标发生偏差，造成农村金融与经济发展的非协调性，从而导致农村经济主体在经济活动中遭受损失或农村金融与经济发展形成相互制约恶性循环的可能性。一般而言，农村金融的供给者、需求者和监管者是农村金融风险的主体，农村金融市场是农村金融风险的客体。农村金融风险除了具有金融风险的一般特征，如社会性、客观性等特点之外，还具有其自身更为突出的特点，如隐蔽性更强、风险更加复杂和更难控制等。

（2）农村金融机构是我国农村金融市场的主导力量，因此我国农村金融风险集中体现为农村金融机构的风险。我国的农村金融机构主要是银行业金融机构，包括农村信用社及由其改制而来的农村合作银行、中国农业银行、中国农业发展银行和新近设立的村镇银行等，它们的风险主要体现在信用风险、流动性风险和操作风险三个方面。我国农村金融风险的形成原因主要包括农业生产的经营特性、农村金融机构经营管理问题、缺少风险补偿机制和法律法规的欠缺，因此要采取相应的措施进行防范和化解。

（3）农村金融监管，是指金融主管部门依据国家法律法规的授权对农村正规金融机构和非正规金融组织及其在农村金融市场上的活动实施监督、约束、管制，实现农村金融依法稳健运行的行为总称。在我国农村金融组织体系中，银行业金融机构处于主体地位，非银行业金融市场发展缓慢，我国农村金融的监管更多体现在对银行业的监管上。我国农村金融监管的目标包括效率、公平和稳定，内容包括市场准入、业务运营及市场退出。

（4）由银监会主导的农村中小金融机构监管工作已取得显著的成绩，农村合作金融机构和新型农村金融机构的监管指标均有显著的改善，但民间金融的监管仍亟待解决。同时，随着新型农村金融机构的迅速兴起，对农村金融监管提出了新的要求，金融监管当局在监管体制、立法等方面还有待更多地探索。

关键术语

金融风险　农村金融风险特征　信用风险　流动性风险　操作风险　农村金融风险管理　农村金融监管　监管主体　监管客体　监管目标　市场准入监管　业务运营监管

市场退出监管 差别监管

复习与思考

1. 什么是农村金融风险？它有哪些特征？
2. 简要概括我国农村金融风险的类别。
3. 试论述我国农村金融风险的防范和化解。
4. 我国农村金融的监管目标有哪些？
5. 我国新型农村金融机构“低门槛、严监管”原则的具体内容是什么？
6. 当前我国农村金融机构的监管存在哪些问题？

参考文献及推荐阅读

廖检文. 2013. 小额贷款公司监管的机制创新——基于广州民间金融街的启示. 金融经济学研究，(5)：119-128.

中国人民银行农村金融服务研究小组. 2015. 中国农村金融服务报告. 北京：中国金融出版社.

Bernanke B. 2006. Community banking and community banking supervision in the twenty-first century. The Banker，5：20-25.

Christen R P, Lauer K, Lyman T R, et al. 2011. A guide to regulation and supervision of microfinance, CGAP, Public Comment Version.

第11章

互联网金融

学习目标：

1. 了解互联网金融产生的背景、基本概念、内涵。
2. 熟悉国外互联网金融的主要模式。
3. 了解我国互联网金融的发展现状，掌握我国互联网金融的主要模式及其特点，把握我国互联网金融发展进程中存在的问题。
4. 明晰传统金融与互联网金融在农村服务方式上的区别，熟悉农村互联网金融的主要类型及模式。

信息和网络技术的进步促进了互联网行业与金融业的深度融合，互联网金融应运而生，为金融业乃至整个经济社会带来巨大变革。我国互联网金融虽然起步较晚，但在相对宽松的监管环境下取得了快速发展。以互联网为代表的现代信息科技企业，逐步向金融业渗透，结合自身优势对金融产品进行创新，服务于小微企业，发展实体经济。与此同时，传统的商业银行也开始与互联网进行技术融合，为客户提供更方便、快捷的金融服务。互联网金融的出现，对我国加速推进利率市场化和普惠金融的发展有着重要的意义，并对现有的金融模式产生深远的影响。

11.1 互联网金融的源起、内涵与概念

11.1.1 互联网金融的源起与背景

互联网技术起源于20世纪70年代左右的美国，并在20世纪90年代开始广泛的商业化应用。在近20年互联网高速发展的期间，互联网对传统金融行业开始逐步渗透并不断改变着传统金融行业的经营业务模式。事实上，互联网金融起源的主要推动者是来自传统的金融

机构，即银行、保险和证券公司等将线下业务转移到线上的过程。从全球范围来讲，从美国嘉信理财集团（Charles Schwab corporation）提供网上股票交易等业务以及 Scottrade.com 的上线开始，逐步出现了 P2P 贷款（peer-to-peer lending）、众筹（crowd funding）等新模式。

受美国互联网金融发展的影响，中国互联网金融也呈快速发展趋势。特别是从 2013 年以阿里巴巴为代表的互联网金融企业入驻传统金融行业开始，到 2014 年互联网金融首次进入政府工作报告，再到 2015 年互联网金融监管方案出台，短短的两三年时间之内，中国互联网金融呈现爆发式增长的态势。在中国利率市场化进程中，传统金融机构留下的市场空白，政策的大力支持，互联网技术带来的产业融合、效率提升以及全新的客户定位，这些都给互联网金融的发展提供了历史机遇。

首先，中国金融体系中长期存在的金融压抑问题及一些低效率或扭曲的因素，为互联网金融的发展提供了生存空间。一方面，在以银行为主导的传统金融市场结构中，商业银行更倾向于为大型国有企业提供资金贷款，民营中小企业的融资需求难以得到满足；另一方面，中国征信体系尚不完善，金融市场存在严重的信息不对称问题，相当一部分小微经济主体因财务信息不健全、缺少足值抵押物或可靠担保资质而无法获得银行贷款，且这些企业基本达不到上市融资的要求，又很难通过发行债券的方式直接融资，在上述两方面的共同作用下，市场存在着较大的资金缺口，小微经济主体的融资难和融资贵问题突出，供需的严重不匹配进一步推动了互联网金融的发展。

其次，政府建设覆盖社会各个阶层的普惠金融体系的宏伟目标，也促进了互联网金融的发展。2013 年以来中国政府连续颁布了一系列促进互联网金融持续健康发展的指导性文件。其中，《关于金融支持小微企业发展的实施意见》、《中共中央关于全面深化改革若干重大问题的决定》及《关于促进互联网金融健康发展的指导意见》等文件的颁布都是中国互联网金融发展的重要政策背景。此外，政府工作报告中多次提及互联网金融，各地政府也相继出台一系列法律法规，包括为相关企业提供资金、场地支持，鼓励挂牌金融机构从事互联网金融业务，对有条件的互联网金融企业给予财税优惠等，明确表示鼓励互联网金融的创新与发展。除了政府政策上的支持，相对宽松的互联网金融监管环境给行业很大的发展和创新空间，这也在一定程度上促进了互联网金融的发展。

最后，除了金融市场上供需不匹配的现实情况以及政府政策推动以外，以互联网技术为代表的现代信息通信技术（information and communication technologies，ICTs）的发展与广覆盖，也是互联网金融发展过程中的一个重要的驱动因素。计算机和网络通信技术的不断发展与日益成熟为互联网金融的发展提供了物质技术条件和良好的外在运行环境。互联网所特有的技术平台和底层架构使这种技术具备强大的联结功能，冲破了传统金融服务在时间、空间和地域上的限制，在时效性、传输效率和覆盖范围等方面实现了质的飞跃，使金融机构可以直面客户的需求，提供更为便捷灵活的金融服务，既降低了成本，也提高了效率。

11.1.2　互联网金融的概念与特征

1. 互联网金融的概念

互联网金融这一概念首先是由谢平在 2012 年 6 月中国金融四十人论坛上最先提出

的，其基本含义是传统金融机构与互联网企业利用互联网技术和信息通信技术实现资金融通、支付、投资和信息中介服务的新型金融业务模式。互联网金融本身是一种以传统金融为内核，以互联网技术和移动技术为依托的金融创新，从本质来看，互联网金融归根结底是金融。

2. 互联网金融的特征

由于互联网金融是传统金融与互联网技术相结合的产物，因此除了具有传统金融所固有的一些特点外，形态的虚拟化、运行方式的网络化等互联网特性决定了它与传统金融相比也存在着自身一些独有的特点。

1）高效率

互联网金融依靠强大的信用数据积累与挖掘优势，以及互联网、移动支付、搜索引擎、大数据、社交网络和云计算等先进的技术手段，突破时空限制，减少中间环节，使金融活动参与者通过互联网有了更直接、更有效的接触，透明度更高，极大程度上减少了市场信息不对称，有效提高了资金融通效率。

2）低成本

互联网金融是基于互联网虚拟空间开展的金融业务，没有固定的实体网点、轻资产，因此具有一定的成本优势。货币的支付以及金融产品的发行、交易可以直接在网上进行，交易双方在风险分担、资金期限匹配上的成本非常低，因此市场成本得以大幅降低。同时，互联网平台省去了传统的庞大实体营业网点费用和雇用众多员工的人力资源费用，投资成本、营业费用和管理成本也得以大大降低。

3）注重客户体验

互联网金融秉承“平等、开放、分享、自由”的理念来开展金融业务，主要体现在服务模式上的创新，即由传统的面对面柜台交易向互动式沟通与群体参与转变；在商业模式上通过实时交互、大规模协作实现组织扁平化、去中心化，客户群信息平台化、网络化，并可以通过数据挖掘和分析，提前发现潜在客户和潜在需求，为客户提供优质高效的产品和服务体验。

4）风险特殊性

互联网金融的互联网特性决定了它的风险因素更加复杂、多变。互联网金融除具有传统金融的风险特点，如流动性风险、市场风险和利率风险外，还存在技术风险、信用风险、法律风险、操作风险及最后贷款人风险，并且风险传导速度更快，诱导因素也更敏感复杂。

11.2 互联网金融的发展模式

事实上，早在 20 世纪 70 年代，欧美地区就已经出现了互联网金融的雏形。而近几年互联网金融在中国市场上发展迅猛，P2P 借贷等业务的发展速度甚至大幅超过了国外的“鼻祖”。由于中国的信用、制度和人文环境等与欧美发达国家存在很大不同，也催生这些业务模式在中国的土壤上出现了一些明显的异化和创新。

11.2.1　国外互联网金融的发展模式

1996 年是国际互联网金融发展的元年，美国嘉信理财集团开始提供网上股票交易等业务以及 Scottrade.com 的上线都标示着互联网金融时代的开启。至今，互联网金融经过二十年的迅猛发展，业务触角已深入支付、融资和理财等方方面面，出现了从网络银行到网络保险，从网络个人理财到网络企业理财，从网络证券交易到网络金融信息服务的全方位、多元化的网络金融服务，涌现出了一大批优秀的互联网金融企业。

根据业务形式和服务对象的不同来划分，欧美的互联网金融业务模式大致可分为以下七种：①第三方支付，以美国的 PayPal 为代表，主要是为网上供货商和拍卖网站提供代收服务，是目前全球使用最为广泛的网上交易工具；②网络理财，其中又可以分为个人理财（如 Fundsdirect，是英国首家互联网基金超市）和社区理财（如 Learn Vest，是针对特定的客户群体，即女性设立的基于个人理财咨询、服务、交流的金融社区平台）；③网络融资，主要包括众筹、小额借贷和 P2P 三种模式；④服务平台，如搜索和比较消费金融产品的 Lendingtree、提供地产和按揭市场信息的 Zillow 等；⑤信用卡服务；⑥互联网券商，如 Charles Schwab 是美国最大的在线证券交易商，为客户提供低价的在线经纪业务；⑦互联网交易所，如 Second Market 为客户提供一个可以交易限售股权、破产债权、有限合伙权益、结构性产品（MBS、CDO、ABS）和非上市公司股权转让的平台。具体来说，各类型互联网金融模式的典型代表见表 11-1。

表 11-1　国外互联网金融代表企业

<table>
<tr><th colspan="3">主要模式</th><th>国际代表性企业</th></tr>
<tr><td colspan="3">第三方支付</td><td>PayPal（1998 年）、Paymate（2001 年）、MoneyBookers（2001 年）、Adyen Amazon Payment（2007 年）、Google Wallet（2011 年）</td></tr>
<tr><td rowspan="2">网络理财</td><td colspan="2">个人理财服务</td><td>Bankrate（1996 年）、Lower My Bills（1999 年）、Fundsdirect（1999 年）</td></tr>
<tr><td colspan="2">理财社区</td><td>LearnVest（2009 年）、DailyWorth（2009 年）</td></tr>
<tr><td rowspan="5">网络融资</td><td colspan="2">众筹融资</td><td>Indiegogo（2008 年）、Kickstarts（2009 年）、Rockethub（2010 年）、CrowdCube（2011 年）、Seeders（2012 年）</td></tr>
<tr><td colspan="2">小额借贷</td><td>Kabbage（2008 年）</td></tr>
<tr><td rowspan="3">P2P</td><td>非营利型</td><td>Green America（2008 年）、Aqush（2009 年）、Funding Circle（2011 年）、Assetz capital（2012 年）</td></tr>
<tr><td>单纯中介型</td><td>Prosper（2006 年）</td></tr>
<tr><td>复合中介型</td><td>Zopa（2005 年）、Lending Club（2006 年）</td></tr>
<tr><td colspan="3">服务平台</td><td>Beat That Quote（2005 年）、Lendingtree（1998 年）、Zillow（2005 年）</td></tr>
<tr><td colspan="3">信用卡服务</td><td>Credit.com（2006 年）、CreditCard.com（2004 年）</td></tr>
<tr><td colspan="3">互联网券商</td><td>Scottrade（1980 年）、Charles Schwab（1996 年）、E-trade（1991 年）</td></tr>
<tr><td colspan="3">互联网交易所</td><td>Second Market（2004 年）、Shares Post（2009 年）</td></tr>
</table>

11.2.2 中国互联网金融的发展现状、模式与风险

1. 中国互联网金融发展现状

2013 年作为中国互联网金融发展元年，从以阿里巴巴为代表的互联网金融企业入驻传统金融行业开始，到 2014 年互联网金融首次进入政府工作报告，再到 2015 年互联网金融监管方案出台，短短的两三年时间之内，互联网金融作为一种新兴的金融模式在中国迅速发展起来。银行、券商、基金、保险等传统金融业机构开始积极谋变以巩固既有优势地位，而阿里巴巴、腾讯、百度、新浪、京东、苏宁等互联网企业则开始在金融领域跑马圈地并试图构建自己的业务模式，如 P2P 网贷平台、众筹平台等新兴金融形态也纷纷涌现。随着十部委联合制定的《关于促进互联网金融健康发展的指导意见》和其他互联网金融监管规则的陆续出台，互联网金融也开始正式告别“野蛮”发展期，转而进入规则监管下的理性繁荣时代。

区别于传统金融服务，互联网金融依托云计算、社交网络、搜索引擎等信息科技为交易双方提供了全新的渠道，极大地满足了交易者的融资需求，同时也提高了资金融通的效率，已经成为中国金融市场不可或缺的一部分。

截至 2014 年底，中国互联网金融的规模已经突破 10 万亿元，互联网金融用户数量为 4.12 亿人，网民渗透率为 68.38%。而仅 2015 年第一季度中国互联网金融第三方支付规模已达到 9.22 万亿元，在所有互联网金融模式中独占鳌头。从其他互联网金融模式来看，基金销售的规模同样较大，金额超过 6 000 亿元，而财富管理规模最小，仅有 100 亿元。网络借贷的规模共计 5 000 亿元，P2P 借贷的金额达到 1 000 亿元，而众筹融资的规模为 100 亿元。此外，以银行为代表的传统金融机构加大了对互联网金融的投入，通过构建自己的互联网金融平台和开发新型理财产品，银行等传统金融机构紧跟中国互联网金融的步伐，其创新市场金额达到 2 000 亿元。

2. 中国互联网金融模式

目前，中国已发展出了多种形态的互联网金融模式，按其业务功能来看，可以分为以电商网络小贷、P2P 和众筹融资为代表的互联网融资，以互联网支付和理财为代表的互联网金融服务方式以及传统机构的互联网化三大类。

1）互联网融资

（1）电商网络小贷。电商网络小贷是指在电子商务的历史交易信息和其他外部数据的基础上形成大数据，利用云计算，在风险可控的条件下，当消费者、供应商资金不足且有融资需求时，由电商平台提供担保，将资金提供给需求方的业务模式。电商网络小贷作为传统信贷的线上模式，占据了特定的小微客户信贷需求领域，成为互联网金融发展最为典型的模式。例如，阿里巴巴所属的网络小贷向淘宝卖家提供小额贷款，旨在解决淘宝卖家的短期资金周转问题。

根据授信对象的不同，电商小贷可划分为消费信贷和供应商信贷，而供应商信贷目前包括独立的电商金融模式及电商平台与商业银行合作的银行金融模式。

第一，消费信贷。消费信贷也称消费金融，是为消费者购买消费品提供消费贷款的现代金融服务方式。随着互联网经济在传统经济中所占的比重日渐增大，互联网消费信贷逐渐成为中国消费经济新的增长点。互联网消费信贷突破了传统金融线下风险控制的传统模式，将信用评估与用户行为及数据化平台进行对接，形成了依托供应产业链、大数据两个核心维度的风险控制创新方向。电子商务企业作为消费市场的核心参与方之一，在参与消费金融的过程中更加直面消费者，通过产业链、支付工具等多种渠道掌握消费者的信息流、资金流、商品流，使多方信息能够快速对接，降低风险发生的概率，在刺激用户的购物和消费欲、方便用户消费的同时为自身平台带来业务流量。

专栏 11-1

消费信贷案例分析——京东“白条”

2014 年 2 月，一个新的名词——“白条”进入人们的视野，这是由京东金融推出的互联网金融信用支付产品，主要面向个人用户，便于用户采用分期还款形式购买京东产品。产品实质是京东平台的应收账款管理，用户最高可获得 1.5 万元授信额度，且成本较低。“白条”运作方便快捷，可在短时间内实时完成申请和授信的过程，而服务费约为银行类似产品的一半。面向京东平台客户，完成网银钱包快捷支付实名认证，资质符合系统评估，使用京东全网商品，暂不支持非自营商品和黄金、首饰等硬通货。表 11-2 显示了京东“白条”分期手续费。

表 11-2　京东“白条”分期手续费

分期期数/期	服务费率/%	总服务费率/%
3	0.5	1.5
6	0.5	3.0
12	0.5	6.0
24	0.5	12.0

图 11-1 是京东“白条”运营模式。

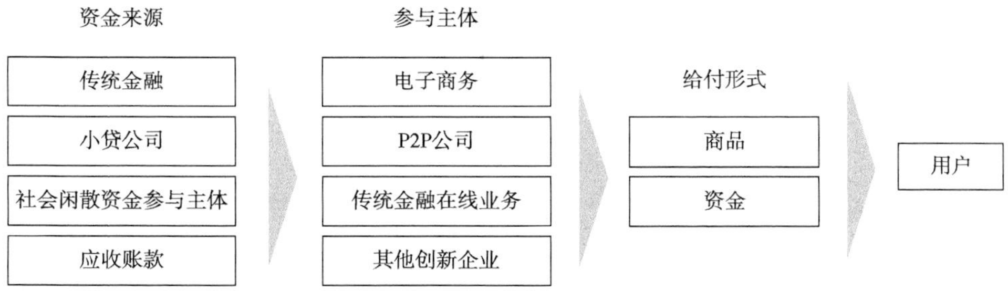

图 11-1　京东“白条”运营模式

从风控管理模式来看，京东“白条”具有以下三个主要特点。

首先，京东开展消费信贷有其核心优势，多年涉猎电子商务领域的京东在电商、支付、物流三大产业的自身系统内部形成良好闭环。京东通过长期积累的大数据形成自己的核心资产，主要包括用户基础属性信息、用户相关购买行为及偏好、资金流信息和部分银行信息以及物流端产生的地理位置等相关线下非结构数据。然而这些数据并不是孤立的，它们相互联系，并且可以相互校验。京东可以通过分析相关数据有针对性地对客户行为做出判断，包括用户的支付能力、收入水平、还款意愿、还款能力等。

其次，在产品、金融创新以及风险控制层面，京东的专业化团队都给予专业化支撑。京东互联网金融涉及众筹、理财产品网销、供应链金融等诸多细分领域，消费信贷将是下一个创新突破点。

最后，京东在专业化风险控制方面具有明显优势。京东拥有较为完善的信用评估体系，可以判断用户的信用能力，从而对用户进行定向授信；用户的实际购买行为也可以被京东实时监测到，从而用户资金使用方向将被京东控制；网银钱包给用户提供了一个自动还款的渠道，一旦用户发生逾期行为，京东会通过短信、电话等形式进行提醒和催缴。上述所有的数据都将在京东内部体系运作，使风险控制模式的有效性和可控性得到较大的提升。

资料来源：《互联网金融蓝皮书》，2015 年

第二，供应商信贷。

供应商信贷也叫供应链金融，是供应链管理的一部分，其目的是使整个供应链系统成本最小，而为产业链环节中相对弱势的中小企业提供基于真实交易的融资服务，帮助中小企业盘活非现金流动资产，提高整个产业链的运行效率。供应链金融服务于相对弱势的中小企业在真实交易中产生的流动资金需求。供应链金融的本质是要实现物流、商流、资金流、信息流等多流的合一。而互联网无疑是实现这一目标的最佳平台。互联网供应链金融将核心从融资转为企业的交易过程，并且实现从“1+N”模式到“N+1+N”模式的转变，即多个产品供应链+1 个第三方互联网台+N 个下游中小企业，见图 11-2。

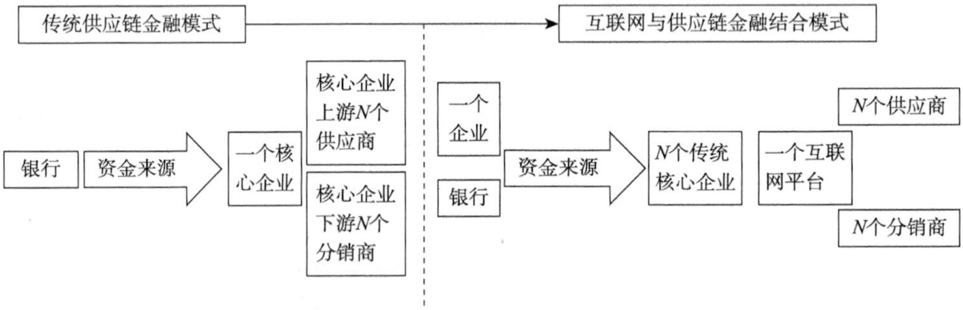

图 11-2　供应链金融模式

互联网供应链金融的优势主要表现在网络化、精准化、数据化三个方面，以在线互联、风险控制、产融结合的形式，基于大数据、云平台、移动互联网的供应链金融打造一个更富有市场竞争力的实体产业链生态环境。垂直电商已经成功构建了相应的支付场景，支付行为带来的商流、资金流、第三方信息流、物流在这个平台上相互结合，共同构筑供应链金融生态化经营、平台化合作模式。

与传统垂直贸易不同的是，电商企业面对的是一个或多个行业，每个行业有 N 个厂商，为使在扁平化的 B2B（business-to-business，即企业对企业）和 B2C（business-to-customer，即商对客）销售系统下远端规模小而分散的经销商获得银行融资，领先电商企业开始寻

找全链条解决方案的供应链融资支持。目前，阿里巴巴、京东、苏宁易购等均针对其供应商及入驻商家以及第三方合作伙伴提供低成本、无担保抵押的融资方案，如表 11-3 所示。

表 11-3　主要电商提供的融资服务

电商平台	融资服务
阿里巴巴	蚂蚁小贷、网商银行
京东	京宝贝
苏宁易购	苏宁银河
1 号店	与邮储银行合作
易车	汽车金融

（2）P2P 网络借贷。P2P 网络借贷，是一种个体和个体之间通过互联网平台实现的直接借贷，主要的对象是短期、小额借贷者，这一借贷模式在一定程度上填补了在现有金融体系中未能得到服务的中低端客户的需求空白。这种新型模式可以由资金需求者根据自己的信用状况和还款能力自主制定利率、期限等，而资金提供者可根据不同资金需求者提供的借款条件自主选择自己想借出资金的对象，通过这种网络借贷平台，资金需求者不需出门，只要轻点鼠标便可从资金提供方获得少则几百元多则几万元的借款；与此对应，资金闲置者足不出户，便可能获得较高的年收益。P2P 以其简便、快捷等特点缓解了小微企业及个人的融资压力，提高了金融的可获得性，在一定程度上实现了普惠金融。

自 2007 年我国成立了第一家 P2P 网络借贷平台——拍拍贷以来，P2P 在我国发展迅猛，短短几年便涌现像人人贷、红岭创投、陆金所等规模和影响力较大的网贷平台（图 11-3），行业发展也步入快车道，自 2012 年开始，我国 P2P 行业出现了爆发式增长。据统计，2015 年 6 月底 P2P 行业总体贷款余额达 2 087.26 亿元，与 2014 年底相比翻了一番。

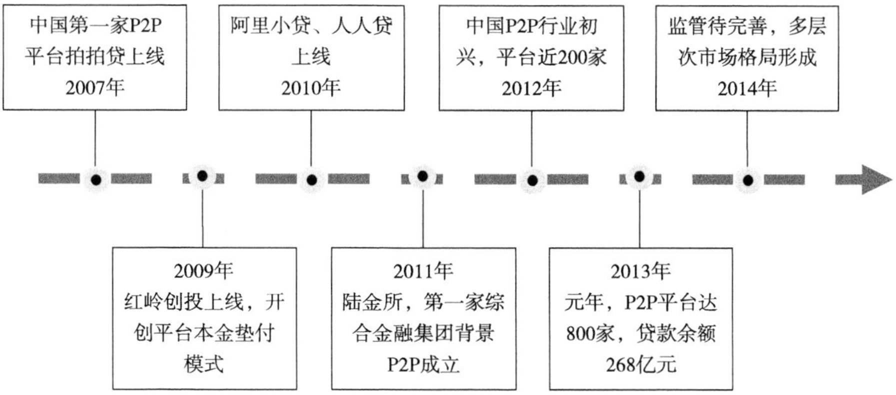

图 11-3　国内 P2P 成立发展时间轴

资料来源：网贷之家《2013 年网络借贷蓝皮书》

随着 P2P 网络借贷的不断发展，P2P 平台的运营模式也从早期的金融中介模式发展为包括线上与线下相结合、担保与小贷公司相结合、实物抵押等多种模式。目前，国内 P2P 平台可分为以下四种模式：第一，以拍拍贷为代表的线上无担保模式（目前开始对符合要求的客户担保本金）；第二，以人人贷为代表的网贷平台担保模式；第三，以人人聚财为代表的同时引入第三方担保与平台担保的模式；第四，以开鑫贷、有利网为代表的与小额贷款公司开展合作的模式。

专栏 11-2

我国 P2P 存在的主要问题

作为一种创新的融资方式，P2P 网络借贷从其诞生来就一直处在“放养”状态——缺乏相关法律法规及监管的空白，虽然日前十部委联合印发的《关于促进互联网金融健康发展的指导意见》确定了 P2P 的合法地位，正式将 P2P 行业纳入监管层面；此外，仅 9 月国务院就 3 次发声支持互联网金融发展，这都有利于进一步促进 P2P 网贷行业的健康发展。但是在相关法律法规尚未出台的背景下，P2P 行业仍存在诸多问题。

1. 法律法规的缺失，监管空白

对于 P2P 小额信贷，我国目前还没有专门的法律可依，仅仅根据《中华人民共和国合同法》与《中华人民共和国民法通则》相关规定：民间借贷的利息可适当高于银行利率，但最高不得超过同银行贷款利率的 4 倍，超出部分的利息法律不予保护。至于自然人之间的关系，以及通过何种形式或平台借贷，法律还没有规定，目前的法律法规尚未对小额信贷平台的信息披露、准入资质、内部管理等做出任何要求。

由于个人之间的借贷不受法律约束，P2P 的运营模式有利于其规避我国金融业牌照的管制。虽然目前《关于促进互联网金融健康发展的指导意见》明确了 P2P 借贷平台信息中介的性质，平台不得提供增信服务，不得非法集资。但是目前国内网贷市场上真正作为信息中介的平台却屈指可数，除拍拍贷等少数平台还在坚持原有的纯中介的运营模式外，许多平台都已经转变成为以理财产品销售为核心的运营模式，这会带来诱惑出借人投资信托业务，变相收取利息，非法募集资金等风险。

另外，P2P 小额信贷企业的身份确定方面，也存在因身份模糊从而监管空白的问题。目前，我国的小额信贷企业只需要在工商局注册，便可以经营，而且公司多以“咨询类”或者“信息技术类”公司进行注册，不属于金融公司，不受银监会和中国人民银行监管，工商局也仅仅以经营互联网技术进行了登记。这种横跨 IT 行业和金融行业的身份，增加了确定其身份的困难，因而产生了“三不管”的结果。

2. 信用评级体系不健全，增加信用风险

在国外，较完善的信用评价体系已经形成，每个人的信用记录都有据可查。而我国信用体系建设还处于初级阶段，信用评价体系非常不健全，且根据我国《个人信用信息基础数据库暂行管理办法》的规定，个人信用报告目前也仅限于商业银行、依法办理信贷的金融机构、中国人民银行及消费者使用，P2P 网络借贷平台并不是合法的使用者。P2P 平台普遍只能通过借款人注册时提交的基本身份信息和其他资信证明材料、在 P2P 网站上的历史还款记录及社会文化因素等方面对借款人进行信用评级，可信度并不高。

3. 市场准入门槛低，导致隐患重重

理论上 P2P 平台特殊的金融身份要求 P2P 网络借贷行业的进入门槛很高，但实际上 P2P 网贷平台基本上是以投资咨询或以从事互联网信息技术等名义在工商部门进行注册，条件宽松，审核评估不严，入行门槛低。这就导致了目前我国 P2P 网贷平台数量激增、鱼龙混杂、良莠不齐，而部分从业人员的自律性也不高，使得用户的资金安全、信息安全均无法得到保障，这也是跑路现象频发的重要原因。

4. 借款难以追踪，还款能力没有保证

借款人的借款用途与其还款能力直接相关。大部分 P2P 网络借贷平台要求借款人注明借款用途并提供证明，且明确禁止用于高风险投资。然而，虽然平台会对借款用途进行审核，但在实际操作中却存在诸多问题，即便采取面谈方式，也不能排除借款者将资金用于高风险投资的可能性，这就存在着信息不对称的问题，易带来信用风险。目前，P2P 网贷平台大多缺少对资金使用情况的监管，只是要求客户能够按时还本付息即可，如此，前期关于借款原因的审核也就形同虚设，极易引发资金风险。

5. 账户资金缺乏监管，资金安全无法得到保障

在 P2P 平台上，资金出借者和借入者通过平台建立的信息促成交易。理论上，资金不应经由 P2P 借贷平台。作为借贷双方的信息中介，P2P 平台是否接触、支配客户的资金，往往被视为是否合规经营的重要标志。根据调查，仅有约 1/3 的平台利用第三方支付作为托管机构。但是仍有大部分平台未采用资金托管，而没有第三方资金托管，就很难确保投资者的资金流向，一旦平台资金链断裂，就会造成平台的卷款跑路。

目前《关于促进互联网金融健康发展的指导办法》明确，除另有规定外，从业机构应当选择符合条件的银行业金融机构作为资金存管机构，对客户资金进行管理和监督，实现客户资金与从业机构自身资金分账管理。这意味着银行存管时代将正式开启，这将有效地实现资金的隔离，从而保障投资人的资金安全。

（3）众筹。众筹融资是指通过网络平台为项目发起人筹集从事某项创业或活动的小额资金，并由项目发起人向投资人提供一定回报的融资模式。众筹融资平台扮演了投资人和项目发起人之间的中介角色，使创业者从认可其创业或活动计划的资金供给者中直接筹集资金。参与者包括项目发起人（筹资人）、公众（投资人）和中介机构（众筹融资平台）这三个有机组成部分。

众筹融资过程中，根据筹资者对公众提供的回报不同，可将众筹分为捐赠式众筹融资、贷款式众筹融资、股权式众筹融资、产权式众筹融资四种类型，具体介绍见表 11-4。

表 11-4　众筹融资类型

模式	细分模式	特征	风险	收益
捐赠式	基于捐赠的众筹	出资者没有任何货币化补偿	无风险	捐赠者不获得任何安全收益，募集资本存在一定的失败风险
	基于回报的众筹	出资者可以获得象征性礼物，或者提前购买项目商品服务。这种模式包括通过提前销售获得大额资金	风险较低。主要是项目基本的执行风险和欺诈风险，无金融投资收益	基本收益很小，无问责机制。项目管理者如果没有商品销售，则筹集足够的资金具有较大困难
贷款式	基于贷款的众筹	出资者收到债务性投资凭证，可获得关于这一特定项目的固定利益收益	借贷双方提前约定收益率，债权持有者的收益安全性高于股权持有者，但存在项目破产的风险	从属于高级债权人。项目启动时，失败率较高，亏损风险和股权投资类似

续表

模式	细分模式	特征	风险	收益
股权式	基于股权的众筹	出资者收到股权凭证或利润分享安排	潜在的创业收益概率	潜在的投资损失投资损失，企业破产时股权持有者从属债务持者
产权式	基于产权的众筹	出资者的一单位信托产生一份收益，收益来源于公司的知识产权	潜在收益无具体限额，但收益率由双方参照利率决定	收益和风险高于债务工具，低于股权工具

2）互联网金融服务

（1）互联网支付。互联网支付是指通过计算机、手机等设备，依托互联网发起支付指令、转移资金的服务，其实质是新兴支付机构作为中介，利用互联网技术在付款人和收款人之间提供的资金划转服务。目前，互联网支付发展迅速，截至 2013 年 8 月，在获得许可的 250 家第三方支付机构中，提供互联网支付服务的有 97 家，互联网支付业务的应用范围也从网上购物、缴费等传统领域，逐步渗透到基金理财、航空旅游、教育、保险、社区服务、医疗卫生等。典型的互联网支付机构是支付宝。

互联网支付主要分为三类：一是客户通过支付机构链接到银行网银，或者在电脑、手机外接的刷卡器上刷卡，划转银行账户资金。资金仍存储在客户自身的银行账户中，第三方支付机构不直接参与资金划转。二是客户在支付机构开立支付账户，将银行账户内的资金划转至支付账户，再向支付机构发出支付指令。支付账户是支付机构为客户开立的内部账务簿记，客户资金实际上存储在支付机构的银行账户中。三是“快捷支付”模式，支付机构为客户开立支付账户，客户、支付机构与开户银行三方签订协议，将银行账户与支付账户进行绑定，客户登录支付账户后可直接管理银行账户内的资金。该模式中资金存储在客户的银行账户中，但是资金操作指令通过支付机构发出。

专栏 11-3

焦点产品的风险分析——微信红包支付

微信红包是腾讯旗下产品微信于 2014 年推出的一款应用，一经推出，“抢红包”迅速流行，成为微信社交圈的时髦活动。腾讯数据显示，2015 年春节期间微信红包收发达 32.7 亿次，有上亿人参与。仅除夕当天，微信红包收发总量达 10.1 亿次，是 2014 年的 200 倍。微信红包火热发展的背后也带来了一些问题。

微信红包以电子钱包代替传统形式的红包，主要风险点在于：一是信息安全方面。微信红包需要绑定一个银行账号，在获取红包时，需要点击红包链接，其链接可能是营销广告甚至是木马病毒，极易造成绑定的账号信息泄露导致资金损失；二是资金安全方面。微信红包无不受到大型互联网通信公司的支持，容易形成巨额的沉淀资金，如缺少有效的外部监督，将存在一定的隐患；三是反洗钱方面。微信红包虽然单个红包或单笔有额度限制但所有红包的收取次数和金额都没有上限，都会归集到“零钱”里，单人可以通过注册多个微信号的方式，实现对红包发放限额的突破，由于“零钱”具有提现功能，可以把资金从“零钱”转到绑定的银行卡里，实现提现功能，这可能给不法分子利用该功能进行洗钱活动以可乘之机。

同时，中央银行出台的《非金融机构支付服务管理办法实施细则》和《支付机构反洗钱和反恐怖融资管理办法》规定，客户通过银行结算账户进行支付的，支付机构应当记载相应的银行结算账号；客户通过非银行结算账户进行支付的，支付机构还应当记载客户有效身份证件上的名称和号码。

资料来源：《互联网金融蓝皮书》，2015 年

（2）互联网理财。互联网理财是在传统金融理财的基础上，通过互联网媒介（分为第三方支付平台和电商平台两种方式）实现的金融活动。目前，在互联网金融理财模式中，无论是通过第三方支付平台，还是通过电商平台，其理财产品主要还是针对第三方理财机构。因此，互联网理财模式是对传统理财模式的有效补充，它将金融理财活动与互联网技术充分结合，以实现潜在投资用户与第三方理财机构的直线交流，有效地提升了理财活动的便捷性，降低了理财主体双方间的理财成本。

相对于传统理财模式，互联网理财具有高收益率、低投资门槛、较强的灵活性以及信息对称且供求匹配的特点，因此诸如"余额宝""现金宝""理财通""壹钱包"等互联网理财产品如雨后春笋般涌现。但同时互联网理财也存在一定的问题，一是收益率受货币市场整体资金价格的影响非常明显，二是面临流动性压力，三是投资者账户资金的安全性问题。

3）传统机构的互联网化

面对互联网蓬勃发展带来的新挑战与新机遇，传统金融机构以更为开放和主动的姿态，不断努力探索，加快转型调整，进一步促进互联网与金融的深层次融合。

（1）商业银行的互联网化。商业银行互联网化，是指商业银行利用互联网的技术和手段，提高业务的便捷性、提高管理的有效性与信息化、增强客户的用户体验，并利用互联网方法对产品的组合做出创新。

随着互联网金融的兴起和发展以及大数据时代的到来，商业银行面临着支付脱媒、融资脱媒、信息脱媒等多种挑战，在互联网金融的冲击下，商业银行也在做出积极的应对措施。一方面不断完善和明晰互联网战略部署。不断提高互联网服务意识，将互联网金融上升到全行战略层面，提升对新技术应用的理解和转换能力，努力迎合和把握互联网时代的市场动态和客户需求，不断提升差异化、特色化服务水平；另一方面从客户选择、营销途径、服务方式等多个层面探索和加强电子化金融服务的普及与产品创新。例如，手机银行、网上银行的开发与升级，加速推出直销银行。此外，商业银行也与电商平台及各互联网金融平台开展全面合作，探索综合性服务，并利用大数据进行授信及风险定价，为客户提供更有效率、更有内涵的金融服务。

专栏 11-4

微众银行

所谓互联网银行，就是指依托互联网技术，在线实现存款、贷款和支付结算等传统银行服务的机构。深圳前海微众银行作为国内首家互联网银行，于 2014 年 12 月正

式在官网上线，2015 年 1 月 4 日，第一笔 3.5 万元的放贷业务由李克强总理在微众银行敲下电脑回车键完成。

微众银行注册资本 30 亿元人民币，由互联网巨头腾讯、百业源投资、立业集团为主发起人。其经营范围包括吸收公众、主要是个人及小微企业存款，并主要针对他们发放短期、中期和长期贷款，办理国内外结算以及票据、外汇、银行卡、债券等业务。该银行既无营业柜台和营业网点，也不需财产担保，主要通过大数据信用评级和人脸识别技术发放贷款等。

1. 微众银行的发展优势与机遇

（1）特色鲜明，差异化经营明显。微众银行的定位是“科技、普惠、连接”，重点以服务小微企业和个人消费者为特色，将结合互联网，提供高效和差异化的金融服务。

（2）专业性强、经验丰富的高管和技术人才。微众银行高管层大部分来自平安集团，专业功底深厚，有着丰富的银行管理经验。其中董事长顾敏曾担任过中国平安集团执行董事兼副总经理，也曾是麦肯锡的得力干将。此外，微众银行的很多员工特别是产品开发和营销人员大部分来自腾讯的员工，有着丰富的互联网技术与工作经验。

（3）充分利用腾讯资源与平台。大股东腾讯当前拥有 4.68 亿微信以及 8.2 亿 QQ 月活跃用户的支持。此外，腾讯的产品体系中有许多用户的个人信用信息等基础数据，而传统的银行该方面信息较少。目前，腾讯已获得个人征信牌照，因此此后微众银行便可以利用腾讯征信通过分析技术和海量数据挖掘，预测用户的风险表现和信用价值，建立个人信用。

2. 微众银行的挑战与风险

（1）竞争压力大。一方面，微众银行的业务模式已由原来计划的“大存小贷”转变为“个存小贷”，目标用户为小微企业和个人消费者，这与腾讯理财通等既有的生态体系会存在一定重合。另一方面，中国银行业大型国有银行占主导地位的特征使发展相对规模较小、资本实力较弱的互联网银行面临巨大压力。

（2）信用风险较大。微众银行主要用户是个人消费者和小微企业，对信用环境要求高。此外，由于微众银行刚刚起步，发展规模小，面临着外部的监管压力，其完全的市场化经营运作模式，可能难以获得民众的信任。加上信用体系的不健全，也易造成民营银行经营的信用风险和道德风险，一旦政策加紧、风险增加，所有这些都可能会增加微众银行的经营压力，出现“挤兑”现象。

（3）面临网络技术安全风险。作为互联网银行，网络技术安全是决定一家互联网金融企业能否长期、稳健发展的直接原因，因此微众银行面临较大的网络技术安全风险的挑战。

资料来源：周运兰，杨静静，余宁. 2015. 首家民营银行发展机遇与风险研究——以深圳前海微众银行为例. 当代经济，（6）：94-95

（2）互联网证券。互联网证券是在互联网时代的产物，是电子商务条件下的证券业务的创新，证券业通过因特网等信息网络为媒介，为客户提供的一种全新的商业服务，包括有偿证券投资资讯（国内外经济信息、政府政策、证券行情）、网上证券投资顾问、股票网上发行、买卖与推广等多种投资理财服务。

互联网证券具有以下四个特点：①多品种、全方位。多品种是指网上业务涵盖网络证券发行、证券交易、资金清算等多项服务业务种类，网上交易的证券品种涵盖市场上所有的证券品种，利用网络为客户提供资信、行情、理财等多种服务手段，实现全方位、全天 24 小时不间断委托服务交易、咨询服务等。②一个入口、通买通卖。系统通过券商的业务网网管接口访问全国所有营业部，客户只需登录交易网站而不用选择开户的营业部便可快捷交易。③无差异的基础服务。网上交易系统保证交易客户能享受到与现场客户无差异服务，还能提供网络证券委托等服务。④个性化的增值服务。主要体现在网络咨询上，包括基本咨询的网络推送、每日专家网上咨询等。

（3）互联网保险。互联网保险是指保险公司或新型第三方保险网以互联网和电子商务技术为工具来支持保险销售，是新兴的一种以计算机互联网为媒介的保险营销模式。当前，互联网保险已有电商平台、专业第三方保险中介平台、专门的网络保险公司等多种经营模式。目前保险公司自建网络平台日渐成熟，中国人寿、中国太平洋保险和中国太平等国内大型保险集团基本建成自己的网络销售平台。

相较于传统的保险推销方式，互联网保险具有以下特点：一方面对于保险公司而言，互联网保险可以降低经营成本，摆脱营业时间和网点分布的限制，缩短保险产品的研发周期；另一方面，对于保险人而言，互联网可以减少各主体间的信息不对称，获得高质量及低费率的保险服务从而提高投保意愿，增加投保人的议价能力。

（4）互联网信托（person to business，P2B）。互联网信托是指通过互联网实现个人对中小微企业（非金融机构）的一种贷款模式，采取类似信托项目风控的方式，投资者在风险可控的条件下获得最大化收益，同时中小微企业又能以远低于民间借贷的利率获得中短期发展需要的资金。互联网信托运营过程中涉及五方面主体，包括个人投资者、融资企业、P2B 网络借贷平台、第三方支付平台及担保机构。

互联网信托具有以下特征：①平台采用第三方托管机构对个人资金提供全程资金托管，并采用第三方担保机构为投资者的投资项目提供逾期全额本息担保；②平台每项融资规模较大，采用到期还本的偿还方式；③平台主要针对中小微企业的经营生产提供融资；④只接受企业抵押贷款，并通过严格的线下评级控制风险，确保平台稳健理财的信誉。

3. 互联网金融存在的风险

互联网金融在中国的发展迅速，发展初期监管环境相对宽松，使业务模式和金融产品得以不断地创新，为中国金融体系的发展和完善注入了新的活力。但互联网金融快速发展的背后，也带来了一些风险，这些风险直接影响着我国互联网金融的良好发展势头。除了一般传统金融所具有的市场风险、流动性风险及信用风险外，互联网金融还具有其特有的风险，具体体现在以下五个方面。

1）技术风险

从互联网金融的运行模式来看，由于其业务依赖于电子信息技术，因此首要风险来源于技术层面。特别是中国网络技术发展与欧美等发达国家相比明显滞后，硬件设施及软件系统大部分由国外引进，中国互联网金融企业不能完全掌握它们的性能，或是系统设计存在缺陷，如开放式的网络通信系统、不完善的密钥管理技术等都容易引起潜在风险的发生。而互联网的快速传播功能，也使这些技术漏洞和病毒等快速地感染，从而形成系统性风险，严重影响数据的安全性、完整性以及保密性。这样的例子近年来不断出现，2014 年，中国几大著名 P2P 网贷平台都未能幸免，先后遭遇了网络黑客的安全攻击。

2）信用风险

信用风险主要是指交易主体无法履约造成的风险。互联网金融企业具有海量的客户数据与信息优势，在业务办理过程中一般采用线上审核的方式，而线下审核的手段和渠道不完善，服务主体与客户无法面对面接触，融资抵押物匮乏，资金流向控制不力，追偿机制和措施不完善，极易造成违约事件，信用风险较高。再加上互联网金融的资金使用者通常以小微企业为主，这类企业的共同特征是会计信息不能反映企业的真实状况，因而其不确定性要远远大于一般的银行客户，而中国征信系统数据的不完善，又增加了对这类客户信用状况的辨别难度。同时，互联网数据真实性、广度、深度均无法得到充分保障，加之线上线下的征信措施无法有效结合，因此征信风险同样较高。由于国内互联网信用业务目前整体没有受到全面有效的监管，亦没有健全的消费者保护机制，互联网信用业务引致的信用风险程度更高。

3）法律风险

互联网金融的法律风险主要包括两个方面：一是互联网金融业务违反相关法律法规，或者交易主体在互联网交易中没有遵守有关权利义务的规定，这类风险与传统金融业务并无本质差别；二是互联网金融立法相对落后和模糊，现有的银行法、证券法、保险法等法律法规都是基于传统金融业务制定的，不适应互联网金融的发展。

中国的互联网金融还处于起步阶段，相应的法律法规还相当缺乏。近年来，中国相继出台了《中华人民共和国电子签名法》《网上银行业务管理暂行办法》等法律法规，但这些法律法规也只是基于传统金融业务的网上服务制定的，并不能满足互联网金融发展的需求，而互联网金融市场的准入、资金监管、交易者的身份认证、个人信息保护、电子合同有效性的确认等方面都还没有明确的法律规定。虽然 2015 年 7 月《关于促进互联网金融健康发展的指导意见》的出台表明“野蛮生长”的互联网金融进入有法可依时代，但具体的监管实施细则仍未出台，使部分互联网金融产品游走于合法和非法之间的灰色区域，稍有不慎就可能触碰“非法吸收公众存款”或“非法集资”的高压线。

4）操作风险

操作风险是指由不完善或有问题的内部程序、人员及系统或外部事件所造成损失的风险。相对传统的金融服务，互联网金融业务操作风险的特殊性主要体现在：大数据的经营、操作主体的变换、互联网金融账户的授权使用、操作流程设计对网络系统的依赖，以及真假电子货币识别等方面。首先，平台数据获取主要是基于业务的交易数据，形成维度单一，再加上实际操作中还存在“刷信用”“改评价”等行为，使得互联网金融的大数据风控技术在实践中存在对风险估计“有偏”隐患。其次，互联网金融环境下的操作主体大都是客户在自有计算机上实现，如不熟悉具体的操作规范与要求，可能会引起不必要的损失，同时互联网交易系统的设计缺陷、安全性以及运行的稳定性等，也可能引发金融业务操作过程中流动性不足、支付中断等问题；互联网由于时效性和快捷性特点，往往一步小小的操作过失带来无法挽回的巨大损失（如金融机构的“乌龙指”事件），而且互联网通过媒介对信息的传播速度非常快，操作风险会很快进行传播从而导致声誉风险。在互联网金融业务中，安全系统失效或交易过程中的操作失误，都会构成互联网金融发展过程中的风险累积，对全国乃至全球金融网络的正常运行和支付结算产生影响。

5）最后贷款人风险

作为传统金融机构的商业银行一直以来都面临着期限错配风险和流动性风险，但是由于中央银行具备最后贷款人功能，商业银行在面临挤兑破产危机的时候往往能够获得中央银行最后贷款人的支持。反观互联网金融行业，目前并没有建立类似最后贷款人的机制体制，互联网金融企业也缺少对短期负债和未预期到的资金外流的应对经验和应对举措，使互联网金融企业难以应对流动性冲击，在没有中央银行最后贷款人保证的情况下，如果互联网金融市场内爆发较大规模的产品违约，就很可能会引发一系列连锁反应，从而给金融市场带来系统性风险，投资人的利益无法得到有效的保护，2015 年大量 P2P 平台负责人“跑路”就是典型的例子。

11.3　互联网金融与农村金融

长期以来，农村金融一直是困扰着包括中国在内的广大发展中国家的问题。随着多年来中国农村金融改革的不断深化，已经形成了较为完整的金融体系和多层次的市场主体。但是，农村金融依旧困难重重，主要表现在普通农户的信贷可得性偏低、资源配置扭曲、覆盖成本较高、风险控制不力以及征信普遍缺乏等。这些问题相互交织，甚至产生了相互之间的负面促进，使农村金融这一系统性工程长期未能建成。而近年来随着信息化的不断加快，互联网在深刻影响城镇经济社会的转型与发展的同时，也深刻影响着农村经济社会的转型与发展，并对农村传统金融形成有益补充，带来了农村发展、农业生产、农民生活多方面的变革，如农村电子商务的大发展，在电子商务基础上产生了新的支付方式、融资模式，通过互联网技术处理电商平台上沉淀的海量数据，给农村征信提供了新的可能。

11.3.1　互联网金融与传统金融

农村金融需求快速增长与金融供给短缺矛盾突出，制约了农业现代化。近年来，虽然各方高度重视农村金融发展，农村正规金融机构为“三农”提供的金融服务明显改善，但农村金融体系还远不能满足“三农”发展的需求，正规金融对农村的渗透率和覆盖面还比较低，竞争不充分的局面并没有打破，农村金融供需缺口巨大。而随着农村信息化的加快，农村经济走向互联网化，互联网金融开始逐步渗入农村地区，对传统的农村金融形成了有益的补充。下文依据具体的金融功能，从资源配置、支付清算、风险控制及成本控制四方面对传统金融与互联网金融在农村地区的服务方式进行了比较。

1. 资源配置

信贷是农村地区资金获取的主要渠道，而传统金融在农村资源配置方面的能力体现出明显的不足，具体表现在以下三方面：一是农村住户储蓄转化为对农村信贷的比例不高；二是农村住户信贷中转化为固定资产投资的比例不高；三是农村住户贷款与农村住户偿还能力的匹配度不高。近年来，以吸储上存方式从农村流出的资金估计达每年 4 000 亿元（焦瑾璞，2013），金融机构在农村资源配置方面依然存在较大的扭曲，农村金融机构“抽水机”的作用明显。

而互联网金融在农村资源配置方面要优于传统金融。首先，互联网金融基本不会产生传统金融“抽水机”的负面作用，相反由于农村地区的项目能够提供更高的回报率，互联网金融会吸引来城市的资金，转而投资在农村地区。其次，从匹配的准确性角度看，互联网金融掌握海量的高频交易数据，可以更好地确定放贷的客户群体，通过线上监控资金流向，做好贷中、贷后管理，在很大程度上克服了农村金融中资金流向不明贷后管理不力的问题。

2. 支付清算

中国农村地区长期以来存在着现金支付的传统，现金支付比例长期居高不下，这是由于长期以来形成的传统以及传统金融没有发展出适合农村支付的“非现金化”模式。这种现金支付的传统也带来了一些问题：一方面，现金支付的成本比较高；另一方面，现金支付比例越高，网络经济、信息经济的发展就会相对滞后，会影响农村地区的产业升级和城镇化进程。虽然邮政储蓄银行的按址汇款、中国农业银行的惠农卡以及各商业银行都在努力推进的无卡交易改善了农村的支付环境，降低了现金使用的比例。但是这些“创新”还是要基于传统物理网点的建立和电子机具的布设，没能很好地适应农村地区对现代化支付的需求，也就无法切实解决农村的支付问题。

互联网金融通过支付以移动支付和第三方支付为基础，使其很大程度上活跃在银行主导的传统支付清算体系之外，显著降低了交易成本。此外，支付还与金融产品挂钩，带来丰富的商业模式，这种支付+金融产品+商业模式的组合，与中国广大农村正在兴起的电商新经济高度契合，为农村经济开创了新天地。

3. 风险控制

“三农”领域风险集中且频发，人类的科技发展至今没能改变农业、农村“看天吃饭”的问题，旱涝灾害、疫病风险以及市场流通过程中的运输问题都会导致农民的巨大损失。传统金融采用农业保险+期货的方式对冲此类风险。虽然国家对农业保险给予了大量政策性补贴，但分散的小规模农户的组织形式使总体效果并不明显。而以“以小为美”为特征的互联网金融将有效解决这一问题，通过将新的大数据方式以非结构数据纳入模型，为有效处理小样本数据，完善风险识别和管理提供新的可能。

4. 成本控制

虽然目前传统金融机构已在农村地区建立起了“广覆盖”的服务网络，但是这种广覆盖成本高，既包括机构网点的租金、装修、维护费用、电子机具的购置、维护费用、现金的押解费用等非人员成本，也包括人员的薪金、培训费用等人员成本，成本十分高昂。因此成本是造成农村金融困局的主要原因之一，据测算目前仅一家六七人的小型租用网点，一年的总成本就超过 150 万元。

相比之下，互联网金融在农村可以不设网点，没有现金往来，完全通过网络完成相关的工作。即使需要一些业务人员在农村值守并进行业务拓展，其服务半径会比固定的银行网点人员的服务半径大得多，从而单位成本更低。另外，互联网金融通过云计算的方式极大地降低了科技设备的投入和运维成本，将为中小金融机构开展农村金融业务提供有效支撑。

11.3.2 我国农村互联网金融发展的主要类型

互联网金融本身是新生事物，在农村发展的时间相对更短，但由于互联网金融与农村场景天然的耦合性，目前在我国已经出现了若干种互联网金融模式，主要分为传统金融机构“触网”、信息撮合平台、P2P 借贷平台、农产品和农场众筹平台以及正在探索中的互联网保险等主要形式。

1. 传统金融机构“触网”

长期以来，传统金融机构做了很多有益的尝试，中国农业银行的助农取款服务就是一种接近 O2O（online to offline，线上到线下）的业务模式——通过与农村小卖部、村委会合作，利用固定电话线和相对简易的机具布设，农户就可以进行小额取现。以四川省为例，农户小额取现的金额笔均在 50 元以下，满足了农户对日常小额现金的基本需要。安徽农村信用社则走得更远一些，他们的手机银行可以通过短信进行汇款，方便快捷，用户基础广泛。目前累计用户 238 万人，日均转账 8 亿元，累计转账 1 349 亿元，已经形成了一定的规模。

2. 信息撮合平台

信息撮合平台是利用网络技术将资金供给方和需求方的相关信息集中到同一个平台上，帮助双方达成信贷协议的一种方式，是一种比较初级的互联网金融业务模式。

3. P2P 借贷平台

相对于简单的信息共享平台，P2P 平台要复杂得多，资金需求方会在网站上详细展示资金需求额、用途、期限以及信用情况等资料，资金提供方则根据个人风险偏好和借款人的信用情况来进行选择。目前我国农村 P2P 平台中，宜信和翼龙贷是代表企业。

1）宜信

宜信于 2009 年开始进入农村金融市场，经过多年探索，发展出了一条适合我国农村的互联网金融 O2O 模式。早年的宜信是通过传统的“刷墙”方式下沉到农村的，“刷墙”既把金融信息带给农民，也搜集了农民的信息。2010 年，他们开始在农村开设服务网点，并推出以提供小额信用贷款服务为主“农商贷”业务。与宜农贷不同，农商贷所提供的贷款额度更高，并且主要用于支持农民的生产和创业（如开店）。宜信在过去几年中还发展出了独有的“带路党”，该群体具有很强的农村属性，不仅帮助拓展了渠道，还提升了征信的可信度，缓解了农村金融征信难问题。目前宜信已经在 133 个城市（含中国香港）、48 个农村地区建立起协同服务的网络。

2015 年 1 月，宜信在北京发布了第二个五年计划——“谷雨战略”，旨在打造并开放农村金融云平台，通过农村金融服务生态圈，开放宜信小微企业和农户征信、风控、客户画像等能力，并将自建 1 000 个基层金融服务网点，提供包括农村信贷、农村支付、农村保险在内的综合性互联网金融服务。

2）翼龙贷

与宜信不同，翼龙贷走出了一条“同城 O2O 模式”，即加盟商模式。他们从互联网获得资金，通过线下运营加盟模式，并且形成了一套农村特色的风控体系。

翼龙贷在农村金融方面更强调熟人社会的作用，强调加盟商的本地属性。如果加盟商是本地人，要向翼龙贷提供身份证、户口本、结婚证等文件以及无犯罪记录证明。如果是外地人在本地做业务，则要提供居住五年以上的证明。加盟商开展业务之前，首先要把自己的房产抵押给翼龙贷，并且向总部交保证金。加盟商负责县级市的业务要交 50 万元的保证金，负责地级市业务要交 200 万元的保证金。一个县级市加盟商可以获得 50 万元放大 30~50 倍的资金量，即至少可以放贷 1 500 万元，同时公司会不断考核加盟商的还款能力和坏账率，有了坏账和违约的情况，都得加盟商自己承担。通过加盟商模式和独特的征信、风控方式，翼龙贷的业务有了较快发展，风控水平较好。

专栏 11-5

京东白条进军农村消费市场

2014 年 2 月，针对网购平台上的消费者，京东推出“白条”业务，凭借“白条”，消费者可向京东赊钱，先消费后付款。同年 12 月，京东集团与格莱珉中国宣布在多个领域达成战略合作意向。京东集团将与格莱珉中国在农村小额贷款业务领域展开合作，从京东自建的配送网络入手，由京东金融小贷部门、配送部门和格莱珉共同为农民提供金融合作解决方案。双方还将共同合作拓展农村领域的消费和创业贷款。这意味着乡村农户也将可在购买农资时打京东“白条”，农民可先通过京东“白条”不花钱从平台购得农资，随后只需按月归还一定利息即可。

其中，京东农村小贷的年化贷款利率将控制在民间借贷的一半或更低。此前，出身于苏北农村宿迁的京东集团创始人兼首席执行官刘强东曾表示，苏北宿迁当地农村 90%以上的家庭都借过高利贷，平均贷款利率高达每年 60%。因此，京东农村小贷的年化利率约为 30%。

不过，格莱珉经典的“五户模式”需要工作人员与村干部联系，挨家挨户动员并寻找符合条件的借贷者，聚齐 5 家互相信任的农户，贷款成本和风险水平较高。对此，京东将利用配送环节考察农户信用，降低成本。京东将聘请当地村民作为代理人进行配送和收款，并让代理人担任信贷员。截止 2016 年末，京东已经基本实现了 10 万名村民代理、覆盖中国 10 万个村庄的服务，把农药化肥送到农民的田间地头的同时，发展农村小额贷款业务。

4. 农产品和农场众筹平台

农业众筹是传统农业与众筹商业模式两者相结合的新兴产物。我国目前的农业众筹模式主要以消费型农业众筹为主，即以农产品生产方作为项目发起方，为消费者提供平台用以预订某种价格农产品，实现项目资金筹措，而后生产方根据订单需求进行种植，按约将成熟农产品配送至消费者。这种以相关农产品作为回报的方式操作起来比较方便，不需要过高的资金门槛，同时也更能获得投资者的信赖。我国第一家农业领域专门性众筹平台——“尝鲜众筹”及“大家种”上的项目基本上都采用了这种方式。此外，农业众筹还包括平台型农业众筹和权益型农业众筹，平台型农业众筹侧重于构建平台和创造机会，以自身优势提供产品规划、项目发布等服务，撮合有意向的投资者及项目创始人，如“有机有利”，而权益型农业众筹因涉及股权或土地产权，目前在我国尚处于试点阶段，如“耕地宝”。

以消费型农业众筹为例，新型农业众筹不仅给农业企业开辟了一条新的发展之路，此外还通过建立农场与居民间的直接联系，减少农产品流通的中间环节，降低流通成本，提高流通效率，并且给生产者及消费者提供一个面对面交流的机会，让传统的买卖双方转变为合作方，更有可能实现双赢。

专栏 11-6

打通最后一公里：农村无网点银行的实践
——江苏“惠农金融”新模式

近年来，ATM 机、CDS 机、POS 机等便民金融虽在城市与乡镇已广为普及，但基层农村却往往成为“被遗忘的角落”。农民存取款需往返集镇、支付结算费时费力、外出打工带钱回家不便等问题一直较为突出。为整合目前江苏省农村地区金融服务网点资源，满足农民对农村金融服务多样化的需求，提高农民的金融知识水平，提升金融服务“三农”的质量和水平，2014 年初，中国人民银行南京分行专门下发了《江苏省农村金融综合服务站推广建设工作指导意见》，在江苏省全面开展农村金融综合服务站推广建设工作。

受益于中国人民银行前期规划和大力推动，各级地方政府的积极支持、各涉农金融机构的承办建设，农村金融综合服务站的业务迅速发展，成效显著。江苏辖内农村金融综合服务站呈现稳步增长趋势。截至 2015 年末，江苏省综合服务站已达到 13 088 家，实现了无网点银行行政村的全覆盖，这也标志着江苏在全国范围内率先实现“金融便民服务村村通”。农村金融综合服务站通过“一站式”基础金融服务，延伸了涉农银行的柜面服务范围，缓解了银行网点的柜面压力，也成为金融知识进乡村的重要渠道。

在实践过程中，农村金融服务站充分利用现代远程通信技术、自动化设备、智能化解决方案等，仅需一个工作人员就可以实现传统农村金融服务网点的全部服务功能，降低了建设运营成本，为银行金融机构实现商业可持续提供了有力支撑，提高了银行金融机构的积极性。

以南京为例，金融综合服务站可为广大居民提供小额现金支取、转账、消费、公用事业费缴纳、小面额货币兑换、残损人民币兑换、农民信用信息采集等“一站式”金融服务。南京各区建设的农村金融综合服务站模式多样。例如，邮政储蓄银行南京市分行以“村邮站”为依托，选择场所条件较好、信用状况优良、人员素质较高、业务需求较大的点拓展农村金融综合服务站建设。六合区村委会采取“一站三点”的农村金融综合服务模式，打造“金牌农村金融综合服务站”。高淳区、溧水区由所在镇农村商业银行负责，明确由村干部担任联络员，助农取款点下设农村金融综合服务站，开展驻村服务。此外，高淳农商行与区财政局、区人力资源和社会保障局相互配合，实现涉农补贴、新型农村养老保险等 53 项补贴资金在家门口的发放支取。据统计，2015 年 3 季度末，南京地区农村金融综合服务站已累计办理小额取现 27.08 万笔，取款金额 18 551.49 万元；转账 8 896 笔，金额 1 968.39 万元；消费 9 526 笔，金额 851.39 万元；办理公用事业费、税费缴纳 1.48 万笔，金额 136.87 万元。

本章小结

（1）本章围绕互联网金融的相关知识，简要介绍了互联网金融的概念与内涵，回顾了互联网金融的发展历程及其主要的发展模式，对比了国内外互联网金融发展的特点差异，并概括了当前中国互联网金融的发展现状、主要模式及其可能存在的风险。最后，本章阐述了互联网金融与传统金融之间关系，并围绕农村互联网金融的发展情况，重点探讨了互联网金融发展对中国农村金融的重要作用。

（2）互联网金融的基本含义是传统金融机构与互联网企业利用现代信息通信技术实现资金融通、支付、投资和信息中介服务的新型金融业务模式。其本身是一种以传统金融为内核，以互联网技术和移动技术为依托的金融创新，其本质依然是金融。

（3）中国的互联网金融发展方兴未艾。中国金融体系中长期存在的金融压抑问题及一些低效率或扭曲的因素，为互联网金融的快速发展提供了可能性，这也同样造就了中国互联网金融与其他国家在互联网金融发展模式上的显著差异。总体上看，中国的互联网金融发展模式主要有互联网融资（包括电商网络小额贷款、P2P 网络借贷、互联网众筹）、互联网金融服务（包括互联网支付、互联网理财）、传统金融机构互联网化（包括商业银行互联网化、互联网证券、互联网保险、互联网信托）等。

（4）中国的互联网金融发展起步较晚，发展过程中不可避免地存在诸多风险。就目前来看，这些风险主要集中在五个方面，即技术风险、信用风险、法律风险、操作风险、最后贷款人风险，如何准确应对和处理上述的这些风险，事关互联网金融持续健康发展。

（5）中国十多年来的农村金融改革尽管取得了一些成绩，但农村金融发展依旧困难重重，互联网金融依托大数据、现代信息通信技术等为农村金融产品和服务的高效率、低成本供给提供了可能性。互联网金融与传统金融并非对立关系，相反，互联网金融的发展为提高传统金融资源配置效率、控制风险、降低成本等方面提供了强有力的支持。

尤其是随着当前中国农村地区信息化程度地不断提高，互联网金融在农村地区发挥了越来越大的作用。

关键术语

互联网金融　P2P 平台　现代信息通信技术　大数据　云计算　信息中介　信用中介　P2P 网络借贷　第三方支付　互联网理财　互联网众筹　互联网券商　最后贷款人风险　信息撮合平台

复习与思考

1. 什么是互联网金融？
2. 互联网金融的特点是什么？
3. 我国互联网金融发展的驱动因素有哪些？
4. 我国互联网金融的模式主要有哪些？其特点分别是什么？
5. 现阶段我国互联网金融发展过程中存在哪些特有的风险？
6. 我国传统金融与互联网金融在农村地区的服务方式存在哪些区别？

参考文献及推荐阅读

范家琛. 2013. 众筹商业模式研究. 管理纵横，(8)：72-75.
焦瑾璞. 2013. 微型金融学. 北京：中国金融出版社.
李东荣. 2015. 互联网金融发展报告.
廖理，李梦然，王正位. 2014. 聪明的投资者：非完全市场化利率与风险识别——来自 P2P 网络借贷的证据. 经济研究，(7)：125-137.
钱金叶，杨飞. 2012. 中国 P2P 网络借贷的发展现状及前景. 金融论坛，(1)：46-51.
王曙光，张春霞. 2014. 互联网金融发展的中国模式与金融创新. 长白学刊，(1)：80-87.
魏鹏. 2014. 中国互联网金融的风险与监管研究. 金融论坛，(7)：3-9，16.
吴晓求. 2015. 互联网金融：成长的逻辑. 财贸经济，(2)：5-15.
谢平，邹传伟. 2012. 互联网金融模式研究. 金融研究，(12)：11-22.
谢平，邹传伟，刘海二. 2014. 互联网金额监管的必要性与核心原则. 国际金融研究，(8)：3-9.
谢平，陈超，陈晓文. 2015. 中国 P2P 网络借贷：市场、机构与模式. 北京：中国金融出版社.
岳意定，吴庆田，李明清. 2010. 网络金融. 南京：东南大学出版社.
张正平，胡夏露. 2013. P2P 网络借贷：国际发展与中国实践. 北京工商大学学报，(2)：87-94.
郑联盛. 2014. 中国互联网金融：模式、影响、本质与风险. 国际经济评论，(5)：103-118,6.
中国人民银行金融稳定分析小组. 2014. 中国金融稳定报告.
周运兰，杨静静，余宁. 2015. 首家民营银行发展机遇与风险研究——以深圳前海微众银行为例. 当代经济，(6)：94-95.

第12章

普 惠 金 融

学习目标：

1. 了解普惠金融提出的背景，掌握普惠金融的基本概念、内涵。
2. 熟悉普惠金融的发展历程，厘清发达国家和发展中国家普惠金融的特点与差异。
3. 掌握普惠金融发展过程中不同阶段的阶段性特征，掌握其主要的模式及特点。
4. 了解影响普惠金融发展的因素，并熟悉普惠金融发展程度的测度及评价标准。
5. 对中国普惠金融的发展情况有一个清晰的认识，把握其发展趋势和存在的问题。

自2006年放宽农村金融市场准入以来，中国政府大力发展小微金融，积极推进农村金融深化改革，取得了一定的成效。但是过去三十年的农村金融改革，依然没有从根本上解决长期存在于农村金融市场中的供需不匹配的矛盾。现有的正规金融供给尚未充分实现对社会各个阶层的广覆盖，一部分经济上贫困、地理上偏远的群体始终受到来自正规金融机构的金融抑制。事实上，金融工具、金融机构、金融市场乃至整个金融体系，从来都是为满足实体经济活动的需求而产生和发展的。包容性制度（inclusive institution）而不是攫取式的制度体系，是一国经济长期可持续增长的基础。以“包容性”为核心理念的普惠金融，在消除金融特权性、降低正规金融抑制程度、促进传统金融机构业务向社会“草根”的下延等方面都发挥着重要作用。

12.1 普惠金融概述

金融普惠与金融排斥是一个问题的两个方面，正是由于要克服金融排斥，才会出现普惠金融的概念。而普惠金融的概念正是在大量中低收入、偏远地区人群的金融需求无法被正规金融机构满足这一背景下提出的。普惠金融源于金融排斥现象的广泛存在及正规金融市场上金融产品与服务供需不匹配的矛盾，而经济社会的发展以及社会各个阶层人群金融需求多元化的变化趋势，也是普惠金融概念被提出并越来越受到重视的重要原因。

12.1.1 普惠金融的源起与背景

1. 金融排斥与普惠金融

受各种因素影响，大量人口被排斥在正规金融服务门槛之外，世界银行估计，目前全球大约有27亿成年人得不到任何正规的金融服务。早期的金融排斥概念特指金融机构出于成本等因素考虑关闭部分地区的分支机构，降低了这些地区民众的金融服务可及性。广义的金融排斥包括地理排斥性（如一些偏远地区金融机构网点的覆盖率很低）、评估排斥性（如多数的正规金融机构将弱质性的农业产业评估为高风险产业而实行信贷配给）、条件排斥性（如设置较高的抵押品要求以限制普遍缺乏有效抵押品的小微经济主体的正规渠道融资）、价格排斥性（如一些人只有支付自己不能承受的价格才能获得金融产品）、市场营销排斥性（即一些人被排除在金融机构产品营销目标市场之外）、自我排斥性（即人们认为申请获得金融产品的可能性很小，被拒绝的可能性很大，从而把自己排除在获得金融服务的范围之外）。

金融排斥是一个复杂的、动态化过程，不能以单一原因解释，可能是暂时，也可能是长期的。从宏观层面来说，经济发达程度是影响一国普惠金融的重要原因，而从微观层面来说，地理位置、基础设施、价格、金融意识、交易成本等是影响金融普惠的重要因素。但总的来说，金融排斥主要体现在三个方面：一是在排斥主体上，主要是指特定的社会阶层；二是在排斥内容上，主要是指为人们日常所必需的金融产品或服务，如信贷、储蓄、支付、保险等；三是在排斥原因上，既包括外部排斥（如价格、资格），也包括自我排斥。金融排斥会给社会带来多方面的危害，主要表现在迫使需求主体转寻高利贷等融资成本更高的非正规渠道，并且缺乏必要的金融服务会造成经济脆弱，甚至有时还会带有社会排斥和社会歧视，对社会稳定造成不利影响。

商业性金融机构在提供金融产品和服务时，出于自身利润最大化和盈利可持续性的目标要求，在服务对象上存在一定的选择偏好。图12-1简单刻画了金融机构在提供金融产品和服务时对目标人群的偏好情况。从总体上看，金融资源服务呈现出一种金字塔式的结构，数量较少的大型企业获得最多的金融资源，而中小企业由于基数过于庞大，尽管能够获得一部分金融资源，但杯水车薪，难以满足需求，至于那些低收入人口以及一些个体工商户，他们始终处于金融供给的底层，很难有金融的阳光雨露能够照射和滋润到这一层次的人群。造成这一结构的因素有很多，既有制度上的一些障碍，也有金融供给技术上的一些原因。

目前较为一致的研究观点认为，受制于信息不对称、规模经济等客观因素，贫困人口常常被排除在正规金融体系之外，从而难以获得贷款、储蓄、保险和支付结算等基础性的金融服务。他们无法通过贷款来获得创业资金、治疗疾病和应对突发事件，无法利用安全便捷的储蓄为教育、生育和婚礼积攒资金，也无法通过保险来应对意外的负面冲击，甚至很难通过银行支付结算体系将在城市打工获得的微薄收入汇到遥远的家乡。在现实世界中，我们也总能看到这样的事例：有的贫困者苦于没有起步资金而不得不放弃

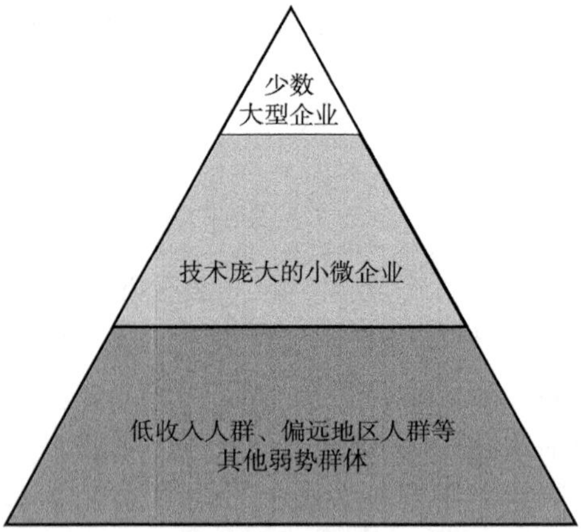

图 12-1　金融资源供给的金字塔式结构

一项可以使自己脱离贫困的经营项目；有的贫困者因得不到保险服务，意外伤害或亲人离世等紧急情况可能将他们推入更加贫困的深渊；微型企业由于得不到贷款，不得不放弃一项利润可观的工程项目。所以，无论从理论还是现实角度看，发展普惠金融对于帮助全球贫困人口脱离贫困，促进世界经济协调发展都至关重要。

2. 金融需求多元化与普惠金融

经济主体的金融需求可以划分为三个层次，第一个层次是基础的对货币的需求，这主要受到收入水平的影响；第二个层次是对信用的需求，这取决于经济个体当期可支配货币收入根据跨时预算约束在当期消费和储蓄间分配的结果；第三个层次是在以上二者的基础上，衍生出来的对金融服务的需求，这主要包括了金融资产的组合配置、自由进出金融市场或享受金融机构专门化服务等。随着农业和农村经济转型升级、城镇化加速推进等诸多外部环境发生趋势性变革，普惠金融所针对的各类主体的金融需求也发生了巨大变化。例如，过去的农户信贷需求主要以生产性信贷需求和生活性信贷需求为主，由于农业生产规模小、科技含量低、产业化程度不高等原因，农业信贷需求表现的首要特征是低收益和高风险性，受制于生产的季节性，农村借贷需求额度小频率高。但随着城镇化进程的不断推进，农村居民收入得到了较大的提升，城乡差异的进一步缩小也引致了农村居民更加多元化的金融需求，农业生产的规模化和现代化也促使一部分农业经营主体的生产性信贷需求规模增大，对贷款周期、利率的要求也呈现出差异化的特征。此外，流动人群的金融需求种类也更加多元，小微企业的信贷需求总量持续增加，城市家庭的金融需求层次不断提高。各类主体的金融需求从原先的基础性逐步转变为更高层次的金融需求，也倒逼金融机构不断创新和丰富金融产品及其服务。

但是，当前中国的城乡二元经济结构尚未被完全打破，这也决定了城乡之间的金融关系依然主要表现为一种二元金融结构的特征，政府计划性金融制度安排和金融资金趋利性也深化了城乡金融割裂。中国城乡二元金融结构不仅存在于工农产业之间，还存在于城市和农村之间、大城市和中小城市之间，从金融的区域结构看，农村金融远远滞后于城市金融，农村地区的金融发展滞后于城市的金融发展，中小城市的金融发展滞后于大城市的金融发展。在城乡二元金融结构中，一方是存在于城市的较为发达的金融市场，由发达的现代银行分支网络和证券、保险组成，以服务于城市经济主体为主，另一方是存在于农村的较为落后的金融市场，由少量的国有银行分支机构和规模较小的农村信用社、农村商业银行构成，以服务农村经济主体为主。对那些地处偏远地区的弱势群体、经济上较为贫困的人群，这种城乡相对割裂的二元金融结构难以适应主体金融需求的变化。

12.1.2 普惠金融的概念与内涵

1. 普惠金融的概念

普惠金融的概念源于英文“inclusive financial system”，意为“包容性金融体系”。这一概念最早是在2005年联合国在宣传“小额信贷年”时，由联合国和世界银行扶贫协商小组率先提出的。其基本含义是：建立能有效地、全方位地为社会所有阶层和群体，尤其是那些被传统金融忽视的农村地区、城乡贫困群体和小微企业提供服务的金融体系。国内最早引进这个概念的是中国小额信贷联盟（原名中国小额信贷发展促进网络），在2006年3月北京召开的亚洲小额信贷论坛上，正式使用了这个概念。2013年11月12日，中共十八届三中全会通过《中共中央关于全面深化改革若干重大问题的决定》，正式提出“发展普惠金融，鼓励金融创新，丰富金融市场层次和产品”。此次会议，首次正式将“发展普惠金融”作为完善金融市场体系的重要内容。

2. 普惠金融的内涵

金融普惠并不是金融扶贫。普惠金融的核心理念在于强调“金融权也是人权”的思想，所有人都可以以可负担的成本获得金融服务，有效地参加到社会经济活动中，进而实现全社会的均衡发展。普惠金融是各类金融机构共同参与，公平地在国家之间、地区之间、城乡之间、各类型企业和人群之间合理分配金融资源，提供全面的金融服务，满足所有人群的合理的金融需求，以实现金融业的均衡协调和可持续发展。基于此，普惠金融的概念包含以下几个特点。

（1）强调公平合理的金融权。普惠金融概念的核心在于坚持人们享有同生存权、自由权、财产权等权利一样的金融权。所有人都能以可以承担的成本获得公平合理的金融服务，从而有效地参与到经济活动中。

（2）强调“普惠所有人群”。金融体系不能忽视发展中国家、落后地区、农村、中小微企业、流动人群、贫困群体等这些社会弱势群体的金融需求，当然也不能片面地强调服务弱势群体。普惠金融要能够面向社会各个阶层，覆盖全社会所有人群，逐渐消除现有金融体系中的二元结构，以合理的价格，便捷、灵活地提供金融服务。

（3）强调基础性金融服务获取机会的均等化。普惠金融所提供的金融服务，包括了储蓄、信贷、保险等基础性的金融服务，还包括了金融知识的普及等衍生性的金融服务。普惠金融要建设良好的金融基础设施和金融系统、专业的技术支持，提供快捷、准确、安全的支付和清算服务，准确、透明的信息服务等。

（4）强调金融机构的广泛参与。如上所述，普惠金融不是金融扶贫，因此普惠金融也不只是个别扶贫机构或者某些类型的小额信贷机构的工作，而是需要所有正规金融机构以各种形式广泛参与。各类金融机构需要根据普惠金融的理念和发展方向升级转型，尤其是对金融供给的产品和服务进行积极创新。

（5）强调可持续发展。普惠金融重视发展中国家、落后地区、农村、中小微企业和穷人的金融需求，为金融业的发展拓展了业务空间和盈利空间。但不同于片面强调帮助弱势群体的传统金融扶贫模式，普惠金融强调的是整个金融体系的参与，通过将金融资源配置结构的优化，实现帕累托改进，满足各类主体金融需求的同时实现参与机构的可持续发展。

专栏 12-1

普惠性金融体系的构建理念

普惠性金融体系框架认同的是只有将包括以穷人为对象的金融服务有机地融于微观、中观和宏观三个层面的金融体系，才能使过去被排斥于金融服务之外的大规模客户群体获益。最终，这种包容性的金融体系能够惠及发展中国家的绝大多数人，包括过去难以惠及的贫困和偏远地区的客户。

（1）客户层面。贫困和低收入客户是这一金融体系的中心之一，他们对金融服务的需求决定着金融体系各个层面的行动。

（2）微观层面。金融体系的脊梁仍然为零售金融服务的提供者，它直接向穷人和低收入者提供服务。这些微观层面的服务提供者应包括从民间借贷到商业银行以及位于它们中间的各种类型。

（3）中观层面。这一层面包括了基础性的金融设施和一系列能使微观金融服务提供者实现降低交易成本、扩大服务规模和深度、提高技能、促进透明的目标的措施。这涵盖了很多的金融服务相关者和活动，如审计师、评级机构、专业业务网络、行业协会、征信机构、结算支付系统、信息技术、技术咨询服务、培训等。这些服务实体可以是跨国界的、地区性的或全球性的组织。

（4）宏观层面。如要使可持续的小额信贷蓬勃发展，就必须有适宜的法规和政策框架。中央银行（金融监管当局）、财政部和其他相关政府机构是主要的宏观层面的参与者。

普惠性金融体系，尤其是针对贫困群体的金融服务至今仍面临三个主要的挑战：一是为大规模的群体的金融需求扩展高质量的金融服务（规模）；二是不断地拓深更贫困和更偏远地区的客户群体（深度）；三是降低客户群体和金融服务提供者双方的成本（成本效益比）。解决这三个挑战的比较好的思路是将为低收入者提供的金融服务作为每个国家的主流金融体系的有机组成部分，培育大量有实力、可持续、有竞争力的金融服务供给者，为贫困和低收入客户服务。

资料来源：http://wiki.mbalib.com/wiki

12.1.3　普惠金融的目标与特征

构建普惠金融体系的总体目标是：任何个人和组织在有金融需求时，都能够以合适的价格及时获得便捷高效的金融服务。实现这一目标就是要让那些被排除在传统金融体系之外的个人或组织（低收入人群、小微企业等弱势群体）拥有公平的机会，获得可负担的金融产品和有效的金融服务渠道。

但是上述目标在具体的实践中需要从两个方面努力①：一是从广度和深度上推进微型金融，推动金融市场向更加贫困和更加偏远的地区开放，提供种类丰富、价格合理的金融产品；二是不再将微型金融边缘化，将其视为国家金融系统的必要组成部分。具体而言，普惠金融体系重视运用先进的技术和措施，只有通过完善金融基础设施和鼓励各类金融机构对其产品与服务的不断创新及丰富，才有可能以可负担成本将金融服务拓展到欠发达地区和社会低收入群体，不断提高金融可获得性，逐渐将被传统金融排斥在外的人群包括进来。普惠金融的宗旨就是将微型金融纳入主流的金融体系中，更好发挥微型金融潜力。

从普惠金融体系的理念上看，人生来就应该被赋予平等地享受金融服务的权力——无论是穷人还是富人②，这也就是说，在现代社会中，每个人都应该有获得金融服务的机会和权利，只有每个人都拥有得到金融服务的机会，才能让每个人有机会参与经济的发展，才能实现共同服务，建立和谐社会与和谐世界。这意味着，包容性的制度安排对经济增长至关重要。包容性制度而不是攫取式的制度体系，是一国经济发展可持续增长的基础。从这个角度来看，在中国推动和发展普惠金融，具有极为重要和深远的意义。

从普惠金融体系的功能上看，全球范围的普惠金融体系建立有利于提高各国居民的效用和社会福利——普惠金融本身不是扶贫，但对帮助贫困人口脱离贫困，促进世界经济协调发展至关重要。结合普惠金融的前期实践可以发现，脱胎于小额信贷和微型金融的现代普惠金融，其本身的含义又囊括了小额信贷与微型金融——与“小额信贷”相比，普惠金融不仅包含了贷款，还包含了储蓄、保险和支付结算等金融服务；与“微型金融”相比，普惠金融不仅包含小额信贷公司、农村信用合作社和乡村银行等微型金融机构，还包括大型商业银行等传统意义上正规的金融部门。

总之，普惠金融的特征主要包括四个方面的内容：①家庭和企业以合理的成本获取较广泛的金融服务，包括开户、存款、支付、信贷、保险等；②金融机构稳健，要求内控严密、接受市场监督以及健全的审慎监管；③金融业实现可持续发展，确保长期提供金融服务；④增强金融服务的竞争性，为消费者提供多样化的选择。

12.2 普惠金融的发展模式

“普惠金融”这一概念的提出并非是一蹴而就的。从世界范围内普惠金融发展的历史沿革来看，普惠金融经历了一个较长时间的实践探索过程，不同时期、不同地区的普惠金融在发展模式上存在较大差别。发展中国家经济发展落后，金融市场的发展尚不成

① 中国人民银行焦瑾璞在2009年《发展中国普惠金融体系——提供全民享受现代服务的机会和途径》一文中提到。

② 尤努斯（国际小额信贷之父、诺贝尔和平奖获得者）在介绍小额信贷经验是曾有类似表述。

熟，这些国家的微型金融机构往往由政府和非政府组织发起，在获得一定操作经验后，才开始商业化运作、自负盈亏。发达国家由于经济发展水平高，社会福利好，其对贫困的定义也明显有别于发展中国家，加之发达国家的金融市场高度发达，所以发达国家的普惠金融更多的是金融市场和机构的一种自发的逐利行为。

12.2.1　全球普惠金融发展的历史沿革

普惠金融的发展萌芽可以追溯到 15 世纪的欧洲，尽管其后经历了漫长的演变与实践探索，直至 18 世纪初具雏形，但真正意义上的现代普惠金融发展，还是 20 世纪 70 年代以后的事，迄今不过 40 余年。

1. 以互助为主：小额信贷萌芽时期（15 世纪至 20 世纪 70 年代）

15 世纪，为抵制高利贷，帮助穷人摆脱债务危机，意大利天主教堂建立典当行以服务社区穷人，在当地政府和教会的推动下，这些典当行在欧洲城市地区广泛发展。尽管从严格意义上来说，这与今天的普惠金融有极大的区别，仅在理念上相通，即推进金融服务的均等化。但当时整个社会的金融服务亦处于初级阶段，因此这也可以看做一种理念上的发展萌芽和实践上的幼稚探索。其后经历约三个世纪，西方资本主义社会获得了重大发展，市场活跃度提高，近代金融服务体系开始形成，相应的金融服务多样化和均等化理念与实践也得到发展。18 世纪初，爱尔兰贷款基金体系建立，向没有抵押的贫困农户提供小额贷款，1840 年，该体系已拥有大约 300 家基金遍及爱尔兰。在爱尔兰贷款基金运营的高峰时期，每年给 20%的爱尔兰家庭提供贷款。

19 世纪欧洲出现了更大规模、更正规的储蓄贷款机构，致力于向乡村和城市贫困人口提供金融服务。例如，德国建立了信贷合作社，帮助农村人口打破对放贷者的依赖，提高他们的福利水平。1865 年，合作社运动拓展到欧洲和北美，德国的合作社对当代非洲、拉丁美洲和亚洲的合作社都有影响。1895 年，印度尼西亚人民信贷银行（the Bank Perkreditan Rakyat，BPR）成立，并成为印度尼西亚最大的普惠金融机构，有将近 9 000 个分支机构。这一时期，初步具有现代意义的普惠金融已经生根发芽，但其全球普遍性和规范性发展，还是半个世纪以后的事。

20 世纪初期，随着资本主义在全球的空前活跃发展，现代意义的金融体系开始建立，不仅在欧洲等老牌资本主义国家，甚至在拉丁美洲等新兴资本主义和殖民国家，也开始出现各种各样的存贷款机构。这些乡村金融机构以促进农业部门现代化、激活存款、增加投资为目的，在许多方面开始形成现代意义的普惠金融的初期探索。从 20 世纪 50 年代至 70 年代，许多国家的国有政策性金融机构和农民合作社以低于市场的利率向贫困人群发放信贷。但是，因为低利率无法覆盖运营成本，加之借贷者往往将贷款视为政府给予的礼物，还款记录很差，结果，这些政策性金融机构和合作社的资本金逐渐被耗尽，并最终破产。更严重的是，很多时候，信贷资金并没有到更需要资金的低收入者的手里，而是被那些较有影响力和生活水平更高的农民获得。但这种金融服务差异化被拉大的现实压力，反而成为催生真正意义的普惠金融发展的动力，由此开启了 40 余年全球普惠金融丰富多样的探索实践。

2. 现代小额信贷形成并蓬勃发展时期（20世纪70年代至90年代）

20世纪70年代初期，随着世界各国经济开始步入正轨，经济发展多样化，社会各个阶层对于金融产品及服务的需求也逐渐呈现出越来越明显的差异化。在这一时期，现代意义上的小额信贷形成并得到了迅速发展。值得注意的是，在这一时期小额信贷发展的过程中，一些以非政府组织为代表的国际性机构和有关国家的国内机构起到了关键作用。世界扶贫协商小组、世界银行等国际性组织也积极参与到对发展中国家的金融支持中来。

20世纪80年代，全世界小额信贷项目在方法论上不断改进创新，推翻了之前传统金融体系为穷人提供金融服务时的固有逻辑，小额信贷在一些国家获得了全新的发展空间，并得到更多国家的仿效，小额信贷的全球化实践因此真正开始。

首先，那些运行良好的小微信贷项目表明，穷人（特别是妇女）的还款记录比能够从传统商业银行获得信贷的人群还要好，他们的违约风险并没有传统商业银行想象的那么高。其次，贫困人群愿意并且能够支付覆盖小微企业运营成本的利率水平。小微金融机构只有征收覆盖其运营成本的利率水平才能够实现持续经营，不断发展壮大，为更多的贫困人群提供金融服务，这方面的认识突破，为其后有关小微金融机构的持续运营打下关键基础。

3. 更综合的普惠金融服务："微型金融"时期（20世纪90年代至2005年前后）

自20世纪90年代初起，许多金融机构逐渐意识到，除了贷款，贫困人群还需要储蓄、保险和支付结算等基础金融服务。当代意义上的普惠金融服务，开始走出狭义空间，进入真正多样化服务探索时期，这也是普惠金融最值得关注的初期黄金十年。

在这样的背景下，"小额贷款"逐渐被"微型金融"取代，其服务内容也从单一的资金借贷扩展到了保险、汇款、信托等金融范畴。为了向更多的贫困人群提供金融服务，微型金融机构逐渐追求商业化战略，将自身变为营利机构，以吸引更多的资本。以孟加拉乡村银行为例，20世纪90年代起，该行的存款增速显著上升，1990~2000年，该行的存款规模从8.5亿达卡上升至66.1亿达卡，存款来源也逐渐多样化，会员存款占总存款的比重逐渐降低。贷款小组数量从1990年17.4万个上升至2000年的50.3万个，同期会员数量从87万个上升至237.8万个。

4. 互联网时代的"普惠金融"时期（2005年至今）

21世纪以来，微型金融与大型金融服务体系的边界日益模糊。一方面，许多专门的小额信贷机构在不断扩大服务范围；另一方面，商业银行和其他正规金融机构也不断进入这一新市场。例如，成立小额信贷部、农村信贷部，以覆盖更多的比较贫困和偏远地区的客户，拓宽盈利渠道。投资银行、养老基金、私募股权基金等机构也纷纷将投资触角伸向该行业，在加快微型金融行业发展的同时进一步加快了"金融脱媒化"。

这一时期，很多人呼吁取消"微型金融"概念，因为"微型"或"小额"往往会让人联想到某些"小的"或"边缘"的概念。但要克服为贫困群体提供金融服务所面临的挑战，不仅需要专门的微型金融机构，还需要不同类型的金融服务提供者。2005 年，联合国在世界小额信贷年活动中率先提出“包容性金融”这一概念，随后在 2012 年 6 月，时任中国国家主席胡锦涛在 G20 峰会上指出“普惠金融问题的本质是发展问题”，呼吁各国加强合作以建立起“一个惠及所有国家和民众的金融体系，确保各国特别是发展中国家民众享有现代、安全、便捷的金融服务”，“包容性金融”的概念被引入中国，亦即“普惠金融”。并受到 20 国集团、国际货币基金组织和世界银行等组织的大力推广。“普惠金融”不再拘泥于“小微”方面，而是主张通过业务创新和技术创新扩大金融市场的服务边界，向消费者提供多样化的金融服务选择，提高获得金融服务的便利性。

值得注意的是，现代信息通信技术的进步也极大地促进了普惠金融体系的发展。例如，网上银行和手机银行提高了消费者获取金融服务的便捷程度，降低了获取金融服务的时间成本；POS 刷卡机等线下支付设备的发展，极大地提高了线下支付的快捷性；以利用互联网技术进行金融运作的非银行金融机构、P2P 网络借贷平台以及互联网众筹为代表的互联网金融模式正在蓬勃发展，它们在降低信息不对称和交易成本方面具有很大优势。

专栏 12-2

普惠金融（微型金融）能兼顾双重目标吗？

尽管现代意义上的普惠金融才经历了短短的 40 多年的发展时间，但对普惠金融相关问题的理论研究却早已有之。回顾这些研究文献不难发现，对普惠金融的研究大多从微型金融领域入手，这也符合一直以来普惠金融实践探索的特点。我们对已有的文献研究进行梳理，总结了在研究过程中存在争议的、同样也是值得我们进一步思考的一个重要问题，对这个问题的进一步梳理和分析，将有助于我们更加清晰地了解普惠金融的概念、内涵和发展，把握金融普惠实践的原则和目标，对我们未来的学习和研究也具有重要的启发意义。

争议的问题在于：作为普惠金融发展过程中重要组成部分的微型金融，究竟能不能兼顾盈利与社会的双重目标？

这一问题提出的根源在于，作为普惠金融重要组成部分的微型金融，其宗旨就在于向穷人提供金融支持，帮助他们脱贫是其隐含的一个重要意义。就这一点而言，微型金融机构大多具有一定的社会目标。但同时我们也要看到，除了少数专门针对扶贫的政府性组织，大多数微型金融机构是商业化运作的，自负盈亏的机构特点要求其始终保持机构的盈利性。正是基于此，当前学术界在微型金融机构的社会目标和财务可持续性问题上存在“制度主义”（institutionist）和“福利主义”（welfarist）之争。前者强调微型金融服务的覆盖宽度和经济效应，认为微型金融要服务弱势群体，必须实现自身可持续，财务上自负盈亏，因此必须用商业化运作方式。后者则强调微型金融服务的覆盖深度和扶贫功能，认为微型金融机构持续运转主要应该依靠资金补贴和扶持的方式来弥补低利率不能覆盖的资金成本。

相对而言，目前世界各地普惠金融的实践探索表明，制度主义的思路可能更具可持续性。世界银行扶贫协商小组基于此提出了小微金融发展的11条重要原则，其中不少条文都体现了制度主义的基本理念，现罗列如下，仅供同学们学习和思考。

（1）穷人需要多样化的金融服务，不仅仅是贷款，还包括储蓄、保险和资金结算等。

（2）微型金融是与贫困斗争的有力工具。

（3）微型金融意味着要建设为穷人服务的金融体系。

（4）微型金融能够实现自负盈亏，如果它的目标是服务于非常大规模的穷人，它也必须这样做，也就是说，它的服务收费应足以覆盖其运营的一切成本。

（5）微型金融的目标在于建立持久的地方金融机构。

（6）微型金融并不是万能的，对于那些没有收入或还贷手段的赤贫者，其他形式的扶持可能更有效。

（7）利率封顶的限制政策，由于使穷人难以得到贷款而伤害了他们，小额贷款的成本高于大额贷款，利率封顶使微型金融机构难以覆盖其运营成本，也会损害穷人的利益。

（8）政府的职责应是使金融服务有效，而不是自己去提供金融服务，政府自己几乎不可能良好地运作贷款业务，但它能营造良好的政策支持环境。

（9）捐助者的资金与私营资本应是互补而不是竞争的关系，捐助者的补贴应设计为一定时期的支持，尤其是在机构启动时提供支持，以使它顺利吸引私人资金的投入。

（10）微型金融发展的主要瓶颈是缺少强有力的机构和经营管理团队，捐助者的支持应集中在能力培训和提升上。

（11）微型金融的成长有赖于微型金融机构自己关注、测定、提高和披露其运作业绩，微型金融机构的经营和财务报表不仅能帮助各有关方判断该机构的成本和效益，而且也有助于其改进运作水平。微型金融机构需要内容准确和可比较的财务运营报告，如还贷和自负盈亏状况，也需要社会发展状况指标，如服务客户的数量和客户的贫困状况。以上这些看法，实际上也是普惠金融体系所要遵循的原则。

12.2.2 发展中国家的普惠金融模式

多数发展中国家将普惠金融的发展战略定义为增加经济收入和促进国民收入，并且将以微型金融为代表的普惠金融发展上升到社会发展战略的高度，力图通过普惠金融体系的构建和微型金融的发展来改善民生，实现提高妇女社会地位、增加贫困人群子女的营养状况和教育程度等社会目标。在众多发展中国家中，目前在普惠金融发展过程中取得成效并且较为典型的有巴西、印度尼西亚、肯尼亚和墨西哥等。

1. 巴西

20世纪90年代以来，巴西央行开始分阶段推进覆盖全国的金融普惠体系建设，并成为新兴国家普惠金融的反例。总的来说，巴西在推进金融普惠实践中最重要的一点成功经验在于注重金融合作的创新。具体来看巴西普惠金融的发展阶段：第一个阶段是诊断与合作。巴西央行通过金融普惠论坛等平台引导各方围绕微型金融等展开讨论，发布普惠金融报告（financial inclusion report，FIR）。同时，巴西央行与巴西财政部、社会发展部等部门在普惠金融制度框架建设、发展小微金融等方面开展广泛合作。第二个阶段是推进合作。巴西积极参与 20 国集团成立普惠金融专家组（financial inclusion experts group，FIEG）的讨论，在信息收集技术方面与金融包容联盟（Alliance for Financial Inclusion，AFI）、世界银行扶贫协商小组等国际组织展开合作。

巴西在推动普惠金融发展方面十分注重金融创新。一个典型例子是推广代理银行业务模式。代理银行业务模式就是使银行与非银行机构在金融服务领域达成合作。零售商店、彩票销售点、药店、邮局都可以代理银行业务，与银行签订的合同决定其业务范围与缴费标准。在代理机构办理业务，不需要客户拥有银行账户，这就使得能够享受金融服务的人口数量翻了一番。在这种业务模式下，巴西允许代理银行在更大的范围、以更多的形式提供金融服务，巴西各大城市的零售商店、邮局、彩票销售点成为银行分支机构的补充。巴西在从 20 世纪 70 年代就建立了代理银行业务模式，但该业务模式直到 1999 年新法规颁布扩大代理银行营业服务范围、相关限制法规的取消后才进入快速发展阶段。随着 1999 年新法规的颁布，巴西代理银行业务模式发展迅猛，15 万家代理银行占到巴西金融系统所有金融机构网点的 62%，到 2002 年底，巴西 5 560 个城市至少都设立一个金融服务网点。目前，巴西 80%~90%的国家福利是通过代理银行发放的。巴西的另一个创新措施就是设立简化现金、储蓄账户与小额贷款标准，目前此类账户数量已达 1 000 万个。

2. 印度尼西亚

自 20 世纪 80 年代起，印度尼西亚政府就开始关注全国的普惠金融体系建设，并承诺促进金融包容性，成为了世界范围内小微金融领域的先驱国家。印度尼西亚微型金融的发展有相当长的历史，回顾印度尼西亚普惠金融（微型金融的）的发展历程，值得肯定的是其国内微型金融的覆盖广度与覆盖深度。由于政府在推动本国微型金融发展上起到了积极作用，迄今为止该国已经拥有超过 5 万家的微型金融机构，它们的形式多样，包括商业银行、农村银行、合作社、基金会、信用社、国有开发银行以及国有典当行。印度尼西亚政府通过政策创新和机构改革，向农村贫困人口提供基本金融服务，致力于扩大低收入群体享受金融服务的机会。为了经济增长、消除贫困和社会发展的目标，各级政府都投资成立微型金融机构。印度尼西亚微型金融业的一个明显特征是正规金融机构的参与。

著名的印度尼西亚人民银行村行系统（Bank Rakyat Indonesia Unit ，BRI Unit）是印度尼西亚最大的一家可持续发展的微型金融机构，它是印度尼西亚的商业银行——印度尼西亚人民银行的一个组成部分，拥有散布在城乡的 4 000 个机构，服务于 310 万借款客户。私有的农村银行规模较小，一般服务于高经济增长地区的微型和小型企业，数目超过 2 000 家。印度尼西亚政府正致力于发展“无网点银行业务模式”，以期为更多的边远地区和农村人口提供更多享受金融服务的机会。印度尼西亚普惠金融发展的另一个特点是重视金融消费者保护与扶持。自 2007 年起，印度尼西亚逐步加大了对消费保护、提升金融产品和服务透明度的投入，大力发展金融教育以强化城市和农村居民的整体金融知识水平。印度尼西亚央行专门设立了“消费者保护委员会”（Directorate of Consumer Protection，DCP），从建立消费者投诉机制、成立独立的调解机构、金融产品信息透明化、消费者教育四个方面采取措施强化金融消费者保护。为了鼓励储蓄、增强公民对银行系统的信心和保护储户权益，印度尼西亚央行于 2008 年底要求存款保险公司（Deposit Insurance Corporation）将储户最高存款保险额由 1 亿卢比提升至 20 亿卢比；要求应以书面形式，完整、清晰地向顾客提供其所有产品的信息；要求每个营业网点设立专门部门，负责处理与解决顾客投诉；要求将受理投诉、处理与解决投诉、监督控制等程序形成制度；所有的投诉必须在投诉受理的 20 个工作日内解决。

3. 肯尼亚

2009 年，肯尼亚政府通过了《肯尼亚 2030 年远景规划》，在这一规划中，肯尼亚政府首次提出了要促进金融包容性，发展普惠金融，并将贫困人口、低收入家庭及中小微企业作为金融普惠的三类主要目标群体。事实上，相比于非洲其他国家，肯尼亚拥有规模较大、较为成熟的正规金融系统。回顾肯尼亚推进普惠金融的实践历程，可以发现，该国央行在过去五年中主要施行了以下三项普惠金融发展措施。

（1）放宽市场准入、加强市场竞争以促进金融普惠。2008 年 5 月，肯尼亚政府正式颁布《小微金融法案》，引入能够为大量未享受金融服务人口提供服务的机构，增强金融机构竞争性；鼓励为低收入人群服务，特别是小微企业和贫困家庭。

（2）积极采用“代理银行”模式，实现金融普惠。2009 年修订的《银行法》与 2010 年修订的《小微金融法案》，允许金融机构设立代理机构向顾客提供特别的金融服务。通过代理机构，金融机构可以较低的成本在不符合传统要求的地方发展业务。目前，代理机构可以从事现金存取款、支付账单、查询余额、收集开户表格等业务。

（3）加强市场监管，推动信息共享实现金融普惠。2009 年 2 月，肯尼亚正式开始实施《银行业监管准则》，鼓励银行之间展开竞争，推动了信用信息共享。《银行业监管准则》的长期目标在于增加贷款的可获得性，特别是针对没有传统抵押物的贷款人，增强信贷市场的竞争性和可负担性。

此外，除了通过政策的不断完善推进普惠金融体系发展以外，肯尼亚普惠金融发展的另一个特点是手机银行的快速发展。肯尼亚拥有世界上最知名的手机转账和支付体系——M-PESA。M-PESA 和其他手机支付项目的迅速发展得益于肯尼亚金融监管当局同意开发这一高风险创新技术，授权通信运营商 Safaricom 试运行 M-PESA。在肯尼亚农村地区，电子货币支付方案 M-PESA 允许使用者将货币保存在虚拟的“贮值”账户里面，这一账户由电信运营商的服务器维持，由使用者通过移动电话操作。使用者可以通过本地的 M-PESA 代理商进行存款和取款，也可以使用其可用余额，将货币发送给其他移动电话用户、购买话费或者贮存货币等。电信运营商将客户存储在 M-PESA 账户上的资金汇集到统一账户，委托商业银行集中管理。肯尼亚央行对手机银行持乐观态度，鼓励金融机构接受技术创新，鼓励在国家支付系统中使用手机金融服务以减少成本。

4. 墨西哥

墨西哥过去在金融深度和普惠金融方面与国际及地区标准存在很大差距。世界银行统计，2011 年，墨西哥向私人非金融部门提供的贷款总额仅为 GDP 的 13.95%，在拉丁美洲九个最大的经济体（分别是阿根廷、巴西、智利、哥伦比亚、墨西哥、巴拉圭、秘鲁、乌拉圭和委内瑞拉）中排名最后。另据墨西哥央行的信贷情况调查表明，超过一半的公司将能否获得银行贷款视为商业经营的一个“限制性”因素。从这个意义上讲，墨西哥的金融体系并没有发挥促进经济增长、提高经济效率的根本作用。因此，有必要拓展金融领域的广度和深度。事实上，早在 2005 年时，墨西哥政府就已经注意到了这一问题，并开始着力于推进普惠金融的发展。尤其是墨西哥政府将增强金融机构透明度、加强金融消费者保护、广泛提升金融知识水平等作为缓解贫困的重要途径。以墨西哥颁布的《2007—2012 年国家发展规划》为例，该规划要求进一步推进银行业法律体系改革，为民众提供多元化的金融服务。2007 年，墨西哥央行与证券业委员会将建立“健全的包容性银行体系”纳入职能范围，成立金融部专门负责提升金融服务的可获得性，并实施了一系列具体措施。例如，通过电子支付渠道发放社会福利、开设存款账户和办理工资业务等。墨西哥在推动普惠金融发展方面的努力提升了其金融基础设施水平和金融服务便利程度。2000~2011 年，墨西哥的银行分支机构数量增长了六成以上，POS 机数量增长了四倍，ATM 数量翻了一番，代理银行数量从 2009 年的 9 429 家上升到 2011 年的 2 万多家。

专栏 12-3

墨西哥的移动银行在金融普惠实践中的作用

墨西哥北方银行（Grupo Financierro Banorte）是墨西哥较早开展移动银行业务的金融机构。该行针对低收入家庭推出了名为“MiFon”的移动银行产品。移动银行极大地便利了客户的储蓄和转账。一方面，MiFon 为用户提供了替代性的储蓄手段，否则他们只能沿用“把钱藏在床垫下”的老办法，并且 MiFon 的出现大大降低了银行的转账成本，收付款更加便捷和无风险，促进了货物和服务交易。从银行角度看，移动银行有助于吸引潜在顾客，以较低成本收集信息，并根据顾客的风险水平进行分类，减少了逆向选择。

MiFon 项目选取了一个居民为 900 人、贫穷偏僻的村庄里开展试点。通过将试点村与项目大样本比较，发现试点村更多地使用了授权代理商的取款点（总利用率为 41%），而 MiFon 大样本中，ATM 取款更受青睐（使用率为 36%）。这也许是因为试点村的取款点远低于全国平均水平，因此在当地增加取款点得到的边际收益最大。

在 SMS（short messaging service，即短信模式）交易中，MiFon 大样本使用率很低，只有 6%；而在试点村进行试点时，使用率却高达 28%。这是因为试点村交通基础设施比较差，SMS 交易极大地降低了当地村民的交易成本。

有意思的是，根据试点村的数据估算大样本中 Mifon 客户的平均账户余额为 10 美元，但 Mifon 客户的实际平均账户余额为 30 美元。这表明普通民众对储蓄产品的需求未能被充分满足，原因是人们可能认为正规金融服务会收取高昂的手续费，同时，民间金融也不能解决存款的安全问题。这个案例说明，相比降低交易成本，未纳入正规金融渠道的人群更能从低成本的安全储蓄中获益。

MiFon 移动银行案例带来两个启示。一是在制定普惠金融战略时应考虑到人们所面临的各种成本。尤其是在民间金融规模很大的国家，需要真正了解非正式部门包括民间金融提供的服务，了解其优势所在。二是监管应支持商业银行发掘未享受正规金融服务人群的具体需求。在这方面，移动银行服务有很大前途。

12.2.3 发达国家的普惠金融模式

在发达国家，普惠金融的主要宗旨是向那些因为信贷评级很低、无法获得主流银行机构金融服务的少数人口提供金融服务。本节将重点介绍与中国临近的两个国家——日本和韩国在普惠金融与农村金融融合发展过程中一些实践经验，这些对于我们理解中国当前的普惠金融实践都具有重要意义；此外，从实践效果和全球影响来看，发达国家普遍推行的社区银行模式，在普惠金融体系的建设过程中发挥着重要作用，本节将对社区银行模式的具体组织、运行做一个介绍。

1. 日韩模式：联结农村合作组织发展普惠金融

日韩两国与中国在地缘结构上有些类似：先天条件不太好，曾为传统小农国家，人均耕地面积小等，但目前日韩两国的农业现代化水平处于亚洲领先地位，尤其是在农村地区，普惠金融依托农村合作经济组织得到了有利的发展。

1）日本

尽管早在 20 世纪 70 年代，日本的城乡一体化进程就已经取得了较为突出的成果，城市化率达到了 81%，但日本当时的城乡居民收入存在较大差异，以 1953 年为例，日本农民人均收入与城镇工人相比仅占 17.9%，为了缓解上述的收入差异，日本政府在城乡一体化的进程中积极发挥农协的作用，将其作为农村金融普惠过程中的重要组织。日本于 1947 年颁布的《农业协同组合法》确定了农协的特殊地位。1950 年全国成立的农协达到 4 000 多个，99%以上的农民都加入了农协组织。

从总体上看，日本普惠金融体系是以农协为核心的合作金融体系。日本政府按照《农业协同组合法》构建了一个较为完整的合作金融体系，在这个体系中，从上至下逐渐划分为三个层级，依次为农林中央金库、信用农业协同组成的联合会以及基层农协，三者分工明确，相互协调。作为最底层的农协，其会员就是广大的农户，给予农户各种服务（生产指导、集中采购、统一销售），同时给入股的资金需求方发放不需要担保的贷款。中间一级的信用联合会则是由本地区的各基层农协组织构成，其主要职责是将各基层农协所上存的资金，进行适当的调拨，使本地区最需要资金的行业能够获得比较及时的贷款。

依托农协的日本合作性的普惠金融作为中坚力量改善了农村面貌，实现了城乡一体化。到了 1975 年城镇工人平均收入仅为农民收入的 72.9%。目前在农村地区，农业户口与非农业户口相混合的现象比较普遍。具体而言有：①农协在统筹城乡发展中发挥了信用、保险服务职能。农协的金融机构提供吸收社员存款、优惠贷款给社员的信用服务及防备意外灾害的保险服务，支持农村发展，保障了农民的收入实现。②农协组织将会员中所剩余的资金投放到需要资金的会员企业手中，使其通过对农民进行业务培训，以提高他们在农业、工业和服务业的产出效率。

2）韩国

为了改善对农村地区的金融供给现状，缓解农村地区金融供给不足的情况，韩国政府也较为注重农村合作经济组织的发展，同日本比较类似，韩国的农协组织成为其实施普惠金融的载体。

1961年在政府主导下，韩国成立了全国性农民组织即农协。农协可以向农民提供信贷和保险，为农民致富提供资金保障，为农村投资建设提供了资金支持。20世纪60年代中期，由农协提供的生产资金中，70%来自政府的财政资金或金融资金，而到70年代中期，这一比重下降到25%，农协的资金随之增加。农协的信用资金主要来源于农民储蓄。农协的普惠金融事业分为两个部分：一是农协银行，以城市为中心，向下延伸建立分支机构，2010年末存款规模123万亿韩元；二是具有合作机制的“合作金融”，以基层农协为重心。2010年末合作金融存款余额195万亿韩元，贷款余额134万亿韩元，存贷比为68.7%，农村过剩资金再由中央会合作金融部运营，2010年末中央会合作金融资产有65万亿韩元。农协金融机构还承担政府的政策性金融业务。政府对农业、农村、农民的资金支援，基本上都借助农协金融平台，自上而下地运作。政府还长期给予农协以特殊优惠利率的政策贷款。农协的金融组织在农村金融业中占据重要的位置。将金融服务与农民组织结合起来，是韩国农协发展最重要的里程碑。可以说，正是因为韩国农协以合作金融为本质，依托政府的普惠金融体系，辅之以“新村运动”，韩国城乡才得以加速融合。

2. 社区银行模式

社区银行“community bank”这一概念来源美国等西方金融发达国家，国内外虽然没有统一的界定，但是大体上有一定共同点。其中外国学者倾向于从资产规模和提供的金融服务的角度来定义社区银行。在美国已经建立了一个特殊的美国独立社区银行家协会（Independent Community Bankers of America，ICBA）管理并且维护社区银行的利益。根据该协会定义，社区银行是地方所有，独立经营，资产规模从少于1千万美元到几十亿美元的机构。而国内学者多从社区银行的规模和定位来定义社区银行，其中较为主流的观点认为社区银行没有严格的地理意义，位于城市社区的资产规模较小的银行，在地方市场中独立经营的规模较小的商业银行，主要服务于该地区的中小企业、个人客户，为其提供专业的金融服务。

可以从以下三方面理解社区银行的概念：首先，社区银行应当具备规模较小且具有扁平化的组织结构，但不应当绝对的限制资产规模，要结合不同的发展情况和外部环境而定。其次，在业务范围方面，应主要通过关系型贷款为中小企业、农业和社区居民提供专业的金融服务。最后，社区银行在地理范围上应该距离中小产业集群和居民较近。

总体上看，社区银行主要是指那些由地方自主设立和运营的商业银行企业法人，它们从本社区吸收存款，并将贷款发放给本社区成员和企业，美国目前的社区银行发展最为成熟，并且社区金融也是美国富国银行的三大核心业务之一。富国银行在美国有着超过一百年的历史，最初仅是从一家快递公司脱胎而出的社区银行，经过20世纪80年代上百次的收购，发展为一家全国性的银行。2014年7月首次超过工商银行，成为全球市值最大的银行。富国银行最大的特色在于网点小，服务普通客户。一个网点一般仅不足100 平方米，在整个店面设计上采用了许多零售和超市的概念以突出顾客与服务的重要性，许多网点甚至布设在超市内（图 12-2）。富国银行具有独特的经营理念：第一，把支行改为门店，放低身段，贴近客户；第二，把雇员改成了成员，以人为本；第三，变卖“产品”为卖“解决方案”，不单独卖产品。富国银行设立社区银行的三个要素，一是有真正意义上的社区；二是确实有金融需求；三是有员工来自本社区。一般会选择业务增长非常大的城市区域建立新网点，新网点均贴近生活区，而且在杂货店里和社区里建立起更小、更便宜的零售网点。

图 12-2 提供基础性服务的社区银行

发达国家通过社区银行推进覆盖全社会的普惠金融体系建设，有一个重要的优势，即地理区位。社区银行的服务网点较为固定和集中，专职于特定区域的金融服务，从而具有良好的人缘和地缘优势，便于和客户沟通，更为便捷、直接地获得客户信息，容易和客户形成长期稳定的业务关系，有利于识别信贷风险，便于开展高风险的中小企业贷款，从而能够以比大银行低的成本为本社区客户提供个性化的金融产品和服务。此外，社区银行以社区居民、中小企业和农户为主要服务对象，这种差异化的客户定位，构建了多层次的金融机构体系，既保证了不同人群均可享受金融服务的权利，也同样符合普惠金融发展的核心理念。

12.3 普惠金融的中国实践

总的来说，中国的普惠金融发展经历了四个阶段，其中前三个阶段分别是公益性小额信贷阶段、发展性微型金融阶段、综合性普惠金融阶段（图 12-3）。三者之间并不是替换演进的关系，而是包涵演进，也就是说发展的演变实质上是普惠金融体系的服务边界不断扩大、服务对象不断增加的过程，也是制度主义理念逐步取代福利主义理念的过程。

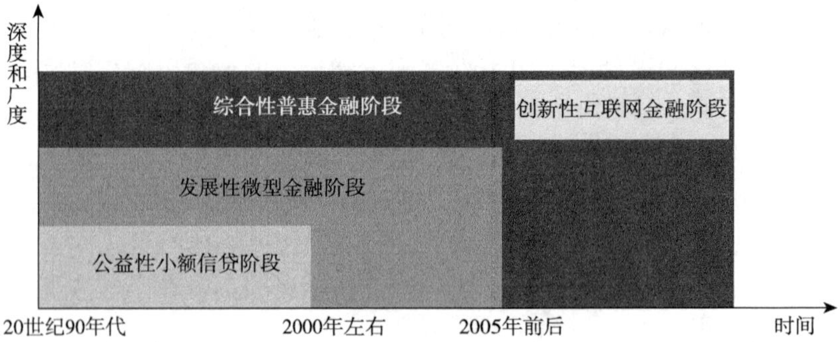

图 12-3　中国普惠金融的发展阶段

12.3.1　公益性小额信贷阶段：20 世纪 90 年代到 2000 年左右

早期的中国普惠金融实践以小微信贷为主，主要致力于解决小微经济主体的融资困境，这一阶段，以政府主导的公益性小额贷款尤为典型。中国公益性小额贷款阶段的发展大致与中国市场经济建设同步。

1993 年，河北易县建立中国第一家小额信贷机构——扶贫经济合作社，其宗旨是“通过提供小额信贷服务改善贫困农户，特别是贫困妇女的经济状况和社会地位”。中国针对农村贫困人口的小额信贷实践探索由此拉开了序幕。最初的小额信贷以扶贫为主，带有公益性质，正如杜晓山在所创建的扶贫经济合作社的宗旨中所指出的：“通过提供小额信贷服务改善贫困农户，特别是贫困妇女的经济状况和社会地位。”1994~2000 年，国家相继出台了多个政策措施，力争用 7 年时间解决全国 8 000 万人口的温饱问题。在此基础上，政府部门不断使用公益性小额贷款项目用于扶贫实践。

1996 年，中国扶贫基金会在国务院扶贫办和世界银行的支持下，开始实施小额信贷扶贫试点项目，而后成立扶贫基金会小额信贷部。2005 年，扶贫基金会提出由项目型小额信贷机构向机构型小额信贷转变的战略部署，在国内率先建立直属分支机构开展信贷业务，同年引进了国际化的小额信贷专业管理软件。2008 年 11 月 18 日，扶贫基金会将小额信贷项目部转制成为中和农信项目管理有限公司，并成立内审部门，加强信贷风险管理。

回顾中国早期的普惠金融实践，一方面，正如上文所述，主要还是通过公益性小额信贷的形式来推进对弱势群体的金融普惠；另一方面，在具体的实践过程中，除了中国政府的不懈努力外，联合国开发计划署、世界银行等多个国际组织以及其他一些非政府组织也参与了中国多个地区公益性小额贷款机构的建设。因此，早期的公益性小额贷款试点的资金主要靠个人或者国际机构捐助，这些组织体现了普惠金融的基本理念，是扶贫方式和途径的重要创新。这之后的公益性小额贷款性质不变，但与早期最大的区别就在于，资金来源更为充裕，以国家财政资金和扶贫贴息贷款为来源，运营机构从非政府组织或国际组织转变为政府机构和金融机构。

12.3.2 发展性微型金融阶段：2000~2005 年

随着中国经济发展，20 世纪末中国的绝对贫困状况得到缓解，消费者和企业对金融服务的需求日趋多元化、精细化，公益性小额信贷模式已经不能满足这些需求，覆盖面更广，正规金融机构参与程度更高的微型金融阶段随之到来。

1999 年，中央银行开始办理支农再贷款业务，随后出台一系列规范农村信用社贷款管理和支农工作的政策法规；2003 年以后，以农村信用社改革为重点，农业银行、邮政储蓄等改革稳步推进，金融改革不断深化。值得注意的是，这一过程中，由于国企改革等一系列举措，城市下岗职工数量增加，作为一类弱势群体，国家相继出台和推动了下岗失业人员的小额担保贷款工作。

总之，这一阶段，对于小额信贷需求的目的不再只是以扶贫为主，而是兼顾提高居民生活质量，促进城市就业；从提供金融产品和服务的主体来看，在发展性微型金融服务阶段，正规金融机构开始全面介入小额信贷。

12.3.3 综合性普惠金融阶段：2005 年至今

2005 年被联合国指定为“国际小额贷款年”，正式提出了构建“普惠金融体系”的主张。同年，中央一号文件明确提出“有条件的地方可以探索建立更加贴近农民和农村需要，由自然人和企业发起的小额信贷组织”，标志着中国的小额信贷进入综合性普惠金融阶段。同年 7 月，为促进和指导各银行进一步改善对小企业的金融服务，银监会发布《银行开展小企业贷款业务指导意见》，要求城市商业银行、城市信用社、农村商业银行和农村合作银行设立“专门部门负责小企业贷款工作”，“建立符合小企业贷款业务特点的信用评级等制度”，“重新构建激励约束机制”，为小型企业和个体经营户提供金融产品和服务。

随后在 2006 年 12 月，银监会出台《关于调整放宽农村地区银行业金融机构准入政策、更好支持社会主义新农村建设的若干意见》，允许产业资本和民间资本到农村地区新设银行，村镇银行等新型农村金融机构开始起步。2009 年 7 月，银监会发布了《新型农村金融机构 2009—2011 年总体工作安排》，提出全国 31 个省（自治区、直辖市，不包括港澳台）三年内共计划设立 1 294 家新型农村金融机构的工作目标。

在综合性普惠金融阶段，从资金的供给方角度来看，小额信贷组织不断设立，为民营资本进入金融市场创造了条件。村镇银行也随之迅速兴起；从资金需求方的角度来看，在农村农民和城市低收入者需求资金依然没有得到根本缓解的同时，小微企业的资金需求不断引起社会的关注，银行的金融服务体系逐步将小微企业纳入服务范围。从金融产品创新的角度来看，综合普惠金融已不仅仅停留在提供慈善性小额信贷或发展性小额贷款的阶段，而是进入了提供综合金融服务阶段，这些金融服务包括支付、汇款、保险、典当等。与此同时，从金融体系依托的工具角度来看，综合性普惠金融服务不断有网络化、移动化的趋势。

专栏 12-4

小微金融服务的“供应商”：民生银行小微金融

民生银行是中国第一家真正意义上的民营银行。自1996年成立以来，逐步形成了“做小微企业银行”的差异化战略定位；在深入推进小微金融转型升级过程中，逐步从仅为小微客户提供小额信贷，过渡到全面为小微客户提供各类金融服务，而这与中国政府推进的普惠金融体系建设的阶段性目标和要求是一致的。

2009年2月，民生银行在国内首创“小微金融”战略概念。经过半年准备，民生银行“你有梦想　我有行动”暨“商贷通”产品推介会首发式在上海举行，标志着民生银行“商贷通”业务开始正式进入实施阶段。之后，民生银行又分别在10家分行进行了“商贷通”业务路演推广。当年底，“商贷通”贷款余额就达到了448.09亿元，占个人贷款余额的比例达到27.3%，客户累计达3万余户。从2010年起，民生银行开始全面进入二次腾飞阶段。作为民生银行二次腾飞的重要内容，在小微金融方面，2010年，民生银行推出4008695568小微金融服务专线，提供了包括贷款咨询、受理预约、账户查询等多项服务，成为民生银行服务小微客户的重要举措。

2011年，民生银行的二次腾飞取得了重大进展，民生银行小微金融业务进行了全面升级，正式推出小微金融2.0升级版，力推民生银行由小微贷款向小微金融服务转型，让更多的小微企业享受到现代化高品质金融服务。与此同时，民生银行推出95568小微售后服务，提供首次回访、季度回访、到期提示、电话催收等标准化服务，在客户贷款周期内提供持续的客户关怀与服务；针对乐收银客户推出付款账户在线绑定服务，业务办理效率由传统的3天缩短至3分钟。

2012年，中国民生银行全面推进小微金融2.0提升版，通过以新流程、新产品、新形象等方式促进小微企业贷款增长，满足小微客户需求；成立了中国民生银行小微企业城市商业合作社，搭建了全国性的小微企业交流、共享和协作的平台；全面启动小微专业支行建设工作。截至2012年底，民生银行小微企业贷款余额突破3 000亿元，小微客户总数达到99.23万户，其中贵宾客户较2011年末增加6万余户，客户结构得到持续优化，客户数量及客户等级均有提高。

资料来源：熊静如. 普惠金融的实践和案例分享. 金融博览，2014,（2）：45-47

12.3.4　创新性互联网金融阶段：2012年至今

在过去的20多年里，中国的减贫工作取得了巨大成就，与此同时，普惠金融体系的建设也在稳步推进，但仍然有超过1亿人生活在贫困线以下，并且大多集中在农村地区。就客户需求而言，大部分中国人都有银行账户，但居住在最贫困和最偏远地区的人群却常常被排斥在银行服务之外。与此同时，自20世纪90年代以来，以互联网为核心的信息技术和全球经济一体化迅速发展，深刻影响了国际竞争格局和人类生存方式（图12-4）。2014年中国的移动电话用户总数达12.86亿户，普及率达到了94.5%，其中智能手机用户总量超过5亿个，并且中国3G和4G移动通信技术的普及率已经高于全球平均水平26%，互联网的普及率更是在过去八年时间内增长了5倍，达到了47.9%。最常见的支付、存款等金融服务通过基础通信技术和设备实现了移动支付与在线存取，小额贷款需求凭借大数据计算、互联网 P2P 等平台得到了部分满足，金融机构借助现代信息技术创新了更加丰富的理财、保险等金融产品。中国的普惠金融体系建设进入了创新性互联网金融阶段。

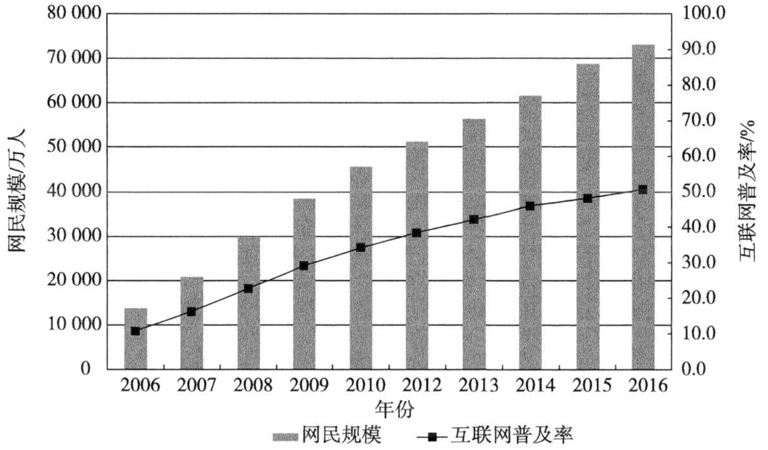

图 12-4　中国网民规模和互联网普及率

资料来源：CNNIC 中国互联网发展状况调查统计数据整理得到

此外，仅以互联网支付为例，中国的移动支付有着巨大的发展空间和潜力，满足了大多数人群对基础性金融产品和服务的需求。2014 年中国第三方互联网移动支付交易规模为 8.1 万亿元，移动支付交易规模达 6.0 万亿元。支付宝和财付通的市场规模居前两位，支付宝占比 49.6%，财付通占比 19.5%。并且，互联网支付和移动支付都保持着稳定的增长，特别是 2013 年互联网支付同比增长 70.7%。传统金融机构的中介作用逐渐弱化，如图 12-5 所示。

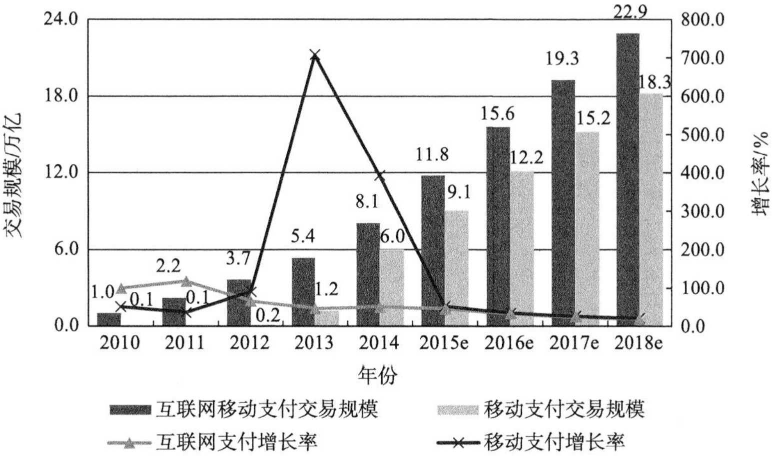

图 12-5　2010~2018 年中国第三方移动支付交易市场规模

资料来源：艾瑞咨询《2015 年中国互联网发展格局研究报告》

从目前的互联网金融发展态势上看，对传统金融业务也形成了巨大的冲击，甚至倒逼传统金融机构进行业务创新和服务方式的改革。其中表现尤为明显的就是第三方支付、移动支付对传统支付的冲击、P2P 等互联网融资平台对传统的存贷款业务的冲击、互联网众筹融资对传统的证券业务的冲击等。

从总体的实践效果来看，以互联网融资平台为例，相比于传统的金融机构业务，互联网融资平台有其巨大的优势。互联网金融平台显著降低了信息不对称和交易成本，使更多的人自主参与到网上支付中来，从而使更多的人获得金融服务；同时，此类融资平台使更多的借贷交易顺利发生，从而使传统上不能获得借贷资金的低收入者以及急需借贷资金的人获得借贷资金，还能使更多人参与到财富管理中来，从而降低了财富管理的门槛，提高了财富管理的服务质量。

此外，以近年来电商金融对传统金融的巨大冲击为例（尤其是巨大的农村金融市场的冲击），方兴未艾的电商金融开始大规模进军农村金融市场，近年来已经在农村金融市场上发挥越来越重要的作用。

2014 年 10 月，淘宝上线了“农村淘宝”：除了日常用品，还提供了农用商品和工具。将“农资农具”设置为第一层，主要是提供肥料、农药、种子、耕地机、播种机等多种工具购买。同年，阿里启动“千县万村”计划，在 3~5 年建立 1 万个县级运营中心和 10 万个村级服务站，覆盖到全国三分之一的县和六分之一的农村地区。2014 年 12 月，京东宣布与格莱珉中国达成战略合作意向，双方将借助京东的互联网渠道和供应链资源，共同合作拓展农村领域的消费和创业贷款等金融服务，结合格莱珉在农村微金融服务领域的经验，京东在农村金融领域将重点通过赊销的模式给农民提供资金，通过京东白条、小额信贷等主推金融服务。2015 年 1 月，京东县级服务中心将在全国区县铺开，预计年内开业数目将超过 500 家。服务中心将针对农村市场，提供营销、物流配送、客户体验和产品展示等服务，可为客户下单、配送、展示。利用其已经逐步建立起来的配送网络作为农村金融服务的基础，这些铺在村里的站点也将成为农户获得金融服务的“迷你银行”。

新兴金融业态的蓬勃发展也倒逼着传统金融业态和金融机构将更多的资源投入互联网金融创新。例如，为应对互联网金融的冲击，广东发展银行联手易方达推出“智能金账户”，全面升级了“现金管家”服务；中国工商银行推出“逸贷信用卡”，使客户能够在“指定商户直接使用逸贷信用卡进行刷卡消费，分期付款，无须再到银行办理审批手续”。总之，创新性互联网金融，是综合性普惠金融阶段的重要内容，它通过利用互联网平台，使更多的人享受到互联网支付、互联网借贷以及互联网财富管理的便利。

专栏 12-5

金融普惠的地方经验：以江苏省为例

江苏是农业大省，也是工业大省，农业现代化、工业化和城镇化进程始终保持全国领先水平。中央银行 2015 年 2 月公布的工作论文《中国普惠金融发展进程及实证研究》中显示：江苏省作为传统的经济大省，其普惠金融发展指数排名靠前，与其人均 GDP 排名基本相符。

江苏省从多个不同的维度推进全省的普惠金融体系建设，取得了一定的进展。首先在信贷方面，江苏在全国率先推进“阳光信贷”，其“小额信贷扶贫”“金融服务村村通”等模式也成为全省普惠金融发展的重要模式之一。其次，在保险领域，全省2014年实现保费收入1 684亿元。为全省参保农户提供了729亿元的风险保障。在推进农村金融服务方面，2014年以来，全省有序推进农村金融综合服务网站建设，畅通手机银行、网银服务渠道，实现金融服务全覆盖，服务渠道覆盖全部自然村和所有农户。

此外，在针对小微企业的金融普惠实践方面，江苏省近年来针对小微企业信贷支持的覆盖面持续扩大，2015上半年，全省小微企业贷款余额23 079亿元；与此同时，支持小微企业更加专业化、有针对性：设立各类小微专业部门（中心）312个，小微专业支行278家，小企业金融服务专业营销团队1 283个；对小微企业的金融普惠产品更加丰富：全省服务小微企业金融产品达2 058个，贷款客户数78万户，各类金融服务客户数490万户。

江苏省在推动互联网金融发展、促进金融普惠程度方面也取得了宝贵经验。网贷之家公布的《2014中国互联网信贷行业年报》显示，全国各省的网贷行业发展形成了四个梯队，广东、北京、上海、浙江位于第一梯队，而江苏与山东、四川、湖北以及重庆位列第二梯队；目前江苏省已经形成了一定数量的优质互联网P2P信贷平台，江苏104家互联网平台中“开鑫贷、808信贷、付融宝、紫枫信贷、365易贷”等入选全国百强。

资料来源：通过对江苏省部分县域调研及相关统计年鉴、报告的数据整理得到

12.4 普惠金融的发展程度测度与评价

随着国内外普惠金融实践的日益丰富，如何对普惠金融发展程度做出定量的测度和评价，成为普惠金融研究领域的一个关键问题。从理论上讲，普惠金融是一个多维概念，需要用一种尽可能包含全部指标信息、更为综合的方法来全面度量普惠金融，编制科学有效的普惠金融指数便是其中一种重要的方法。本小节介绍了目前国内外已有的对普惠金融发展程度的度量及测度方法，并在此基础上对各国的普惠金融发展情况做一个简单概括。

12.4.1 普惠金融发展程度的测度

1. 测度普惠金融发展程度指标的设计原则

设计普惠金融指数的主要目的在于评估国家或区域层面的普惠金融状况，为普惠金融相关理论与实证研究提供数据基础。鉴于此，普惠金融指数编制将基于以下几个原则。一是体现普惠金融的综合性，从系统整体的角度出发，要求各个维度及指标能够作为一个有机整体在相互配合中（而非简单相加）比较全面、科学、准确地反映普惠金融的内涵和特征。二是强调金融发展的均衡性，通过合适的方法捕捉现实中金融发展不平衡、差异扩大的苗头性特征，能够及时提出预警或者确认。三是实现比较研究的持续性，应

该适用于同一时点上跨国、跨区域的比较，还应该在相对稳定的框架下，对同一国家和地区的普惠金融状况进行时间序列上的对比。四是满足结论展示的通俗性，应该直观、通俗、易于理解，尽可能与评价对象（国家或地区）里的相关群体感受相一致。

2. 衡量普惠金融发展程度的指标体系归纳

在国外的相关研究中，部分学者借鉴联合国人类发展指数（human development index，HDI）的构建方法，选取银行渗透度、银行服务的可利用性和使用状况三个方面的指标来衡量不同国家的普惠金融状况（表 12-1），其中银行渗透度用拥有银行账户的人口比例表示，银行服务的可利用性用人均所拥有的银行营业点数或 ATM 机数表示，使用状况用存贷款的 GDP 占比表示。

表 12-1　金融包容联盟普惠金融指标体系

衡量维度	含义	具体包含指数
可获得性	获取正规金融服务的能力，开立和使用账户的潜在障碍	每万成年人拥有的网点数
		拥有网点的行政区比例
		拥有网点的行政区的人口占比
使用情况	金融服务和产品的实际使用情况	拥有存款账户的成年人比例
		拥有贷款账户的成年人比例

资料来源：《中国普惠金融发展进程与实证研究》一文整理获得

另外一些学者则划分了银行服务范围、便利性及成本等指标（表 12-2），用以比较发达国家和发展中国家金融服务可获得性的差异，其中银行服务范围用人均和单位面积的分支机构数表示，便利性用可开户或提交贷款申请的机构所在地、开户金额下限、账户余额下限等表示，使用成本用贷款利率、账户管理费、银行卡年费等表示。

表 12-2　世界银行普惠金融指标体系

衡量维度	具体包含指数
银行账户使用情况	在正规机构拥有账户的成年人比例
	开立账户的目的（个人或企业）
	交易频率（存款或取款）
	服务获取途径（ATM 机、分支机构等）
储蓄	最近 12 个月内在正规金融机构存款的成年人比例
	最近 12 个月内在非正规存款组织存款的成年人比例
	最近 12 个月内以其他方式存款的成年人比例
借贷	最近 12 个月内从正规金融机构借款的成年人比例
	最近 12 个月内在非正规渠道（如家人或朋友）借款的成年人比例
	为购房而借款的成年人比例
支付	最近 12 个月内使用正规账户接收工资或政府付款的成年人比例
	最近 12 个月内使用手机支付或收款的成年人比例
	最近 12 个月内使用正规账户异地汇款或者接收汇款的成年人比例
保险	个人购买健康保险的成年人比例
	从事农业，为庄稼、牲畜购买保险的成年人比例

资料来源：《中国普惠金融发展进程与实证研究》一文整理获得

此外，国际货币基金组织开展的“金融接触调查（FAS）”选取了商业银行、信用联盟和金融合作的分支机构数、ATM机数量、存贷者数目、存贷款账户数目、存贷款金额等指标（表12-3）。尽管这些定量研究所选取的具体指标有所差异，但基本上都以覆盖更广大的地域、更广泛的人群为标准来衡量金融的普惠程度，不足的是，在这些方法中，大都采取了比较保守的给各指标变量赋以相等权重的做法，忽略了不同指标所能代表的金融普惠程度不同的事实。

表12-3 普惠金融全球合作伙伴普惠金融指标体系

衡量维度	含义	具体包含指数
金融服务使用情况	享有正规银行服务的成年人	在正规金融机构持有账户的成年人比例
		每千成年人中存款人数或存款账户数
	在正规金融机构发生信贷业务的成年人	在正规金融机构有未偿还贷款的成年人比例
		每千成年人借款人数或未偿还贷款笔数
	购买保险的成年人	每千成年人中保单持有人数
	非现金交易	人均非现金零售交易笔数
	使用移动设备进行交易	使用移动设备进行支付的成年人比例
	高频率使用账户	高频率使用银行账户的成年人比例
	储蓄倾向	过去一年内在金融机构存款
	汇款	受到国内外汇款的成年人比例
	享有正规银行服务的企业	在正规金融机构持有账户的中小企业比例
		中小企业的存款账户数量和占比
	在正规金融机构有未偿还或授信额度的企业	有未偿贷款或首先额度的中小企业比例
		中小企业未偿贷款笔数和占比
金融服务可获得性	服务网点	每十万成年人拥有的商业银行分支机构数
		每十万居民拥有的或每千平方千米ATM数
		每十万居民拥有的POS终端数
	电子资金账户	用于移动支付的电子资金账户数
	服务网点的互通性	ATM机具的互通性（ATM网络是否关联）
		POS终端的互通性（POS终端是否关联）
金融产品与服务的质量	金融知识	对于基本金融概念的掌握程度
	金融行为	紧急融资来源
	信息披露要求	披露指数（包括语言简明易懂、使用当地语言、明确贷款手续费等要求）
	纠纷解决机制	反映内部和外部纠纷解决机制的指数
	使用成本	开立基本活期账户的平均成本
		持有基本银行活期账户的平均成本（年份）
		信用转账的平均成本
	贷款障碍	上一笔贷款需提供抵押品的中小企业比例
		信贷市场中的信息障碍

资料来源：根据《中国普惠金融发展进程与实证研究》一文整理获得

在影响普惠金融发展的因素方面，有学者针对欧盟的状况划分了金融市场的自由化程度、劳动力市场状况、反洗钱政策、财政政策、社会救助政策、人口变化、收入的不平七类外部因素。此外，还有部分学者依据发展中国家的状况，提出金融服务的可获得性受到交易成本、储蓄率、投资决策、技术创新和经济增长率等因素的影响。例如，有学者在分析印度普惠金融的发展情况时，认为政府的公共政策、社会保障项目等的支持是普惠金融策略能否有效实现其目标的关键。在国内的研究方面，一些研究者认为普惠金融在商业性资金运作下难以实现，其发展主要受到财政资金和政策性扶持的影响；强调在中国普惠金融体系的构建中，通过农村金融改革阻断双重二元金融结构、调整农村金融的“制度性安排”在其中起到了主要作用；还有学者主要考察了人口规模、居民收入、社会消费品零售额、电话用户占比、地方财政支出等因素，认为商业银行的网点布局主要受到人口和收入因素的影响，而在农信社网点布局中则以人口因素为主导。这些研究中所提出的普惠金融影响因素由于国家、地区的背景不同而存在差异，但大体上涵盖了金融经济因素、社会人口因素、政府的财政金融政策等方面。

12.4.2 中国普惠金融发展存在的问题及展望

尽管普惠金融不是金融扶贫，但因其核心理念和发展目标的特殊性，普惠金融最终目标的实现必须在坚持市场导向的同时依托政府的干预与支持。回顾中国普惠金融发展的历程，中国政府在这一过程中起到了重要且积极的作用。

2012 年 6 月，时任国家主席胡锦涛在 G20 峰会上指出“普惠金融问题的本质是发展问题”，呼吁各国加强合作以建立起“一个惠及所有国家和民众的金融体系，确保各国特别是发展中国家民众享有现代、安全、便捷的金融服务”。

2013 年 3 月，习近平总书记在十二届全国人大一次会议闭幕式上的讲话中强调：“使发展成果更多更公平惠及全体人民。”

2013 年 11 月，党的十八届三中全会明确提出“发展普惠金融，鼓励金融创新，丰富金融市场层次和产品”，首次正式将“发展普惠金融”作为完善金融市场体系的重要内容。

2014 年 3 月，国务院政府工作报告中提出，在“推动重要领域改革取得新突破”的“深化金融体制改革”中，进一步“发展普惠金融”。

2015 年 1 月，银监会宣布进行机构调整，设立银行业普惠金融工作部，专门负责推进普惠金融的相关工作，监管更具针对性。

2015 年 3 月，李克强总理在政府工作报告中再次强调，要加强多层次资本市场体系建设，创新金融监管，防范和化解金融风险，“大力发展普惠金融，让所有市场主体都能分享金融服务的雨露甘霖”。

2015 年 7 月，针对互联网金融发展乱象，十部委发布了《关于促进互联网金融健康发展的知道意见》，按照互联网金融产品和服务的不同性质和类型，提出分类指导，明确互联网金融监管责任。

2016 年 1 月，国务院印发《关于推进普惠金融发展规划（2016—2020 年）的通知》，提出未来五年内中国建设普惠金融体系的总体目标，指出“到 2020 年，建立与全面建成小康社会相适应的普惠金融服务和保障体系，有效提高金融服务可得性，明显增强人民群众对金融服务的获得感，显著提升金融服务满意度，满足人民群众日益增长的金融服务需求，特别是要让小微企业、农民、城镇低收入人群、贫困人群和残疾人、老年人等及时获取价格合理、便捷安全的金融服务，使我国普惠金融发展水平居于国际中上游水平”。

目前中国的普惠金融发展无论是实践层面还是理论研究层面，依然存在一些问题与不足之处。实践层面的问题主要表现在：①发展速度快，但普惠程度依然不高。无论从新型金融机构的种类和数量上，还是从金融产品和服务的类别上看，中国的新型普惠金融业态或者说普惠金融模式发展速度很快。然而，农村金融基础薄弱、网点少成本高，中小企业融资难问题依然存在；在金融覆盖率和可获得性方面，依然存在很大的提升空间。②产品和服务的创新能力依然不足，普惠金融的内涵已经远超小额信贷的范畴，中国的综合性普惠金融服务呈现的网络化、移动化趋势以及第三方支付、P2P 网贷、网络保险等新兴普惠金融业态蓬勃发展。然而，目前的这些机构和金融创新产品，在国际上的竞争力和创新力依然有限，中国的普惠金融依然处于初级阶段，市场环境有待改善，市场竞争仍停留在较低层次上。③风险监管的手段不足，普惠金融的发展尤其是互联网金融的发展，会对金融监管提出新的要求，如何识别普惠金融发展过程中新的风险形式和风险内容显得尤为重要。显然，目前的监管还依然不足，尤其是对互联网金融的监管上，虽然十部委已经出台了针对互联网金融监管的总的指导意见，但具体到地方实践以及具体的行业和不同性质的金融产品而言，监管层面依然缺乏足够的实践经验积累，对于信用风险、市场风险、操作风险等具体、全方位的监管策略和风险管理方式，都还有待政府和市场进一步的探索。

此外，在对普惠金融相关问题的研究方面，也依然有很多需要我们不断探索完善的地方。

1）对于普惠金融的内涵理解片面化的问题

在过去，普惠金融存在着制度主义与福利主义之间的争议，但随着现阶段金融普惠的发展，越来越多的新型金融机构参与进来，准确全面的理解普惠金融的内涵变得越来越重要。

因为国内的一些习惯和提法，我们称之为“普惠金融”，但“inclusive finance system”更科学的称法是“包容性金融体系”，因此，普惠金融实质上不是“扶贫”或者“福利”，更不是所有金融服务的全覆盖，而是提供一种金融服务的机会平等性，强调机会平等性，强调服务可得性、成本可负担性和需求有效性。

2）普惠金融服务泛化的问题

从定义上看，普惠金融是让每个经济体在有金融服务需求时，可以以适当的价格及时便捷高效的享受金融服务。但要明确，普惠金融针对的应该是那些难以享受传统金融基本服务的个人和组织（如农民、城市低收入阶层、弱势群体和小微企业），同时普惠金融提供的应该是基本的金融服务，如存、取、汇、小额贷款和小微企业融资等，以及适当的网点和自助终端布局等。

3）普惠金融政府与市场的关系问题

近年来的实践经验表明，只有对金融机构形成足够的激励参与普惠金融体系的建设，提供普惠金融产品和服务，才能促成普惠金融的长期可持续发展。这一过程中，必须要明确政府和市场的关系，普惠金融绝不是政策性金融，但又有别于传统的商业性金融。普惠金融的参与主体已经不再是过去公益性、政策性的金融组织和机构了，而是正规的商业性金融机构在政府政策的引导下参与到普惠金融体系的建设中来，因此，必须尊重基本的市场经济规律，在不损害商业性金融机构利益的情况下发展普惠金融，创新金融产品和服务。

4）普惠金融的成本和收益不对称问题

普惠金融业务自身存在成本和收益是否可持续的问题，如果仅仅依靠政策扶持和财政资金补贴，并不能充分调动起金融机构的积极性，而且这种补贴也难以长期、持续的弥补普惠金融体系建立过程中的成本。传统的增加物理网点等手段成本过高，也不可持续，应当尽快地完善信息化基础设施建设，利用互联网等现代信息通信技术令普惠金融摆脱对物理普惠的依赖。

本章小结

（1）本章围绕普惠金融的相关知识，简单回顾了普惠金融的提出背景，介绍了普惠金融的概念与内涵，结合国内外普惠金融的发展历程，详细介绍了普惠金融的目标及其特征。随后，本章对比了发展中国家与发达国家之间普惠金融发展的联系与差异，并围绕中国的普惠金融实践，概述了普惠金融发展过程中不同阶段的特点。最后，本章介绍了当前测度及评价普惠金融发展程度的主要方法，总结了发展过程中存在的问题，对未来中国的普惠金融体系建设提出了展望。

（2）普惠金融的基本含义是：建立能有效地、全方位地为社会所有阶层和群体，尤其是那些被传统金融忽视的农村地区、城乡贫困群体和小微企业提供服务的金融体系。其基本特征包含四个方面内容：①家庭和企业以合理的成本获取较广泛的金融服务，包括开户、存款、支付、信贷、保险等；②金融机构稳健，要求内控严密、接受市场监督以及健全的审慎监管；③金融业实现可持续发展，确保长期提供金融服务；④增强金融服务的竞争性，为消费者提供多样化的选择。构建普惠金融体系的总体目标是：任何个人和组织在有金融需求时，都能够以合适的价格及时获得便捷高效的金融服务。实现这一目标就是要让那些被排除在传统金融体系之外的个人或组织（低收入人群、小微企业等弱势群体）拥有公平的机会，获得可负担的金融产品和有效的金融服务渠道。

（3）无论是发展中国家还是发达国家，普惠金融的实践发展都经历了一个相当长时间的探索过程，以中国的普惠金融发展为例，前后经历了公益性小额信贷阶段、发展性微型金融阶段、综合性普惠金融阶段以及创新性互联网金融阶段。

（4）设计普惠金融指数的主要目的在于评估国家或区域层面的普惠金融状况，为普惠金融相关理论与实证研究提供数据基础。目前测度和评估一个地区普惠金融发展程度的指标体系，一般都考虑了金融服务的可及性、实际使用情况、产品和服务质量等多个方面的内容。

（5）回顾中国普惠金融发展的历程，中国政府在这一过程中起到了重要且积极的作用，颁布了一系列的政策措施以大力推进中国的普惠金融体系建设。但是无论是在实践层面还是在理论研究层面，中国的普惠金融发展依然存在一些问题与不足，如产品和服务创新能力不足、风险监管手段不足、对普惠金融内涵理解片面化、普惠金融服务泛化、成本与收益不对称等问题。如何积极应对和解决上述问题，关系到中国普惠金融体系的可持续健康发展。

关键术语

普惠金融　普惠金融体系建设　包容性金融　金融排斥　金融覆盖深度　金融覆盖广度　基础性金融服务　获取机会均等化　公益性小额信贷　微型金融　互联网金融　普惠金融发展指数　无网点银行　社区银行模式　金融可及性

复习与思考

1. 什么是普惠金融?
2. 金融普惠的目标是什么?
3. 普惠金融与扶贫之间有什么区别和联系?
4. 发达国家与发展中国家的普惠金融模式、特点有什么差异?
5. 普惠金融发展的阶段性特征是怎样的?
6. 中国的普惠金融经历了几个不同的阶段，目前的发展情况如何?
7. 测度一国或地区的普惠金融发展程度，需要考虑哪些主要的因素?
8. 普惠金融发展过程中的主要问题与未来的发展趋势是怎样的?

参考文献及推荐阅读

焦瑾璞，王爱俭. 2015. 普惠金融：基本原理与中国实践. 北京：中国金融出版社.

焦瑾璞，黄亭亭，汪天都，等. 2015. 中国普惠金融发展进程及实证研究. 上海金融，(4)：12-22.

李建军. 2014. 中国普惠金融体系：理论、发展与创新. 北京：知识产权出版社.

李明贤，叶慧敏. 2012. 普惠金融与小额信贷的比较研究. 农业经济问题，(9)：44-49，111.

李扬，唐宁. 2014. 2014年中国普惠金融实践报告.

吴本健，马九杰. 2014. 互联网金融创新对农村金融普惠的作用：经验、前景与挑战. 农村金融研究，(8)：5-11.

吴红军，何广文. 2015. 中国农村普惠金融研究报告2014. 北京：中国金融出版社.

Chakrabarty K C. 2011. Financial inclusion and banks：issues and perspectives. RBI Mouthly Bulletin，(11)：1831-1838.

De Koker L，Jentzsch N. 2013. Financial inclusion and financial integrity：aligned incentives? World Development，(44)：267-280.

第 13 章

农 地 金 融

学习目标

1. 了解农地金融的概念、特征以及职能定位。

2. 了解农地金融的主要运行模式。

3. 了解我国农地金融与其他国家农地金融的主要区别与联系。

4. 了解我国农地金融具体实践，在我国发展农地金融存在的约束与障碍以及各试点地区给予何种政策上的扶持。

5. 了解国外农地金融先进经验，进一步了解我国农地金融发展过程中应当怎样借鉴国外农地金融。

13.1 农地金融概述

13.1.1 农地金融的发展背景

农地金融是在日益增长的农村信贷需求难以被农村金融服务供给满足的这一背景下产生的融资形式。农地金融的产生与发展是在农村城镇化、农民非农化以及农业经营规模化的快速推进下，农村金融服务供需不匹配作用的结果。

1. 农村金融需求旺盛

现阶段我国农村地区金融服务需求主要表现在以下三个方面：其一，城镇化发展背景下，农村劳动力转移对农村地区金融服务提出了更高的要求。伴随着工业化与城镇化的快速推进，2.7 亿农村劳动力由农村流入了城市，并且已有 5 000 多万农户将自己不耕种的农地流转了出去，截至 2013 年底，全国承包耕地流转面积达 3.4 亿亩。而农地流转规模的不断扩大说明了在农村人口发生迁移的同时，农户家庭生产经营方式的深刻改变使农户对农地（其他农村资产）财产经济职能有了更高的诉求。特别是在农民市民化过程中，其生产、生活水平的平稳过渡依赖于大量资金的有效支持，那么在农民自身资金普遍积累不足的情况下，会在一定程度上增加农民对农村金融服务的需求。其二，农业经营适度规模化需要信贷资金的支持。农村劳动力的转移和农业经营能力的差异，使农地向着经营能力较强的新型规模经营主体集中。较之于传统小农而言，新型规模主体在扩大生产规模、改善农业设施与生产条件上需要大量的资金投入，表现出更大的农业经营资金需求，但是在内源性资金无法满足生产需要而又无法利用农地获得外延性信贷资金的支持，使农业规模化发展受到限制，许多潜在规模化生产农户有进行规模化生产和流转土地的意愿，往往缺乏足够的资金，农村金融机构往往会要求农户提供抵押资产才会发放贷款。农户所拥有的土地资产成为最适合的抵押物，土地抵押的可行性会使很大部分农户受益，土地或者农产品为抵押物使农户获得生产资金，会促进土地流转的开展，有利于形成规模化经营；另外，如果抵押土地的农户没有获得足够的经济收入来还贷，银行或者担保机构可以对土地进行第二次流转，有土地流转意愿的农户会继续进行规模化生产，因而土地经营权抵押贷款的产生会促进土地流转的发展。其三，农户家庭收入水平提高，消费观念转变，表现出更高的信贷需求。随着农村经济发展，农民收入水平的提高，以及农民消费观念的改变，农民基本生活消费需求逐渐增大。另外，面对临时性的巨大资金支出，如婚丧嫁娶、建造房屋、子女教育以及医疗等，农户金融需求依然很大。

2. 农村金融供给长期不足

我国农村金融服务长期供给不足，农村贷款难、贷款贵以及贷款慢等问题一直较为突出，极大地制约了农业与农村发展。农村金融服务供给不足主要表现在信贷供给总量不足以及信贷供给结构不匹配两大方面。具体来看，农村金融服务的总量供给不足表现在两个方面：其一，虽然近年来，我国不断深化推进“金融支农”工作，通过强化县域金融机构当地存款投放当地的约束、补贴支持金融机构在村镇设立服务网点、调整涉农业务风险管理标准、对农村金融机构定向降准，以及给予支农再贷款和再贴现等支持，鼓励金融机构下沉农村、调动其“三农”信贷投放的内在积极性。上述政策支持虽然取得了一定的成效，但真正落实到对农户金融支持的作用微乎其微，有很大一部分农户依然得不到贷款，直接体现在农民增收极为缓慢。另外，各农村金融机构基于风险控制，涉农贷款总额增加在一定程度上也是对特定贷款对象额度的增加，出现贷款对象选择上的“锦上添花”现象。其二，农村金融机构基本都充当了“抽水机”的角色，将从农村吸收的大量资金转移输出，投向收益更高的城市地区，使得对农村金融需求量的供给不足。农村金融结构供给不足主要是机构结构扭曲、规模结构不足、期限结构错位以及品种结构单一、地区结构失衡等。其中，农村经济市场化、规模化发展需要大量的资金，金融需求规模较大，而我国农村金融体系更多的是发放小额贷款，远远不能满足其金融需求，因而金融供给规模结构不足；同时农业是周期性产业，农产品生长需要一定的时间，由此农村金融需求更多的是中长期贷款，现实中，农村金融机构一般只对外发放短期贷款，贷款期限出现错位；农村金融需求的多样化要求金融供给的产品也具有多样化和差异化特征，事实上，金融供给品种单一；金融供给地区结构失衡也较为严重，一般而言，东部地区经济较为发达，县域金融机构网点数量较多、覆盖面较广，相比之下，西部地区经济落后，很多乡镇金融供给基本处于真空状态。

13.1.2 农地金融的含义、特征与职能定位

1. 农地金融的含义

农地金融是以农地作为信用保证（抵押）而发生的信用授受行为的总称，其实质是通过发挥土地的财产功能，将固定在农地上的经济价值重新调动起来，使其进入流通领域。农地金融作为一种融资形式，具有聚集资金、分散风险和配置土地资源的功能。同时农地金融作为一种金融体制，涉及两种制度安排，即农地制度和金融制度。所谓农地制度，是一个国家或地区在农业用地所有权与经营权以及管理制度、法律规范的综合。世界各国的社会制度不同，自然地理条件不同，制度沿革以及耕作习惯的差异使农地制度各不相同。同样，农地金融在各国的创设、运行机制也呈现出不同的特点。

中国的农地金融目前仍处在初创、探索阶段，与社会主义市场经济体制相适应，具有与其他国家和地区较为明显的区别。这种差异主要体现在中国农地金融的抵押标的物是使用权（经营权）而非所有权，不同于西方国家的土地私有制，中国作为社会主义国家实行的土地公有制，这就意味着土地所有权不可能成为中国农地金融的信用基础。在 1979 年之前，中国农村地区土地实行的是集体所有、集体经营、集体使用的模式，在该种产权模式下，农地使用权实际上与所有权是合为一体的。而 1979 年家庭联产承包责任制改革后实现了农地所有权与使用权的分离（此时村集体拥有该辖区范围内的农地所有权，集体组织成员即农户享有的是规定面积的农地使用权），并且使农地使用权成为一种独立于所有权的财产权利，赋予了农地使用权他物权的属性，能够使农地使用权成为抵押标的物。近些年，在中央政策层面也提出要在耕地保护制度的前提下，赋予农民对承包地使用权及承包经营权抵押、担保权能。由此可以看出，中国农地金融的内在基础是土地使用权的可抵押性，而非土地所有权的可抵押性。这是中国农地金融与西方农地金融最大的不同之处。

2. 农地金融的特征

1）农地金融是有担保的金融，债权可靠

农地金融是以农村土地为信用担保物。担保包括人的担保（信誉担保）和物的担保，土地担保属于物的担保，所谓物的担保是指以特定的财物为借款人债务的履行做担保，但债务不能履行时，债权人有权行使该担保物权，无论债务人是否还负有其他债务或是否将该担保物转让他人，都能从该担保物权的执行中获得债权的优先清偿，其最大的优点就是债权安全。而土地自身具备的特点又直接决定了土地是唯一合格的长期信用担保物，以土地作为信用担保，债权可靠安全。究其原因，土地与其他普通商品不同，位置固定，具有不可移动性，一旦贷款抵押合同不能履行，债权人可以通过对土地的处置实现债权。而且土地作为一种稀缺不可再生的资源，随着生产发展和人口增加，土地需求不断上升，土地价值更加凸显。另外，土地的担保抵押只是权利的流转，并不影响债务人对土地的继续经

营使用，债务人也可以通过对土地的经营不断获得收入，提高还本付息的能力。

2）农地金融兼具商业金融和政策性金融双重属性

农地金融的根本宗旨和目标是通过金融工具创新为农户或其他经济组织提供持续有效的服务，满足农业发展对中长期资金的需求，改变农业发展中的金融抑制和金融约束状况，促进农业现代化。从上述根本宗旨出发，农地金融机构在上述经营定位时必须达到两个目标：一是实现服务机构自身的自负盈亏和可持续发展；二是为农民持续提供可使他们获益的信贷服务。第一个目标决定了农地金融机构必须进行商业化运作，第二目标又决定了农地金融机构带有政策性倾向，并非完全追求利润的最大化，着眼于给农民提供长期低息贷款，实现农业发展的战略目标。目前，在我国开展土地金融业务仍然是政府主导型，具有较强的政策性。

3）农地金融贷款偿还期长，一般实行证券化

农村土地金融是围绕农村土地的开发、生产、经营的资金融通，投资回收期较长，因此以土地抵押贷款的偿还期较长，借款偿还期短则一年，长则十年至六十年不等。而我国目前针对农户发放的贷款多为短期贷款，期限为三个月到一年不等，与农作物的生长周期完全不匹配，不能满足农户的贷款期限需求，要适应农村生产发展的需要，土地金融的贷款偿还期限要长些，较长的贷款期限预示着占用资金的时间越久，降低了金融机构的流动性。

基于土地位置的固定和不可分割，为了保证充足的流动性，常常将土地证券化，即以土地担保发行债券，增加流通性，扩大流通范围。但是土地证券的发行是成熟的金融市场化背景下的产物，我国目前的金融市场不够发达，金融体系仍不完善，信用制度不健全，土地证券发行的前提条件不具备的情况下，发行土地债券风险性还是较大的。不过我国完全可以通过土地的有效流转实现土地的资产功能，清晰地界定土地产权、流转土地权利，促进农村金融经济的发展。

4）农地金融能有效耦合农民融资特点，满足农民融资需求

土地作为担保物能避免由于担保物的专业性造成的估值困难，减弱贷款中的信息不对称，规避融资中道德风险和逆向选择。农地金融能较好地满足农民融资规模小、期限长、时间分散、地域性强等特点。正规金融机构不愿意对农民融资，其原因之一就是农民融资特点增加了交易费用且具有严重的道德风险和逆向选择行为。发展农地金融，农民一次性将土地承包经营权作为担保物抵押给金融机构，在土地承包经营权担保价值范围内随时向金融机构申请贷款，既能满足融资需求，又节约了金融机构审核成本，减少了交易费用。同时，农民也能将土地承包经营权流转给其他农民或农业企业，土地的稀缺性使土地流转较易，农民容易获取资金融通。

3. 农村金融的职能定位

抵押的本质是弥补信用授信的不足，解决贷款需求者的信贷增信问题，而非本身的信用甄别问题。所以结合当前农村金融需求的现实特征，农地金融创新的基本定位是：降低农村生产性融资的难度与成本，满足农业向规模化、现代化、生态化发展所需要的资金需求，支持农业发展方式转变，即以农地抵押为基础，形成政策性长期贷款与商业

性运营贷款功能互补的协同支农机制，切实增强和扩大对农村新型农业规模经营主体、农民创业者的信贷获得能力，以信贷资金引导农业适度规模经营、生产经营方式转型升级、农村土地资源的优化利用和生态保护。其近期目标应为以土地抵押为保障，满足银行对风险控制的要求，破除农村金融供给的制度性障碍，实现对“三农”贷款的有效增信，切实解决农村贷款难、利率高、期限短的问题，培育农村新型经营主体，发展农村潜在的优质信贷客户资源，建立市场可持续的农村金融服务机制。其远期目标定位是以农地抵押为杠杆，引导金融资本下沉农村，解决长期以来农村资本匮乏和逆流问题，为农村现代化、规模化、集约化经营提供长期、稳定、充足的资金保障。

13.1.3 农地金融发展存在的争议

近年来对农村土地金融发展问题的研究探讨，分歧与争议大多集中于现阶段农地应当实现何种核心职能（农地金融发展必要性）以及在我国农地金融是否能够有效缓解农村信贷约束问题（农地金融发展可行性）。

1. 农地金融发展必要性

对于多数农户而言，农村土地具有两项最基本的功能——社会保障职能以及经济发展职能。第一种观点强调实现农地的社会保障职能。农地作为农民资产的重要组成部分，其作为必不可少的农业生产要素和维系农村社会稳定的安全网，具有维护家庭粮食安全、农村劳动力就业以及农村地区社会稳定的保障作用，农地不仅是农民最终的生存保障，也是城镇化过程中农民“进退有据”的安全屏障。2008 年金融危机后，受经济形势下行压力所迫，大量农民工返乡务农以谋求生路，凸显了农地的社会保障作用。而现行法律法规中对农村土地承包经营权、宅基地使用权（农房财产权）的抵押变现职能一直持严格限制态度，正是基于保障农民生活，维护社会稳定考虑。第二种观点强调实现土地的经济发展职能。其认为土地社会保障职能的有效发挥依赖于农地的经济职能，即只有充分实现农地的经济价值，土地的保障功能才能得到更有效的发挥。首先从农地价值来看，农地作为农户生活生产中的重要固定资产，虽然不同的学者对其估值会在数值上有所差异，但能够达成共识的是伴随着农地租金的不断增加，农地将蕴含着巨大的经济价值。其次，伴随着农业劳动力的大量转移，农民的收入水平以及收入结构有了进一步的提高，加之农村社会保障体系的不断健全，农地的社会保障职能诉求明显下降。最后，在温饱问题已经得到有效解决的今天，农户由以往在最低生活保障线下求生存的窘迫困境过渡到追求更高水平的生活，致富成为现阶段的主旋律。因此应当加快构建农地金融制度，完善相关市场培育，赋予农村土地融资功能。

2. 农地金融发展可行性

上述争论的核心问题在于是否要利用农地金融来缓解农村信贷约束问题。而对于是否能够利用农地金融缓解信贷约束，现有研究也未能一致统一而存在较大争议。

第一种观点认为农村土地与其他土地一样具有经营性价值，在获得有效授权和可流转交易条件下能够成为有效抵押物，缓解信贷约束。Lerman 等（2002）、Deininger（2003）和阮建青（2011）的研究认为，农地产权问题的清晰化有利于促进土地经营权市场的逐步发展和深化，从而使银行更愿意接受农地作为抵押品。Feder（1987）的研究表明，土地登记使农地能够成为正式信贷机构认可的抵押品，同时产权确认使地价上升，经过登记具有合法产权的农户比没有合法产权的农户多获得了 52%的正规金融机构贷款。肖诗顺和高锋（2010）认为在经历过农村产权制度改革后，我国农村土地产权已经具备完全的排他性、可分割性以及一定的可转让性，理论上讲土地权利可以作为与农村金融机构进行贷款交易的标的。

第二种观点认为农地金融除了受制于产权问题外，现行法律法规的限制也使以农地为标的资产的信贷合约无法有效缓解信贷约束问题。我国《中华人民共和国物权法》（简称《物权法》）、《担保法》等均明确规定了农村集体所有的土地使用权不得用于抵押。立法上不支持赋予农村土地以完整的抵押、担保职能，主要出于以下几方面的考虑：一是农户的相关农地权利是无偿分配获得的，并不能等同于私产，以其设置为抵押会损害集体的所有者权益；二是在农村社会保障体系尚未全面建立、农民工市民化问题未能有效解决的情况下，贸然将承担社会保障职能的农地用做抵押担保，会产生大量的失地农民（中国物权法研究课题组，2003）；三是农村土地是集体所有的，农户承包地具有团体内部分配的性质，允许其抵押会使农村土地承包经营权转移到集体成员之外，会改变农村集体经济的性质，对农村社会治理带来不利的影响（王卫国，1997）。因此有研究认为应当顺应新的发展需求，审慎稳妥放宽现行法律限制，尝试在分离承包权与经营权的基础上，通过修改司法解释准予流转的经营权设置抵押。

第三种观点认为除了产权问题以及现行法律限制外，农地本身经济价值低，估值困难以及价值难以被认可等问题也是导致农地金融在我国不能有效缓解信贷约束的原因。首先，农村土地承包经营权价值一般以该地块产出作物价值为基础，而家庭联产承包制所引致的农地细碎化以及受限的农地流转范围又进一步压低了农地市场价值。其次，发育欠缺的农地流转市场以及相关估值系统的缺位使农地价值难以被有效发现。最后，即使农地在相关法律限制放宽以及赋予明晰稳定产权情况下，无法有效执行取消贷款抵押品赎回权以及较高的处置土地成本（钟甫宁和纪月清，2009），使银行等金融机构面对此种违约的借款人往往存在着“契约执行障碍”的尴尬问题，贸然强制没收农地势必会造成农民失地的局面，不利于社会以及政治稳定。

13.2 农地金融模式

虽然现阶段我国农地金融试点从自身条件出发，形成了形式多样、组织灵活的农村产权抵押模式，但是由于当前存在农地产权不稳定、农地流转市场发育不完善、农地价值不高以及农地抵押权实现困难等问题，在现实操作中农村土地产权抵押难以独立作为有效的抵押物，实际上采取了与其他方式联合发挥防范信贷风险的作用。因而就农地抵押所采取的联合信用保证措施，本书将试点探索的农村土地产权抵押模式分为以下五种。

13.2.1 “信用+抵押”模式

“信用+抵押”模式是实现农村土地产权直接抵押的重要途径，即农户以其农村土地产权为抵押品直接向银行申请抵押贷款（图 13-1）。直接抵押是一种操作最简单的模式，早期山东莱芜市、辽宁法库县都是采取这种模式，但因为现阶段农村土地产权抵押物的价值实现还存在较大障碍，这种模式蕴藏的风险也是最大的，因而这种模式在具体实践中基本都是以政府的风险基金兜底。其后的推广发展过程中直接抵押逐步被其他方式取代或是与其他方式相融合发展。最接近直接抵押模式的是湖南浏阳的“信用+抵押”模式，即在以农村土地产权抵押前，首先对贷款人进行信用评级和授信来预先防范信贷风险，此时农村土地产权抵押仅仅是作为贷款增信的一种方式。

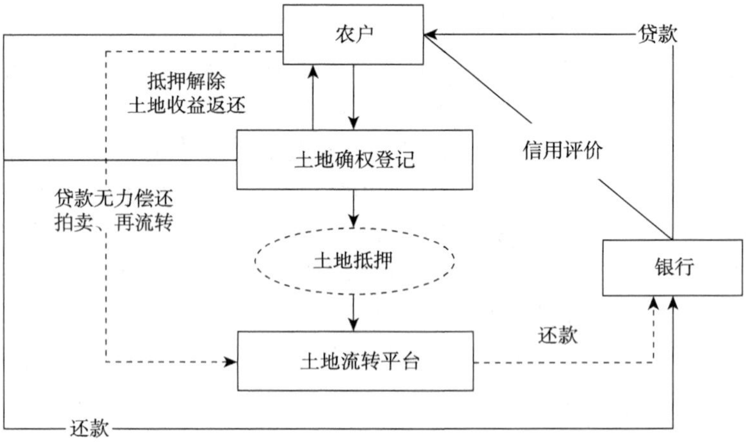

图 13-1　“信用+抵押”模式

湖南浏阳农村商业银行自行投资 380 万元进行信用村、信用户的建设，截至 2013 年底，共采集了 29.13 万农户信息，评级授权 23.91 万户，占全市农户的 72.45%，发放贷款证 21.05 万本，凭证放贷金额达 35.27 亿元。在实际操作过程中，浏阳农村商业银行在贷前对农户的信用以及还款能力进行评估审查，并以此发放贷款证，凭证贷款无须任何抵押担保，最高可以获得 10 万元的信用贷款，而此时农村土地产权抵押更多的是附加于信用贷款之上的增信贷款，即额度超过 10 万元以上的贷款，则根据农村土地产权抵押品价值增加相应的贷款额度。贷款利率则是按农户“信用等级评定、现金流量评定、抵押资产评估”“三评”利率定价模型计算执行利率，以农村土地产权抵押可以大幅度降低贷款利率，最低可享受贷款基准利率。

13.2.2 “保证+抵押”模式

“保证+抵押”模式是农户以土地折价入股的形式加入土地合作社，政府为入股合作社的农户发放土地使用权证（或“存地证”），凭借以合作社背书的土地使用权证向金融机构申请贷款（图 13-2）。这实际上是由合作社及其社员为贷款人提高了联合担保和保证，合作社也由此获得了入股土地的相关权益，成为了农村土地经营和流转的平台，促进了农村土地的集中流转和规模化经营。特别是一些以土地租赁为主的合作社已经具有“土地银行”的雏形，如宁夏平罗的土地信用合作社，这种模式主要依靠的是农村“熟人社会”的特质，充分发挥内生秩序的作用，督促贷款农户及时偿还贷款（闫广宁，2008）。而且由于保证人的特殊性以及保证成员享有对流转土地的优先受让权，也解决了农地抵押物处置的价值实现困难的问题（贺雪峰，2008；郭继，2010）。

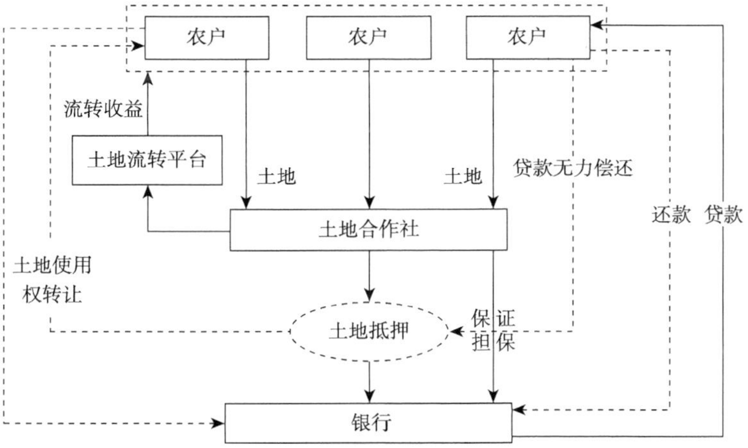

图 13-2 “保证+抵押”模式

以同心土地协会为例，农户以自家承包土地总面积 40%的土地承包经营权（需要土地承包经营权证）入股，入股的土地必须是中等以上地质的土地，每亩地承包经营权原则上按不高于 3 000 元的标准作价，申请农户签字申请，全体常务委员审查通过后即可成为土地协会会员。在会员向信用社申请贷款时，需要有至少三名会员（其中有一名需为常务会员）作保，并签订土地承包经营权抵押协议。若到期借款人无力偿还贷款，则将其入股的土地承包经营权转让给为其担保并进行清偿的会员，或由协会进行转让处置。“同心模式”实际上是通过土地入股的方式，将土地承包经营权形式上抵押给了土地协会及为其承担担保责任的担保人，以担保人的保证为基础获得贷款，但同时土地协会对入会者的信用审查与会员间的相互约束，则是借助非正式制度设定了信用信贷的门槛，并以社员间的信用互助为基础帮助金融机构防范信贷风险。

13.2.3 “反担保+抵押”模式

“反担保+抵押”模式是将农村土地产权抵押给第三方机构，农户以第三方机构的担保为基础来向金融机构申请借款，约定当农户逾期不能还款时，第三方机构可以将其农地抵押权进行挂牌竞标流转，以土地的流转收益来偿还债务，一旦债务偿清，再将土地经营权或使用权归还给农户（图 13-3）。目前，绝大多数试点地区都是采用这种模式，这种模式的好处是不仅在第三方担保下大大降低了银行的金融风险，而且以独立的第三方土地融资平台为基础，有助于规范和激活农村土地流转市场，从而未来能够基于农地价值的有效变现形成农村土地市场与金融市场的良性循环。

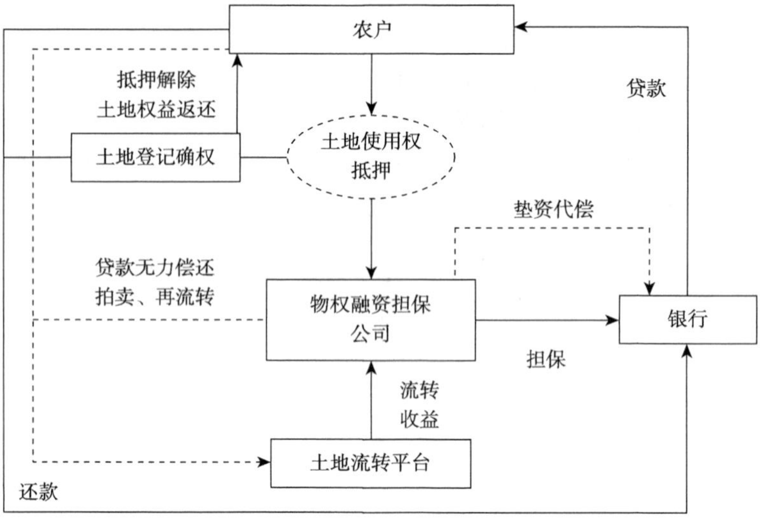

图 13-3　“反担保+抵押”模式

根据第三方机构的性质和设置方式不同，又可以分为政府主导的农地融资平台、政府主导的土地流转平台和市场化的融资担保平台。政府主导的融资平台好处是以政府风险兜底公益化运作，有利于保障农民的利益和化解银行的风险。例如，吉林梨树的国有物权融资平台，当债务风险发生时先有政府的惠农保障金代偿。政府主导的土地流转平台是以培育农地流转市场和提供土地抵押、流转的各种服务来支撑土地抵押贷款的发展，一般不承担代偿责任，具有更强的中立性。例如，湖南汉寿的农村土地流转服务中心，在审核农户土地承包经营权证和流转租赁合同的基础上，对抵押的农村土地经营权进行认定和价值评估，通过办理“他项权证”以经营权设置抵押，在贷款不能偿还时由土地流转服务中心负责土地流转、拍卖偿还贷款，政府风险基金不承担代偿责任，只是提供10%的风险补偿。市场化的担保公司有利于培育市场主体和促进市场形成，实现未来农地融资的市场化运作，从而避免完全由政府风险兜底。例如，重庆的兴农融资担保公司、成都农村产权流转担保公司以及黑龙江佳木斯金成农村金融服务公司等，农地实际是抵押给担保公司而非银行，由担保公司出具担保函向银行申请贷款。市场主导模式的发展初期仍然离不开政府支持，需要由财政设立风险补偿基金或准备对土地抵押贷款发生的风险予以补偿。

13.2.4　“信托+抵押”模式

“信托+抵押”模式是指农户将土地承包经营权委托给专业的信托公司，由其代为管理运营和开发经营，以信托方式促进土地流转和实现土地收益的证券化，由此扩大农户融资的方式和额度。利用土地信托可以有效实现承包权与经营权的分离，让农民作为承包权人享有土地受益权和最终处置权，而信托机构则获得土地经营权，经过对土地的统一规划、连片整理和基础设施建设后，寻找专业的经营者经营，由此提高土地经营的效率。通过信托，农户可获得较之原先更为稳定的土地流转和经营收益，还可以分享土地整改和规模经营所带来的增值收益分成。在信托期间，财政下拨的良种补贴等政策福利仍归土地承包者所有。

在承包权与经营权分离的基础上，信托机构可以利用其集中的土地经营权为土地开发利用和产业升级改造募集资金。根据实际操作中所选择的具体模式不同，土地信托抵押的抵押权属关系会有所不同。一是信托机构作为土地经营权的全权受托人，在其需要为土地开发整理募集资金时，信托机构以其所获得的经营权抵押进行发债，由此信托机构成为抵押人，而各个出资者则根据自己的出资份额获得相应的抵押权，如安徽宿州中信信托的农地经营权流转信贷计划。在经营者出现偿付危机时，由信托机构对抵押土地进行再流转，以流转收益保障抵押债券购买者的权益。二是信托机构作为流转机构，只负责代理土地流转和与金融机构对接筹集资金，如福建沙县农业银行的“土地流转信托贷款”。这是因为土地是受托给信托机构，名义上的抵押人仍是信托机构，但实际上是经营者受托帮助申请抵押贷款，因而实际的抵押人是经营者，抵押权人是发放贷款的银行，信托机构实际上是承担了土地产权管理和价值实现的中介职能。

表 13-1 列出近年来国内部分地区开展的土地流转信托案例，包括中信信托、北京信托、中建投信托和兴业信托在内的多家信托机构参与到农村地区土地经营权流转信托。本书以图 13-4 中信信托为例进行详细分析。

表 13-1 我国部分土地信托典型案例

发起时间	信托公司	委托人	委托期限	土地面积和收益分配	服务商
2013 年 10 月	中信信托	安徽宿州埇桥区政府	12 年	5 400 亩 常规收益不低于 1 000 元/亩，浮动收益 70%归农户	安徽帝元现代农业投资有限公司
2014 年 1 月	中信信托	贵州开阳县	—	1 000 亩 农民获得 500 元/(亩/年)的土地流转收益，通过土地流转信托项目，农户一亩土地的收益将增加到 2 000 元	贵州硒味园食品开发有限公司
2014 年 2 月	中信信托	安徽马鞍山	11 年	26 600 亩	安徽大平工贸（集团）有限公司
2014 年 3 月	中信信托	湖北黄冈	10 年	60 000 亩	中信信托与国有农场共同出资组建第三方服务公司
2014 年 4 月	中信信托	河南济源	14 年	20 000 亩	鄢陵花艺绿化工程有限公司
2013 年 11 月	北京信托	无锡阳山镇桃园村村民以土地经营权入股成立的土地合作社	15 年	158 亩 村民获得每年 1 700 元/亩固定收益，浮动收益从第 7 年开始获得，每年获得水蜜桃专业合作社 20%的分红	水蜜桃专业合作社
2014 年 9 月	兴业信托	河南新乡市延津县石婆固镇	—	1 000 亩	大豫大美现代农业公司

资料来源：根据相关信托公司公布信息整理

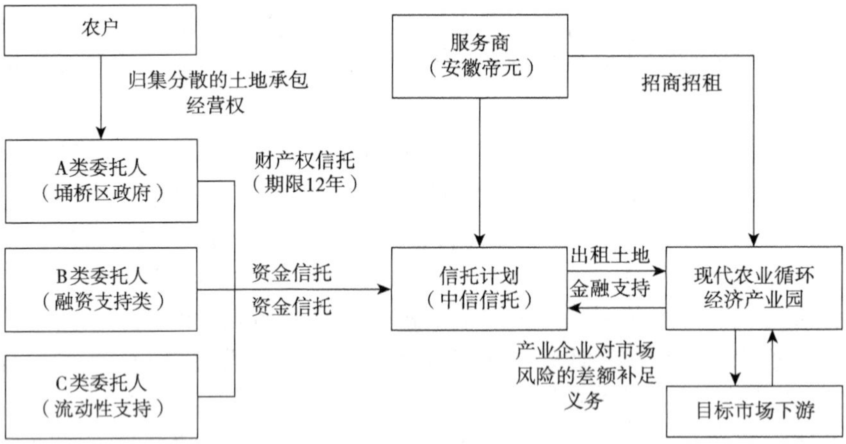

图 13-4　中信信托安徽省宿州市埇桥区农村土地信托计划

图 13-4 中的信托计划是 2013 年 10 月中信信托公司与安徽宿州埇桥区政府合作成立的国内首个土地流转信托计划。该信托计划一共涵盖了 5 400 亩土地，而参加此信托计划的农户受益主要来源于三个方面：一是固定收益，为每年每亩 500 千克国标三等小麦（不少于 1 000 元每亩）；二是浮动收益，该收益来源于信托公司与合作公司规划整理土地之后土地增值净收益的 70%；三是部分农民作为安徽帝元公司农业雇工的收入。该信托计划的具体运作模式是农户与村委会签订《农地承包经营权转包合同》后，村委会与镇政府、镇政府与区政府之间相互签订《委托管理协议》，最后区政府作为 A 类委托人与信托机构签订财产权信托协议。B 类、C 类资金份额是为土地利用提供融资支持，由信托公司向金融机构或者公众投资人募集。

13.2.5　“土地证券化+抵押”模式

“土地证券化+抵押”模式是将农地的预期收益转化为金融市场上可以流通的证券形式，以该收益凭证为基础进行抵押和担保融资（图 13-5）。“土地证券化”的好处在于能够在保障土地基本产权的前提下，将不可移动、难以分割的土地转化为可流通、可细分的金融资产，并可以通过证券市场发挥募集资金功能，有助于解决农地直接抵押难以实现的问题。有观点认为，最高层次的土地金融是土地证券化，土地证券化能确保家庭对土地的真实而永久的收益权，是唯一能够解决农地抵押所面临矛盾困境的方法（陆磊和王颖，2014）；农地证券化有利于真正实现土地使用安全的自由流转（马义华，2011）；农地使用权抵押贷款的证券化不仅能够分散发放农地抵押金融机构的风险，而且有利于农户的中长期融资（张宇和陈功，2010；张岩等 2013）。

从具体实践来看，一些试点地区已经出现了一些农地证券化的形式。例如，宁波的“房票”、重庆的“地票”以及湖北鄂州的“两指标”抵押。但是这些只是土地证券化的雏形，即只是将预期的土地收益转化为可交易的凭证，以此凭证为抵押来申请贷款。宁波江北区“房票”抵押是以集体土地房屋拆迁补偿权益作质押，贷款人凭借拆迁“安置协议”和“集体土地房屋拆迁补偿权益登记证书”向银行申请贷款，将有形的“农村住

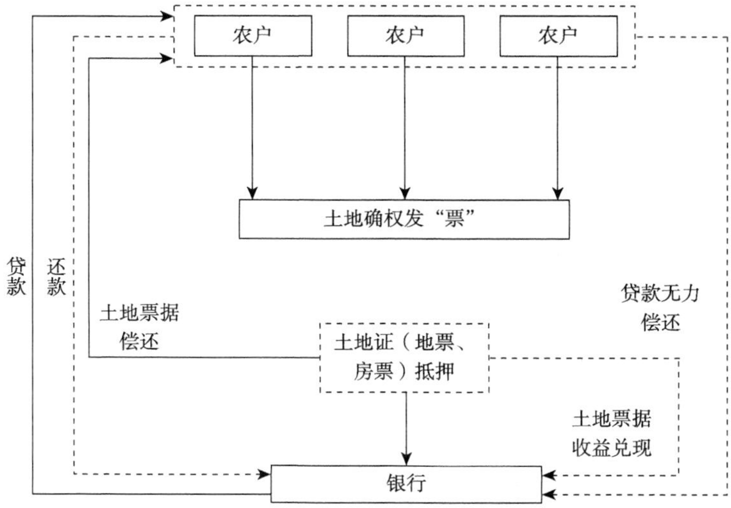

图 13-5　“土地证券化+抵押”模式

房”担保拓展为包括无形的安置房“期权”（即“房票”），让处于拆迁过渡时间的农户能提前将资产变现，用做生产、经营。截至 2014 年 5 月，宁波市区信用联社房票质押贷款累计发放 376 户，累计发放金额达 13 333.43 万元。而且因为约定了当贷款不能偿还时，质押房屋拆迁补偿的方式将由“调产安置”变更“货币安置”，因而对金融机构来说相对于失误房产，“房票”有着更明确的价值且更容易变现，金融机构对此业务的积极性也比较高。

重庆的“地票”是包括农村闲置宅基地、乡镇企业用地、农村公共设施和农村公益事业用地等农村集体建设用地指标，是一种土地使用权利的凭证。重庆建立了农村土地交易所，组织“地票”交易，将不同地区的“地票”打包，组合进行拍卖，然后按照面积分配拍卖收益。“地票”将土地的交易转化为票据化交易的模式，将挂钩指标票据化，改变了土地从空间上不可转移的实物形态，使固化的土地资源转化为可流动的资产。因为“地票”的价值实现比实物土地更为容易，采取“地票”的形式抵押也会大大降低银行的风险。截至 2013 年底，重庆累计成交地票 12.84 万亩，成交金额超过 260 亿元，其中 3 859 亩土地办理了地票质押贷款，贷款融资金额约 6 亿元（中国农业银行湖北省分行课题组等，2014）。

“房票”“地票”目前还仅局限于将有形土地虚拟化，使其交易和价值实现更加便利化。农地抵押也只是由有形的土地抵押，转化为用土地收益权证明、指标证书的抵押。这仅适用于一些具有显性化价值的特殊土地类型，如拆迁征用土地、农地转建用地等。而对于普通农地和农房而言，由于缺乏明确的需求主体、充分的收益价差，难以在市场兑现土地票据价值，证券化的土地也无法成为有效的抵押物。

13.3　中国农地金融发展存在的问题

目前，虽然农地抵押贷款业务已经在相关地区开展试点，并根据当地实际情况需要实现了与其他信贷模式的有效融合。但是在试点地区也出现了一系列的问题，配套制度建设的滞后致使现实困境难以突破，多地的农地抵押贷款陷入发展的僵局。

1. 农村土地金融仍面临一定的法律障碍

目前，《中华人民共和国农村土地承包法》《担保法》《物权法》等现行法律中关于禁止农民土地使用权抵押的条文还未修订，因此各地开展以农村土地为标的抵押担保业务仍然或多或少地面临着法律风险和困难。在中央政策层面，十八届三中全会中提出要在耕地保护制度的前提下，赋予农民对承包地使用权及承包经营权抵押、担保权能，这意味着政策层面已经鼓励农民承包经营权抵押融资，并鼓励地方政府开展先行先试。近期，中央又连续通过中央一号文件、中央办公厅和国务院办公厅发文的形式支持土地经营权抵押担保试点，中国人民银行也正在制定全国层面统一的改革试点实施办法，并为修订法律奠定基础。

2. 农地确权登记尚未完成，农村土地金融基础设施不完善

首先，当前全国正在开展农村土地承包经营权确权登记试点工作，大部分地区仍未完成确权，不能形成有效的权属证明。要实现农村土地产权的抵（质）押功能，以法律文件形式确定权属关系是基本前提，否则仅以地方政府文件的形成推动改革面临一定的风险。其次，农村土地流转市场发展不健全，表现为三个方面：一是农村土地经营权流转的正规化和契约化程度有待进一步提高，即使是部分通过村委会和经管部门备案的流转，相关政府部门仅仅是对土地租赁和流转过程进行见证，其准确性和动态更新都待验证，并且这种见证也不具备法律效应。二是大多数区县的农村土地产权正规流转交易市场仍未建立，无法有效地对产权交易进行确认和鉴证，并发放相关有法律效应的文件予以证明。正规土地流转市场的缺失，导致土地交易中介功能缺位，土地流转信息传递不畅，信息不对称问题突出，增加了土地交易市场的搜寻成本。三是市场化的土地流转机制尚未建立，目前农村土地流转市场目前仍以首次流转为主，大多通过村委会流转，二次（多次）流转市场发育不健全。这些因素都限制了农地经营权的抵押权能。

3. 农村土地流转和抵押的制度规范尚未建立，变通操作潜藏风险大

土地流转机制不健全阻碍了土地流转的健康发展，不规范的土地流转行为较易引发土地纠纷，经营权的不稳定导致了设置抵押的困难。缺乏规范流转合同的经营权不能够进行合法的抵押登记，致使大量经营权无法进行抵押。而且流转期限的短期化也给抵押的实际操作带来很大困难：一方面，短期的农地流转压低了经营权的实际抵押价值；另一方面，经营权在这种短期限的流动中难以具有完全的排他性而缺乏稳定性，因此以其设置抵押将缺乏保障。再有，农地融资运作机构的管理不甚规范，潜藏着较大风险。正如上文提到，我国的农村土地抵押业务采取的是试点推进的做法。虽然各地区被允许突破相关法律限制，积极探索农地抵押业务发展机制。但是由于缺乏顶层制度设计，各个地区设立的农村土地抵押融资平台缺乏运作方面的规范性指导，对农村土地抵押的条件、目标、范围等缺乏明确界定，农民的基本权益遭到损害，农村土地保护遭受挑战。

4. 风险分散机制不健全，风险控制面临严峻挑战

当前政策性金融服务不足、农业保险保障率不高、农业信贷保险尚未发展、农村社会保障机制匮乏的条件下，农村土地产权抵押贷款对银行和农户来说均面临着较高的风险。对我国的银行来说，因为缺乏土地证券化和政策性资金的支持，依靠存款的放贷机制对流动性风险控制有着较高的要求，而农业经营存在自然与市场双重风险、土地投资的投资回报期也比较长，面对保险保障不足的情况，银行将面临巨大风险。对于农户来说，以长期的土地权益抵押换取短期的流动资金，可能会因偶然的经营失利而失地，在农民长期土地权益尚不明确、农村社会保障体系还不健全的条件下，可能会引发一些社会问题。

13.4　国外农地金融

农地金融制度最早起源于欧洲，而后普及至其他国家与地区，成为发达国家支持农业发展的重要制度安排。本节通过比较研究欧美、印度的农地金融制度，提出未来中国农地金融制度建设可供参考的建议。

13.4.1　美国农地金融制度

1. 政策支持

美国的农业金融体系建立于20世纪初期，其最初是为了应对美国西部大开发所带来的农场土地信贷需求增加与商业银行贷款获取困难（期限短、利率高）之间的矛盾而创设的一种政策支持制度。其中农业信用管理局（Farm Credit Administration）系统中包括了农地金融制度。具体来看，1916年美国国会通过了《联邦农地抵押法》(*Federal Farm Loan Act*)，设立联邦农业贷款局(Federal Farm Loan Board)主办全国农地抵押放款事宜。并将全国划分为12个农业信用区，每区内设立一个联邦土地银行（Federal Land Bank），并推动各村农民组织农地抵押合作社，到1933年农业信用管理局成立。全国12家联邦土地银行均并入其中，与联邦中期信用银行、合作银行及农业生产信用公司等，成为美国农业金融体系的四大部门。而20世纪80年代，由于美国国外农产品需求急剧下降和农地价格下跌所致的农场信贷体系的危机，触发了以农场信贷体系再造和二级交易市场建设为核心的新一轮美国农场信贷体系改革。

在信贷体系再造方面，1985年通过的《农场信贷修正法案》鼓励12个农业信贷区的土地银行、联邦银行以及合作社银行合并为农场信贷银行（Farm Credit Bank，FCB），原来各银行所属的联邦土地银行协会、生产信贷协会也相应合并起来，变为农业信贷协会（Agricultural Credit Association，ACA）。体系再造后的农业信贷协会可以依托旗下的农场信贷银行为农场主和农户提供全业务模式的信贷支持。另外，由于合并为同一的农业信贷协会，原来持有联邦土地银行和生产信贷协会股票的农场主，现在可以在任何一家农业信达协会及其分支结构进行贷款，信贷资金的使用效率有所提高。

在农地信贷的二级市场制度建设方面，1987 年通过的《农业信贷修正法案》设立了由美国政府自助的联邦农业抵押贷款公司（Farm Mac），为农地抵押贷款及农场信贷体系内的其他贷款及其衍生品提供担保及二级市场交易服务。经过 1996 年的《农业信贷修正法案》授权拓展业务后，现今联邦农业抵押贷款公司可以通过直接购买农场信贷体系内机构的抵押贷款，为农场信贷系统发行农地抵押债券提供担保，承诺未来按照一定条件购买农地抵押债券，由此建立农地抵押债券的二级市场促进农地抵押债券融资和流动性风险的平抑，拓宽了农场信贷体系的融资渠道，大大提升了农地信贷金融机构的贷款能力。在美国政府的积极筹划和大力支持下，经过近一个世纪的创新发展，现今形成了以农地金融为核心的美国农场信贷体系，为美国农业发展提高了稳定可靠的资金来源支持。具体的美国农地金融制度与体系架构见图 13-6。

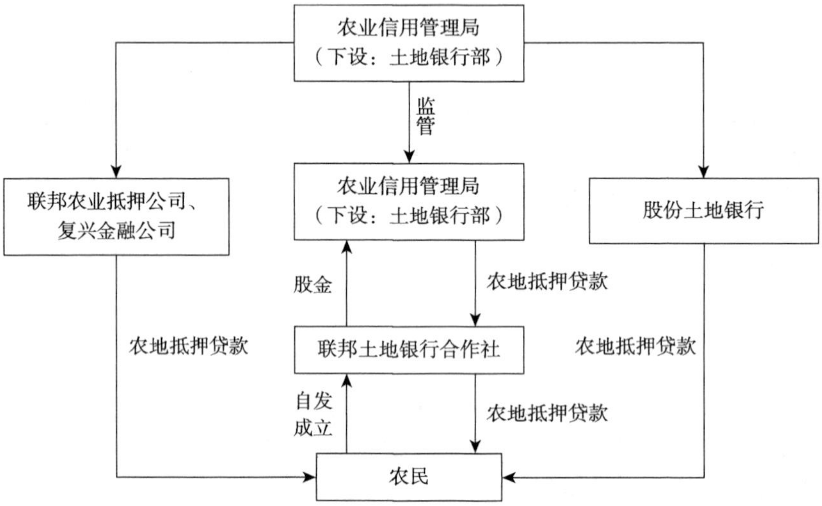

图 13-6　美国农地金融制度

2. 信贷资金来源

联邦土地银行发放抵押贷款的资金来源有股金、发行土地债券和提取盈余公积金。公积金提取办法与会计上的提供盈余公积金相类似，也就是将净收益的一定比例作为公积金留存，每半年计算分配一次，在盈余公积金总额达到银行股金的 1/5 以前，需从净收益中每半年留存 25%作为盈余公积金，其余 75%的净收益返给联邦土地银行合作社，作为合作社的发展基金和社员分红。当股金和公积金不足以满足放款需要时，全国 12 个农业信用管理区的联邦土地银行可发行债券以筹集资金；同时，所有联邦土地银行又联合起来，互相担保各联邦土地银行所发债券的还本与付息，发行债券所获资金的最大数额为该行所有股金与公积金总额的 20 倍，债券偿还期限一般是 3~10 年，年利率为 4%~5%。12 个联邦土地银行所合发的联合债券，担保品是 12 个联邦土地银行联合的股金、公积金和所抵押的全部农地。层层担保的运行机制提高了债券的信用度，也降低了联邦土地银行融资的难度。

3. 农地金融具体运行模式

由借款人向联邦土地银行合作社递交申请书，说明借款的用途、期限和金额；合作社理事会派专人评估借款人的农地价值并出具评估报告，合作社若认可贷款，则在申请书上签字作保并送交联邦土地银行，由联邦土地银行再次审核；联邦土地银行审核通过后，借款人需购买联邦土地银行相当于借款额5%的股份，联邦土地银行则留存上述借款的档案材料，留用借款的1%作为手续费，将贷款放给合作社，合作社转交给借款人。贷款额度一般不超过抵押农地评估价值的85%，贷款期限一般为5~40年，年利率一般是5%。借款人采用分期还本付息的方式，每年还款给合作社，再由合作社转交给联邦土地银行。还款期满并还清贷款时，借款人收回被抵押的农地所有权证书，也收回最初缴纳的股金。

美国农地金融制度的先进经验，对加强现代金融对我国农业农村发展的支持，尤其具体到符合中国国情、农情和地情的有中国特色的农地金融体系建设而言，至少有以下几个方面值得借鉴：第一，要以加快推进农地确权为依托，有序做好农地流转和农地权能建设，夯实农地金融发展的农地机制基础；第二，要以适时启动成为中国农地抵押贷款公司为突破，加大政府在农地金融二级市场及基础框架建设方面的探索和支持力度；第三，要以总结完善合作金融建设经验为支撑，深挖现有金融机构服务“三农”发展的潜力，做好中国农地金融发展的业务网络支持；第四，要以农地价格基础数据检测体系建设为重点，为中国农地金融发展做好配套性基础信息平台建设。

13.4.2 发展中国家农地金融制度

1. 政策支持

南非、印度和菲律宾政府都对农地抵押融资给予了大力支持，各国土地（开发）银行的设立都是在政府主导下完成的，并且都由政府控股或国有。这不仅为农地抵押融资提供了便利，还为农业发展提供了重要的金融支持。南非土地银行的农地抵押贷款实行市场利率与优惠利率相结合的政策，大部分农地抵押贷款执行市场利率，少数实行优惠利率。同时南非土地银行还可以获得政府的免税补贴。而且南非土地银行下设一家保险公司，为长期贷款客户提供农业保险服务。除了提供农地抵押融资支持农业发展外，南非土地银行还为农村和农民的综合发展提供融资支持，包括土地再分配规划等直接与农地相关的金融服务，也包括促进农村教育发展、提高农民就业能力以及其他服务于农村可持续发展的金融服务等。菲律宾土地银行在经营农地抵押融资的同时，还经营商业性业务和政策性业务，业务范围涵盖存款、贷款、汇款、信托、土地债券、对土地所有者的专门借款计划、农村金融机构计划、电话银行等，促进了该国农业的可持续发展。

2. 信贷资金来源

南非、印度和菲律宾土地（开发）银行的资金来源除自有资金外，以发行债券和存款为主。南非土地银行是政府全资拥有的国有制机构，债券融资和存款是其主要资金来源。印度土地开发银行的资金主要来源于中央银行和发行债券。菲律宾政府持有土地银行 86%的股份，其资金主要来源于存款和发行债券。

3. 农地金融具体运行模式

发展中国家农地抵押融资运行模式较为简单，农民直接用农地做抵押，从土地银行获取贷款。南非、印度、菲律宾都在政府的指导下设立了土地开发银行。南非于 1912 年成立了土地银行，实行董事会领导下的首席执行官负责制，董事会通过农业部向议会负责。印度于 1920 年成立了土地开发银行，以农地抵押的方式为农民提供 5~10 年或更长期限的长期贷款，用于购买价值高的农业设备、改良土壤、偿还旧贷款等。成立于 1966 年的菲律宾土地银行，采取董事会下的行长负责制，董事会由 9 名成员组成，董事长由财政部长担任，副董事长为银行行长兼首席执行官，另外其他 7 名成员包括农地改革部长、劳工部长、农业部长、2 名农地改革受益人代表和 2 名私营部门代表。发展中国家农地金融制度与体系架构见图 13-7。

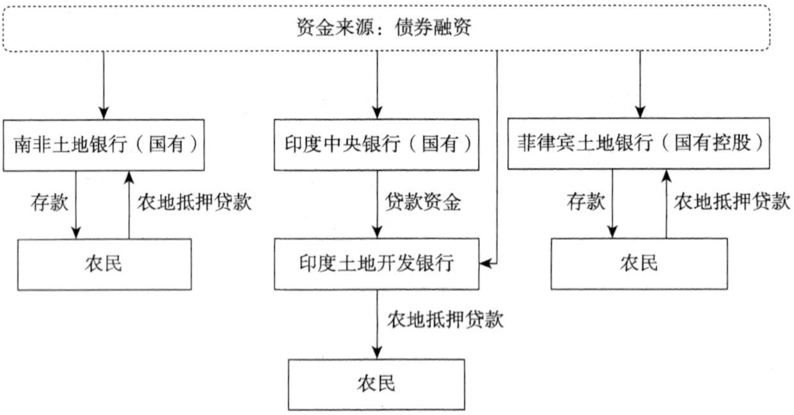

图 13-7　发展中国家农地金融制度

本章小结

（1）本章从农地金融概述出发，简单介绍了农地金融的发展背景、含义、特征与职能定位以及发展中存在的诸多争议。进而介绍了现阶段中国农地金融的具体运行模式以及发展实践中存在的问题。最后介绍了美国、南非、印度以及菲律宾的农地金融制度，并与中国农地金融制度做了简单的对比。

（2）农地金融是以农地作为信用保证（抵押）而发生的信用授受行为的总称，其实质是通过发挥土地的财产功能，将固定在农地上的经济价值重新调动起来，使其进入流通领域。农地金融作为一种融资形式，具有聚集资金、分散风险和配置土地资源的功能。同时农地金融作为一种金融体制，涉及两种制度安排，即农地制度和金融制度。所谓农地制度，是一个国家或地区在农业用地所有权与经营权以及管理制度、法律规范的综合。世界各国的社会制度不同，自然地理条件不同，制度沿革以及耕作习惯的差异使农地制度各不相同。同样，农地金融在各国的创设、运行机制也呈现出不同的特点。而农地金融的主要作用与职能定位在于农地抵押为基础，形成政策性长期贷款与商业性运营贷款功能互补的协同支农机制，切实增强和扩大对农村新型农业规模经营主体、农民创业者的信贷获得能力，以信贷资金引导农业适度规模经营、生产经营方式转型升级、农村土地资源的优化利用和生态保护。

（3）自新一轮农村土地产权制度改革启动以来，以中国人民银行、银监会《关于加快推进农村金融产品和服务方式创新的意见》的下发为标志，全国陆续推进了以农村土地与林权的抵押融资试点，分别开展了涉及林地和家庭承包土地经营权和收益权、集体建设用地使用权、农房使用权、合作社股权等多种权益的抵押融资，并在实践过程中因地制宜、自发探索，形成了多种多样的农村土地产权抵押贷款模式。但是在试点地区也出现了一系列的问题，配套制度建设的滞后致使现实困境难以突破，多地的农地抵押贷款陷入发展的僵局。

（4）最后本章通过比较研究欧美、南非、印度以及菲律宾的农地金融制度，提出未来中国大陆农地金融制度建设可供参考的建议。

关键术语

农村土地　农地金融　农地产权　农地所有权　农地使用权　农村土地承包经营权　农地抵押　土地信托　农地证券化　土地银行

复习与思考

1. 什么是农地金融？我国农地金融制度相比其他国家有哪些区别？
2. 农地金融具有哪些特征？农地金融的职能以及目标定位是怎样的？
3. 农地金融有哪些主要的运行模式？在这些运行模式中有哪些参与主体？
4. 简述我国农地金融具体实践，在我国发展农地金融存在哪些约束与障碍？各地试点是如何解决的？还有哪些值得改进的地方？
5. 国外农地金融的运行机制是怎样的？得到了何种政策上的支持？其风险是如何控制的？是否切实解决了农村地区信贷约束问题？
6. 谈谈对我国农地金融制度未来发展的思考。

参考文献及推荐阅读

程郁，王宾. 2015. 农村土地金融的制度与模式研究. 北京：中国发展出版社.
郭继. 2010. 土地承包经营权抵押的实践困境与现实出路——基于法社会学的分析. 法商研究，(5)：31-37.
贺雪峰. 2008. 什么农村，什么问题. 北京：法律出版社.
陆磊，王颖. 2014. 撬动土地金融创新的“键钮”. 中国农村金融，(10)：32-35.

罗剑朝，庸晖，庞玺成. 2015. 农地抵押融资运行模式国际比较及其启示. 中国农村经济，(3)：84-96.
马义华. 2011. 农村土地产权流转制度的缺陷与农地证券化选择. 改革与战略，(2)：97-99.
阮建青. 2011. 中国农村土地制度的困境、实践与改革思路——“土地制度与发展”国际研讨会综述. 中国农村经济，(7)：92-96.
王卫国. 1997. 中国土地权利研究. 北京：中国政法大学出版社.
肖诗顺，高锋. 2010. 农村金融机构农户贷款模式研究——基于农村土地产权的视角. 农业经济问题，(4)：14-18，110.
闫广宁. 2008. 对同心县农村信用联社开展土地承包经营权抵押贷款情况的调查与思考. 西部金融，(8)：49-50. 。
阎庆民，张晓朴. 2015. 农村土地产权抵质押创新的实现路径. 北京：中国经济出版社.
姚洋. 2000. 中国农地制度：一个分析框架. 中国社会科学，(2)：54-65，206.
尹云松. 1995. 论以农地使用权抵押为特征的农地金融制度. 中国农村经济，(6)：36-40.
张龙耀，王梦珺，刘俊杰. 2015. 农民土地承包经营权抵押融资改革分析. 农业经济问题，(2)：70-78，111.
张龙耀，杨军. 2011. 农地抵押和农户信贷可获得性研究. 经济学动态，(11)：60-64.
张岩，高雅，张颖. 2013. 农村土地融资模式创新——土地收益抵押贷款证券化研究. 知识经济，(17)：84-85.。
张宇，陈功. 2010. 农地使用权抵押贷款证券化研究. 经济与管理，(4)：71-76.
中国农业银行湖北省分行课题组，朱正罡，黄利荣. 2014. 中国农村产权交易所运作模式比较研究——基于农村产权抵押融资的视角. 农村金融研究，(6)：23-28.
中国物权法研究课题组. 2003. 中国物权法草案建议稿：条文、说明、理由与参考立法例. 北京：社会科学文献出版社.
钟甫宁，纪月清. 2009. 土地产权、非农就业机会与农户农业生产投资. 经济研究，(12)：43-51.
Boucher S，Barham B L，Carter M R. 2005. The impact of “market-friendly” reforms on credit and land markets in honduras and nicaragua. World Development，33（1）：107-128.
de Soto H. 2000. The Mystery of Capital：Why Capitalism Succeeds in the West and Fails Everywhere Else. New York：Basic Books Press.
Deininger K W. 2003. Land Policies for Growth and Poverty Reduction. New York：World Bank and Oxford University Press.
Feder G. 1987. Land ownership security and farm productivity：evidence from thailand. Journal of Development Studies，24（1）：16-30.
Lerman Z，Csaki C，Feder G. 2002. Land policies and evolving farm structures in transition countries. World Bank Working Paper：279.

第 14 章

国外的农村金融

学习目标：

1. 了解全球农村金融的发展状况与发展模式。
2. 掌握发达国家与发展中国家和地区农村金融的组织架构及运作方式。
3. 借鉴国外农村金融发展的经验。

农村金融体系是由若干农村金融机构组合而成的一个为农业和农村发展融通资金的机体，其中有不以金融机构为中介的直接融资和以金融机构为中介的间接融资。从世界各国总体情况看，以农村金融机构为融资中介的间接融资是主要融资方式，大多数国家都形成了形式不同、贴近各国国情的农村金融体系，其中各种信用融资的渠道在本国的地位和作用都不相同，大体上可以归纳为三种，即政策性金融、合作性金融和商业性金融，三者各有分工，互相补充，支持着各国的农业经济发展。了解不同国家现有的农村金融体系可以为完善我国农村金融服务体系提供经验借鉴和启示。

14.1 发达国家与地区

14.1.1 美国的农业金融体系

美国构建农业金融体系的基本原则是为农业发展提供资金支持，已经形成了由农业合作性金融体系、政策性金融体系和商业性金融体系共同组成的多层次、全方位的农业金融体系。

1. 农业合作性金融

在 20 世纪初，美国的农业信贷资金几乎都是由私营机构和个人提供的，这些信贷资金期限较短，数量有限，不适合美国现代化农业经济的发展需要。美国政府于 1916 年开始制定《联邦农业贷款法案》等一系列农贷法律，由美国政府主导设立农贷专业银行以及其基层机构组成信贷系统。最初的农村金融合作组织都是在政府领导并出资支持下建立起来的，随着国家资金的逐步退出，现在的农村合作金融已成为由农场主拥有的合作金融机构。

目前，美国农业合作金融体系由联邦中间信贷银行、联邦土地银行以及土地银行合作社、合作银行三大系统组成。统一由联邦政府委托农业信贷管理局（National Credit Union Administration，NCUA）领导管理。美国政府专门设立了包括监管机构、行业自律协会、资金融通清算中心和互助保险集团的农村合作金融管理体系，这四类机构及其附属机构各自独立、职能各异，但目标一致，即为农村合作金融机构服务。联邦政府对合作金融业的存款统一实行强制保险，具体业务由联邦存款保险公司经营的储蓄协会保险基金和与其独立的全国信用社股份保险基金承担，并承担对投保合作金融组织的监督，可见美国的信用合作存款由联邦政府和行业共同提供。

1）联邦中间信贷银行

联邦中间信贷银行是美国最重要的农业信用合作系统，成立于 1923 年，由美国政府在 12 个信用区建立的 12 家联邦中间信贷银行组成，主要解决农户中短期资金融通困难的问题。每一个信贷银行下辖许多个生产信用合作社，合作社实行股权所有制，借款者必须拥有相当于借款额 5%~10%的合作社股金或参与权证。贷款期限一般为 1 年，最长不超过 7 年。

联邦中间信贷银行的自有资本来源主要包括发行股票、发行可以分红的参与证和盈余积累。有投票权的股票只授予生产信贷协会，因而中间信贷银行为所属生产信贷协会所共有。中间信贷银行的信贷资金来源包括发行证券、借款和联邦土地银行。

生产信贷协会的自有资本来源和借款人认股办法和联邦土地银行协会相同。但生产信贷协会由于自行办理中短期贷款，资金投放变动较大，规定股票一般不能退回，而且只有在协会资金充足时才允许分红，从而扩大生产。

生产信贷协会贷款主要用于农牧业以及水产业的生产经营支出，如种子、肥料、饲料等，部分贷款也用于生活性的支出。贷款期限根据用途从几个月到 7 年不等。通常来说，贷款以农作物、产品、设备和个人财产作担保。对于大额度的贷款，同一信贷区的协会可以和联邦土地银行一起参与，联合放款。此外，协会还可以参与商业银行、农民家计局以及其他放款人的农业贷款。

2）联邦土地银行

联邦土地银行系统由 12 个农业信用区的联邦土地银行及其下属的合作社组成，该系统已经成长为农场主长期贷款的主要提供者。联邦土地银行实行股份所有制，每个合作社必须向联邦银行缴纳股金，股金数量为本社社员借款总额的 5%。银行股权归全体合作社所有，也间接地归全体借款人所有。

土地银行系统的自有资本来自于借款人入股和盈余积累。借款人得到贷款时必须购买相当于贷款金额 5%~10%的协会股票，协会再转而购买等额的土地银行的股票。借款人有一人一票的投票权，选举协会董事会，参与管理。还款后可以退股，但一般不会要求退回，以便下一次借款。另外，如果两年内该成员没有新借款，可作为无投票权只享受经济收益的股份。另外，土地银行也发行只分红的参与证以吸收资金。联邦土地银行的信贷基金主要有两个来源：由农业信贷系统向金融市场发行统一农贷债券和贴现票据；向本系统的专业银行以及私营金融机构和商业银行、保险公司等借款。

联邦土地银行的贷款对象主要是当地的农场、其他农业生产者、为农业服务的商人以及农村居民等。贷款以不动产作为抵押，主要用于购买土地，对生产设施进行升级等。这类贷款的期限 5~40 年不等。放贷期间协会可以独立操作，或者只负责审查，由银行发放。

3）合作银行

合作银行系统是美国专门为了给合作社添置设备、补充营运资金或者购买商品等提供贷款服务的机构。合作银行系统由 13 家合作银行组成，分别在 12 个信用区。

合作银行的自有资金包括股金、参与证（无投票权）出售的收入和盈余等。相关规定显示，合作社如果在合作银行系统借款，那么它要按照利息的 10%~25%购买股份；如果要取得合作银行的盈余，同样要认购一定比例的股份。另外，入股的人有一人一票的投票权，可以参与到机构日常管理中。中央合作银行的董事会由 13 人组成，12 人来自 12 个农业信贷区，另外一个由联邦农业管理局指定。

就资金的使用状况，美国的合作银行以全国将近 6 000 家的农村信用合作社为贷款对象，为其提供资金支持。中央合作银行一方面承办大宗贷款，一方面向社区合作银行及其他专业银行进行资金调剂和清算，还办理国际贸易上的金融业务，目的是为农产品出口提供资金保障。合作社银行主要向农场主提供信贷服务，还参与其他金融机构对主要由农业生产者参加的合作社组织的信贷发放。

2. 农业政策性金融

美国根据《农业信贷法》建立了一个分工合理、相互配合的政策性金融体系，由农民家计局、农村电气化管理局、商品信贷公司和小企业管理局组成（图 14-1）。设立的主要目的是稳定美国国内商品流通领域的农产品价格、提高农民收入和增加具有社会公益性质的农业项目的投资从而实现政府的农业政策目标。

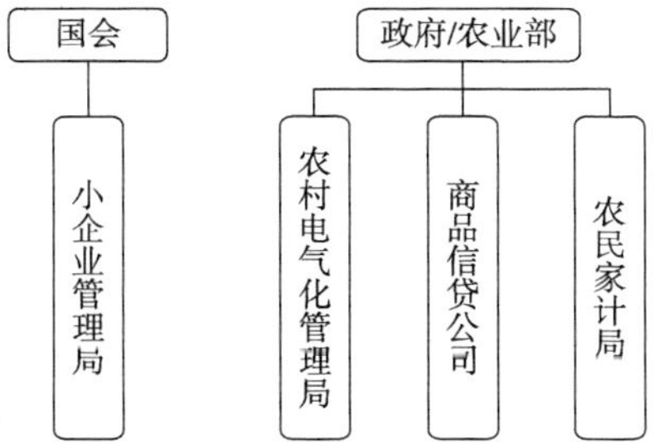

图 14-1　美国政策性金融体系

1）农民家计局

农民家计局成立于 1946 年，由美国农业部直属管辖，设立的宗旨是创立自耕农户、改善农民生活和改进农业生产。除了各州设立办事处以外，全国广泛设立县办事处，自成系统。县办事处设有 3 人组成的委员会，其中 2 人为农民，1 人为当地熟悉农村和农民情况的商人。委员会审查贷款申请，通过办事处督导员批准发放，并对信贷资金的使用进行监督检查，对贷款服务提供建议。

农民家计局从原定宗旨出发，根据乡村社区发展的需要，将信贷活动逐步扩展为两个基本目标：对处于新创业阶段、低收入和因灾难遭受损失而不能从正常渠道获得资金的农民进行扶持和救助；为改良乡村社区、促进乡村建设提供资金。具体来说，20 世纪 60 年代以来，农民家计局的贷款计划总的来说可以概括为农民家计、农村住房、社区设施和乡村工商企业四项。农民家计方面主要包括农场经营贷款、农场产权贷款、紧急贷款以及土壤水利贷款等，这项计划属于第一个目标，其他三项计划属于第二个目标。

农民家计局的信贷资金来源主要有三个渠道：一是由家计局承保发行债券筹集资金产生的承保贷款；二是商业银行等机构按照家计局的计划向农民发放贷款，家计局提供担保的保证贷款。贷款的利率由借贷双方商定，家计局对贷款进行监管；三是美国国会拨款，包括家计局发放的某些贷款、无偿拨付款、利息补贴、弥补各项贷款可能发生的损失以及家计局的部分开支。国会拨款数额有限，各类贷款开支都有规定。

农民家计局的资金主要是提供贷款和担保，为低收入农民修缮和购置房屋提供贷款，为水利开发、土壤保护提供长期贷款，为弥补自然灾害造成的农民损失发放贷款，为其他金融机构按照农民家计局的贷款计划发放的贷款提供担保等。此外，农民家计局是美国政府实施农业政策的主要工具，美国政府通过农民家计局对农场主发放兴修水利和土地改良的贷款期限可达 40 年。截止到 20 世纪 90 年代，农民家计局在美国各州、县设立的办事处已达 1 700 个。

2）农村电气化管理局

成立于 1935 年的农村电气化管理局也是美国农业部下属机构，设立目的是改善农村公共设施和环境。它对农村非营利的电业合作组织和农场发放贷款，用于架设电线、组建农村电网和购买有关设备等。20 世纪 70 年代还进一步成立了由借款者出任董事的乡村电话银行，同时还设立了农村电气化及电话周转基金、实施保证贷款。电气化管理局的贷款期限可长达 5 年，利率最低为 2%。其主要职责是对农村电业合作社和农场等借款人发放贷款从而提高农村电气化水平。该局的资金运用也以贷款和担保为主。

3）商品信贷公司

商品信贷公司成立于 1933 年，是美国农业部下属机构。美国政府建立商品信贷公司主要是为了应对自然灾害和农业危机。商品信贷公司对农场因自然灾害造成的减产给予补贴，类似于农业生产保险。商品信贷公司的主要功能是管理实施价格和收入支持计划，避免农业生产的系统性风险带来的影响。

就组织构成而言，商品信贷公司有以农业部长为主席的董事会，日常业务由农业部农业稳定和保护局的各级机构具体经办。信贷资金主要由国库直接划拨，提供贷款和支付补贴，包括农产品抵押贷款、仓储干燥以及其他处理设备贷款、灾害补贴和价差补贴等。公司的任务主要是用农产品抵押贷款的方式对农产品进行价格支持并对农业生产给予补贴，利用金融手段，销售和生产方面实行政府干预，稳定农民收入，增加农场自有资金。同时及时掌握农产品购销储运，调解供需矛盾。

4）小企业管理局

小企业管理局成立于 1953 年，主要为不能从其他正常渠道获得资金的小企业提供融资帮助，对农副产品加工储藏企业、为农场提供服务的企业提供资金支持。小企业管理局的资金主要来源于美国国会拨款的周转基金和回收的贷款本息。小企业管理局对小农场的贷款是与农民家计局协作的：借款者经济状况不好且贷款额度小，则由农民家计局提供支持；借款者经济地位改善后，小企业管理局提供更多的资金支持。此外，20 世纪 70 年代后期，小企业管理局开始针对总收入在 100 万美元以下且受困于自然灾害造成的财务困难、经济地位超出农民家计局贷款范围的大农场提供信贷支持。其资金发放主要以直接贷款、参与联合贷款、担保和其他特殊信贷的方式进行。

3. 农业商业性金融

美国的农业商业性金融包括商业银行、人寿保险公司和其他私人信贷机构。这些商业信贷方式主要有不动产贷款和生产性短期贷款。这里仅介绍商业银行的农业贷款。

美国的商业银行按其注册情况可以分为两类：在联邦政府注册的叫国民银行，在各州注册的称为州银行。美国绝大多数商业银行，特别是地方性的州银行都普遍办理农贷业务。由于各商业银行规模、地理位置的不同，其作用也不一样。设在主要金融中心的大银行，一般向从事畜禽生产的企业和全国范围内的特种作物提供资金。同时也允许设立分支行的州对大农场以及小的农业企业提供服务，特别是为农工联合企业和农产品出口贸易融通资金。同时，参与地方银行的农贷以及大量购买农贷债券间接为农业贷款提供资金。至于几千家设立在小市镇的独家商业银行，多年来资产总额中一般有 40%~60% 的农业贷款，因而称为乡村银行，实质就是一个农业信贷服务站。

商业银行之所以能广泛开展农贷业务，主要是机构多，设置普遍，接近农民，特别是乡村银行是当地唯一的提供多种金融服务的机构，熟悉农民的信用和经营情况，因而贷款迅速，手续简便。同时，银行设有专职农贷人员为农场在生产和运用资金方面提供咨询和服务，易于得到农民的信任，乐于存贷往来。另外，多年来，随着农场规模扩大，贷款数量相应增多，商业银行往往采取合并、改组以及联营等办法调整机构，扩充实力，以适应农业现代化对信贷资金的需要，因而在提供农业贷款方面一直发挥着重要作用。

商业银行是以营利为目的的私营金融机构，发放农贷和对借款农场的要求都是本着营利性、安全性和流动性的原则来进行。商业银行主要发放中短期农贷。短期贷款用于农场日常生产经营，如种子、肥料、育肥畜、饲料、农业机械修配等。一般在获得现金收入后随即归还，贷款不超过一年。许多商业银行为扩张信贷和吸引客户，对短期贷款使用总借据或透借总额的放款办法，即在生产季节开始时，和农民订立一个借贷总额协议，期限 1 年，在借期内，只要不超过总额度，借款农民可随时提用，获得收入时可随时归还。利息逐日按实借余额计算。中期贷款主要用于购买机械设备、奶牛和种畜。中短期贷款在商业银行贷款总额中，一般占 3/4 以上。商业银行也发放用于购建不动产的长期农业贷款，贷款担保的要求也不相同。对经营往来信用良好的农民，贷款额度小，期限短，具有充分偿还能力的，可提供信用贷款。长期贷款都要以不动产为抵押，中短期贷款一般以作物、家畜、机械和产品作为抵押，有的还要由第三者在借款合同上联署作保。

14.1.2　日本的农业金融体系

日本的农业金融体系是政府扶持下的合作金融型模式，主要由合作金融和政策金融两大部分组成，前者为主，后者为辅。同时，日本国家财政对农业的支持力度和保护程度是所有发达国家中最高的。因此，对日本农业金融体系进行研究具有重要意义。

1. 日本农业合作性金融

1）日本农协简介

1947 年日本政府以罗虚代尔原则为基础制定了《农业协同组合法》，按照农民自愿、自主的原则，登记成立农业协同组织（简称农协）。日本的农协包括基层农协、道都（道、府、县）农协以及全国农协三级农协组织系统。

日本农协按行政区划分为三级，分别是市、町、村——都、道、府、县——中央。相应地，市、町、村的个人和团体入股组成基层农协，基层农协入股参加都、道、府、县的农协联合会，农协联合会入股组成农林中央金库。与其他金融机构强强联合不同，日本的农村合作金融是经济上弱者的联合，服务对象为缺乏资金的农民和小生产者。农林金库成立时政府就注资 20 亿日元，同时根据临时利率调整法，基层农协的存款利率可以高于普通银行利率，便于农协吸储，在贷款利率方面也有优惠政策。

各都、道、府、县农协联合会中，有专门从事信贷业务的信用农业协同组合联合会（简称信农联），它是农协系统的中层金融机构，以所属会员为主要业务对象，通过存贷调节基层农协的资金，从而领导基层农协。

日本基层农协以市、町、村等行政区域为单位组织，包括综合农协和专门农协。其主要职能是生产指导、农产品销售、集中采购生产生活资料、信用合作、共济与福利等。目前，全日本基层农协的金融机构有本店 4 500 多个，支店 11 000 多个，办事处 2 200 个，事务所 4 800 个。这些基层机构深入农户，对会员发放生产、生活贷款，同时吸收会员存款。具体来讲其信贷业务有三个特点：以会员为主要对象，不以营利为目的；不要担保；通过信贷杠杆贯彻国家的农业政策。

2）日本农业合作金融的组织及运作

日本农协合作金融的组织形式不是一个独立的系统，它依附于“农协”，是农协的一个子系统，但它又是有独立融资功能的金融部门。农协中的合作金融由三个层次组成，即农村中央金库、县信用农业协同组合联合会和综合农协；具体涉及农业的三个方面，即信农联、信用林业协同组合联合会（简称信林联）和信用渔业协同组合联合会（简称信渔联）。

日本农村合作金融体系内三级结构都独立运行，自负盈亏，相互之间不是行政隶属关系。但上下级之间在业务上紧密相连，上级主要使用经济手段和窗口指导，资金从下至上，又从上至下，相互融通，为农村合作金融机构提供了动力。此外，当产生呆账、坏账时，由于风险自担的原则，不会互相推诿，纠缠不清。下面按从上到下的顺序分别介绍日本农村合作金融体系。

（1）农林中央金库。农林中央金库是农协合作金融系统的最高机构，可谓合作金融系统的总行，主要职能是按照国家法令运营资金，协调全国信农联的资金活动，同时负责向信农联提供咨询指导。农林中央金库的资金主要来源于信农联的存款和经国家批准发行的农村债券，资金用来支持信农联的需求和关联企业（农业机械类）的信贷需求。

（2）信农联。信农联是都、道、府、县一级农业协同组合联合会中专门经营信用业务的机构，在整个农村合作金融系统中处于中层，对农林中央金库与基层农协的连接起着承上启下的作用。一方面，信农联的存放款业务的剩余资金原则上要上缴农林中央金库，同时取得不足的部分；另一方面，信农联通过存贷来调节各基层农协之间的资金短缺和盈余，指导基层农协工作。就后者而言，信农联的资金主要来自于基层农协的上存资金，因此贷款首先用于辖区内农协的资金需求，其次发放给农业类的相关企业满足它们的资金需求，此外还可以支持某些额度大、期限长、当地农协无力支持的农户。

（3）基层农协。基层农协是日本农村合作金融系统的基层机构，成员包括农户、其他居民和团体入股。基层农协一般直接与农户发生信贷关系，具体讲就是一方面吸收储蓄，另一方面向资金短缺的农户贷款，剩余资金按存款比例上存信农联。

3）日本农业合作金融运行中的风险控制

为了使本国的合作金融稳健运行，日本政府构建了完备的风险防范制度，保障农村合作金融的健康发展。

（1）农业信用保证制度。这是目前日本农村信用保险体系中综合性最强、规模最大的保障制度体系，就具体业务来讲，它主要分为两类，即损失补偿和债务保证。

损失补偿是指由第三方对融资机构与贷款人之间的债权、债务做出保证，如果借款人到期无法履行还债义务时，债权人可以要求第三方代替借款人做出赔偿。具体实施的时候，损失补偿不设立专门的机构，损失补偿完全根据三方达成的协议执行。

债务保证是指设立专门的保证机构，对借款人的债务做出保证，当借款者无法履行还债义务时，由保证机构代为偿还债务。此种方法确定了专门的保证机构，而且在日本法律中有明确的法律关系。此外，保证机构由国家出资组建，一定程度上可以反映国家的政策导向。目前使用较多的是债务保证的方式。

（2）信用保险制度。信用保险制度其实就是信用保证制度的一个组成部分，它是随着信用的发展而产生的新型保险业务，最明显的特点就是它以信用风险为标的。在信用保险中，被保险人是债权人，债务人不能履行偿还义务的时候，保险人对被保险人进行赔偿。因此，信用保险属于一种无形的以经济利益为目标的财产保险。日本政府在 1966 年建立了全国性的农业信用保险协会，会员为各地农业信用基金协会，对各地的农业信用基金协会代替还债事项进行保险。

（3）存款保险制度。这种制度是在政府参与下的对农协合作金融的一种制度保障，与一般商业保险的最大区别在于被保险者只限于在农协的存款者。储户、农协、保险机构之间的保险关系在农民存款时自动成立。当农协的经营业务出现问题（如停止取用存款、宣告破产并解散）时，保险机构直接向储户支付保险金。单个储户的保险金支付上限是 1 000 万日元，超过部分作为债权保留，当出现问题的农协进入资产清算时再行补偿。

（4）相互援助制度。这是农协系统自主设立的，与存款保险制度相互补充。设立的目的是防止个别农协出现问题时对其他农协的影响。为了防止信用危机的发生，农协系统内部建立了互相援助制度，资金来自于农协内部。有关规定表明，农协各级信用部门每年必须将其吸收存款的 10%作为该制度的专项资金储备，由农林中央金库负责管理。

2. 日本政策性金融

日本从事农业生产的主要是个体农户，这类资金需求者的特点是资金需求量较少并且比较分散。此外，农业本身的周期性、季节性和系统性高风险的特点决定了一般性的金融机构不愿意为农业提供贷款。考虑到以上情况，日本政府建立了专门的农业金融机构，即农林渔业金融公库（简称农林公库）。

农林公库是根据日本《农林渔业金融公库法》于 1953 年 4 月 1 日由政府出资正式设立的，它是日本唯一一家支持农林渔业发展的农业政策性金融机构。其设立的目的是“全方位改善农业生产条件，提高农业、林业、渔业的生产能力，推进农业现代化”。从组织结构上看，农林公库属于单一机构的模式，分支机构很少。整体上看，公库设有总行和 21 个分支机构，该行的领导决策机构为理事会，总裁、副总裁各一名，理事会由 8 名成员组成。

农林公库直属财政部门管理，自主性较差，财政补贴较多，就管理体制而言，农林公库主要采取政府财政计划管理体制。日本的农林公库与财政的关系非常的密切。资金来源有资本金和借款等，但最主要的来源是居民的储蓄，通过邮政储蓄机构获得。这些资金通过大藏省资金运用部“财政投融资”计划分配给日本农林公库。

农林公库在资金运用过程中，支持农业现代化，促进农业各部分全面发展，结构合理，在提高农业生产力方面有自己的特色。农林公库的贷款使用方向在不同时期有所不同，能根据农业发展的状况和政策不断调整贷款项目，具有较大的灵活性。农林公库信贷资金的投向根据农产品市场的发展需要而变化。在农林公库设立之初，其业务以土地改良、造林和渔港建设等公共事业为主，后来又增加自耕农维持资金、渔业经营再造资金、水产加工资金等方面的贷款。具体来说，主要贷款范围包括四个方面：一是农业贷款业务，此部分占到贷款总额的 60%左右，资金用来改善农业用地、购买农机和栽培果树等；二是林业贷款业务，这部分占到贷款的 25%左右，主要用于植树造林、建设和改造林中道路等；三是渔业贷款业务，占贷款资金的 5%左右，用于渔船的建造、渔机具的购买等；四是加工和流通贷款业务，这部分占到 10%左右，用于建造农林水产品的加工设施、完善批发市场的建设等。此外，农林公库对农林渔业生产者提供的贷款期限长、利率低，能维持和提高生产者的生产能力，是农协金融系统和商业银行贷款很好的补充，也是那些不符合其他金融中介贷款要求的最后依靠。

农林公库贷款方法主要分为两种：一是委托农林中央金库等的委托贷款；二是直接

贷款，在实际运行过程中，委托贷款所占比重较大。委托贷款占全部贷款的 57%，委托金融机构达 284 家，如农村中央金库、信用农协、信用渔协、信用金库和银行等。农林公库的信贷业务与政府各个阶段的农业政策紧密结合，专办长期低利率贷款。贷款期限有 15 个档次，最长的 30 年，公库农业电气化导入资金贷款就是典型的一种；最短的为 1 年，像国家财产振兴资金中心的生产资金贷款。农业现代化贷款的期限一般在 10~13 年，农林公库贷款的平均年利率比一般的商业性贷款利率要低，幅度在 2~3 个百分点。到 1999 年 3 月末，日本农林公库贷款余额为 42 056 亿日元，资本金 2 960 亿日元，极大地促进了日本农业的发展。

在第二次世界大战后到 20 世纪 50 年代初期，日本处于食品短缺阶段，为了恢复农业生产，农林公库主要支持土地改良贷款。20 世纪 50 年代中期，为了提高农业经营者的收入，进一步缩小城乡收入差距，农林公库设立了自耕农维持贷款，主要用来购买土地和机械，扩大经营规模。20 世纪 60 年代日本农业处于调整期，农林公库在农业现代化的要求下又设立了农业结构改善贷款，贷款对象要符合农业结构改革方向的各种投资，包括改善农业生产设施，推广机械化、良种化，从事农业技术的开发利用以及提高农业生产技能等。此外农林公库还对农协发放委托贷款，通过降低农协的贷款利率来使农协向农户发放低利率贷款。到 1975 年，农林公库长期低利率贷款额比 1960 年增加了 14 倍左右，占农业领域总投资的 18.7%，为第二次世界大战后日本农业的发展做出了巨大贡献。20 世纪 80 年代以后，农林公库的贷款支持提高农业竞争力和可持续发展的项目，并于 1994 年创立了“强化农业经营基础资金”，用于农业的进一步深化发展。

14.2　发展中国家与地区

14.2.1　墨西哥的农村金融

农业是墨西哥的主要产业部门，农业人口占全国人口的 1/4。但是墨西哥的粮食生产长期不能自给，为了发展农业生产，墨西哥政府十分重视农村信贷资金的供给。在政府的保护和支持下，墨西哥的农村金融体制通过不断的改善，已经形成了一个较完整的金融体系。其中，农业政策性金融和农业商业性金融发挥着主要的作用。

1. 农业政策性金融

为农村提供政策性金融支持的主要有全国农村信贷银行和农业保证与发展基金组织。

1）全国农村信贷银行

全国农村信贷银行由全国农业信贷银行、全国村社信贷银行和全国农牧业银行合并而成，包括 1 家中央银行和 12 家地区银行。在墨西哥，全国农村信贷银行是农业部门信贷资金调配的主管者。政府通过该行建立了统一的农业发展基金，主要职能是调节农村资金流向和利率的浮动范围，并对专门的农业贷款进行监管。在业务层面，全国农村信贷银行向低收入农民联合组织、村社社员以及小农户发放短期贷款，也提供少量的长期贷款，该行的贷款覆盖面广大。

全国农村信贷银行的资金主要来自于财政。为了扶持农业的发展，墨西哥政府划拨巨款创办资本，而且还不断增拨信贷资金、提供利率补贴和冲销因受灾造成的呆账。

2）农业保证与发展基金组织

农业保证与发展基金组织设立在墨西哥银行（墨西哥的中央银行）内，主要由政府财政拨款组建，由三个基金组成。

（1）农牧业保证和促进基金组织。该组织的成立主要有两方面的原因。首先，国有银行不能为农业提供足够的信贷资金；其次，私人银行因为农业生产的较高风险而不愿意对小农场贷款。

（2）农牧业特别融资基金组织。墨西哥政府为了扩大吸收国际金融机构的中长期贷款，在墨西哥银行设立了农牧业特别融资基金组织。该基金采用了与农牧业保证和促进基金组织相同的管理办法，对公共银行和私营银行发放的农业贷款进行再贴现。

（3）农牧业特别保证基金组织。20 世纪 20 年代，墨西哥进行了土地改革形成了很多村社。农民虽然有权使用分得的土地，但无权将其买卖，而且当时的农业生产资金十分缺乏，获得了土地的农民也无法实施生产。由于他们又不符合一般银行的贷款条件，因此这些农民强烈要求政府为其提供信贷资金。

为此，政府设立了农牧业特别保证基金组织，为商业银行和地区银行发放的农业贷款提供担保，并对这些银行帮助农民所花费的技术费用进行补偿。此外，农民要获得全国农村信贷银行的短期贷款，还必须事先参加农业保险。

2. 农业商业性金融

20 世纪 50 年代以前，墨西哥商业银行一般不愿提供利率低、风险大、成本高的农业贷款。1955 年以后，政府规定商业银行的农业贷款可以由农业保证与发展基金组织再贴现和担保,这在一定程度上调动了商业银行发放农业贷款的积极性。20 世纪 80 年代初期，商业银行发放的农业贷款约占全国农业贷款总额的 20%。

商业银行的农业信贷资金除了来源于自有资金、存款等通常渠道外，还来源于农业保证与发展基金组织的再贴现。在这种再贴现制度下，设在墨西哥银行的农牧业保证和促进基金组织根据商业银行的农业贷款报表，通过商业银行在中央银行的往来账户向其提供贷款，收取的贷款利率要比商业银行向农民收取的贷款利率低。不管农民是否还贷，商业银行必须按期将贷款归还给农牧业保证和促进基金组织。商业银行另外还可以获得农牧业特别保证基金组织提供的担保，以弥补贷款违约的部分风险。

商业银行在农业保证与发展基金组织的支持下，主要向大农村、农业综合企业以及一些村社组织提供长期和短期贷款，受益者人数较多。

14.2.2 印度的农村金融

印度是一个农业大国，农业人口占全国人口的 70%左右，农业产值占 GDP 的比重约为 25%。印度农业产值虽然只占 GDP 的 1/4，但却吸收了全国 60%的就业人口，是全国人口的生计所在。为了满足印度农业和农村发展的不同层次的金融需要，政策性金融、合作性金融和商业性金融之间既有明确分工，又相互竞争与合作，为构建印度较为完善健全的农村金融服务体系发挥着最主要的作用。

1. 农业政策性金融

在印度的农村金融体系中，支持农业发展的政策性金融机构主要是地区农业银行及国家农业和农村开发银行。

1）地区农业银行

地区农业银行成立于 1975 年，营业机构主要建立在农村信贷机构薄弱的地区，它的建立很大程度上满足了农村地区被忽略的小农、无地农民和农村小手工业者等贫困农民的专门需要，同时也对发展农村经济、缩小落后地区与发达地区的差距做出了重要的贡献。地区农业银行不以营利为目的，贷款利率不高于当地农业信用合作机构。每个地区农业银行均由一家商业银行主办，核准资本为 1 000 万卢比，中央政府、邦政府和主办银行分别认缴 50%、35%和 15%，还可以通过发行债券筹措资金。地区农业银行为不发达地区的贫困农民提供了极大的融资便利，同时地方农业银行大量机构的设立，也大大提高了农村地区金融机构的覆盖率。

2）国家农业和农村开发银行

印度国家农业和农村发展银行成立于 1982 年，是印度农村金融领域的最高机构，属印度储备银行（即中央银行）和印度政府所有。该行发起资本为 10 亿卢比，后又由印度政府和储备银行追加认购达 200 亿卢比。

国家农业和农村开发银行在全国共设置了 28 个地区办公室和一个次级办公室，都设在所有的邦、盟政府所在地。该行设立的主要目的是为农业及其相关活动、乡村小工业、传统手工业筹措和提供资金。同时为信用合作机构、地区农村银行以及从事农村信贷工作的商业银行提供再融资服务。此外，该行还对农村信贷合作机构、地区农业银行的工作进行监督和检查。

国家农业和农村开发银行不直接吸收公众存款，所需要的资金按市场方式筹集，主要通过以下七种渠道：①从公开市场筹措；②由印度银行政府担保发行公债；③发行免税债券以投资于乡村基础设施建设；④发行农业投资债券；⑤从储备银行贷款；⑥从其他银行拆借资金；⑦外援贷款。

2. 农业合作性金融

印度的信用合作制度建立于 20 世纪初，经历了 100 多年的发展。印度农村的合作金融体系在印度金融体系中占有重要的地位。据统计，90%的农村地区建立了信用社，50%以上的农业人口加入了信用社。在印度，与商业银行和区域农村银行相比，合作社银行网点多，覆盖面广，而且客户覆盖面上也要远远高于商业银行和区域农村银行，因此合作社银行在印度农村金融市场上占有非常重要的地位。印度的农村合作金融体系由两部分组成，即信用合作组织和土地开发银行（表 14-1）。

表 14-1　印度农村合作金融机构

项目	信用合作组织			土地开发银行
	初级信用社	中心合作银行	邦合作银行	
业务侧重	1. 发放短期和中期贷款 2. 兼营运销和购买生产资料	1. 向初级信用社发放贷款，平衡信用社的资金流动 2. 初级信用社和邦合作银行之间的桥梁 3. 有一定支付结算功能	1. 信用合作组织的最高级机关 2. 向中心合作银行发放贷款 3. 向其他合作组织提供信贷支持	为购买价值较高的农业设备、改良土地和赎回抵押出去的土地提供长期贷款
机构	邦合作银行下辖中心合作银行，中心合作银行下辖初级信用社，或者邦合作银行直接下辖初级信用社			分为邦土地开发中心银行和县（区）基层土地开发银行两级
资金来源	1. 社员股金 2. 储蓄存款/储蓄基金 3. 其他部门贷款 4. 邦合作银行从中央银行取得贷款资金，发放到中心合作银行，再由中心合作银行发放给初级信用社			土地开发银行可以发行由政府担保的债券

1）信用合作组织

邦合作银行是信用合作组织的最高级机关，也是提供中短期贷款的合作金融机构。印度储备银行提供贷款给邦合作银行，接着向中心合作银行提供资金，或者直接向初级信用社提供资金。

中心合作银行是一定区域内初级信用社的联合机构，是中层信贷合作机构，主要职能是向初级信用社发放贷款，平衡初级信用社的资金流动，在初级信用社和邦合作银行之间架起桥梁。

初级信用社是基层组织，一般以乡、村为基础，规模小，10 个人以上即可组成信用合作社。信用社向社员收取少量的入社费，同时发放短期和中期贷款，期限一般是一年，利率比较低，兼营生产、加工、销售和购买生产资料等。信用社的最高权力机关是社员大会，选取产生的执行委员会具体管理日常事务，它对社员大会负责。信用社的资金主要来自于社员股金、储蓄基金、储蓄存款和政府等部门的贷款。

2）土地开发银行

土地开发银行成立于 1920 年，主要负责发放长期贷款，它由邦土地开发中心银行和县（区）初级土地开发银行两部分组成。土地开发银行的贷款主要用于购买价值较高的农业设备、改良土地和赎回抵押出去的土地。其发行的债券由各邦政府担保，由合作银行、商业银行、印度国家银行和印度储备银行认购。

3. 农业商业性金融

印度的商业银行通过两次国有化改造之后重点面向农村和偏远地区，推行灵活多样的业务方针，大力支持中小企业、家庭手工业和农业，为印度农村提供了大约 2/3 的正式信贷，在农村金融体系中发挥着重要作用，为边远地区和广大农村的经济发展做出了巨大贡献。

印度商业银行向农民提供直接贷款，如购买抽水机、拖拉机及其他高价值的农机具，购买牲畜、发展果园等，也向有关农业机构提供间接贷款，如向农产品销售和加工机构、土地开发银行、采购粮食的机构等提供贷款。因此，印度商业银行促进了广大农村落后边远地区的发展，为合作社和小企业融通资金起到特别重要的作用。

然而强制商业银行在农村设立网点会导致银行经营效率的低下。在以市场调解为导向的市场经济下，银行业开始放松对分支机构设立、流动性限制、贷款投向、利率方面的管制。出于对银行业经营效率的考虑，商业银行开始相对缩减其乡村网点，农村金融中商业性金融的地位也在下降。

14.2.3　孟加拉的农村金融

孟加拉国是农业国，农业人口占总人口数的 64%，农业产值占全国 GDP 产值的 1/3，有着适合耕作的土地与气候，以及适合开展淡水养殖和捕捞的优良水系。但近几十年来，孟加拉国缺乏城镇化和工业化的科学规划，人口急剧增加，耕地面积大量缩减，导致其农业生产受到严重影响，农业基础薄弱，生产效率极低。同时，孟加拉国也是世界上最贫困的国家之一，49.8%的人口生活在贫困线以下，其中 33.4%为极度贫困人口。

为了对落后的农业生产提供金融扶持，促进农村金融的发展，改善国民生计，孟加拉国逐渐形成了由正规金融、半正规金融和非正规金融组成的一整套结构复杂的农村金融体系（图 14-2）。其中，孟加拉乡村银行是中央银行，负责监管正规金融机构的运作。下面主要对孟加拉乡村银行及农村就业支持基金会（Palli Karma Sahayak Foundation，PKSF）做出介绍。

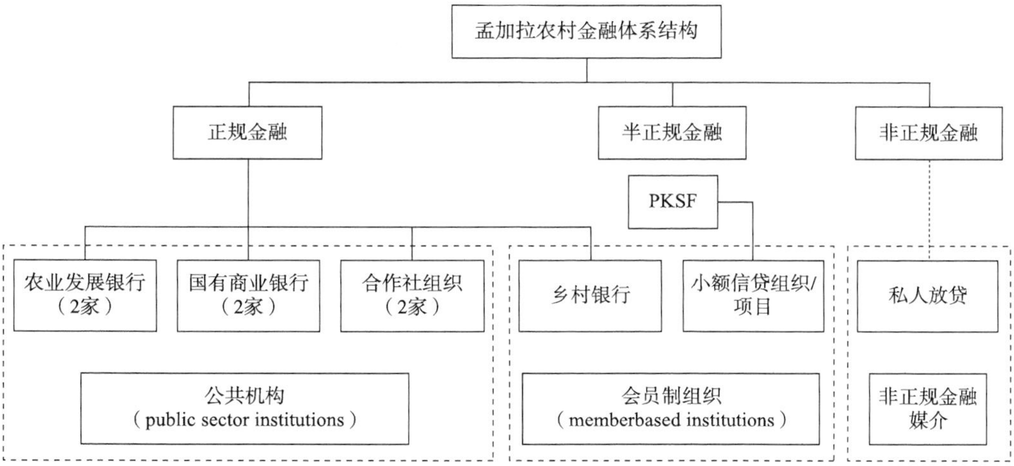

图 14-2　孟加拉农村金融体系结构图

1. 孟加拉乡村银行

孟加拉国是世界上最贫困的国家之一，但它却是小额信贷的发源地。1976 年，孟加拉吉大港大学经济系教授穆罕默德·尤努斯为了探究穷人进入金融服务网络的途径，进行了一项名为“乡村银行项目”的试验，向穷人发放无抵押贷款。该项目经过 6 年的发展，取得了巨大的成功，由起初一个小村庄逐渐扩大到孟加拉的 4 个区。1983 年 10 月，该项目正式演变成一个独立银行，即孟加拉乡村银行。经过 30 年的发展，截至 2013 年，孟加拉乡村银行在全国共拥有 2 567 个分支机构，21 851 个工作人员，业务涵盖 81 389 个村庄，2013 年向 674 万借款者发放了共计 11.280 7 亿美元的贷款，回收率几乎接近 100%[①]（表 14-2）。

表 14-2　2006~2013 年乡村银行发展状况

年份	2006	2007	2008	2009	2010	2011	2012	2013
机构数/个	2 319	2 481	2 539	2 562	2 565	2 565	2 567	2 567
会员数/10^6个	6.91	7.41	7.67	7.97	8.34	8.37	8.37	8.54
贷款总额/10^6美元	488.41	547.16	666.28	815.61	971.99	974.51	1 032.31	1 128.07
总资产/10^6美元	849.42	1 004.87	1 204.90	1 490.67	1 781.46	1 762.79	1 973.82	2 301.43

孟加拉乡村银行的业务包括一般贷款、住房贷款、高等教育贷款、小企业贷款、人寿保险等，放贷对象主要是贫困地区的贫困农户，尤其将妇女作为主要客户，因为她们会更多地将收入用于家庭的永久住房、衣食和教育，这些方面有利于穷人的健康、福利和发展，而且妇女善于理财，具有勤俭持家的美德、强烈的自尊心与责任感，这些都是贷款收回的重要保障。“小组+中心+银行工作人员”的信贷制度也是孟加拉乡村银行成功的诀窍之一。借款人必须加入小组才能贷款，贷款无须抵押，组员相互担保还款。村子里 8 个小组形成一个中心，每周按时在约定的地点与银行工作人员开会。当成员村民提出贷款申请时，银行工作人员会向小组组长和中心负责人咨询，因为他们拥有很大的话语权并负担一定责任。这种“小组+中心+银行工作人员”信贷制度可以有效降低由腐败和无效率带来的金融风险。

孟加拉乡村银行贷款期限一般为一年，采取 50 周还款制度，岁末本利结清，次年再贷。信贷偿付采用每周还款方式，贷款期为 1 年，从贷款 3 周后开始偿付。这样既能够减少小额信贷机构的风险，又能减轻借款人的还款压力。同时，孟加拉乡村银行根据市场情况自行制定利率，利率水平较高，一般年复利 10%左右。高利率有效地避免了非目标人群利用权限套取低息贷款的现象，带来的利润也有效地填补了小额信贷的高交易成本，使银行的经营、发展能够得到正常维持。此外孟加拉乡村银行的资金来源主要是成员存款，也包括自有资金、借款等（图 14-3）。

孟加拉乡村银行颠覆了穷人没有信用而且难以偿还贷款的信贷教条，创造了崭新的关注贫困阶级、调动培养穷人民主管理观念的金融文化。可以说，孟加拉乡村银行建立起了一个可能引发“银行业本质革命的新型银行构架，一种新的经济概念”。

① 数据来源于 http://www.grameen.com。

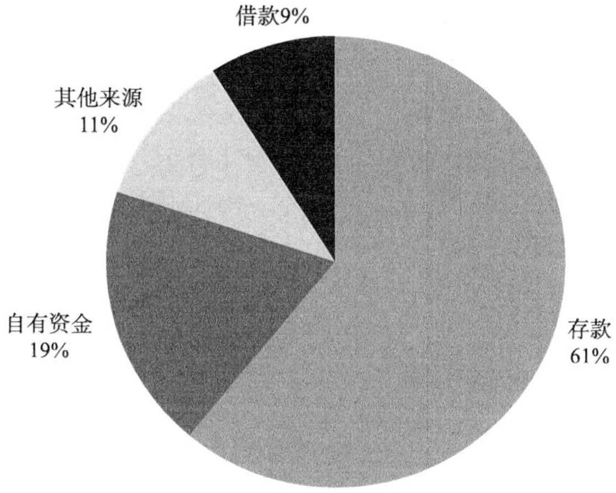

图 14-3　孟加拉乡村银行资金来源

2. 农村就业支持基金会

农村就业支持基金会由孟加拉国政府于 1990 年建立。其成立的初衷是帮助贫穷、丧失土地或没有资产的人们能够获得从事生产、工作或提高生活质量的各类资源。农村就业支持基金会自身并不向贫困者直接提供贷款，它将非政府组织、半官方机构、政府机构、志愿组织或团体、地方政府部门、机构以及个人组成的团体作为合作机构，通过这些合作机构来帮助无土地或无资产的贫民增加收入或就业机会，从而达到扶贫的目的。它也在这一过程中帮助提高它的合作伙伴的能力和素质，但它并不偏向于某一种具体的小额信贷操作模式，而是鼓励创新和多模式的共同发展。它的合作伙伴包括孟加拉一些最大的小额信贷机构，如 BRAC、Proshika、ASA、TMSS 等。

农村就业支持基金会的最高决策层包括两部分，即理事会和管理委员会。理事会（决策机构）的人数最多时为 25 人，其中政府指定的成员不超过 15 人，他们来自政府机构、自愿者组织和个人。其余 10 人来自合作伙伴或其他方面人士。理事会通常一年开一次会，决定农村就业支持基金会的政策和讨论批准由管理委员会提交的年度预算方案。管理委员会（管理机构）是具体执行机构，根据理事会的决策实现其经营目标，管理委员会又设贷款部、行政管理和财会部、审计部三个部门。管理委员会的组成人员最多不得超过 7 人。截至 2016 年 2 月 18 日，农村就业支持基金会的管理团队共计 360 人。其中政府官员 180 人，员工 97 人，项目人员 71 人以及契约人员 12 人。

农村就业支持基金会的资金主要来源于政府，其余为国外政府、国际捐赠者、国际机构（如美国国际开发署、世界银行、亚洲开发银行等）的贷款和捐赠，以及机构自身的营业收入。农村就业支持基金会的贷款利率根据贷款的对象和用途的不同大致分为三个档次：向大型机构提供的贷款年利率为 7%，向中小型机构提供的贷款年利率为 4.5%，向合作伙伴机构建设提供的年利率为 1%。

农村就业支持基金会自 1990 年建立后每年都吸收零售式小额信贷机构作为合作伙伴。由第一年的 23 个机构发展到 2014 年 5 月的 272 个机构，它的合作伙伴覆盖了全国 64 个大区。合作伙伴拨付到贫困客户的贷款已有 16 468.90 亿塔卡（合 1 352.10 亿元人民币）。

PKSF 的还贷率也很高。在过去的六年中，它的合作伙伴对它的还贷率接近 98%，而且它的合作伙伴服务的贫困客户对合作伙伴的还贷率达 99%。同时，农村就业支持基金会也对合作伙伴机构发展做出了巨大贡献。它的绝大多数合作伙伴只从农村就业支持基金会借贷，以进行零售小额信贷扶贫业务，而且它们能够成功地以信贷服务收入覆盖经营成本，其中不少已经达到金融自负盈亏。除此外，由于获得农村就业支持基金会的培训、咨询服务和机构发展建设服务，农村就业支持基金会合作伙伴的管理能力正在不断获得提高。

14.2.4 南非的农业金融体系

南非经济的发展，走的是一条以农牧业起步、采矿业发家、制造业后来居上，采矿业、制造业成为其支柱产业的独特道路。南非原是一个农牧业国家，随着工矿业的发展，农业在 GDP 中的比重逐步下降。目前，南非农业在国民经济中仅占 GDP 的 4.54%。尽管如此，农业在南非经济中仍占重要地位，并且对整个南部非洲地区的发展和稳定起着至关重要的作用。在南非的农业金融体系中，农业政策性金融和农业商业性金融的作用比较突出。

1. 农业政策性金融

1994 年以前，农业信贷局（Agricultural Credit Board，ACB）是南非执行农业信贷支持政策的唯一机构，它负责对商业农场提供低于市场利率的贷款业务，信贷资金来自农业部的财政预算。

随着农业信贷支持造成的财政负担不断加重，1994 年民主选举后，土地银行取代农业信贷局成为南非执行农业信贷支持政策的金融机构。主要的支持对象有农业合作组织、农产品营销组织以及个体农户等。土地银行的贷款利率低于商业银行的利率。土地银行利用自身收益来维持发展，运营的资金主要来自于金融市场。南非政府对土地银行给予的优惠政策是土地银行不需要向政府缴纳税费和股息。

2002 年南非政府颁布了《土地和农业发展银行法案》，该法案指出土地银行应该在促进“公平获得土地所有权，特别是帮助历史上曾经处于劣势地位的黑人获得土地所有权”方面提供金融服务。土地银行是在纯粹商业型运营的基础上向不同的客户（包括农村企业家）提供金融服务。作为南非金融机构，土地银行获得南非政府的授权，为农业扶持综合计划（comprehensive agricultural support programme，CASP）提供服务。除了为商业农场和农业产业提供融资服务，土地银行还为土地再分配计划（land redistribution for agricultural development，LRAD）提供贷款服务。那些想购买耕地的家庭农场第一次可以得到土地银行的“特别贷款”服务，即家庭农场主可向土地银行申请其所购耕地开支 80% 的贷款，贷款利率为 10%（低于南非其他商业银行的贷款利率）。

另外，为促进农村地区发展，2005 年 1 月南非政府批准建立“南非小额信贷计划”（micro agricultural finance institutions of South Africa，MAFISA），其主要内容是优先向小规模家庭农场的农场主、佃户、农村小企业家等涉农人员提供储蓄、信贷、保险等服务。

2. 农业商业性金融

商业银行和其他农业金融机构，也是南非农村贷款的很重要来源，它们占整个农村贷款的 40%以上。商业银行贷款对象，既有农户，也有农业合作社，还有土地银行（购买其证券）。具体数据商业银行对农户贷款的主要形式是透支账户。不仅季节性随时偿还的资金需求可以透支，而且允许透支长期延续使用，从而解决了农户的中期资金融通的问题。

14.3　国外农村金融发展的启示

由于农业生产条件、国民经济发展水平、发展道路选择以及社会文化传统的不同，各国农村金融体系及其作用的效果相应也就有所不同。但是无论是发达国家，还是发展中国家，各国都逐渐形成了具有自己国家特色的农村金融体系。这些金融体系从多方面促进了各国农村金融和农村经济的发展。考察国外农村金融制度和体系的建设以及相关发展经验，对我国现代农村金融制度的建设和完善具有十分重要的借鉴意义。

1. 因地制宜地建立符合自身农业发展特征的农村金融组织体系

建立规范、完善、多元化的农村金融组织体系，是保证农村金融在农村经济中发挥作用的基础。国外经验表明，用于支持农业发展的农村金融体系通常包括农业政策性金融、农业合作性金融、农业商业性金融以及农业保险体系。它们互为补充、互相促进，共同支持农业的发展。例如，美国建立了多元化的金融机构来支持农业的发展：①以联邦储备系统为核心的金融体制中，商业银行处于基础地位。其主要功能是发放贷款，特别是中短期贷款。美国的商业银行受到财政部、州主管部门以及联邦储备系统的控制和监督。②美国的农业政策性金融机构，如农民家计局、商品信贷公司等，是推行政府农业政策的信贷机构，它们较好地满足了农业发展的资金需求，促进了农业的发展。③美国借鉴西欧农业合作金融的经验，并结合本国的实际，于 21 世纪初自上而下地创办了具有美国特色的合作农业信贷系统，该系统的职能是“提供信贷和服务，改善农民的经营以增加收入”，由农贷专业银行和农业信用管理局监督管理机构两个组织构成。又如，印度既有合作机构，如合作银行、土地开发银行，为农业的发展提供短中长期贷款，又有政府的机构，如地区农业银行，为农业发展提供资金，且印度的商业银行也已涉足农业领域。

各国农村金融在组织结构方面虽然没有固定的格式，但均结合本国国情，把农村金融体系建设与农业经济发展水平、经济发展战略、经济发展模式、现代化模式、农业生产的自然地理、生态环境和金融基础等密切联系在一起。例如，美国的农民家计局成立之初是为了应付农业危机，帮助新创业农民及低收入农民建立农场、维持家计等融通资金。随着美国农村经济的发展，农民家计问题基本得到解决，该局业务逐步转到支持农业生产、促进农村开发、配合政府农业政策的贯彻实施上。日本农林渔业金融公库贷款投向在不同时期也有所不同，从 20 世纪 60 年代以前单一支持粮食生产到 20 世纪 60~70 年代支持粮食、果树、蔬菜和畜产等多种生产，80 年代以后又转向支持农业竞争力和可持续发展能力的提高。

2. 农村金融机构的发展必须得到相关法律法规的保障

总体来说，农村金融体制较为完备的国家，都是通过国家制定相关的法律来规范、约束农村金融业的发展。通过建立一套有效的法律法规及严格的监管制度，不仅可以规范农村金融机构的业务行为，强化对贷款项目和投放资金使用情况的监督，而且确保了在国家各项农业政策的制定、实施、评价和修正过程中，农村金融机构及国家各宏观经济部门能够相互协调、配合。例如，美国在农村金融创立初期就有了较为健全的法律基础，并且在运作过程中不断地完善和修订，形成较为规范、有效的法律体系。1916 年制定了《联邦农地押款法》，促进联邦农业贷款局的成立；1923 年通过的《农业信用法》调整了全国农村金融布局；1933 年又修改了《农业信用法》，构成了农村金融四大信用组织；1934 年通过《联邦信用社法》之后，各州都陆续颁布了关于信用社的法案，这为合作金融的发展提供了法律保障。日本的农业政策性金融机构——农林公库，是根据 1945 年的《农林渔业金融公库法》成立的。印度的地区农村银行是根据 1975 年颁布的建立地区农村银行的法令而建立的。孟加拉乡村银行模式下的小额信贷受到该国《乡村银行法》的管理，该法为小额信贷确立了独立的监管机构，规定了小额信贷的唯一主体，同时《乡村银行法》在该主体的成立要件、资金来源、贷款利率方面也做了比较详细的规定。制定并不断完善农村金融相关法律，规范农村金融权、责、利的划分，使农村金融机构的作用能够得到更有效地发挥，是国外先进金融体制带给我们的有益经验。

3. 明确各机构职责，促进不同组织间的协同合作

各国的农村金融机构繁多，成分也比较复杂，但各个机构分工明确、各司其职，能够较好地满足农业和农村经济社会发展的金融需要。同时，不同金融之间也存在着协同合作、相互配合，为农业提供了生产性资金，促进了农产品流通，加快了农村工业化进程，这种竞争又合作的格局大大提高了农村金融的效率。农业政策性金融工作的开展往往需要农业合作金融组织、农业保险等多方面的配合。合作金融组织不同于股份制商业银行和私人银行，其最根本的优势在于为社员所有、接近社员、了解社员和服务社员，是国家引导农民发展市场经济和社会化大生产的重要途径。农业合作社这一特殊农业生产组织的存在，在某种程度上可以有效替代政府完成某些农业政策的执行，在农民和政府之间形成一种很好的纽带和桥梁，以达到支持农业、有效地减少农村政策性金融运行成本的目的。有些国家的农业政策性金融机构正是建立在农业合作经济基础之上的。例如，日本农业政策性金融体制的核心——农林公库，它可以从合作社成员那里得到持续的资金供应，并通过对各种农村金融产品进行投资而执行高效率的资产管理策略。2001 年后，日本农林公库和某些合作社进行重组，并强化了信贷业务。同时，由于农业弱质性及生命周期等特点，农业保险也是支持和保护农业，或者说更好地履行政策性支农职能的重要保证。例如，目前墨西哥农户农牧业保险人均费用 2.8 万比索，约合人民币 1.14 万元。在墨西哥农牧业保险机构中，墨西哥农业保险公司（AGROASEMEX）是财政部下属国有保险公司，为农业提供保险和再保险服务；私人保险公司可以为农户提供更大规模的保险；保险基金是农牧业种植者联合组成的非营利性组织，为其会员提供保险，或采取互利方式提供保险。

4. 农村金融体系的发展和完善需要政府大力扶持

农业经营风险大、周期长、季节性波动强、盈利水平低等特点决定了农村发展比较难以引进商业银行资金的支持，因此需要政府提供持续的正向激励措施来扶持农村金融机构。从各国经验来看，农村金融建设离不开各国政府一系列扶持农村金融发展的财政投入和政策支持，以及税收、利息补贴等方面的优惠与保护政策。第一，减免税收，如法国政府对法国农业信贷银行实行减免政策。第二，注入资金，如美国的联邦土地银行、联邦中期信用银行和合作社银行这三家农村合作银行创建之初都由政府拨付款项；日本农林渔业所需的长期资金主要来源于日本政府的有偿拨付，农林公库由财政投资创建而成。第三，实行利息补贴、损失补贴和债务担保。美国、法国对农业贷款都普遍实行贴息制度。第四，实行有差别的存款准备金制度。美国、英国、日本等国家中央银行对各金融机构实行差别准备金制度，农村金融机构上缴的存款准备金比例均低于城市商业银行的上缴比例。

5. 建立灵活多样的农业资金筹集机制，严格控制贷款对象和资金用途，防止资金外流

尽管各国国情不同，农村金融机构资金来源渠道也各不相同，但确保农村金融机构资金来源并保证资金充裕，是农村金融机构正常运行的首要前提和条件。从外国经验来看，农村金融机构的筹资渠道往往是多样化的。第一，通过政府拨款，各国农业政策性金融机构往往不同程度地依靠政府。第二，发行债券和票据，如美国联邦土地银行可向金融市场发行债券和票据筹集资金，法国农业信贷银行的主要资金来源之一就是发行债券。第三，吸收存款和向中央银行及其他金融机构借款，吸收存款主要是吸收会员存款，借款则包括向中央银行、商业银行及其他金融机构、世界银行、外国金融机构等借款。从各类机构筹措到资金后，通过发放贷款、提供担保、发放补贴等形式把资金运用出去，如美国农民家计局发放的用于农民家计、农村社区发展的贷款，日本农林公库发放土地改良贷款等，极大地支持了农业的发展。

土地、劳动力和资金是农业的三要素，农村资金大量外流直接影响到农村投资和资本积累，并阻碍了农村经济社会发展和农民收入提高。但由于农业是弱势产业，农民是弱势群体，在市场经济条件下，要素会自然地流出弱势部门，并流入回报率高的部门。可以说，农业三要素的流出就是市场化的结果。因此，为了增加农村投资，发展农业经济，就不能简单地强调以市场化的手段，而应该积极发挥政府作用，通过政策引导和严格控制贷款对象来防止农村资金流出农村。例如，美国为规范农业信贷，按照农作物生产把全国划分为 12 个农业信贷区，各农业信贷区内设立农贷专业银行，在农业信贷管理局的监督管理下独立经营，从而有效地保证了农村信贷相对独立性，并防止了商业银行

可能将农贷资金转移到其他领域的问题。此外，为了加大农业扶持力度，防止农村资金外流，印度对信贷支农有严格的规定；日本农林公库的贷款使用方向和重点根据不同时期国家发展农林渔业政策而有所变化；法国农业信贷银行根据不同阶段的政策意图进行适当的业务调整，以更好地服务于国家不同时期的农业发展重点。

本章小结

（1）在发达国家与地区这部分中，选取了美国、日本两个国家，分别对两国金融体系中具有代表性的组织机构做出了介绍。对美国的介绍主要从农业合作性金融、农业政策性金融和农业商业性金融展开，其中农业合作性金融由联邦中间信贷银行、联邦土地银行以及合作银行三大系统组成，政策性金融机构包括农民家计局、农村电气化管理局、商品信贷公司和小企业管理局；日本以政策性金融的农林公库和合作性金融的农协为主。

（2）在发展中国家与地区这部分中，选取了墨西哥、印度、孟加拉、南非四个国家，分别对四国金融体系中具有代表性的组织机构做了介绍。对墨西哥的介绍主要从农业政策性金融和农业商业性金融两方面展开，其中政策性金融机构包括全国农村信贷银行和农业保证与发展基金组织两个部分；印度的农业金融体系主要由农业政策性金融、农业合作性金融和农业商业性金融组成，其中农业政策性金融机构包括地区农业银行、国家农业和农村开发银行，农业合作性金融机构包括信用合作组织和土地开发银行；孟加拉的农业金融体系由正规金融、半正规金融和非正规金融组成，其中重点介绍了正规金融中的孟加拉乡村银行和农村就业支持基金会；对南非的介绍主要围绕政策性金融中的土地银行以及商业性金融两方面来展开。

（3）各国金融体系不尽相同，各具特色。考察国外农村金融制度和体系的建设以及相关发展经验，对我国现代农村金融制度的建设和完善具有十分重要的借鉴意义。

关键术语

农业政策性金融　农业合作性金融　农业商业性金融　小额信贷组织　美国　日本　墨西哥　印度　孟加拉　南非

复习与思考

1. 农业政策性金融在各国金融体系中有什么样的地位？有什么特点？
2. 评价美国的农业金融体系。
3. 日本的农林公库的政策性体现在哪些地方？
4. 结合本章内容，选取一个国家的农业合作性金融体系，简述其运行机制。
5. 评述印度的农业金融体系。
6. 孟加拉的小额信贷组织有哪些运作特点？

7. 结合本章内容，谈谈我国应该如何借鉴国外经验，完善我国农村金融体系。

参考文献及推荐阅读

边编，王朝阳. 2008. 国外农村金融发展的经验和启示. 中国发展观察，(11)：31-33.

杜晓山，滕超. 2010. 孟加拉农村就业支持基金会（PKSF）及对我国小额信贷发展的启示. 农村金融研究，(11)：56-61.

焦瑾璞. 2007. 农村金融体制和政府扶持政策国际比较. 北京：中国财政经济出版社.

宋莉莉，马晓春. 2010. 南非农业支持政策及启示. 中国科技论坛，(11)：155-160.

王曙光. 2007. 小额信贷：来自孟加拉乡村银行的启示. 中国金融，(4)：28-29.

赵怡，徐爱田. 2007. 国外农业政策性金融体制的组织模式比较与借鉴. 财贸经济，(12)：71-74.